스마트폰과 DSLR로 상상을 담다

신상우 저

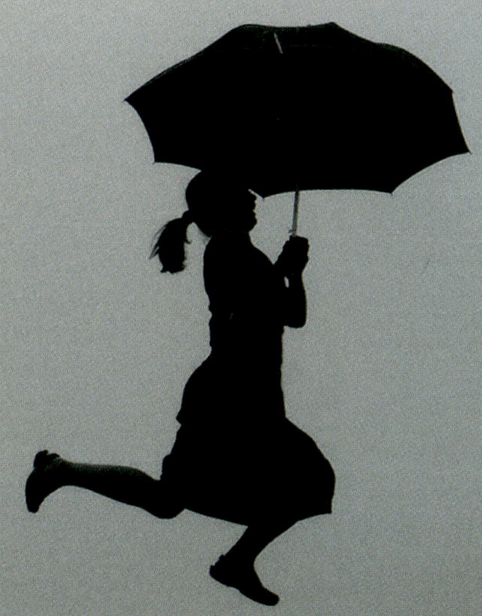

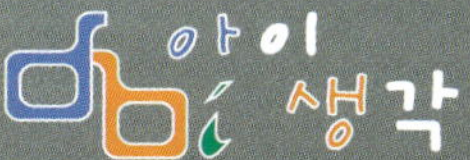

스마트폰과 DSLR로 상상을 담다

| 만든 사람들 |

기획 실용기획부 | **진행** 유명한 · 김혜인 | **집필** 신상우 | **편집 · 표지디자인** 김진

| 책 내용 문의 |

도서 내용에 대해 궁금한 사항이 있으시면
저자의 홈페이지나 디지털북스 홈페이지의 게시판을 통해서 해결하실 수 있습니다.
아이생각 홈페이지 www.ithinkbook.co.kr
디지털북스 페이스북 www.facebook.com/ithinkbook
디지털북스 카페 cafe.naver.com/digitalbooks1999
디지털북스 이메일 digital@digitalbooks.co.kr
저자 이메일 kkumsee@naver.com
저자 블로그 www.kkumsee.com

| 각종 문의 |

영업관련 hi@digitalbooks.co.kr
기획관련 digital@digitalbooks.co.kr
전화번호 (02) 447-3157~8

사진을 잘 찍고 싶었습니다.
"나도 저런 사진 한 장 찍을 수 있으면 좋겠다."라고 부러워했던 것이 사진생활의 시작이었습니다.
사진작가가 되고 싶다거나 사진으로 돈을 벌고 싶었던 것이 아닙니다. 휴가 때 여행지에서 본 풍경을 멋지게 담고 싶고, 가족 나들이에서 추억이 될 만한 가족사진을 남기고 싶고, 사랑하는 사람을 보다 예쁘게 찍어주고 싶고, 어디 가서 '내 취미는 사진이에요.'라고 말할 수 있을 정도만큼 사진을 찍고 싶었습니다.

지금은 사진을 잘 찍습니다.
"나도 저런 사진 한 장 찍고 싶어요."라는 부러움의 대상이 되었고, 여행지에서 본 풍경사진으로 공모전에 당선이 되고, 가족 나들이에서 찍은 추억이 될 만한 가족사진이 카메라 광고에 쓰이고, 이렇게 책도 쓰게 되었습니다.

사진은 어렵지 않습니다.
대단한 장비를 가져야 하거나, 남다른 감성이 있어야 하거나, 어려운 테크닉을 구사할 줄 알아야 사진을 잘 찍는 것이 아닙니다.
같은 풍경을 보더라도 남들과 다르게 담거나, 그것이 스마트폰 카메라라건 플래그쉽 DSLR이건 카메라를 제대로 활용할 줄 아는 것이 중요합니다.
상황에 맞는 한 가지 포인트를 살려주면 만족할 만한 사진을 얻기에는 충분합니다.

사진을 잘 찍고 싶지만 맘처럼 쉽지 않다고들 합니다.
어렵게 느껴지던 사진을 쉽다고 느끼게 되기까지, 많이 보고 많이 배우고 많이 찍으면서 차곡차곡 쌓아온 노하우를 사진 하나마다 하나씩 이야기하려고 합니다. 100장의 사진, 100개의 이야기를 통해 "나도 저런 사진 한 장 찍어봤으면 좋겠다!"하고 말하는 것이 아니라 "나도 저런 사진 한 장 찍어봤으면 좋겠어요!"라고 들을 수 있는 사진 생활을 시작하게 되시기를 바랍니다.

신상우

사진을 잘 찍고 싶었습니다.
"나도 저런 사진 한 장 찍을 수 있으면 좋겠다."라고 부러워했던 것이 사진생활의 시작이었습니다.
사진작가가 되고 싶다거나 사진으로 돈을 벌고 싶었던 것이 아닙니다. 휴가 때 여행지에서 본 풍경을 멋지게 담고 싶고, 가족 나들이에서 추억이 될 만한 가족사진을 남기고 싶고, 사랑하는 사람을 보다 예쁘게 찍어주고 싶고, 어디 가서 '내 취미는 사진이에요.'라고 말할 수 있을 정도만큼 사진을 찍고 싶었습니다.

지금은 사진을 잘 찍습니다.
"나도 저런 사진 한 장 찍고 싶어요."라는 부러움의 대상이 되었고, 여행지에서 본 풍경사진으로 공모전에 당선이 되고, 가족 나들이에서 찍은 추억이 될 만한 가족사진이 카메라 광고에 쓰이고, 이렇게 책도 쓰게 되었습니다.

사진은 어렵지 않습니다.
대단한 장비를 가져야 하거나, 남다른 감성이 있어야 하거나, 어려운 테크닉을 구사할 줄 알아야 사진을 잘 찍는 것이 아닙니다.
같은 풍경을 보더라도 남들과 다르게 담거나, 그것이 스마트폰 카메라건 플래그쉽 DSLR이건 카메라를 제대로 활용할 줄 아는 것이 중요합니다.
상황에 맞는 한 가지 포인트를 살려주면 만족할 만한 사진을 얻기에는 충분합니다.

사진을 잘 찍고 싶지만 맘처럼 쉽지 않다고들 합니다.
어렵게 느껴지던 사진을 쉽다고 느끼게 되기까지, 많이 보고 많이 배우고 많이 찍으면서 차곡차곡 쌓아온 노하우를 사진 하나마다 하나씩 이야기하려고 합니다. 100장의 사진, 100개의 이야기를 통해 "나도 저런 사진 한 장 찍어봤으면 좋겠다!"하고 말하는 것이 아니라 "나도 저런 사진 한 장 찍어봤으면 좋겠어요!"라고 들을 수 있는 사진 생활을 시작하게 되시기를 바랍니다.

신상우

CONTENTS

CHAPTER 03
사람이 꽃보다 아름답다

CHAPTER 04
평범함 속 특별함

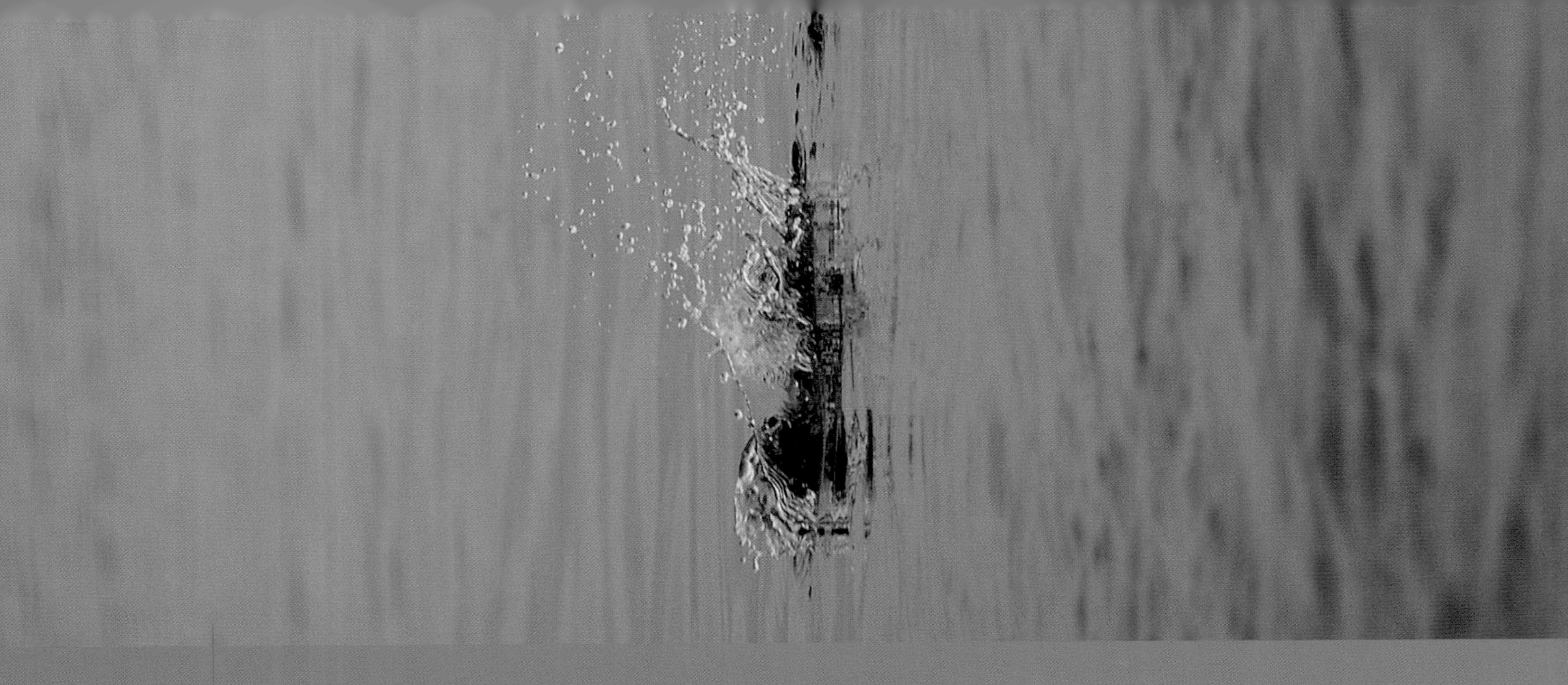

CHAPTER 01

사진은 뺄셈이다

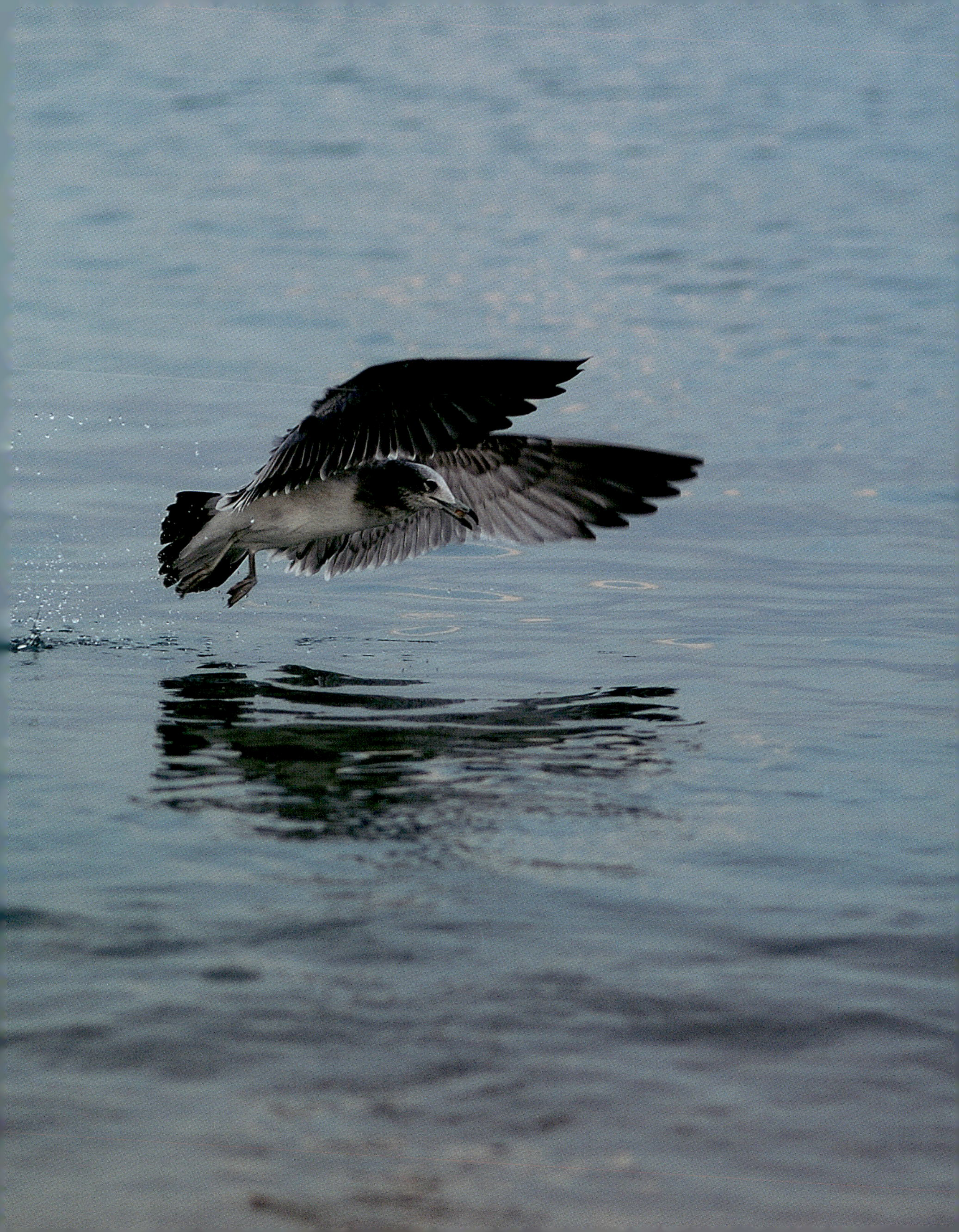

사진의 시작은 바르게 잡기에서부터

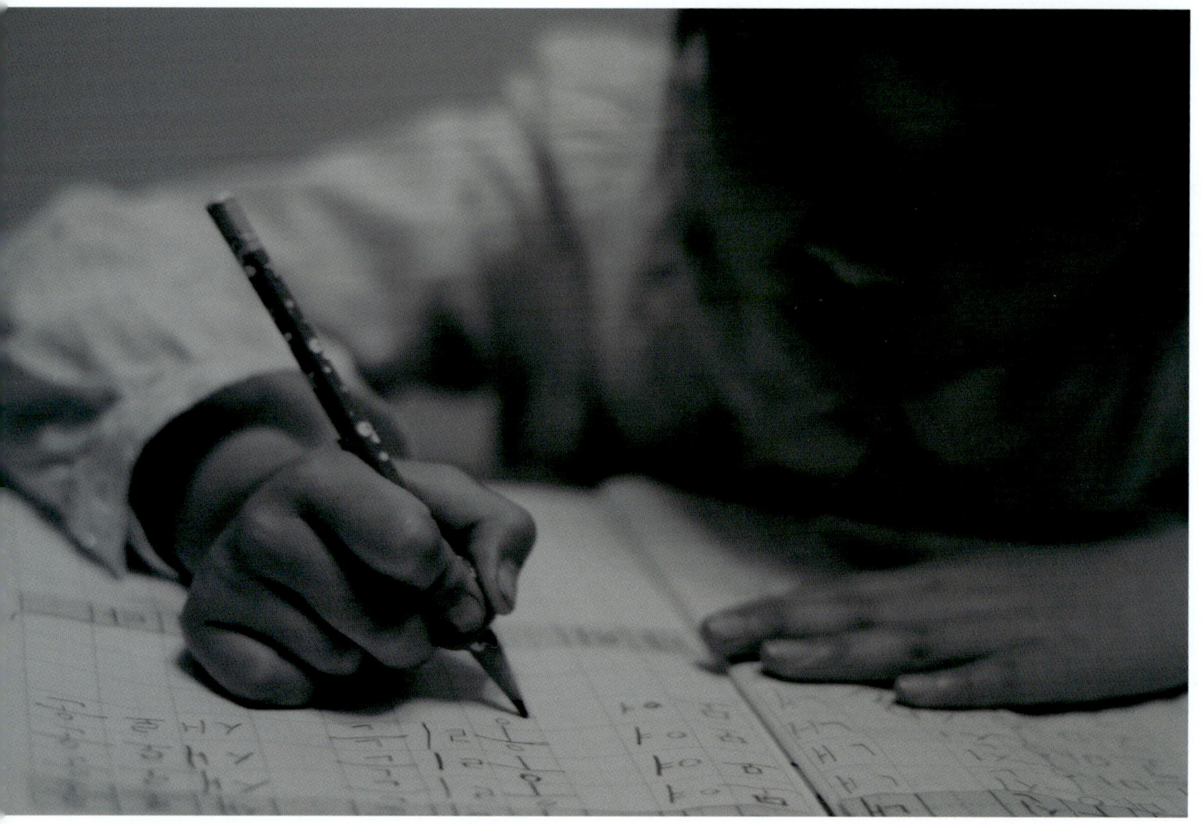

렌즈: 50mm F1.8 · 셔터속도: 1/25초 · 조리개: F2.0

예쁜 글씨는 연필을 바르게 쥐는 것에서부터 시작하듯, 사진을 찍는 것도 카메라를 바르게 잡는 법에서부터 시작해야합니다.

부끄러운 이야기지만 필자는 어디 가서 방명록에 이름을 쓰는 것도 쑥스러울 정도로 글씨를 못 쓰는 악필입니다. 변명의 여지없이 그 원인은 어릴 적부터 오랫동안 연필을 잡는 자세를 바르게 하지 않아서입니다. 하도 오래된 습관이다 보니 고쳐보려 해도 쉽게 고쳐지지가 않습니다.

글씨를 예쁘게 쓰는 것과 글을 잘 쓰는 것은 별개의 문제라고 말할지도, 카메라를 어떻게 잡든 사진만 멋지게 나오면 그만이라고 할지도 모르겠습니다. 하지만 워드프로세서를 이용해 원고를 쓴다고 해서 글씨에 대한 필자의 콤플렉

스가 사라지지 않듯, 사진을 찍을 때의 잘못된 자세 역시 카메라의 흔들림 방지 기능이 좋아진다고 해결되는 것은 아닐 것입니다.

최초의 카메라는 손에 들고 찍기 어려울 정도로 크고 무거운 데다 한 장의 사진을 얻기 위해 아주 긴 시간이 필요했습니다. 때문에 삼각대에 받쳐놓고 찍어야만 흔들리지 않게 사진을 찍을 수 있었습니다. 카메라의 크기와 무게가 줄어들고 감광소자가 발전함에 따라 빠른 셔터속도로 사진을 찍는 것이 가능해져서 이제는 들고 찍는 카메라가 보편화되었습니다. 하지만 사진기라는 것이 애초부터 받쳐놓고 찍던 기계이다 보니, 사진을 찍을 때 카메라가 흔들리지 않도록 하는 것이 사진을 찍기 위한 가장 기본적인 자세입니다.

누구나 글씨를 쓰기 전에 연필을 바르게 잡는 법부터 배우는 것이 우선이듯, 또 기타를 배울 때 코드나 연주법이 아니라 기타를 잡는 법을 먼저 배우고 테니스나 탁구를 배울 때도 라켓을 쥐는 방법을 알아야 시작할 수 있는 것처럼, 모든 일은 도구를 잡는 법과 기본자세부터 배우고 나서야 그 다음을 배울 수 있습니다.

사진도 마찬가지입니다. '그게 뭐 그리 어려운 일이냐'고 생각해 가볍게 넘어가기 쉽지만, 사진을 배우려면 카메라를 잡는 방법부터 정확히 배워야 하고 또 바른 자세가 왜 필요한 것인지를 아는 것이 중요합니다.

POINT 01

카메라를 잡아보면 너무나도 당연한 위치에 저절로 손이 가기 때문에, 따로 알려주지 않아도 좋을 만큼 잡는 법이 어렵지 않습니다. 오른손으로 그립을 감싸고 검지는 셔터버튼 위에 올립니다. 그 다음 엄지를 이용해 바디 뒤쪽을 지지하면서 후면 버튼을 조작하면 됩니다. DSLR은 한손으로 들기에 조금은 버거운 무게이므로 왼손으로 카메라를 받쳐주면서 렌즈의 초점 링과 조리개 링을 조작합니다.

POINT 02

카메라를 얼굴에 밀착시키고 파인더를 들여다보는 상태에서 팔꿈치를 몸에 최대한 붙여주는 것이 좋습니다. 콤팩트 디카로 찍을 때 사진이 더 흔들리기 쉬운 이유 중 하나가 파인더가 아닌 LCD 화면을 보면서 촬영을 하다 보니, 상대적으로 카메라가 몸에서 멀어지게 되면서 자세가 불안정해지기 때문입니다.

카메라를 안정감 있게 잡는 것은 핸드블러를 줄여줄 뿐 아니라 사진을 찍는 일에 보다 집중할 수 있도록 해줍니다. 현란한 기교는 탄탄한 기본기가 바탕이 되어야 가능한 것이며, 좋은 사진의 기본은 선명하고 또렷한 사진을 찍는 것이 그 시작입니다. 그리고 올바른 카메라 파지(把指)는 선명한 사진을 위한 첫 번째 조건입니다. 때론 흐릿한 사진, 흔들린 사진이 더 멋있어 보일 때도 있겠지만 그건 흔들림 없이 선명한 사진을 찍은 다음의 일일 것입니다.

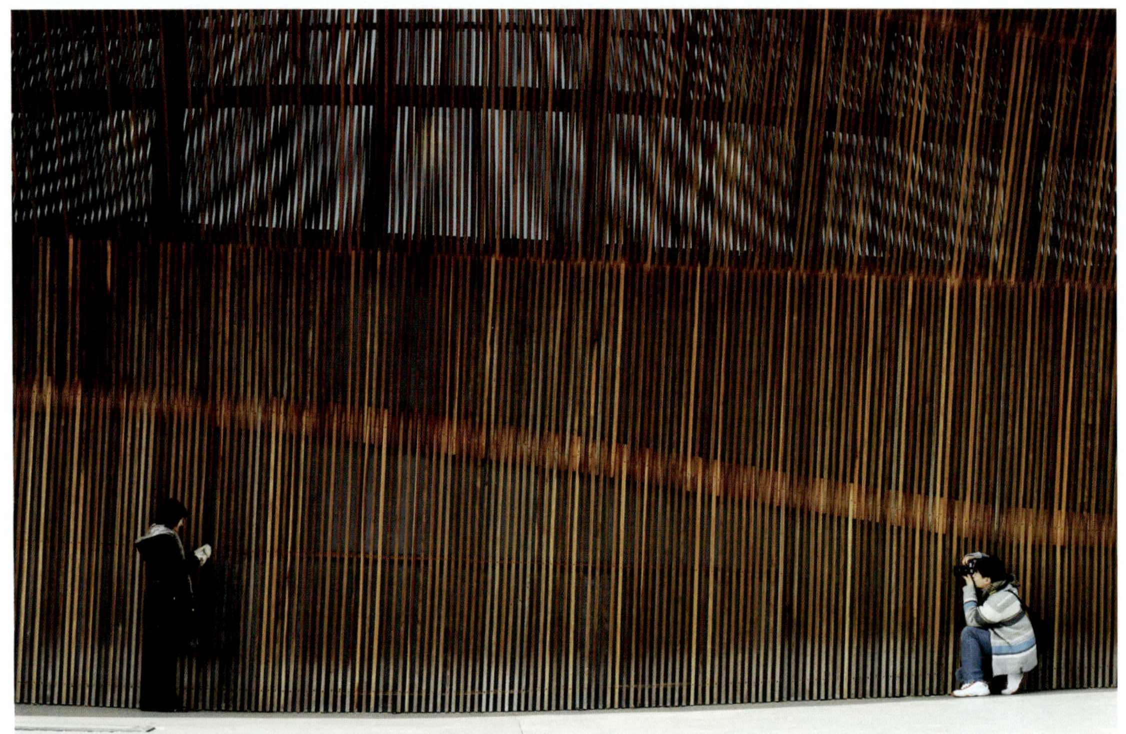

렌즈: 50mm F1.8 · 셔터속도: 1/400초 · 조리개: F4.0

흔들림 없는 사진은 바른 자세에서부터

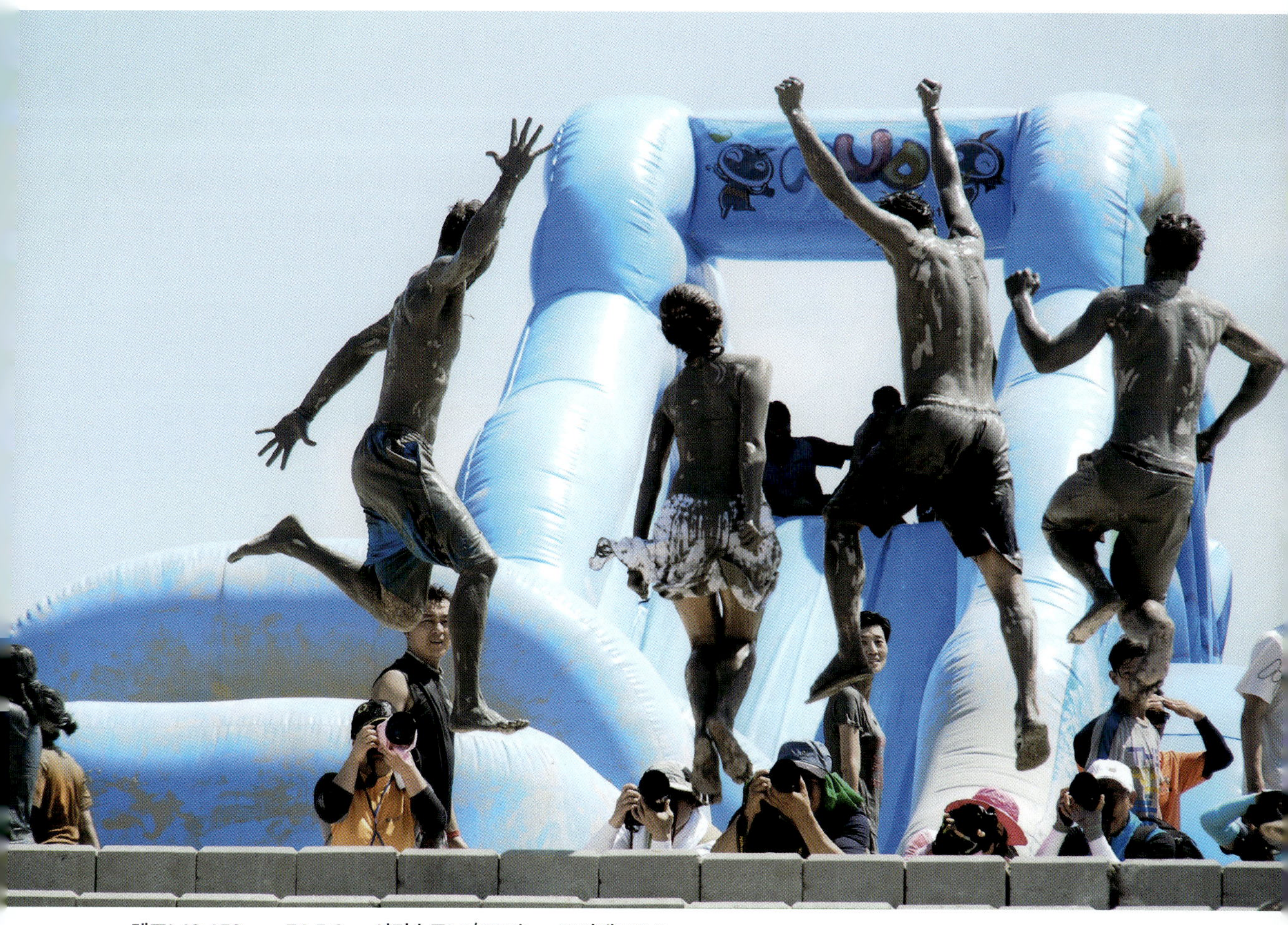

렌즈: 40-150mm F4-5.6 · 셔터속도: 1/400초 · 조리개: F6.3

흔들림 없는 사진을 찍기 위해서는 카메라를 바르게 잡는 것이 중요합니다. 하지만 아무리 고정을 잘해도 삼각대가 아닌 손으로 들고 찍으면 흔들림이 생기기 마련입니다. 이러한 흔들림(핸드블러)은 광각렌즈보다 망원렌즈일 때 더 많이 나타나는데, 바른 자세로 렌즈의 초점거리보다 빠른 셔터속도로 찍으면 핸드블러가 없는 사진을 찍을 수 있습니다.

예를 들어 20mm의 광각렌즈는 1/20초, 200mm의 망원렌즈라면 1/200초 이하의 셔터속도를 유지하는 것이 좋습니다. 그보다 느린 셔터속도로 촬영해야 한다면 삼각대 등으로 카메라를 고정하는 것이 좋습니다. 삼각대를 사용하지 않는 상태에서 망원렌즈를 사용해야 하거나 핸드블러가 생길 정도의 느린 셔터속도로 사진을 찍어야 한다면, 주변의 나무나 벽에 기대서거나 카메라를 걸쳐 놓고 촬영하면 흔들림이 줄어듭니다. 삼각대를 휴대하기 어렵다면 보다 휴대가 편한 모노포드를 사용하는 것도 도움이 됩니다.

POINT 01

아이들에게 카메라를 맡기면 셔터를 너무 세게 눌러 사진이 흔들리기 쉽습니다. 사격을 할 때 숨을 멈추고 방아쇠를 당기듯 셔터를 누를 때도 언제 눌렀는지도 모를 정도로 부드럽게 촬영해야 흔들림 없는 사진을 찍을 수 있습니다.

POINT 02

카메라 스트랩을 손목에 두세 번 감아서 촬영하는 모습을 본 적이 있을 겁니다. 이 역시 경험을 통해 발견한, 흔들림을 줄여주는 방법 중 하나입니다.

POINT 03

보다 안정감 있는 자세를 위해서라면 바닥에 주저앉거나 엎드리는 것을 망설이지 말아야합니다. 이런 행동은 부끄러운 모습이 아니라 사진에 대한 열정으로 보일 것입니다.

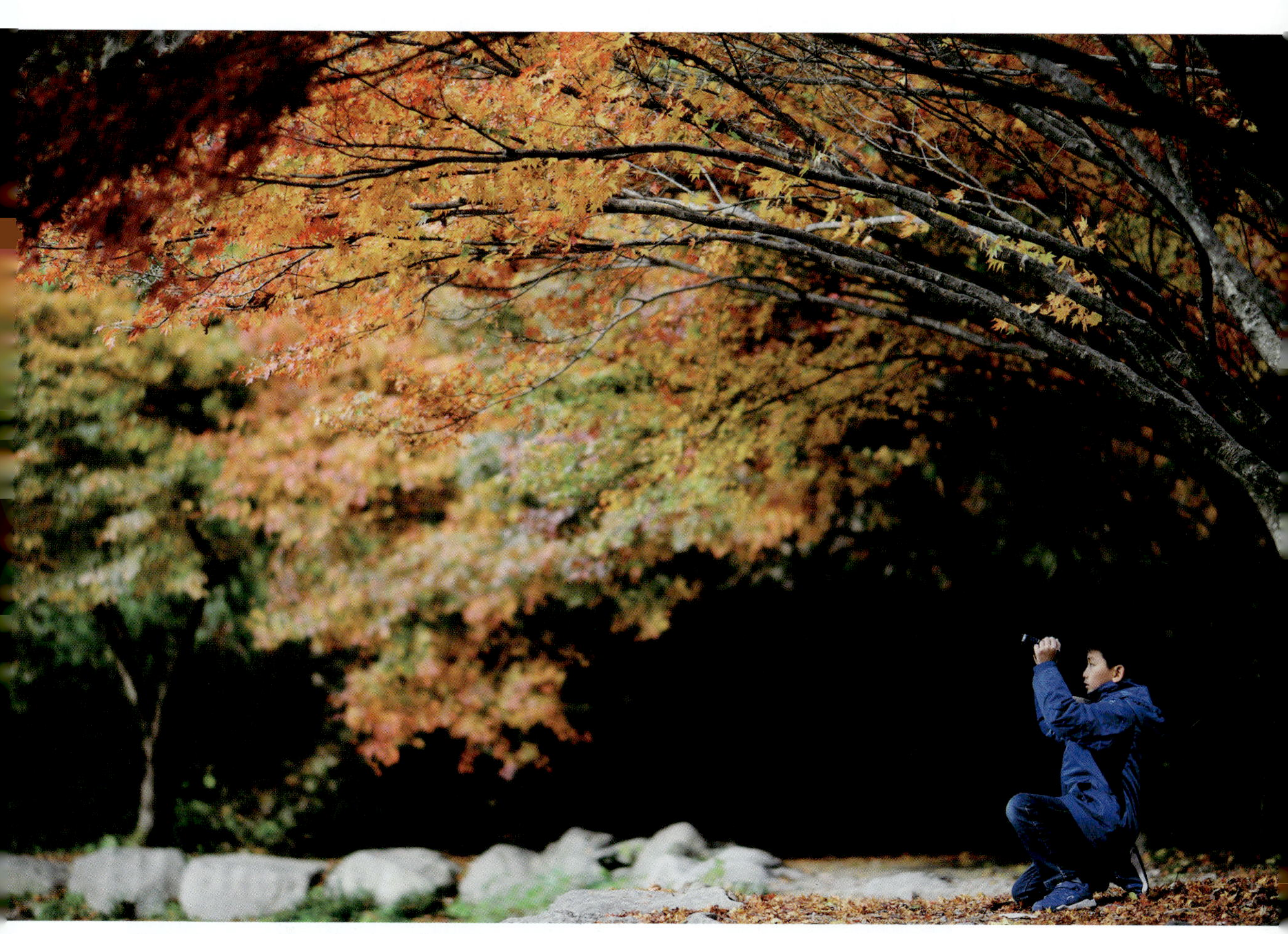

렌즈: 135mm F2.0 · 셔터속도: 1/1000초 · 조리개: F2.0

수평과 수직을 맞추는 것이 좋은 사진의 기본

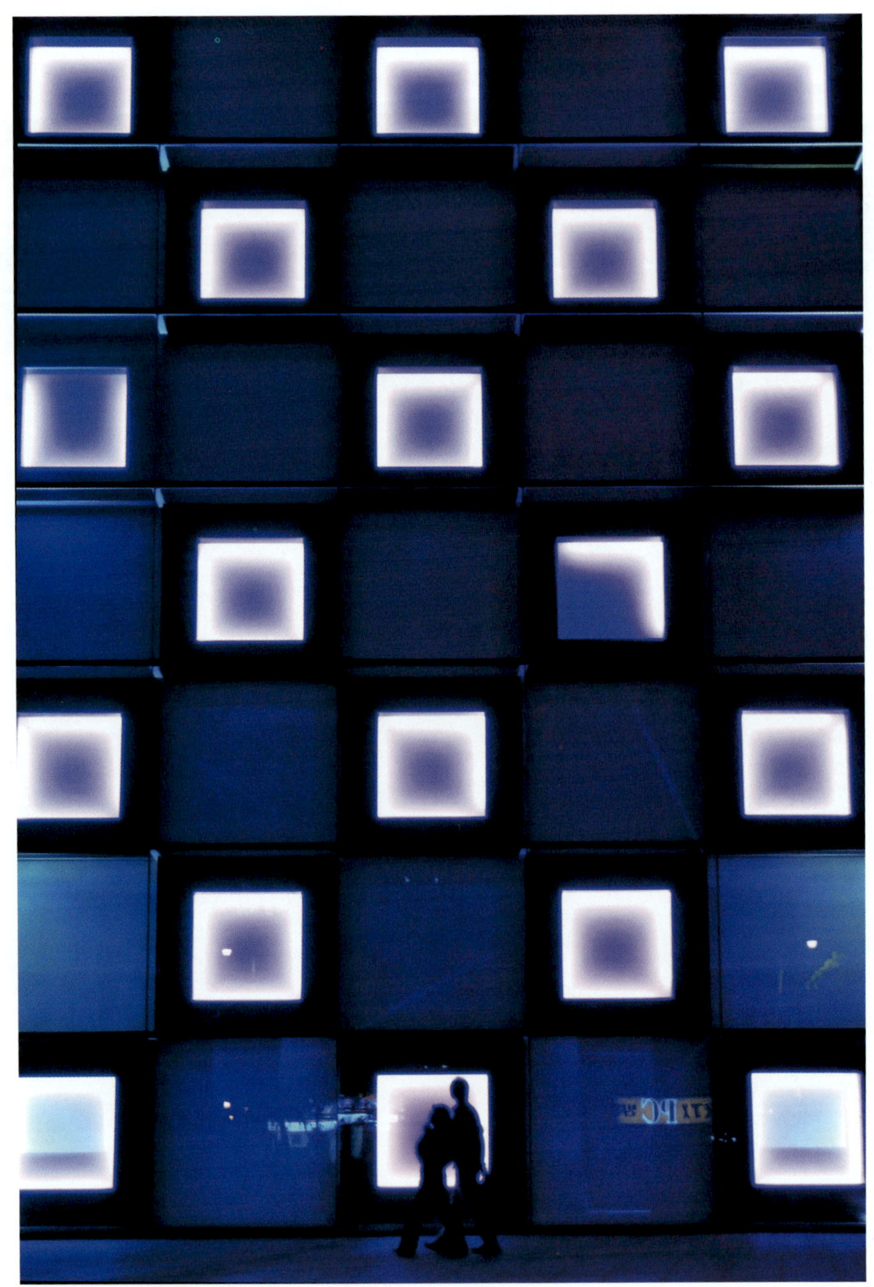

렌즈: 28-70mm F2.8 · 셔터속도: 1/100초 · 조리개: F2.8

바르게 잘 찍었다고 생각했는데 막상 결과물을 보면 사진이 기울어져 있어 실망하는 경우가 있습니다. 다음엔 주의해야겠다는 생각은 그때뿐, 사진을 찍고 보면 건물이나 지평선이 기울어져 있는 경우가 반복됩니다. 수평과 수직을 맞춰서 찍는 것이 기본이라는 것을 알고 있으면서도 실수를 반복하는 이유는, 사진을 찍을 때 피사체에만 너무 몰두한 나머지 배경을 신경 쓰지 못해서입니다.

수평 수직을 꼭 맞추고 싶다면 사진의 정면성을 고려해야 합니다. 정사각형이 모여 만들어진 정육면체를 그림으로 그리려면 정사각형만으로는 그릴 수 없는 것처럼, 사진은 3차원의 공간을 2차원의 평면으로 표현하기 때문에 정면에서 벗어나면 원근감과 왜곡이 생겨 어느 곳에 수평을 맞춰야할지 곤란해지는 경우가 있습니다.
원근감과 왜곡은 망원렌즈보다 광각렌즈에서 더 많이 나타나는데, 렌즈의 중심축에서는 왜곡이 일어나지 않으므로 화면의 중앙선을 기준으로 수평과 수직을 맞춰주면 기울지 않고 자연스러운 사진을 찍을 수 있습니다.

POINT 01

수평선, 지평선, 지면과 건물의 경계, 가로등, 전봇대, 바닥의 보도블록 등 파인더 안에 보이는 수평 수직을 정하는 기준선을 촬영 전에 한번 더 확인해보는 습관이 중요합니다.

POINT 02

피사체만 보지 말고 배경을 고려해서 주변까지 한번 더 보는 습관을 들이면 수평 수직을 맞추는 것 외에도 사진의 구석에 불필요한 부분이 들어가거나 혹은 피사체의 일부가 잘리는 일도 방지할 수 있습니다.

POINT 03

원근감과 왜곡이 있더라도 화면의 중심을 기준으로 수평 수직을 맞추면 대칭을 이루게 되어 사진이 기울어보이지 않게 됩니다.

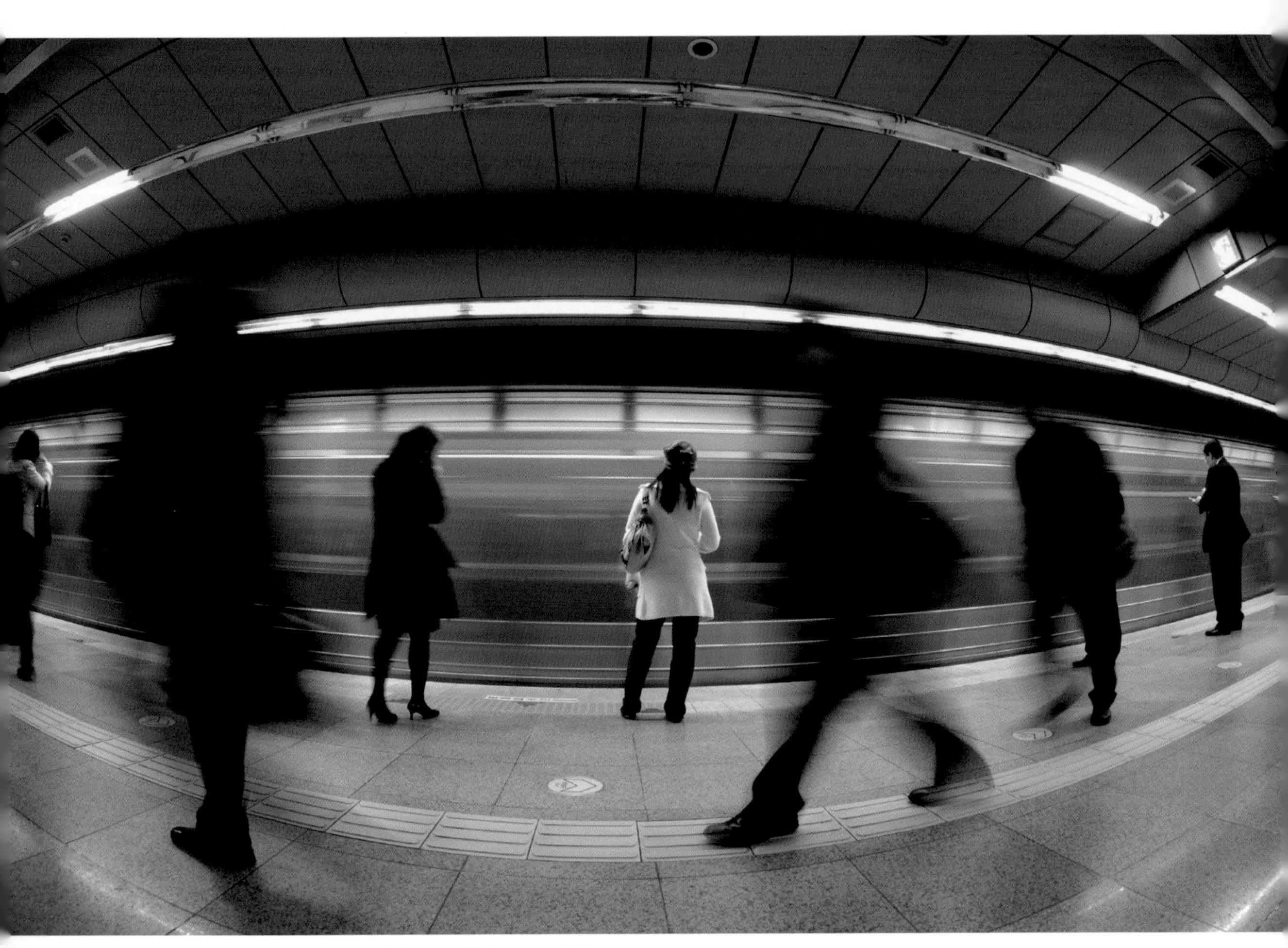

렌즈: 10-17mm F3.5-4.5 어안 · 셔터속도: 1/5초 · 조리개: F3.5

초점 맞추기 (오토포커스)

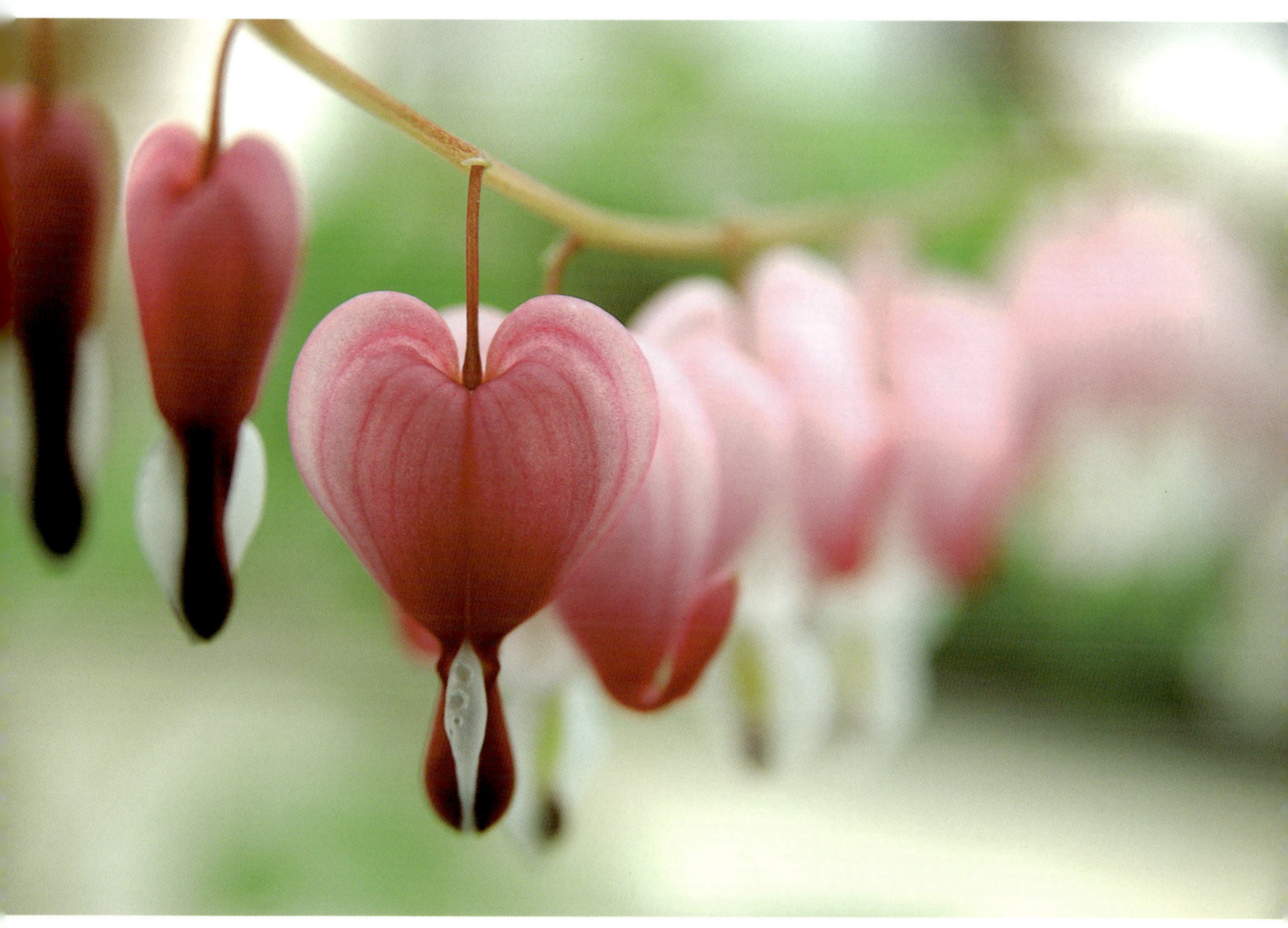

렌즈: 70mm F2.8 macro · 셔터속도: 1/60초 · 조리개: F5.0

처음 사진을 시작하는 사람들은 선명한 사진을 찍기 원합니다. 그러기 위해서는 정확하게 초점을 맞추는 것이 우선입니다.

예전에는 초점 링을 돌려가며 초점이 맞았는지 아닌지의 미세한 차이를 구분하며 수동으로 초점을 맞추어야 선명한 사진을 얻을 수 있었습니다. 하지만 요즘 우리가 사용하는 카메라는 모두 자동으로 초점을 맞춰주는 AF 기능을 가지고 있어서 따로 배우지 않더라도 빠르고 정확하게 초점을 맞출 수 있습니다. 오토포커스 카메라를 쓰면서도 초점이 맞지 않는 사진을 찍는 것은 카메라의 성능이 부족해서가 아니라 사진을 찍는 사람이 너무 기계에만 의존하기 때문입니다. 반셔터, 측거점 그리고 AF 방식에 대한 이해가 필요합니다. 아무리 빠르고 정확한 AF 능력을 가진 카메라로 촬영하더라도, 초점을 맞추는 것은 카메라지만 초점을 어디에 맞출 것인지를 결정하는 것은 촬영자의 몫입니다.

POINT 01

흐드러지게 핀 금낭화 군락을 보면 모든 꽃이 다 예쁘다는 생각이 들지요. 하지만 눈으로 봤을 때가 아니라 사진으로 찍었을 때 가장 예쁘게 나올만한 한 송이를 찾는 것은 카메라가 아니라 사람이 해야 할 일입니다.

POINT 02

가장 하트 모양으로 핀 꽃을 찾았다고 해도 카메라는 아직 그 꽃이 어느 꽃인지 모릅니다. 내가 찍고자 한 바로 그 꽃에 초점을 맞추는 것도 촬영자의 몫입니다.

초점 맞추기 (반셔터와 측거점)

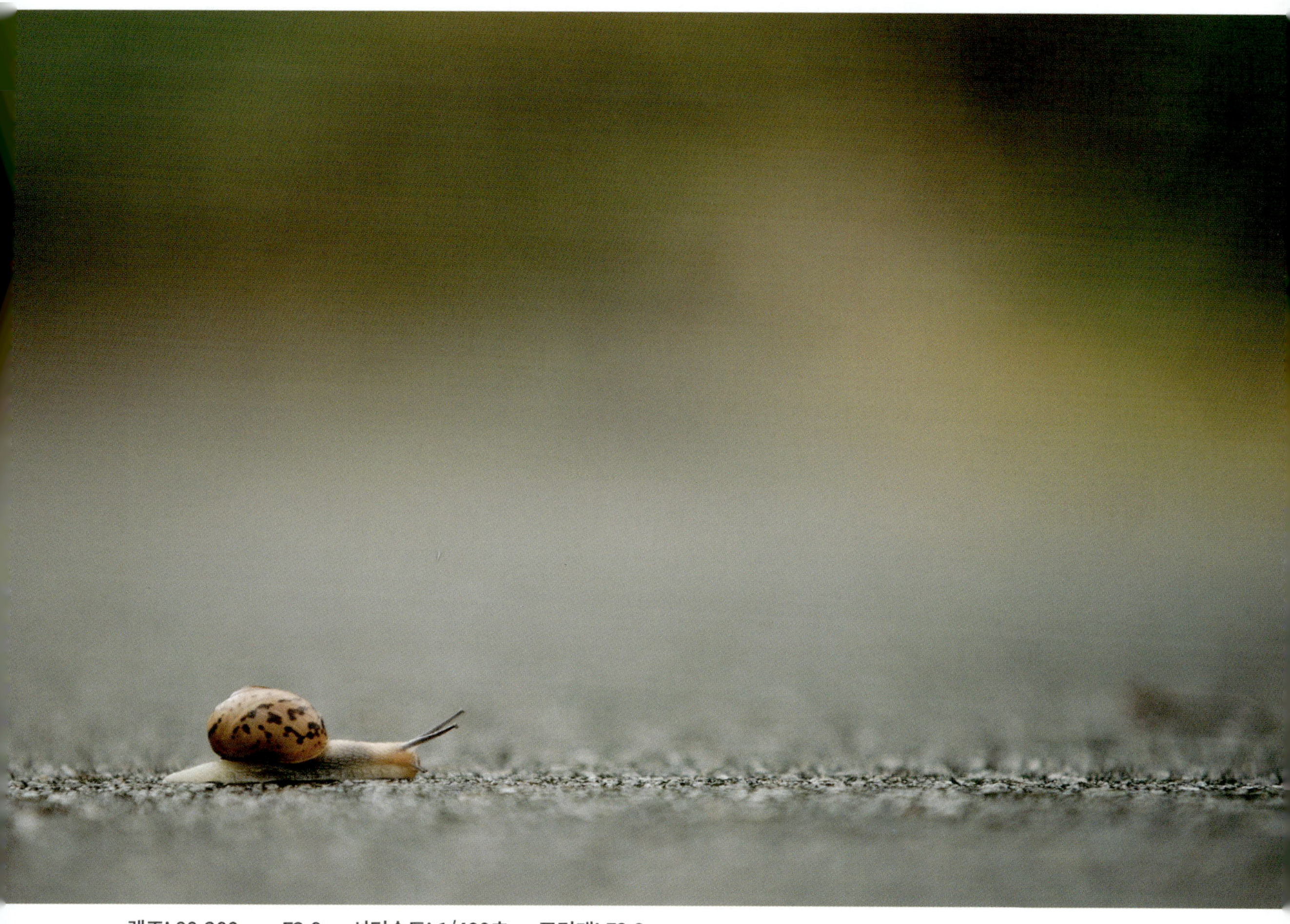

렌즈: 80-200mm F2.8 · 셔터속도: 1/400초 · 조리개: F2.8

화면의 중심에 초점을 맞추는 것이 카메라의 기본 설정입니다. 그러다 보니 사진의 중앙에 피사체를 놓고 찍는 경우가 대부분입니다. 중앙에 있는 측거점만을 사용해서 촬영을 하다 보면 구도가 마음에 들지 않는 사진이 나오기 쉽고, 측거점을 벗어난 피사체를 촬영할 때 초점이 어긋나는 경우가 생기기도 합니다. 화면의 중앙이 아닌 주변에 초점을 맞추는 방법으로는 반셔터를 이용하는 방법과 측거점을 활용하는 방법이 있습니다.

셔터버튼을 누르면 사진이 찍힙니다. 하지만 그 전에 초점을 맞추는 것도 셔터 버튼의 역할입니다. 그래서 셔터버튼은 한번에 눌러서 사진을 찍는 것이 아니라 초점을 맞추기 위해서 한 번, 그리고 촬영을 위해서 다시 한 번, 이렇게 두 번에 나눠서 눌러야 합니다.

초점을 맞추기 위해서 처음에 버튼 누르는 것을 반셔터라고 합니다. 버튼 위에 살짝 얹는다는 느낌으로 손끝에 살짝 무게를 실어주면 초점을 잡기 위해 모터가 작동합니다. 이렇게 초점을 맞춘 반셔터 상태에서는 손가락을 떼지 않으면 카메라를 움직여도 초점이 고정된 상태로 유지됩니다. 반셔터 상태에서는 피사체가 측거점에서 벗어나도 초점 변동 없이 구도를 바꾸어 촬영할 수 있습니다.

파인더 안에서 초점을 맞추는 지점을 측거점이라고 하는데, DSLR은 중앙뿐만 아니라 주변에도 초점을 맞출 수 있도록 여러 개의 측거점을 가지고 있습니다. 주변부의 측거점을 이용해서 초점을 맞추면 카메라를 움직이지 않고도 주변부에 있는 피사체에 초점을 맞출 수 있습니다.

POINT 01

셔터버튼은 한번에 눌러서 촬영을 하는 것이 아니라 반드시 두 번에 나눠서 누르는 것임을 기억해야 합니다. 반셔터로 초점을 맞추고, 반셔터 상태에서 구도를 정한 다음에 셔터를 눌러 사진을 찍어야합니다.

POINT 02

반셔터를 이용해서 촬영하는 것과 측거점을 바꿔서 구도를 결정하는 방법은 결과적으로는 같지만 사람마다 선호하는 방법이 다릅니다. 보통은 중앙부의 측거점이 정확성이 높아서 반셔터를 이용하는 것을 선호하지만, 반셔터 상태에서 움직여서 구도를 바꾸면 미세한 거리변화가 생기는 경우가 있어 측거점을 이용하는 것이 정확한 경우도 있습니다. 필자는 정지된 피사체는 반셔터를, 움직이는 대상은 측거점을 활용하는 편입니다.

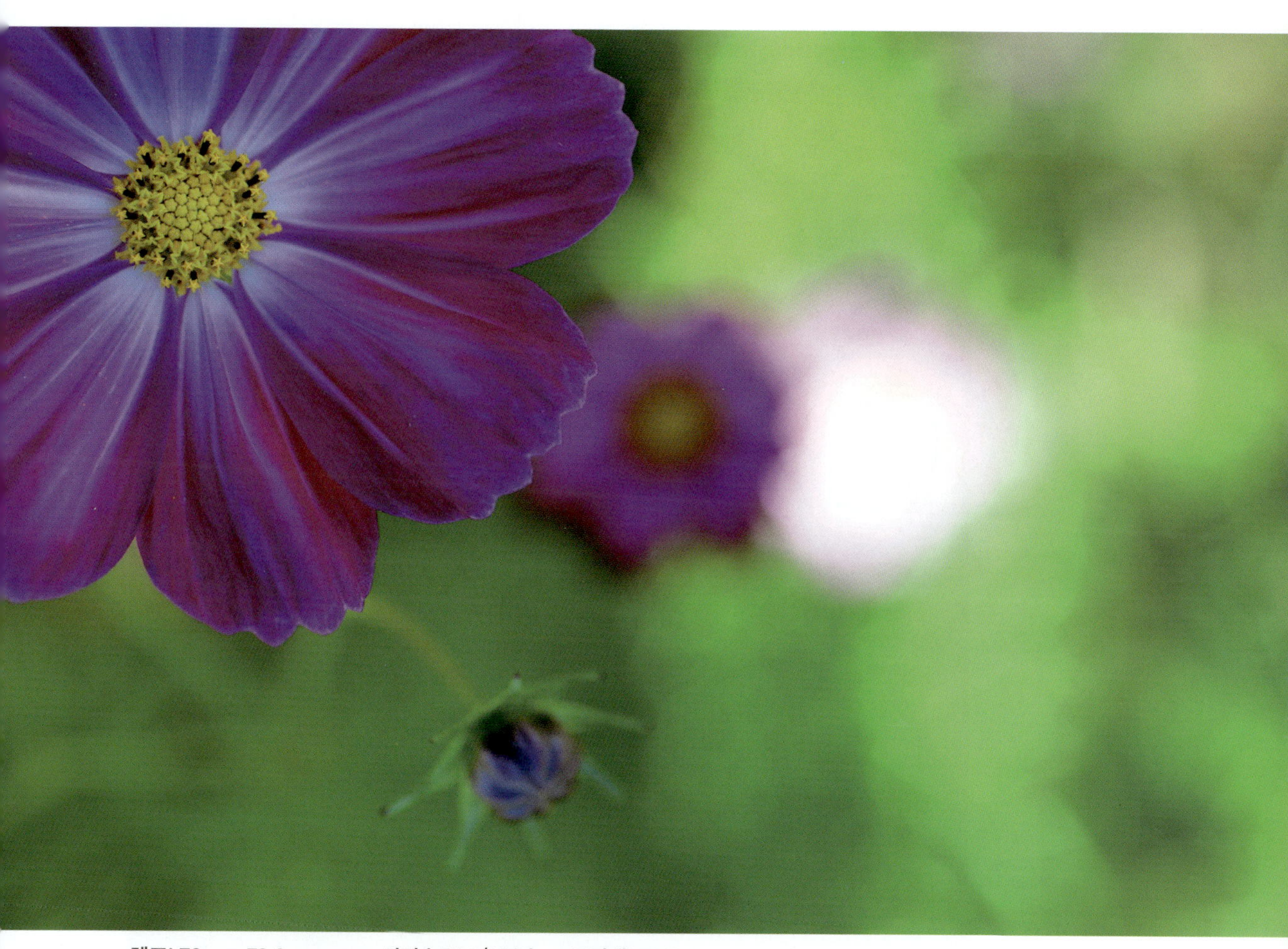

렌즈: 70mm F2.8 macro · 셔터속도: 1/200초 · 조리개: F4.5

초점 맞추기 (움직이는 대상)

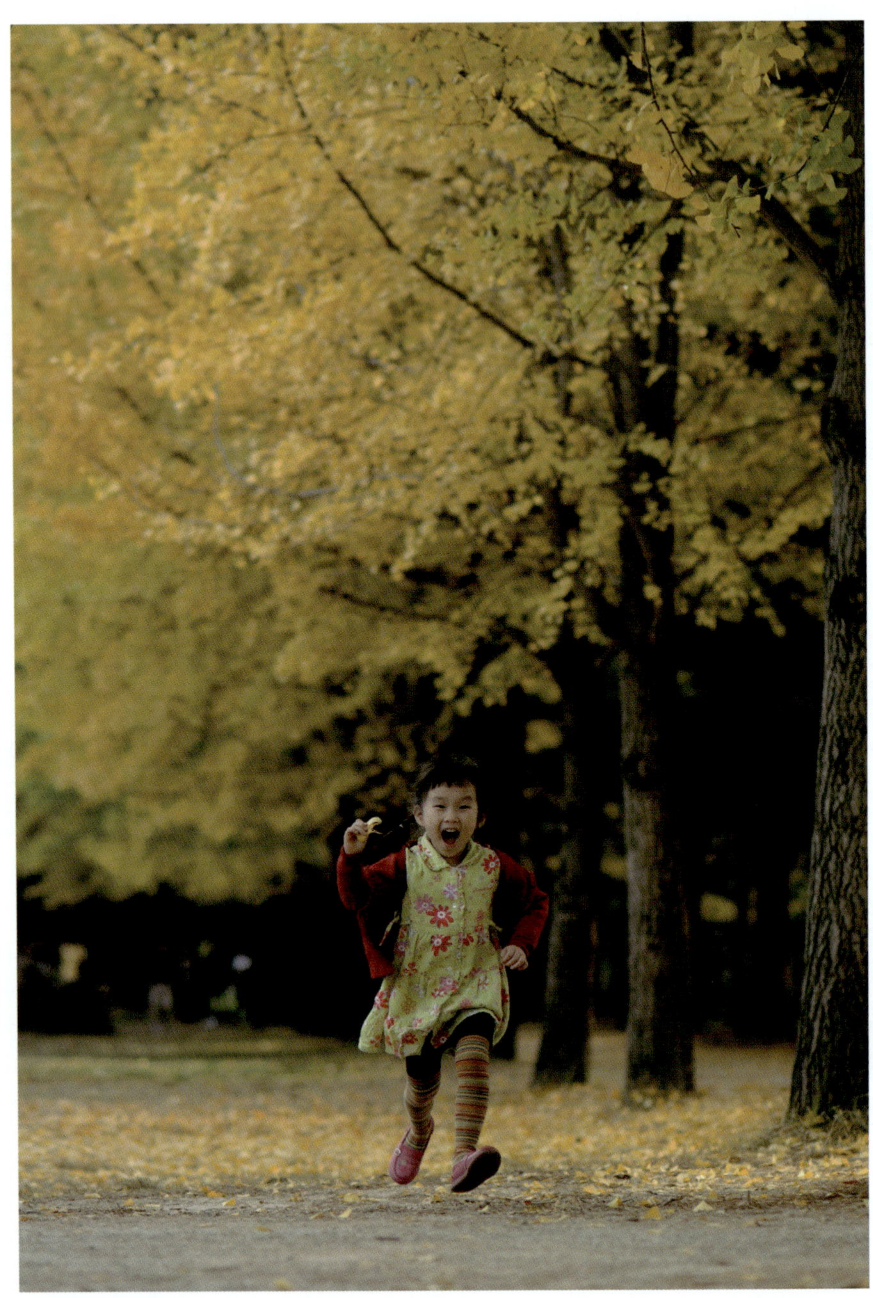

렌즈: 85mm F1.8 · 셔터속도: 1/8000초 · 조리개: F2.0

움직이는 대상을 찍는 일은 멈춰있는 대상을 찍는 일보다 어렵습니다. 그러다 보니 찍는 사람은 사진을 찍기 전엔 항상 "하나, 둘, 셋" 하고 부동자세를 취할 시간적 여유를 줘야 하고, 사진을 찍기 전에는 항상 부동자세로 멈춰야 하는 것이 찍히는 사람의 도리인 것처럼 인식되기 마련입니다. 이렇게 눈도 한번 깜박이지 않고 찍은 사진은 증명사진으로나 유용하지, 막상 찍고 보면 포즈나 표정이 어색하기 짝이 없습니다. 보다 자연스러운 사진을 위해서 이제부터는 자연스러운 움직임을 사진에 담는 연습이 필요합니다.

움직이는 대상을 찍을 때는 정지된 피사체를 찍을 때와는 다른 초점방식을 사용해야합니다. DSLR은 한번 초점을 맞추면 초점이 고정되는 싱글 초점(AF-S)과 반셔터 상태에서도 초점이 고정되지 않고 움직임에 따라 초점을 계속 맞춰나가는 연속 초점(AF-C) 두 가지의 AF 방식을 가지고 있습니다.
가만히 있는 대상을 찍을 때는 싱글 초점으로도 충분하지만, 움직이는 대상을 반셔터로 초점을 고정시키고 찍으면 대상이 움직이는 만큼 초점이 어긋나게 되므로 연속 초점 모드로 촬영해야 보다 정확하게 초점이 맞은 사진을 얻을 수 있습니다.
초점 방식을 알면 움직이는 대상을 보다 수월하게 찍을 수 있습니다. 가만히 서서 눈도 깜빡이지 않고 셔터가 눌리기만 기다리는 모습을 찍는 것보다, 걸어오거나 움직이는 순간을 담는 것이 보다 자연스러운 표정을 담을 수 있습니다.

POINT 01

앞뒤로 움직이는 대상을 찍을 때는 거리에 따라 대상의 크기가 달라지므로 어느 정도의 거리에서 촬영해야 내가 생각했던 구도에 어울릴지를 생각하면서 촬영하는 것이 좋습니다.

POINT 02

좌우로 움직이는 대상을 찍을 때는 움직임이 더 커지므로 측거점이 피사체에서 벗어나지 않도록 놓치지 않고 따라가면서 촬영해야합니다.

POINT 03

너무 빨라서 연속초점의 동체예측 성능으로 담지 못하는 상황이라면 미리 촬영할 지점에 초점을 맞춰놓고 피사체가 초점을 맞춘 지점을 지나는 순간을 담는 것도 하나의 방법입니다.

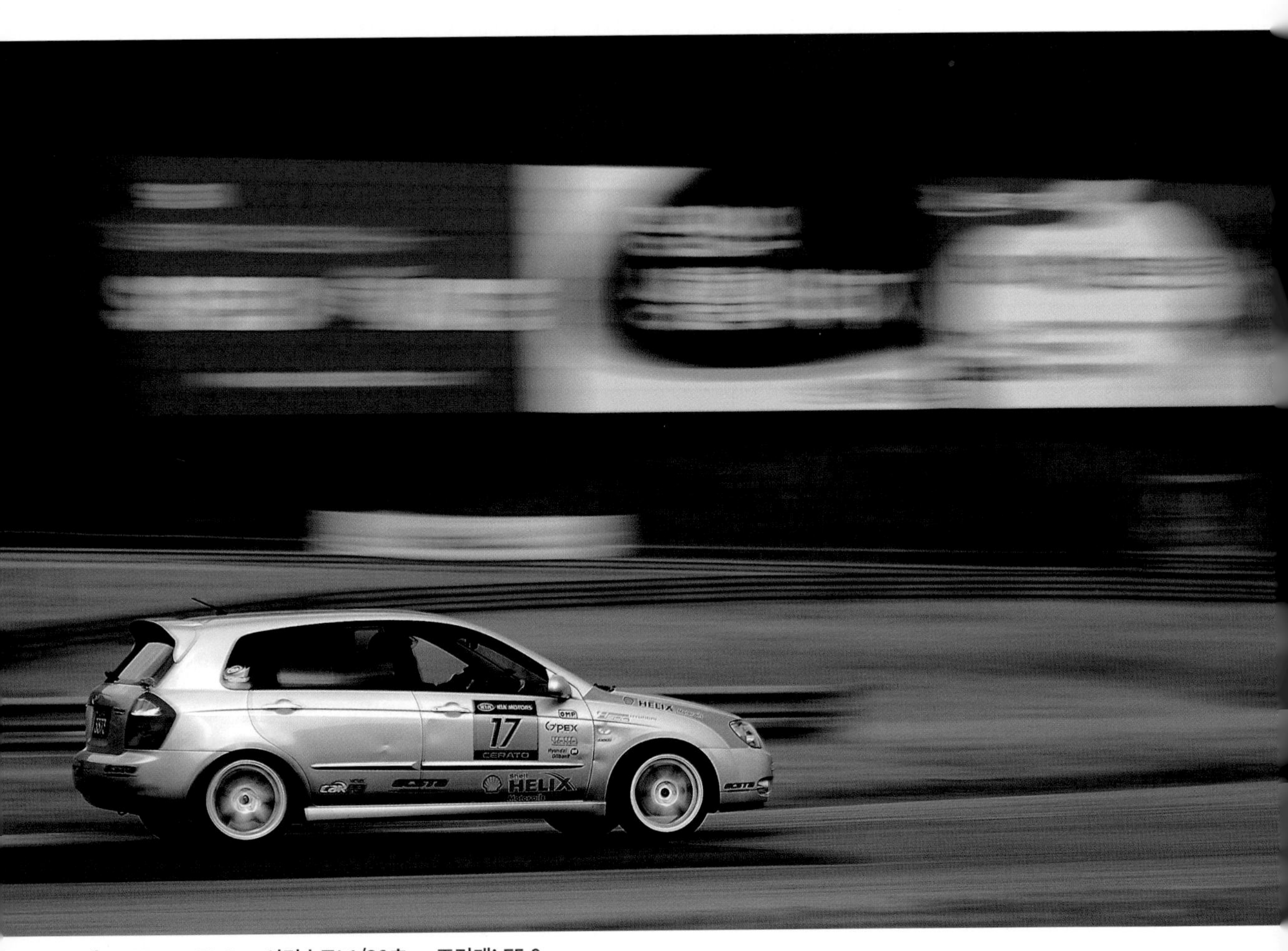

렌즈: 85mm F1.4 · 셔터속도: 1/30초 · 조리개: F5.0

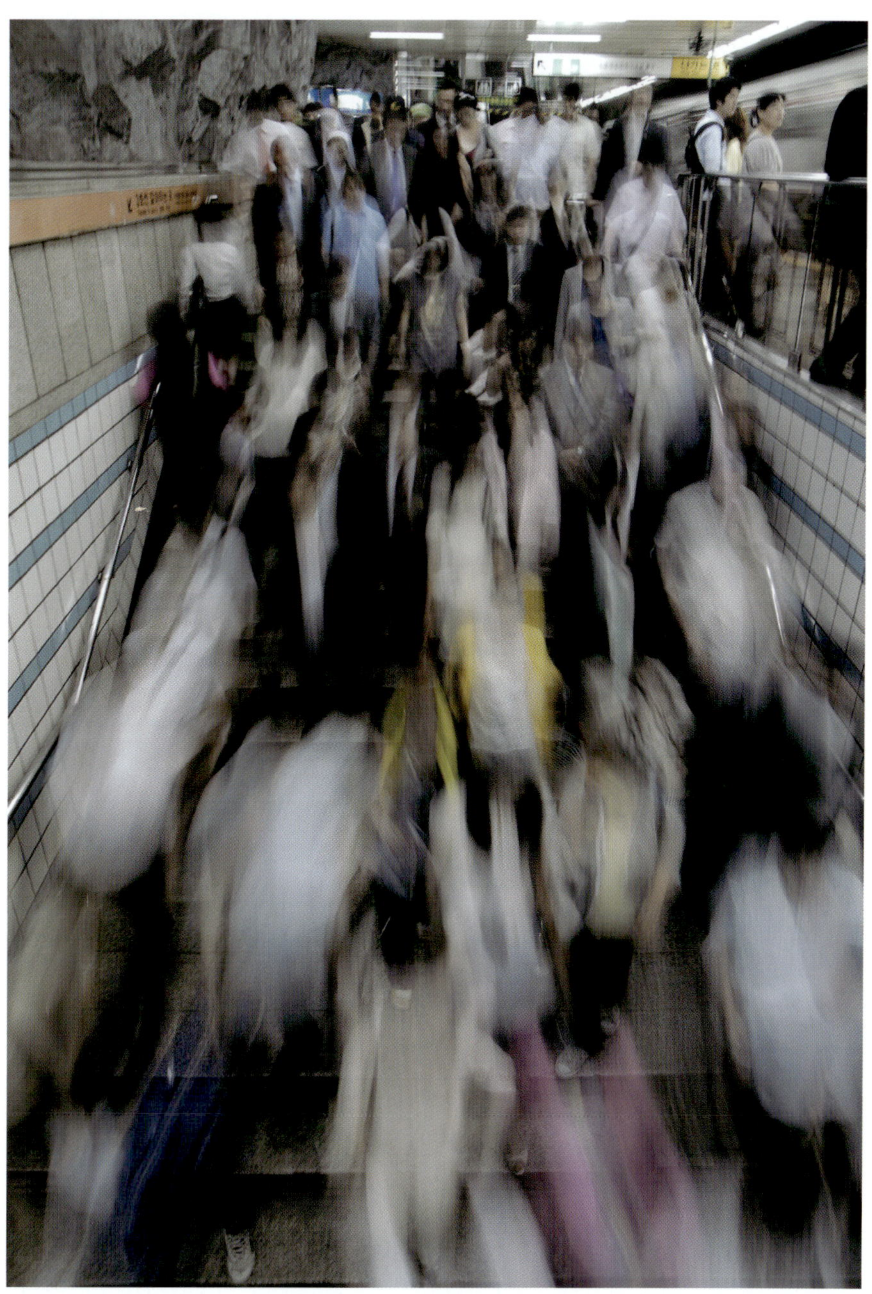

렌즈: 17-70mm F2.8-4 · 셔터속도: 1초 · 조리개: F8.0

셔터속도는 사진을 찍기 위해 카메라의 셔터가 열려있는 잠깐 동안의 시간을 말합니다. 카메라는 셔터가 열려있는 시간을 기록합니다. 셔터가 열려있는 동안 CCD에 들어온 빛의 양에 따라 사진의 밝기가 결정됩니다. 그 시간이 길면 움직임이 담겨 밝고 동적인 사진이 되고 시간이 짧으면 어둡고 움직임이 멈춘 정적인 사진이 됩니다.

그런데 셔터속도가 길다, 혹은 짧다고 할 때의 시간은 우리가 평소에 느끼는 시간과는 차이가 있습니다. 살다보면 흔히 '잠깐'이라는 말을 하게 됩니다. 아주 짧은 시간을 말하는 잠깐은 몇 초를 뜻하기도 하고 때에 따라서는 몇 분이 넘는 시간이 되기도 합니다. 우리에게 몇 초, 혹은 몇 분 정도는 짧은 시간이라고 생각되기 쉽지만 사진에서는 1초라는 시간도 아주 긴 시간입니다. 셔터속도를 이해할 때는 1초, 아니 0.1초도 긴 시간으로 받아들여야 합니다.

'잠깐'이라는 시간단위보다 짧은 시간을 말할 때, 말 그대로 눈 깜빡일 정도의 시간을 뜻하는 '순간'이라는 단어가 있습니다. 우리가 찍는 대부분의 사진은 0.1초도 안 되는 빠른 순간을 담기에 사진은 '잠깐의 미학'이 아니라 '순간의 미학'이라고 불리는 것일 겁니다.

시간은 누구에게나 똑같은 속도로 지나가지만 상황에 따라 그 빠르기는 상대적일 수 있습니다. 우리는 십여 분을 기다려야 할 때 '잠깐만 기다리세요.' 라고 말하고는 합니다. 하지만 0.01초 차이로 승부가 결정되는 100M 결승선의 선수들에게는 0.1초도 아주 긴 시간일 것입니다. 사진을 찍는 것도 100M 결승선의 긴박함과 비슷합니다. 셔터속도 1/250초가 0.004초 동안의 짧은 순간이라는 점을 보면 그리 억지스러운 비교는 아닙니다. 사진을 찍는 사람의 시계는 1초를 단위로 똑딱 똑딱 가는 것이 아니라 스톱워치의 숫자가 움직이듯 1/100초 혹은 1/1000초를 단위로 움직여야합니다.

POINT 01

눈깜짝일 순 瞬, 사이 간 間. 눈 깜짝일 사이의 짧은 시간을 순간이라고 말합니다. 우리가 눈을 깜짝이느라 볼 수 없었던 시간은 아주 짧지만, 그 사이 우리가 보지 못했던 것들은 생각보다 많습니다. 사람은 눈을 깜박이는 동안 볼 수 없지만 카메라는 바로 그 순간을 기록하는 것입니다.

POINT 02

셔터속도는 사진의 움직이는 정도를 조절하는 역할을 함과 동시에 빛이 들어오는 양을 조절하여 노출을 결정하는 중요한 요소입니다. 셔터 속도가 길면 밝은 사진이 느리면 어두운 사진이 나옵니다.

셔터속도는 촬영자가 임의로 정하는 것이 아니라 피사체의 밝기에 따라 제한이 있습니다. 내 카메라가 1/8000초를 찍을 수 있다고 해도 짧은 시간동안 그만큼 밝은 빛이 있어야 가능합니다. 빛이 충분하지 않은데 무조건 순간을 잡겠다고 1/8000초로 찍으면 그냥 어둡게 나올 뿐입니다.

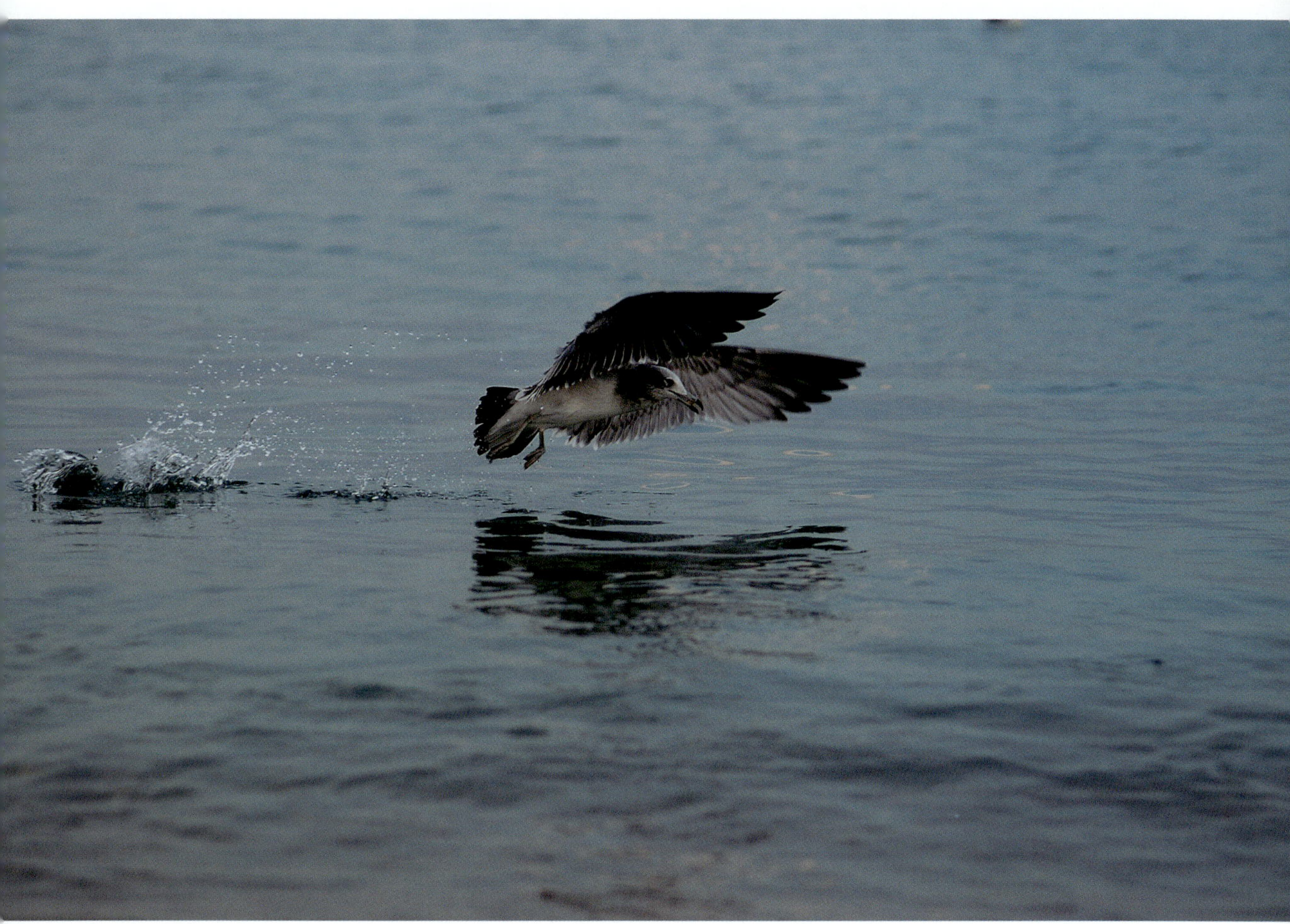

렌즈: 85mm F1.8 · 셔터속도: 1/1000초 · 조리개: F2.0

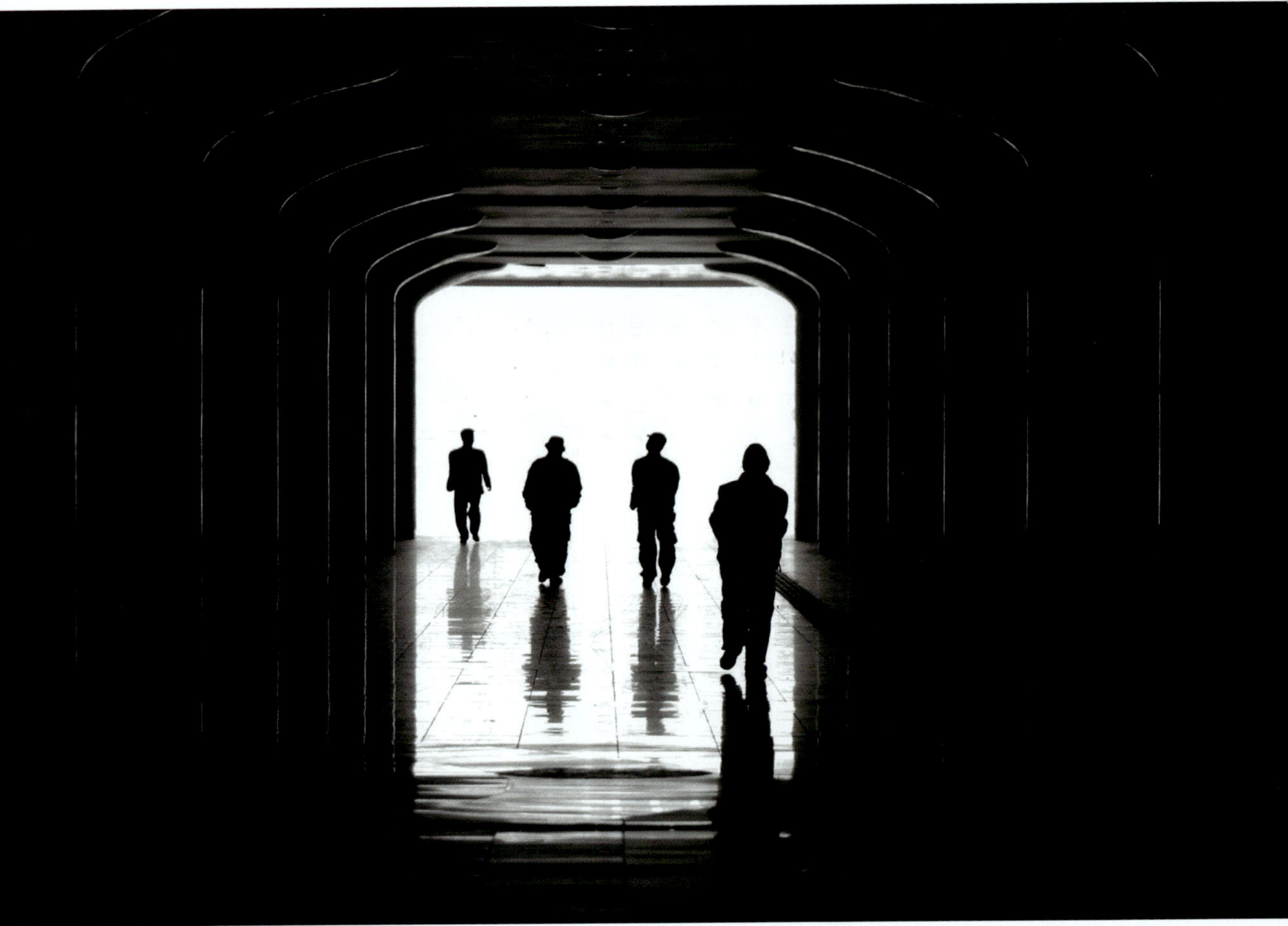

렌즈: 100mm F2.8 · 셔터속도: 1/160초 · 조리개: F3.2

카메라의 메커니즘을 이야기할 때 사람의 눈과 비교하는 경우가 많습니다. 렌즈는 각막과 수정체, 필름은 망막, 눈꺼풀은 셔터, 그리고 조리개는 홍채(동공)와 유사한 기능을 가지고 있습니다.

동공의 크기를 조절하는 홍채는 들어오는 빛의 양을 조절해줍니다. 어두운 곳에서는 동공이 커지고 밝은 곳에서는 작아집니다. 그래서 맑은 날 야외에서나 형광등아래의 실내에서나, 어느 정도의 밝기가 확보된다면 우리가 늘 일정한 밝기를 보는 것처럼 느끼게 해줍니다. 동공처럼 카메라의 조리개도 그 크기에 따라 빛이 들어오는 양을 조절해줍니다. 조리개를 조이면 사진은 어둡게 나오고, 조리개를 열면 더 밝은 사진이 됩니다.

그 구조와 원리가 비슷해 보이기는 하지만 카메라와 눈은 여러모로 다릅니다. 사람의 눈은 의지를 가지고 조절할 수 없지만 카메라는 셔터속도와 조리개를 조절해서 더 빠르게 혹은 느리게, 더 어둡게 혹은 밝게 담아낼 수 있습니다.

사진이 눈에 보이는 그대로를 담아낸다고 생각하기 쉽지만, 우리가 멋있다고 생각하는 사진들은 눈으로 본 것을 담은 것이 아니라 눈으로 보기 어려운 장면을 담아낸 것일 때가 더 많습니다.

POINT 01

조리개를 조절할 수 있다는 것은 빛을 조절할 수 있다는 의미이기도 합니다. 사람의 눈은 자율신경에 의한 무조건반사인지라 더 밝거나 더 어둡게 볼 수 없지만 조리개를 조절하면 낮에도 어두운 사진을, 밤에도 밝은 사진을 찍을 수 있습니다.

POINT 02

사진을 눈에 보이는 그대로 찍어야 한다는 생각을 버리고 상상력을 발휘해야합니다. "지금 내가 보고 있는 풍경보다 더 어둡다면 어떨까?"라는 생각을 해보고, 조리개를 적정 값보다 2스톱 낮춰서 찍으면 뜻밖의 결과물을 얻을 수 있습니다.

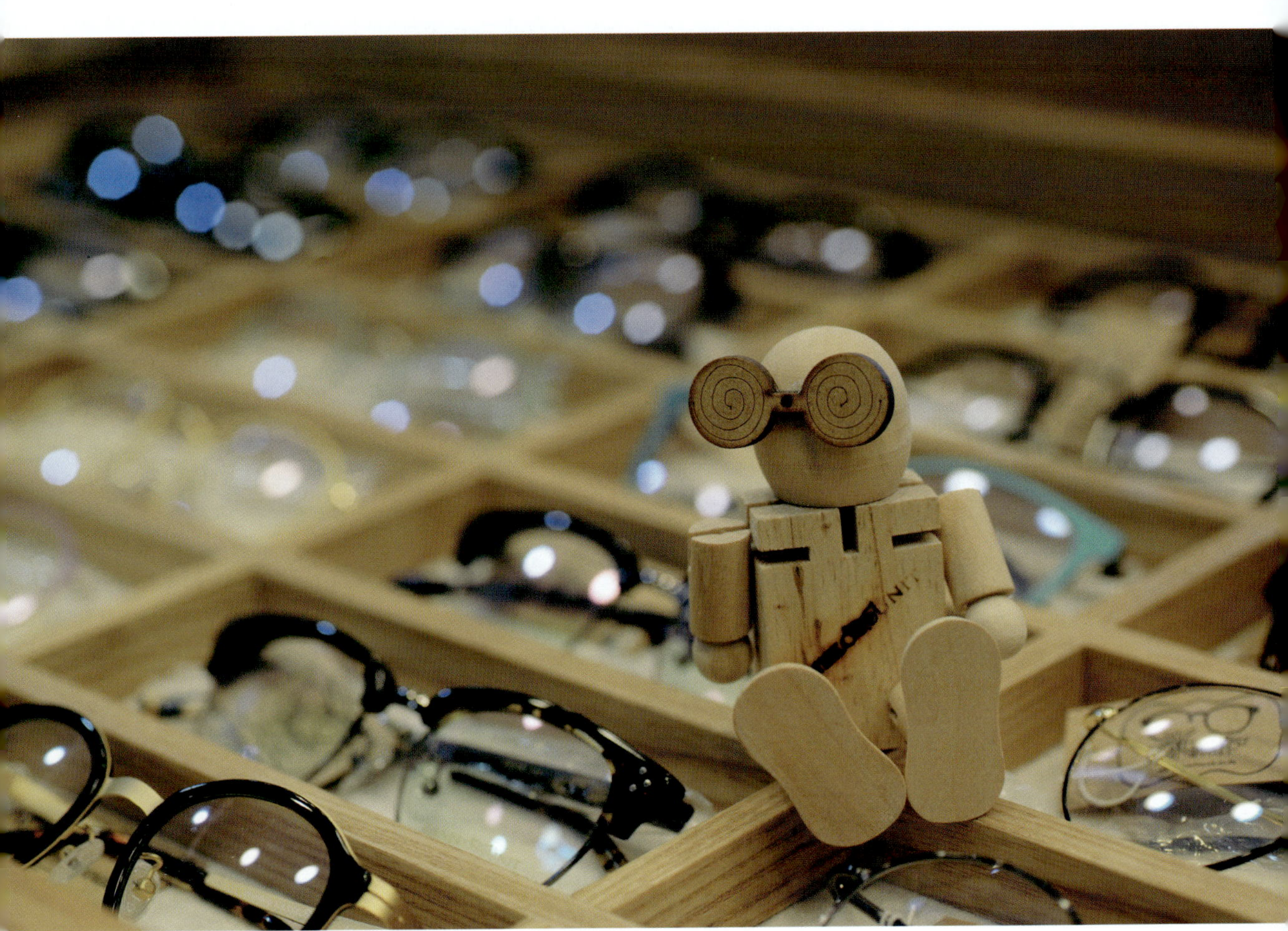

렌즈: 70mm F2.8 macro · 셔터속도: 1/250초 · 조리개: F4.0

조리개는 사진을 밝고 어둡게 하는 것 외에도 사진의 심도를 조절하는 중요한 요소 중 하나입니다. 콤팩트 디지털 카메라나 스마트폰 카메라를 사용하는 사람들이 가장 아쉬워하는 것 중 하나가 인물은 선명하고 배경이 흐린 아웃포커싱 사진일 것입니다. 렌즈의 초점거리, 피사체와 카메라와의 거리 등 여러 변수가 있겠지만, 렌즈만 놓고 보면 조리개 직경(초점거리/조리개 값)에 따라 사진의 심도가 달라집니다. 커다란 직경의 DSLR 렌즈와 달리 5-6mm 정도의 크기인 사람의 동공이나 그보다도 작은 스마트폰 카메라의 조리개로는 만족할 만큼 배경이 흐려진 심도 표현이 어렵습니다.

사진은 눈에 보이는 것을 찍는 것이 아니라 머릿속의 생각을 담아내는 것입니다. 그러기 위해서는 휴먼 아이Human eye가 아니라 카메라 아이Camera eye로 바라보는 연습이 필요합니다.

POINT 01

초점이 맞는 영역이 클수록 심도가 깊다고 말하고(팬포커스) 영역이 작을수록 심도가 얕다는 표현을 씁니다. 흔히 말하는 아웃포커스는 심도가 얕아서 초점이 맞지 않은 영역이 많아 배경이 흐린 사진을 말합니다.

POINT 02

심도는 렌즈의 초점거리가 길수록 얕아집니다. 그래서 망원렌즈를 사용하면 배경 흐림이 좋습니다. 또한 피사체와 거리가 가까울수록 심도가 얕아집니다. 그래서 접사촬영을 하면 스마트폰으로도 어느 정도 배경이 흐려진 사진을 얻을 수 있습니다. 그리고 조리개가 클수록(조리개 숫자가 작을수록) 배경이 많이 흐려집니다. 보편적으로 조리개 값이 작고 밝은 렌즈일수록 가격이 더 비싸고 화질이 좋습니다.

조리개 값은 왜 불규칙(?)한 것일까?

사진은 빛이 있어야만 찍을 수 있고, 빛의 양에 따라 사진의 밝기(노출)가 결정됩니다.
사진의 노출은 셔터속도와 조리개로 조절할 수 있습니다. 셔터속도는 빛이 들어오는 시간을 조절하고, 조리개는 빛이 들어오는 구멍의 넓이를 열거나 조이는 것으로 조절합니다.
셔터속도 1/30초가 왜 1/60초보다 2배 많은 빛이 들어오는지는 이해하기 쉽습니다. 반면 조리개는 숫자가 불규칙한 데다 숫자가 커질수록 어두워지기에, 설명이 부족하면 왜 f/2.8이 f/4보다 2배 밝은지 이해하지 못하고 그냥 외워버리는 경우가 많습니다.
무엇이든 모르면 어렵지만 알고 나면 쉽습니다. 조리개 값도 왜 그렇게 표기하는지를 알고 나면 그리 어렵지 않습니다.

조리개 값은 렌즈의 초점거리(f) ÷ 조리개의 직경(렌즈의 유효구경)을 말합니다.
다시 말하면 렌즈의 조점거리 ÷ 조리개값 = 조리개 직경 이 됩니다.
표준렌즈가 불리는 50mm 렌즈를 예로 들자면
조리개 직경이 렌즈의 초점거리와 같은 50mm라면 조리개 값은 f/1이 되고
조리개 직경이 렌즈의 초점거리의 1/2인 25mm가 되면 조리개 값은 f/2
조리개 직경이 렌즈의 초점거리의 1/4인 12.5mm가 되면 조리개 값은 f/4가 됩니다.

조리개 값이 커질수록 조리개의 직경은 줄어들고 들어오는 빛의 양도 적어지므로 사진은 어둡게 찍힙니다. 그런데 앞에서 말했지만 빛의 양을 조절하는 것은 조리개의 직경이 아닌 조리개의 면적입니다. 조리개 직경이 2배 줄면 면적은 4배가 줄어들게 됩니다. 다시 말하면 면적이 2배가 변하는 것은 조리개 값이 $\sqrt{2}$배(약 1.4) 변할 때인 것입니다.

조리개 값을 1스톱(빛의 양이 2배가 되는 단위) 단위로 표시하면
f/1 f/√2 f/√4 f/√8 f/√16 f/√32 f/√64 …… 이 되지만 셔터속도의 경우도
1 1/2 1/4 1/8 1/15 1/30 1/60을 분모만 표기하여 1″ 2 4 8 15 30 60 로 적듯이 조리개 값도 분모의 근사치인
1 1.4 2 2.8 4 5.6 8 11 16 으로 표시하는 것입니다.

사진은 요리다

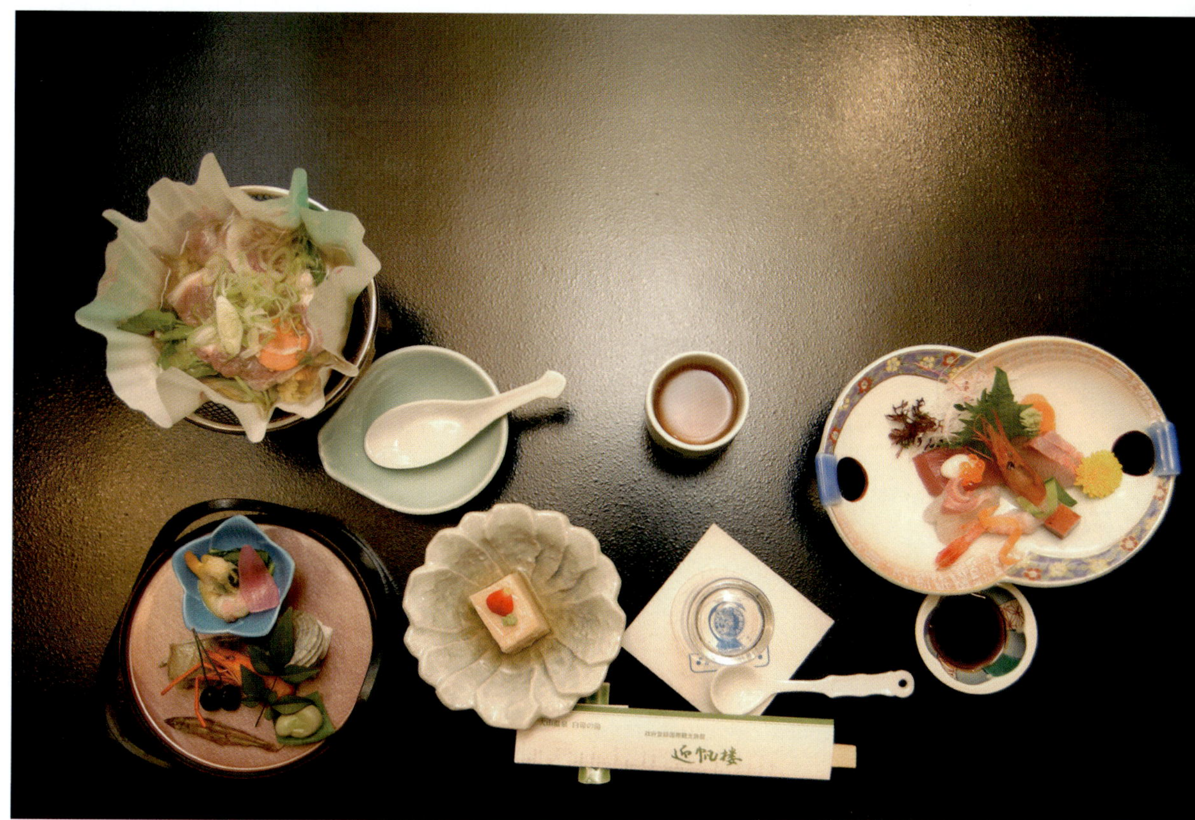

렌즈: 17-50mm F2.8 · 셔터속도: 1/50초 · 조리개: F3.5

요리사가 요리를 합니다. 고기와 야채를 손질하고 냄비와 프라이팬에 익혀서 예쁜 그릇에 담아 먹음직스럽게 내어놓습니다.

음식은 재료에 따라 천차만별로 달라지고 같은 재료라도 굽고 끓이고 볶고 삶는 조리 방법에 따라 그 맛이 천차만별입니다. 재료의 신선함도 중요하지만 재료가 너무 덜 익거나 타지 않도록 적당히 불 조절을 하는 것도 중요합니다. 또 요리에 따라 그에 맞는 조리 기구도 있어야 하지요. 신선한 재료, 좋은 조리기구, 알맞은 조리법, 거기에 보기에도 먹음직스러운 모양새까지. 모든 것이 조화를 이룰 때 비로소 맛있는 음식이 완성되는 것입니다. 거기에 요리사의 비법과 손맛이 들어가면 같은 재료로 음식을 만들어도 그 맛이 깊어집니다.

컵라면에 물을 부은 것을 요리라고 하지 않고, 3분 요리를 전자레인지에 데워서 내어놓는 사람을 보고 요리사라고 부르지도 않습니다. 요리란 프라이팬이나 가스레인지가 만들어주는 것이 아니라 사람이 만드는 것이기 때문입니다. 누가 어떻게 만드느냐에 따라 라면으로도 멋진 퓨전요리가 만들어집니다. 반면 아무리 좋은 프라이팬을 가지고 있어도 음식을 태우면 먹을 수 없게 되는 것입니다.

사진은…… 빛으로 만드는 요리입니다.
사진은 카메라가 찍어주는 것이 아니라 카메라로 사람이 담는 것입니다.
사진도 음식만큼이나 다양합니다. 사진을 찍으려면 카메라도 중요하고, 렌즈도 중요하고, 노출과 구도, 촬영기법도 알아야합니다. 그리고 이 모든 것이 사진가에 의해 조화를 이룰 때 비로소 좋은 사진이 나오게 되는 것입니다. 물만 부으면 완성되는 컵라면처럼 전자동 모드로 셔터만 누르는 것이 아니라, 카메라라는 도구로 빛을 요리해서 사진을 만들 줄 알아야합니다.

POINT 01

음식을 주문하고 상차림이 끝나면 먹기 전에 인증샷을 찍는 일이 당연한 풍경이 되었습니다. 사소한 인증샷 하나도 어떻게 찍으면 더 먹음직스럽게 나오고 예쁘게 나올까 한 번 더 생각하다 보면 의외의 작품이 나오기도 합니다.
기왕 남들 눈치 보며 찍는 거, 자리에서 일어나서 찍어보면 평소 앉아서 먹을 때와는 다른 느낌으로 찍을 수 있습니다.

POINT 02

조금 더 그럴 듯하게 나올 수 있도록 음식이 담긴 그릇의 위치를 바꿔보기도 하고, 상차림 전체도 찍어보고, 음식 하나하나를 따로 찍어보는 것도 좋습니다.

POINT 03

음식이 돋보일 수 있게 사진을 담으려면 단순한 배경을 선택하는 것이 좋습니다.

화이트밸런스

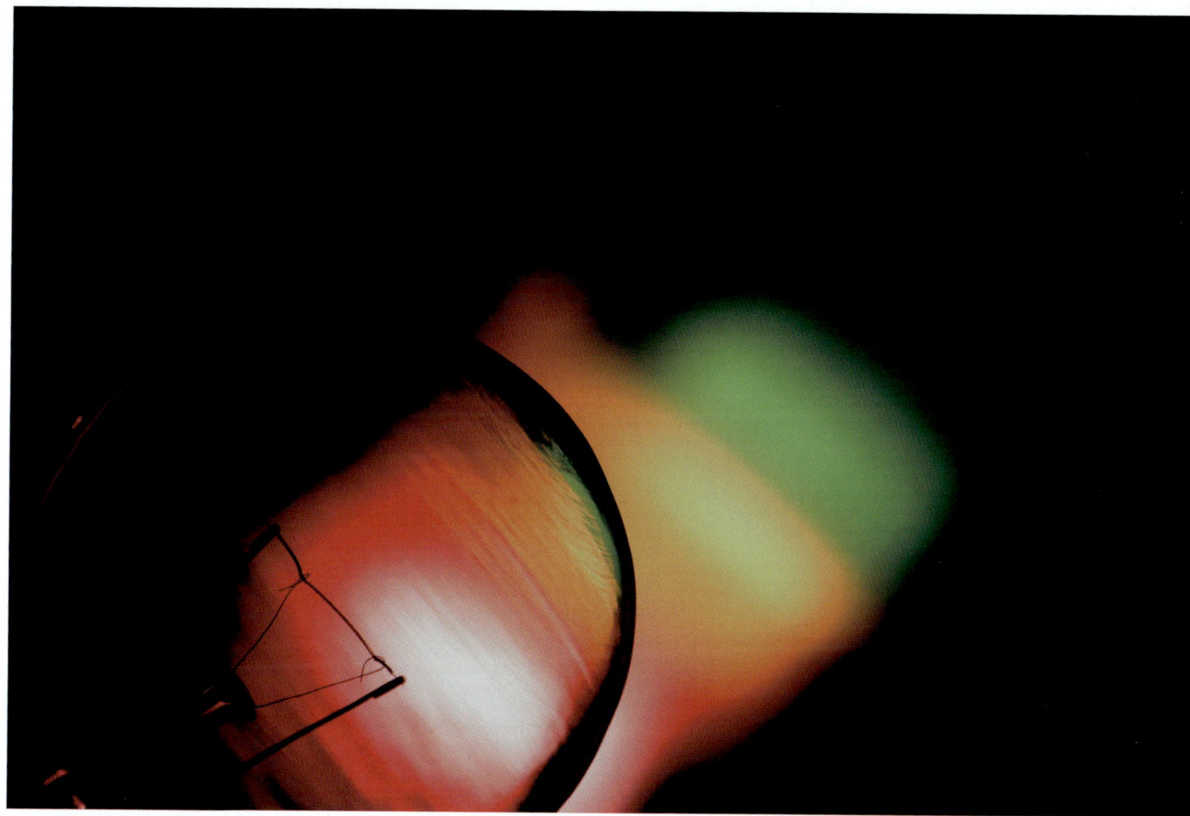

렌즈: 60mm F2.8 macro · 셔터속도: 1/1600초 · 조리개: F5.6

사진을 '빛으로 그리는 그림'이라고도 합니다. 그만큼 사진에서는 빛이 중요하며, 사진을 찍을 때 빛에 대한 물리적인 이해가 있으면 도움이 됩니다.

빛은 입자의 성질과 파동의 성질을 가지는 전자기파이며 파장에 따라 X선, 자외선, 가시광선, 적외선으로 구분됩니다. 이 중 가시광선은 사람의 눈으로 볼 수 있는 빛의 영역인 380~770nm 범위의 파장 한계 내에 속하는 전자기파를 말합니다.

빛은 서로 다른 굴절률을 가진 매질을 통과할 때 굴절하고, 입자에 부딪히면 퍼지는 산란현상이 일어납니다. 물질에 부딪혀 통과하지 못한 빛은 흡수되거나 반사됩니다. 카메라가 빛을 모아 사진으로 만드는 것은 빛의 굴절을 이용한 것이고, 하늘이 파랗게 보이는 것은 빛의 산란 때문입니다.

우리가 보는 빛에는 각각의 파장의 빛들이 섞여있습니다. 빛은 파장에 따라 서로 다른 색을 가지게 됩니다. 프리즘을 통과한 빛이 무지개 색으로 보이는 것도 파장에 따라 색이 다르게 보이기 때문입니다.

빛이 가지는 색은 절대온도(캘빈 온도) 단위로 표시하며 '색온도'라고 부릅니다. 색온도는 우리가 흔히 아는 뜨겁고 찬 온도와는 무관하며, 색온도가 낮을수록 적외선과 가까운 붉은 색을 띠고 색온도가 높을수록 푸른빛을 띱니다. 그래서 빛이 가진 색온도가 높으면 차가운 느낌이 들고 색온도가 낮으면 따뜻한 느낌을 줍니다.

사진을 찍으면 조명이 가진 색온도에 따라 사진의 전체적인 색이 달라져 정확한 색 표현을 할 수 없게 됩니다. 같은 회색을 찍어도 색온도가 높은 조명에서는 파랗게, 색온도가 낮은 조명에서는 붉게 나옵니다. 조명의 색온도에 따라 달라지는 색을 보정해 원래의 색으로 표현해주는 것이 화이트밸런스입니다.

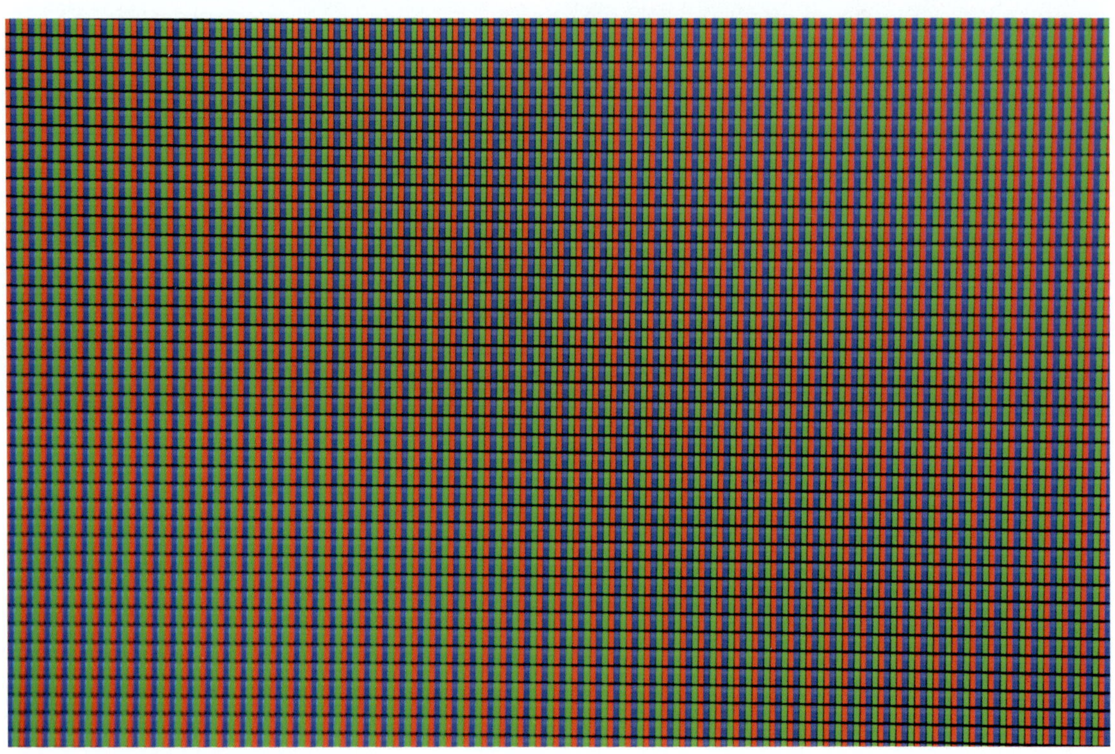

렌즈: 스마트폰에 접사필터 부착 · 셔터속도: 1/125초 · 조리개: F1.8

빨강, 초록, 파랑의 세 가지 빛을 빛의 삼원색이라고 합니다. 이 세 가지의 빛을 조합하면 모든 색을 표현할 수 있습니다. 노트북 액정을 확대해보면 하나의 픽셀이 이 세 가지 색의 조합으로 만들어져 있는 것을 알 수 있습니다. 세 개의 불이 다 들어오면 흰색이 되고, 모두 꺼지면 검정이 되고, 빨강과 초록이 켜지고 파랑만 꺼지면 파랑의 보색인 노랑이 됩니다. 빨강의 보색은 청록(시안), 초록의 보색은 자주(마젠타)입니다.
위의 사진은 모니터를 접사 촬영한 것입니다. 이렇듯 가까이서 들여다보면 모니터 내에 담겨있는 삼원색을 볼 수 있습니다.

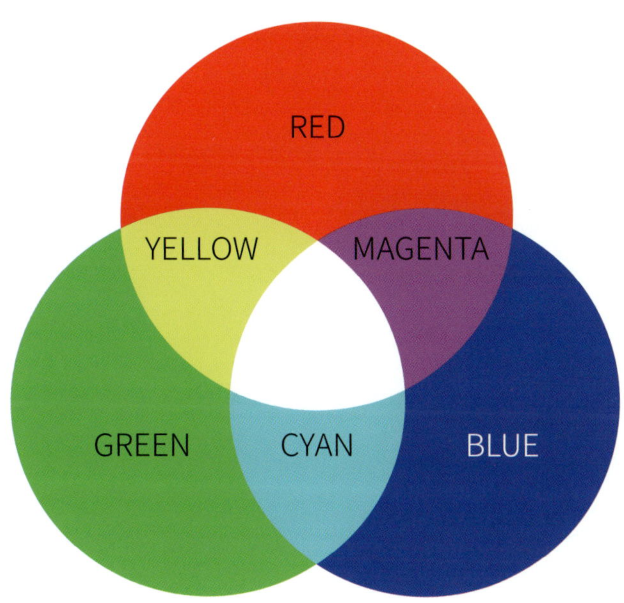

노출계

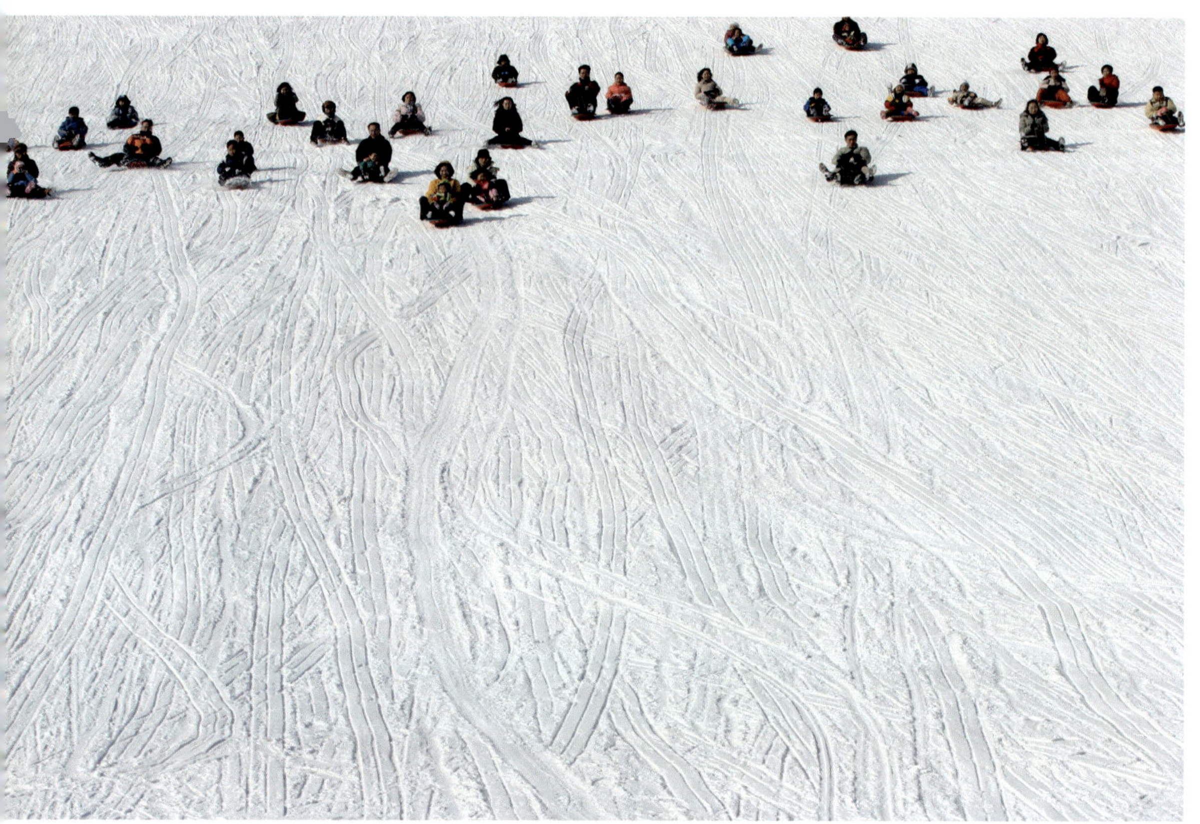

렌즈: 70-200mm F2.8 · 셔터속도: 1/250초 · 조리개: F11.0

요리에서 음식이 설익거나 타지 않도록 불의 강약과 조리 시간을 조절하여 적당히 익히는 것이 중요한 것처럼, 사진도 빛의 강약과 시간을 조절하는 것이 관건입니다.

사진에서 조리개로 빛의 강약을 조절하고 셔터속도로 시간을 조절하여 사진의 밝기를 정하는 것을 노출이라고 합니다. 카메라에는 빛의 양을 측정하여 촬영하는 셔터속도와 조리개 값을 알려주는 노출계가 내장되어있습니다. 기술이 발전하면서 노출계의 성능도 좋아져서 일반적인 경우라면 노출계가 알려준 대로 찍으면 문제가 없지만, 가끔은 내가 생각한 것과는 전혀 다른 밝기의 사진이 나오기도 합니다.

카메라에 내장된 노출계는 피사체로 들어오는 빛의 밝기를 측정하는 것이 아니라 피사체가 반사한 빛의 양을 측정합니다. 카메라는 밝기만을 구분할 뿐이고 사물의 채도나 명도를 판단하지는 못하므로, 18%의 반사율을 가진 회색(채도가 아니라 명도로서의 회색)을 기준으로 빛의 양을 측정합니다. 그러다 보니 동일한 밝기의 조명에서도 피사체의 밝기(반사율)에 따라 노출값이 다르게 변하는 단점이 생기게 됩니다. 18%보다 반사율이 높거나 낮은 피사체를 찍으면 반사율이 높은 흰색은 더 어둡게 나오고 반사율이 낮은 피사체는 더 밝게 나옵니다. 즉, 모든 사물을 회색으로 찍게 됩니다.

카메라로 노출을 측정할 때는 중간 정도의 회색과 비슷한 곳을 측광하여 기준으로 삼는 것이 좋습니다. 가장 좋은 방법은 그레이 카드를 이용하는 것인데, 노출의 기준인 18%의 반사율을 가진 회색으로 칠해진 회색의 종이가 그레이 카드입니다. 카메라의 노출계로 그레이 카드를 측광하면 보다 정확한 노출값을 얻을 수 있습니다. 카메라에 내장된 노출계와는 달리 피사체로 들어오는 빛의 양을 직접 측광하는 방식의 입사식 노출계를 따로 준비하면 정확한 노출값을 구할 수 있기도 합니다.

사진을 찍을 때 밝은 곳과 어두운 곳의 노출 차이가 많이 나는 경우, 어느 한쪽에 노출을 맞추면 다른 곳은 노출이 맞지 않는 경우가 생깁니다. 한 장의 사진에 모든 것을 동일한 밝기로 담을 수는 없으므로 배경과 피사체의 밝기 중 어디에 노출을 맞출 것인가를 결정해야합니다.

노출을 측정하는 방법에는 전체를 측광하는 방법과 특정부분을 위주로 측광하는 방법이 있습니다. 전체적으로 비슷한 밝기라든가 밝은 곳과 어두운 곳이 골고루 있는 경우라면 분할측광을 사용해서 측광할 수 있지만, 노출차이가 큰 경우나 특정 부분을 측광해서 돋보이게 하고 싶다면 부분을 측광하는 것이 정확한 노출값을 구할 수 있습니다.

POINT 01

노출계가 빛을 측광하는 원리를 알고 경험치가 쌓이면 노출값을 보정할 수 있게 됩니다. 흰색을 찍을 때는 회색으로 어둡게 나오므로 노출을 더 주어서 더 밝게 찍고, 반대로 어두운 피사체를 찍을 때는 노출을 줄여서 좀 더 어둡게 찍으면 흰색은 희게, 검은색은 검게 찍을 수 있습니다.

POINT 02

눈 내린 풍경은 단순한 흰 배경보다도 빛 반사가 더 많이 일어나므로 +노출보정이 필요합니다. 2스톱 정도 조리개를 더 열거나 셔터속도를 느리게 해서 찍으면 눈은 더 희게 나오고 인물도 검게 나오지 않습니다.

POINT 03

배경과 피사체의 밝기가 많이 차이 나는 경우에는 스팟 측광을 사용하는 것이 좋습니다.

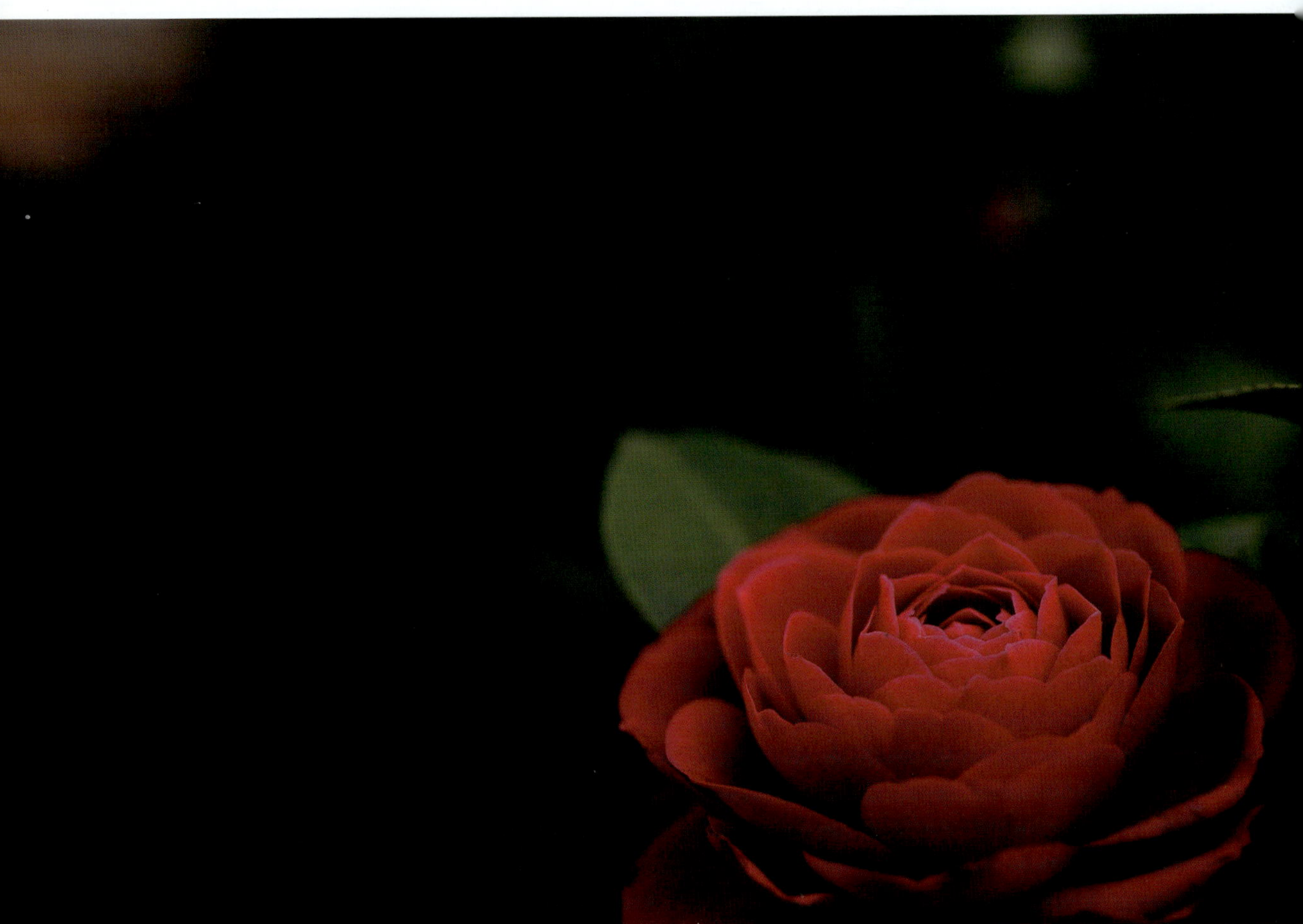

렌즈: 70mm F2.8 macro · 셔터속도: 1/250초 · 조리개: F11.0

렌즈의 선택

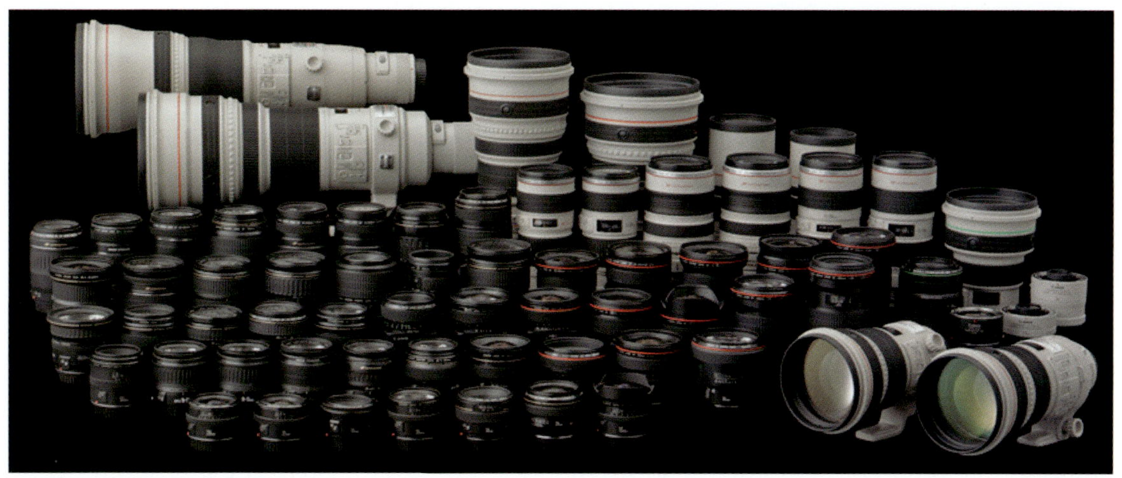

렌즈군 사진 *출처 : 캐논코리아

DSLR카메라가 가진 장점 중에서 가장 큰 것을 하나 꼽으라면 하나의 바디에 여러 개의 렌즈를 교환해서 사용할 수 있다는 점을 들 수 있습니다. 화질 좋은 기본 단초점렌즈, 쓰임이 요긴한 줌렌즈, 광각렌즈, 표준렌즈, 망원렌즈, 접사렌즈 등등 저렴한 번들 렌즈부터 고가의 렌즈까지 각각의 특성에 따라 선택할 수 있습니다.

다양한 렌즈들을 쓸 수 있다는 것은 분명 장점이지만 모든 렌즈를 다 가질 수도 없고, 들고 다닐 수도 없습니다. 따라서 '어떤 렌즈를 선택할 것인가'라는 고민거리가 생기게 됩니다.

개인적으로는 광각렌즈부터 망원렌즈까지 다양한 화각으로 구색을 맞추는 것을 추천합니다. 이때 렌즈의 선택에서 가장 우선하는 것은 화각 선택입니다. 내가 주로 사용하는 화각에 우선순위를 두고 먼저 구입하거나, 다른 화각보다 성능 좋은 렌즈를 선택하는 것이 좋습니다.

풍경사진을 주로 찍는다면 화질 좋은 광각렌즈를 갖추고 50mm 표준렌즈와 저렴한 망원 줌으로 화각을 맞추고, 인물 사진을 좋아한다면 배경 흐림이 좋은 밝은 망원렌즈와 번들 렌즈로 광각과 표준렌즈의 구간을 보완하는 식으로 렌즈를 구성하면 좋습니다. 꽃이나 곤충을 찍는 것을 좋아한다면 성능 좋은 마크로 렌즈를 우선으로 하고, 처음이라 어느 렌즈를 선택해야 좋을지 모르겠다면 가격 대 성능이 좋은 서드 파티 렌즈 회사의 표준 줌렌즈로 시작한 다음 필요한 렌즈로 교체하거나 렌즈를 추가로 마련하는 것이 좋습니다.

POINT 01

사람의 눈으로 보는 것과 비슷한 화각과 원근감을 표현하는 렌즈를 표준렌즈라고 합니다. 그보다 초점거리가 짧아 화각이 넓으면 광각렌즈, 초점거리가 길어 화각이 좁은 렌즈를 망원렌즈라고 합니다.

POINT 02

흔히 광각렌즈로는 사진이 작게 찍히고 망원렌즈로는 크게 찍힌다고 생각하기 쉽지만 그렇지 않습니다. 광각과 망원은 넓게 찍느냐 좁게 찍느냐의 차이입니다.

POINT 03

광각렌즈는 원근감이 과장되고 주변부에 왜곡현상이 있고, 망원렌즈는 배경을 최소화하여 피사체에 집중할 수 있는 사진을 만들어줍니다.

화각별 사진

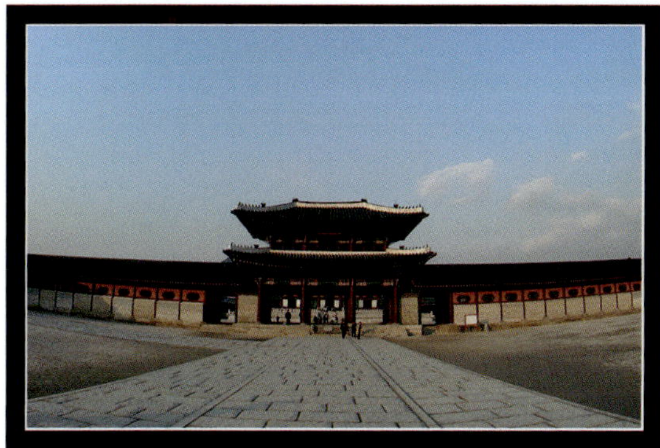

15mm

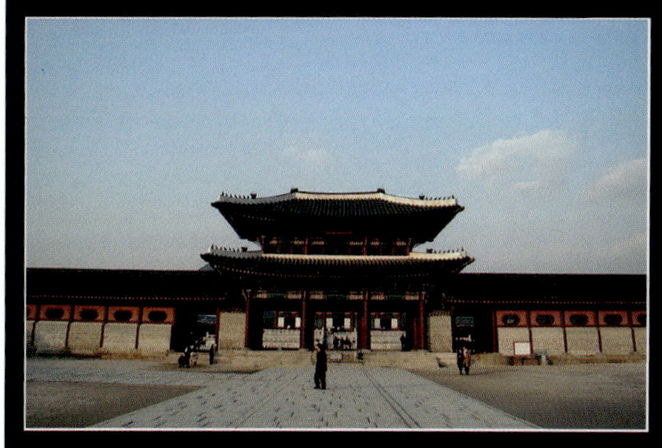

20mm

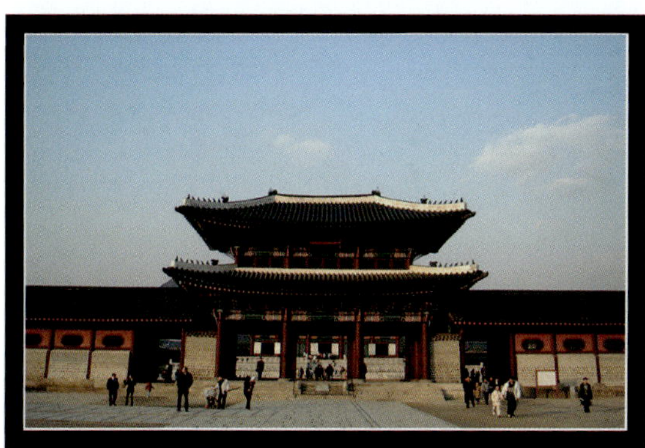

24mm

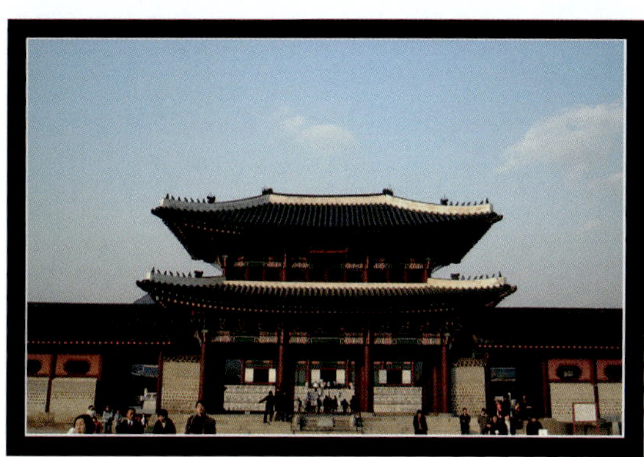

28mm

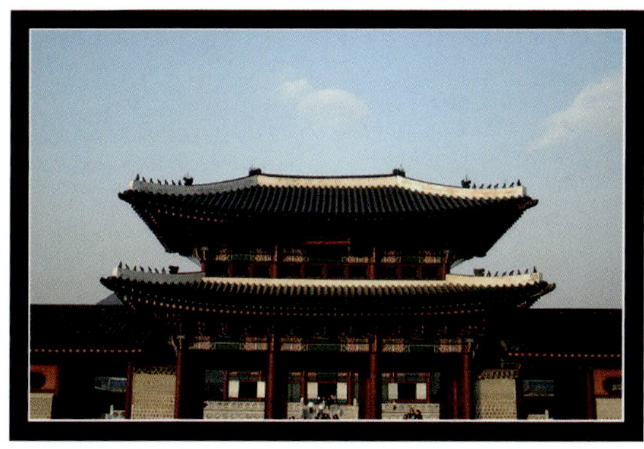

36mm

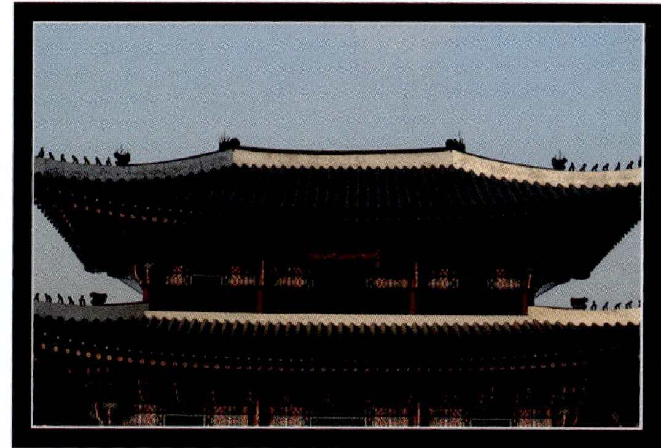

50mm

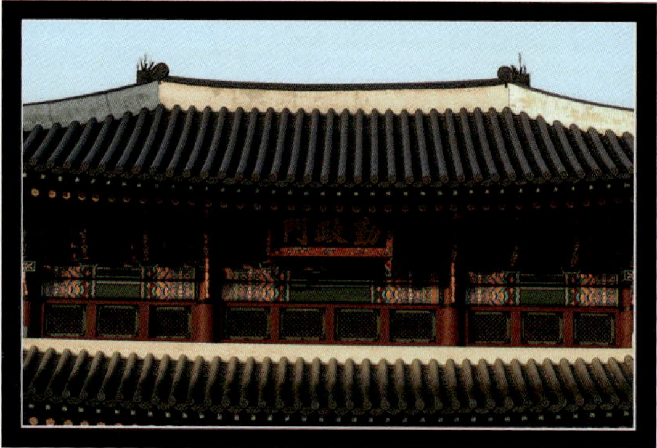

80mm

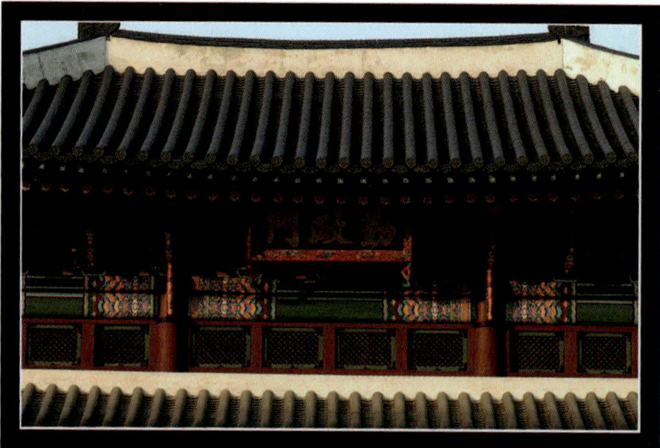

100mm

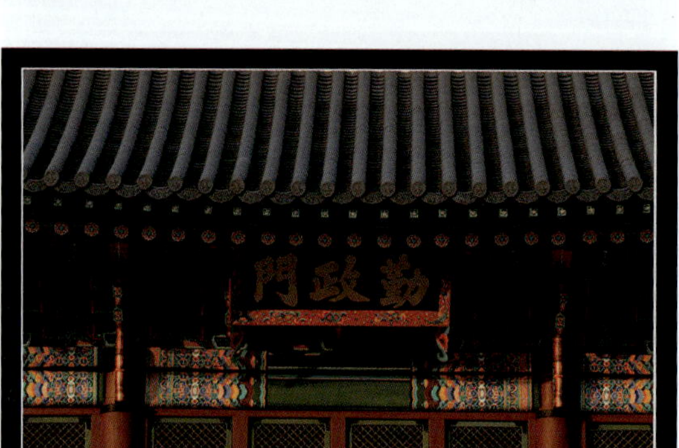

135mm

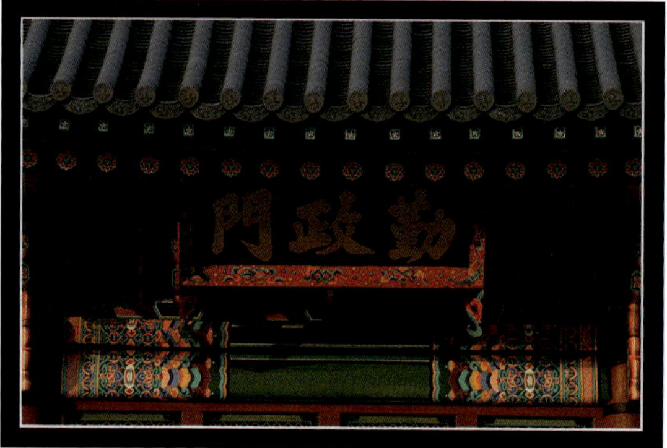

200mm

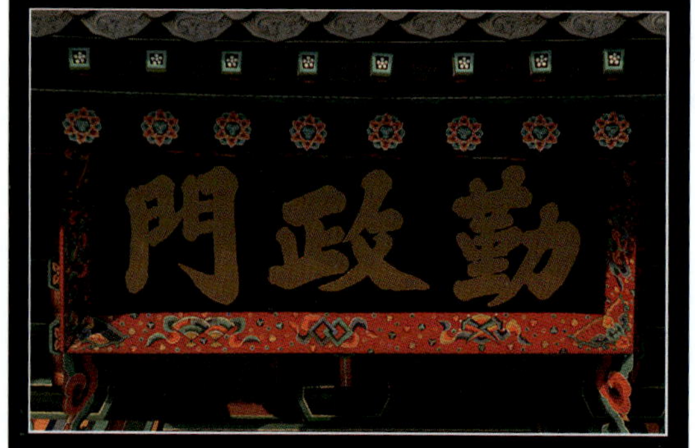

400mm

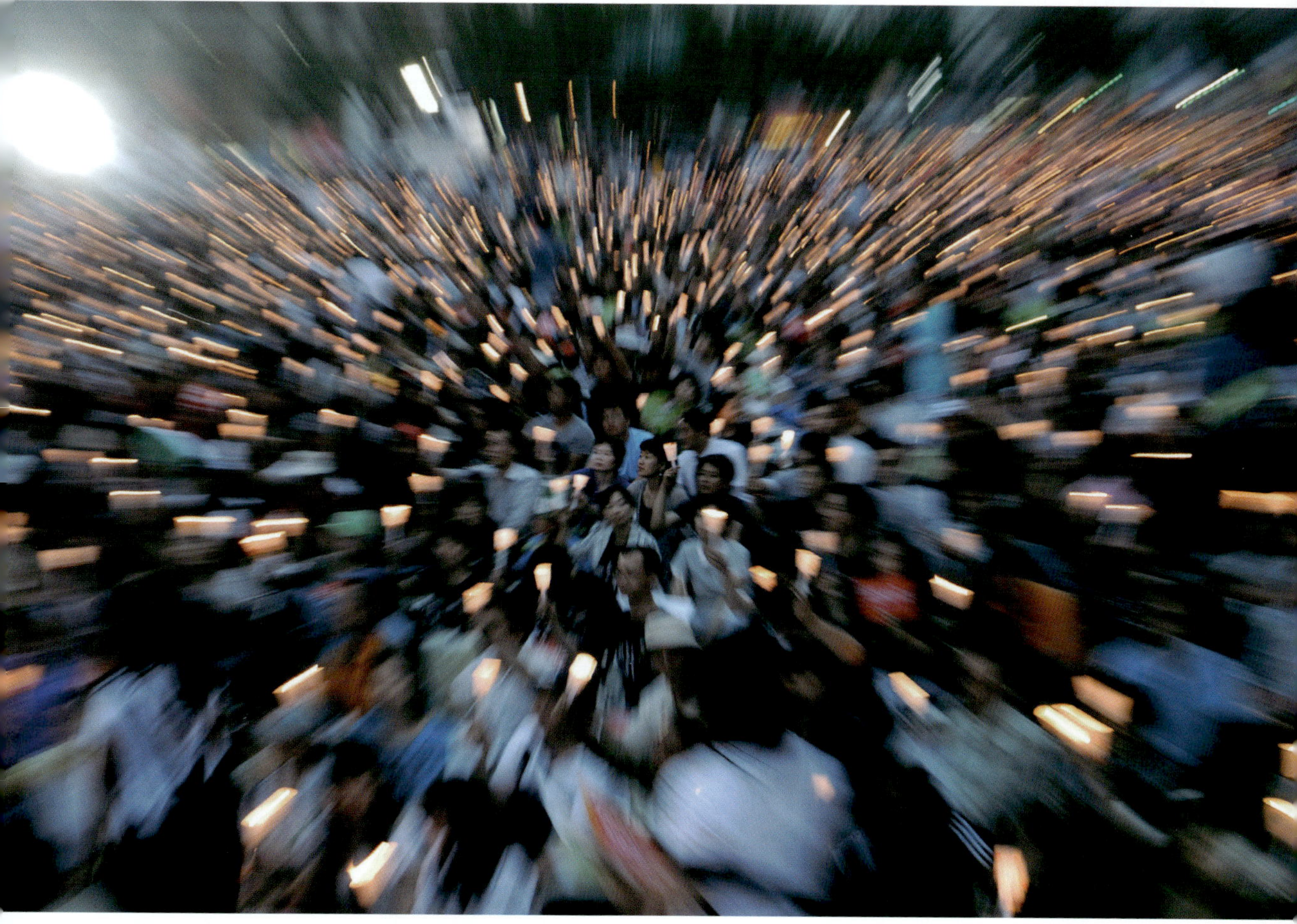

렌즈: 17-70mm F2.8 · 셔터속도: 1/13초 · 조리개: F8.0

2-3개의 렌즈를 가지고 다니는 수고를 줄일 수 있도록 하나의 렌즈로 광각부터 망원까지 촬영할 수 있다면 무척 편리할 것입니다. 이렇게 렌즈의 초점거리를 조절할 수 있는 렌즈를 줌렌즈라고 합니다. 화각에 따라 광각 줌, 표준 줌, 망원 줌, 그리고 초광각에서 초망원까지 사용 가능한 슈퍼 줌렌즈 등이 있습니다.

어떤 물건이건 간에 여러 가지 기능이 있는 물건들은 따로따로 쓰는 것보다 편리하지만, 그만큼 각각의 기능에 다소 부족한 면이 있게 마련입니다. 줌렌즈

도 편리한 점이 있는 대신 단초점 렌즈에 비해 화질이 다소 떨어진다는 단점
이 있습니다.

POINT 01

렌즈를 선택할 때 단렌즈로 할 것인가, 아니면 줌렌즈로 할 것인가를 묻는 경우가 많습니다. 어느 것이
더 좋고 나쁨의 문제는 아니라고 생각합니다. 각각의 장단점을 어떻게 활용하는가가 더 중요합니다.

POINT 02

사진을 너무 장비에만 의존하는 것은 좋지 않지만, 좋은 장비에 대한 욕심은 좋은 사진에 대한 욕심과
별개의 것이 아닙니다. 화각, 가격, 무게, 화질 같은 렌즈의 장단점에 따라 내게 잘 맞는 렌즈를 선택
하는 것이 필요합니다.

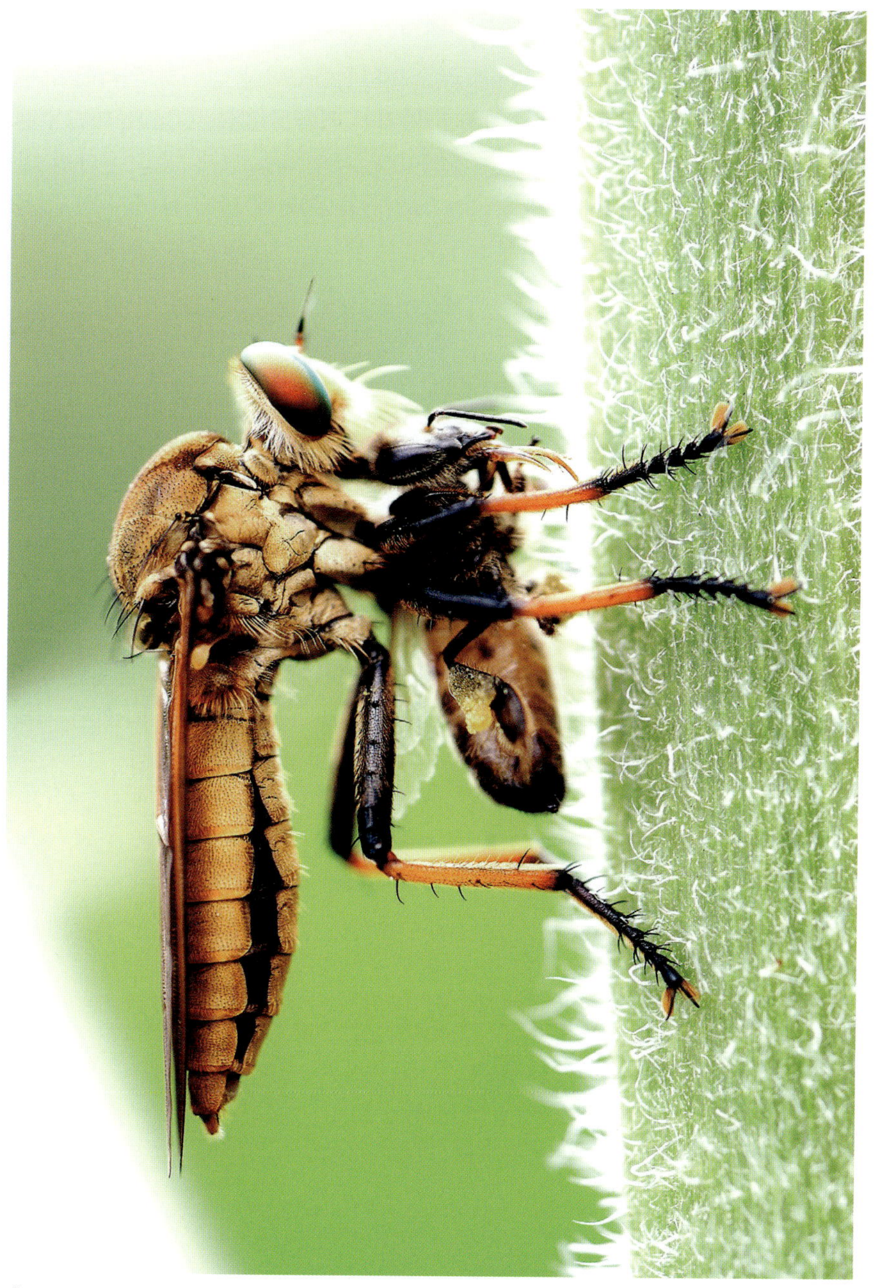

렌즈: 60mm F2.8 macro · 셔터속도: 1/160초 · 조리개: F5.6

크게 찍고 작게 찍고의 차이가 망원과 광각의 차이가 아니라 거리의 차이라고 말했듯, 엄밀하게 말하면 작은 것을 크게 찍기 위한 렌즈는 망원렌즈가 아니라 마크로(접사)렌즈입니다. 크게 찍을 것인가 작게 찍을 것인가는 대상과의 거리로 결정되는 것입니다. 다가갈수록 크게 찍히고 떨어질수록 작게 찍힙니다. 마크로렌즈는 최단 초점거리가 짧아 피사체에 최대한 가까이 다가갈 수 있도록 만들어져있습니다. 1.5m 이상 떨어져서 찍어야 하는 200mm 망원렌즈보다 30cm까지 다가가서 찍을 수 있는 60mm 마크로렌즈가 대상을 더 크게 찍을 수 있는 것입니다. 무언가를 크게 담고 싶다면 망원렌즈를 선택하기보다 대상이 원하는 크기만큼 화면에 담길 때까지 한 걸음씩 다가서는 연습이 필요합니다.

POINT 01

접사렌즈는 렌즈 메이커에 따라 macro lens 혹은 micro lens로 표시합니다.
접사는 작은 것을 크게 담는 것이라 작은 것을 뜻하는 마이크로(micro)와 큰 것을 뜻하는 마크로(macro)를 렌즈의 이름으로 붙인 것입니다. 서로 반대 의미의 단어이지만 결과는 같다고 봐야하겠습니다.

POINT 02

마크로렌즈는 흔히 필름에 맺히는 피사체의 크기가 필름의 크기와 동일한 1:1 등배촬영이 가능한 렌즈입니다. 35mm 필름의 크기가 24mm×36mm이므로 마크로렌즈로 화면가득 담을 수 있는 크기 역시 24mm×36mm입니다.

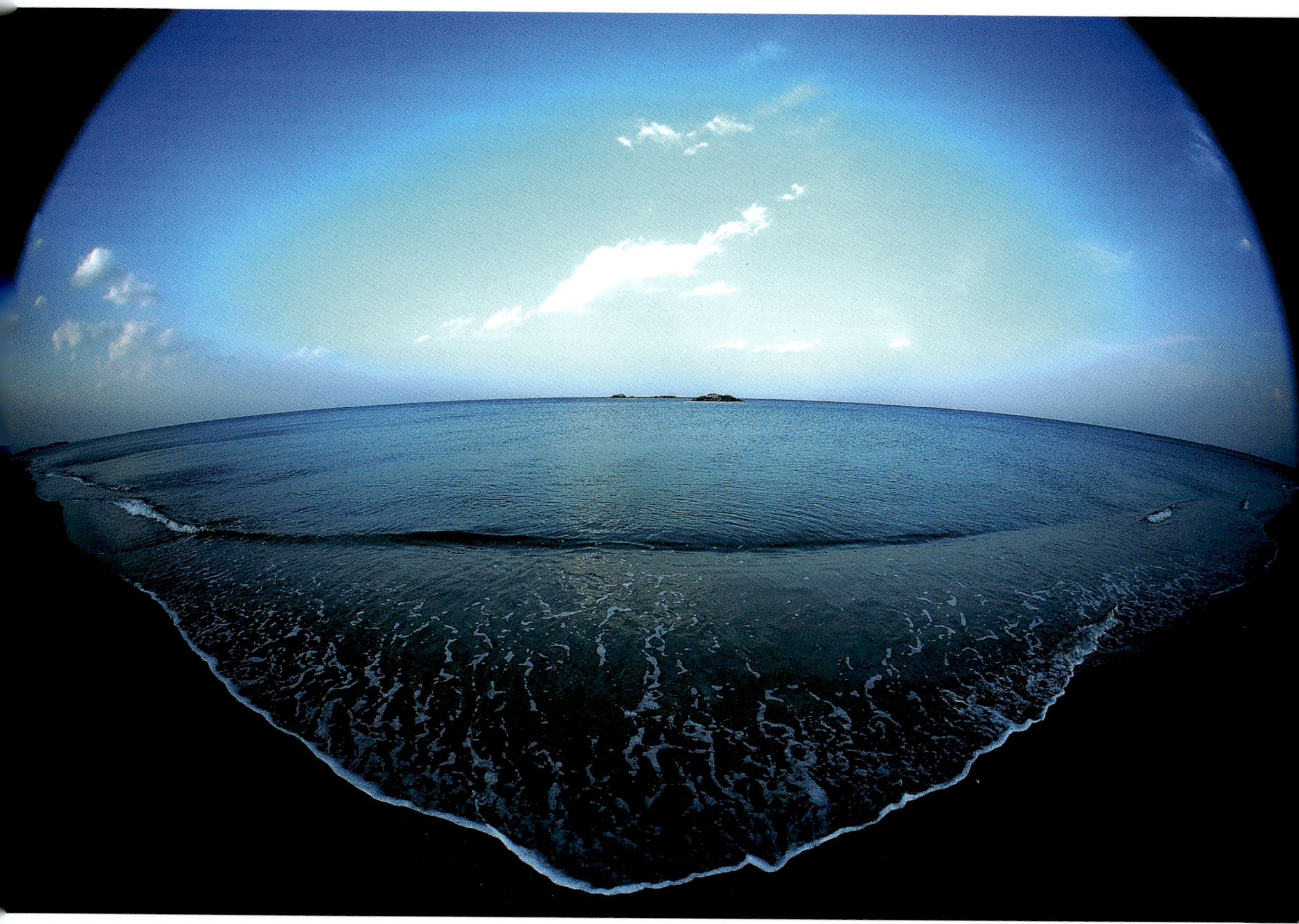

렌즈: 8mm F4.0 어안 · 셔터속도: 1/250초 · 조리개: F6.3

물고기의 눈으로 보는 듯한 세상을 보여주는 어안렌즈는 화각이 180도 이상인 렌즈입니다. 이안렌즈는 심한 왜곡과 극도로 과장된 원근감의 표현이 가능하여 초현실적이고 개성 있는 사진을 찍을 수 있습니다. 화각이 너무 넓어서 카메라 앵글을 조금만 낮춰도 촬영자의 발이 함께 나오게 됩니다. 활용도가 큰 렌즈는 아니지만 촬영자의 상상력이 풍부하면 남들과 다른 사진을 찍을 수 있습니다.

8mm 어안 : 상하좌우 모두 180도의 화각을 가진 어안렌즈로 동그란 사진이 찍힙니다.

15mm 어안 : 대각선의 화각이 180도인 어안렌즈입니다. 가로 사진을 찍을 때 자신의 발이 나오지 않는지 확인해보아야 할 정도로 화각이 넓으며, 어안 특유의 왜곡을 가지고 있습니다.

50mm : 표준렌즈라는 이름이 말해주듯 눈으로 본 것과 가장 비슷하고 자연스러운 사진을 찍을 수 있는 렌즈입니다. 표준렌즈란 필름의 대각선의 길이와 가장 가까운 초점거리를 가진 렌즈를 말합니다.(35mm필름의 대각의 길이는 대략 43mm)

85mm : 모델과 대화를 나누면서 촬영하기에 가장 적당한 거리의 화각입니다. 주로 대구경 렌즈로 만들어 배경 흐림이 좋아 인물촬영에 최적화되어 있는 렌즈입니다.

17-35mm : 광각줌렌즈의 대표적인 화각이라고 할 수 있습니다. 와이드한 느낌의 풍경사진에 많이 쓰이며, 인물을 아래에서 위로 찍으면 다리가 길어 보이는 효과가 있습니다.

28-70mm : 대표적인 표준 줌렌즈입니다. 가장 쓰임새가 많은 화각으로 일상을 담기에 적당합니다.

70-200mm : 망원 줌렌즈의 대명사가 되어버린 화각입니다. 배경 흐림이 좋아 야외에서의 인물사진, 행사사진 등을 담기에 적당합니다.

18-200mm, 18-300mm : 10배가 넘는 줌 기능으로 광각부터 망원까지 하나의 렌즈로 해결이 가능하다는 장점이 있어 사진이 주 목적이 아닌 여행길에 챙기면 유용하게 쓰입니다. 망원 쪽으로 갈수록 조리개 값이 떨어지고 화질에 부족한 부분이 있다는 단점이 있습니다.

105mm MACRO : 접사를 위한 마크로 렌즈는 60mm, 105mm, 180mm 등 여러 가지가 있습니다. 60mm는 너무 가까이 다가가야 하고, 180mm는 촬영 시 흔들림에 주의해야 한다는 단점이 있어 105mm가 가장 선호도가 높습니다.

500mm 반사망원렌즈 : 반사망원경의 원리를 이용해 렌즈가 아닌 거울을 이용해 빛을 모으는 렌즈입니다. 가볍고 저렴한 가격에 초망원의 화각을 담을 수 있다는 장점이 있지만 특성상 화질이 많이 떨어진다는 단점이 있습니다. 초망원렌즈이다 보니 촬영 시 흔들림에 주의해야 하며 배경에 도넛 모양의 빛망울을 만들어내는 특징이 있습니다.

필터의 종류

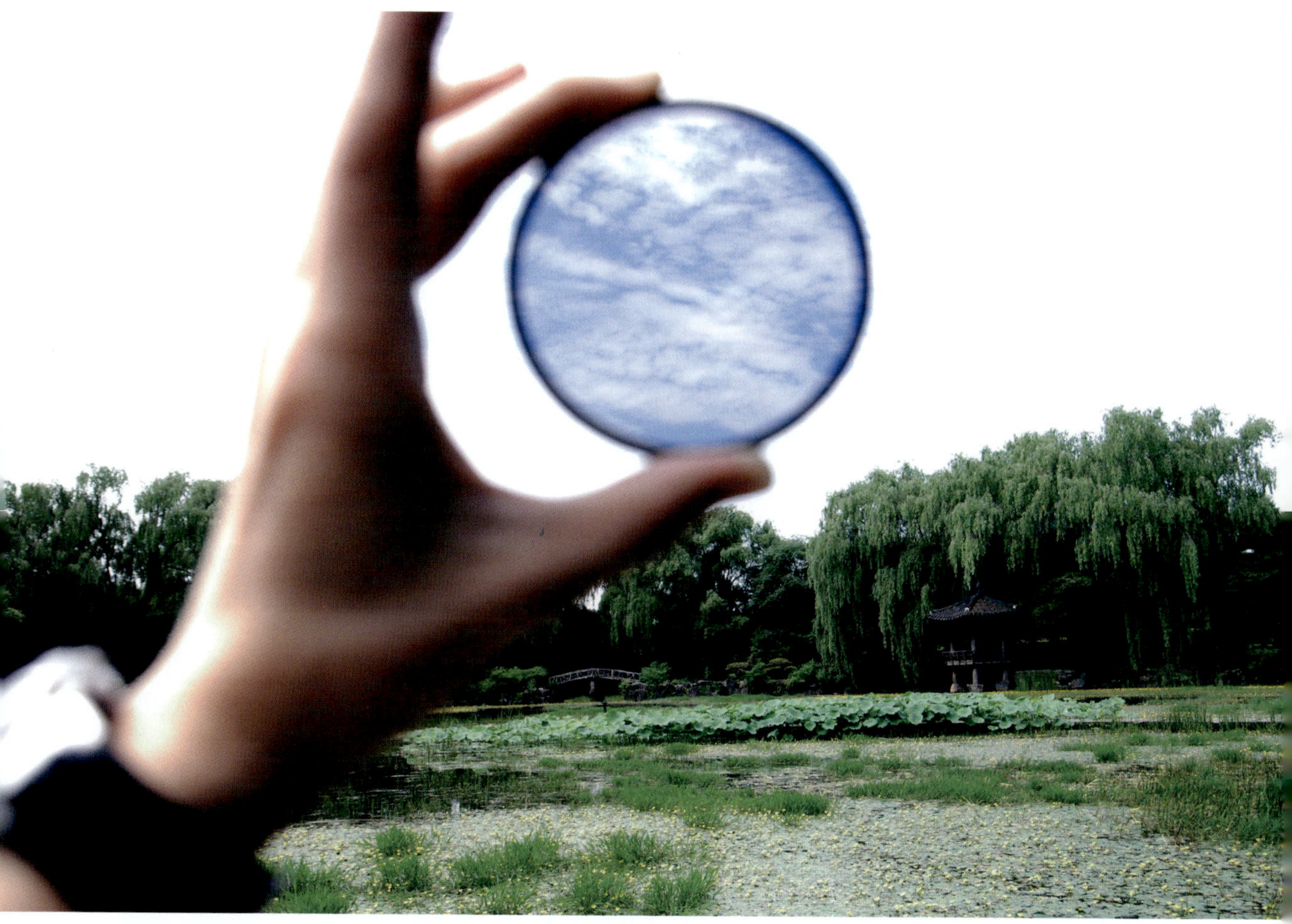

렌즈: 17-50mm F2.8 · 셔터속도: 1/320초 · 조리개: F5.0

편광필터를 사용하면 난반사를 줄여주어 사진의 콘트라스트를 올려줍니다. 하늘은 더욱 파랗게, 구름은 더 하얗게, 나뭇잎도 더 진한 녹색으로 나오게 해주어 풍경사진에 유용한 필터입니다.

UV필터 : 눈에는 보이지 않지만 사진에 영향을 주는 자외선을 차단하는 필터. 렌즈 보호 용도로 많이 사용합니다. 멀티코팅을 하여 선명도를 개선한 필터를 사용하는 것이 좋습니다.

편광필터 : 사물의 표면에서 생기는 난반사를 줄여주는 필터. 반사되는 각도에 따라 렌즈를 회전시켜 반사가 적은 상태에서 촬영해야 합니다. AF 방식에 따라 일반 편광필터가 아닌 원형편광필터(CPL필터)를 사용해야 하는 경우도 있습니다.

ND필터 : 색상의 변화 없이 사진을 어둡게 만들어주는 필터. 주로 장시간의 노출을 필요로 할 때 사용합니다. 노출감소량에 따라 ND2, ND4, ND8부터 ND2000까지 선택할 수 있습니다.

접사필터 : 초점거리를 짧게 만들어 사물을 보다 크게 찍을 수 있는 필터. 돋보기와 같은 원리. 배율에 따라 1배, 2배, 4배 등이 있습니다. 크게 찍을 수 있지만 그만큼 화질이 떨어지는 단점이 있으며, 초점거리를 앞으로 당겨놓은 상태기 때문에 원거리는 초점을 맞출 수 없습니다.

소프트필터 : 고의로 아주 약하게 빛 번짐을 일으켜 부드러운 이미지, 일명 뽀샤시한 효과를 주는 필터.

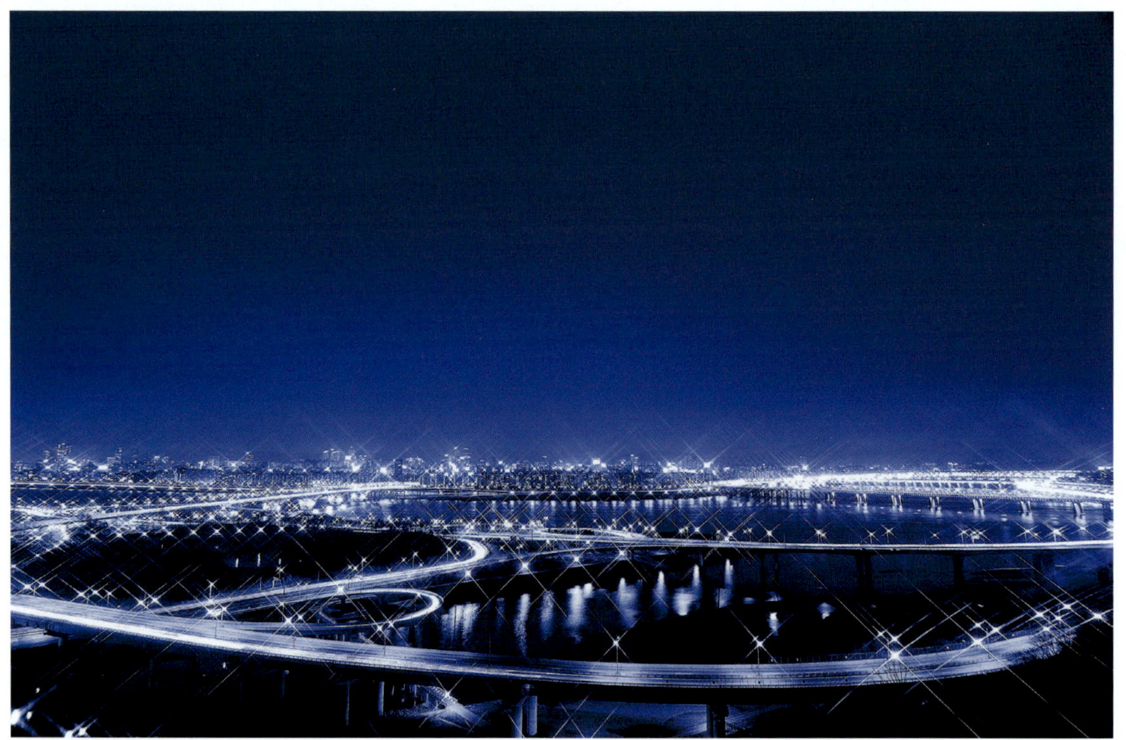

렌즈: 12-24mm F4.0 · 셔터속도: 8초 · 조리개: F5.6 · 크로스 필터를 이용해 촬영한 야경사진.

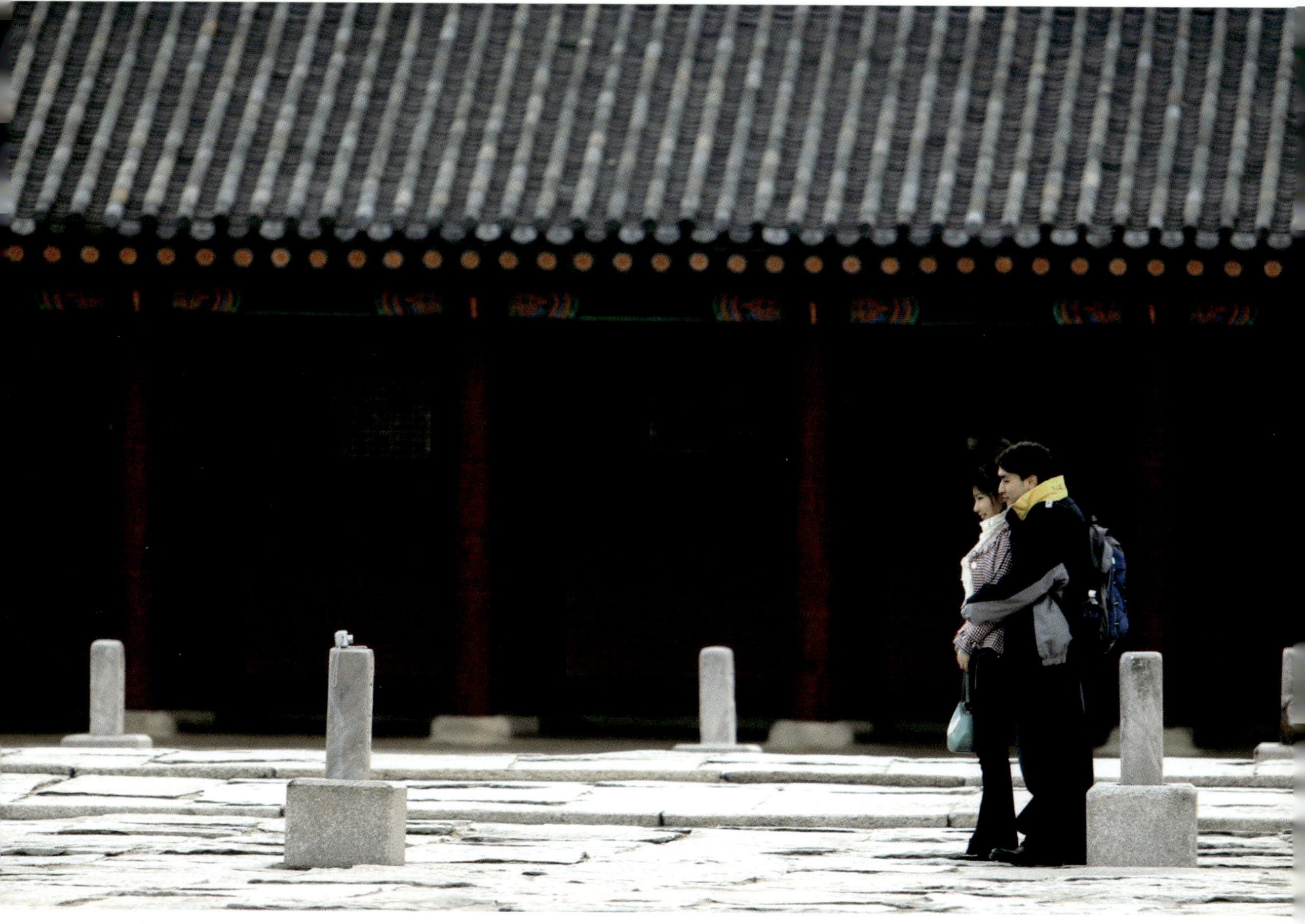

렌즈: 70-200mm F2.8 · 셔터속도: 1/160초 · 조리개: F3.5

보기 좋은 떡이 먹기도 좋다는 말이 있듯, 같은 음식이라도 더 먹음직스럽게 생기고 더 예쁜 그릇에 담긴 음식에 손이 먼저 가기 마련입니다. 그래서 요리사는 음식의 맛과 향, 영양가를 생각함과 동시에 '어떻게 하면 더 맛있어 보일까'에 대한 고민을 하게 됩니다. 재료의 색을 결정하는 것부터 모양을 내고 먹기 좋은 크기로 자르고 음식에 어울리는 그릇에 담기까지, 음식을 만드는 내내 고민은 계속됩니다.

음식을 더 맛있어보이게 하는 것처럼 사진에도 짜임새 있는 시각적 구성이 필요합니다. 사진을 보다 보기 좋게 하는 것이 바로 구도이며, 구도가 좋은 사진일수록 그 의미의 전달이 빠르고 명확합니다.

음식은 맛이 좋거나, 혹은 맛이 없어도 향이 좋거나 영양가가 높아 몸에 좋은 음식이라면 모양이 예쁘지 않더라도 그리 손해 볼 일은 없을 것입니다. 하지만 사진은 향기도 소리도 촉감도 없이 오로지 눈으로 보여주는 것이기에 구도가 중요합니다.
구도는 사진의 짜임새를 생각하고 화면속의 점과 선, 면이라는 구성요소들을 사각의 틀에 짜 맞추는 과정입니다. 아귀가 딱 맞아 떨어지면 안정감이 있어 보이고 그렇지 않으면 불안한 느낌을 줍니다. 하지만 똑같은 모양이 반복되면 지루한 느낌을 주기 쉬우므로, 통일성과 안정감만큼 변화와 반전도 필요합니다.

POINT 01

사진의 수평과 수직을 맞추는 것에서부터 회랑의 기와와 기둥의 위치, 품계석과 카메라, 그리고 인물의 위치까지 고려해 구도를 결정하였습니다. 처음에는 어려운 수학문제처럼 하나하나 따져가며 사진을 찍게 되지만, 수학 문제가 어려워보여도 공식을 대입하면 금세 간단하게 답이 나오는 것처럼 사진을 많이 찍다보면 구도를 결정하는 것에도 익숙해집니다.

POINT 02

구도는 삼각형 구도가 어떻고, 방사선 구도가 어떻고 하는 틀에 맞추는 것이 아니라 어떻게 하면 더 보기 좋은 사진을 담을 수 있을까에 대해 고민하는 과정에서 만들어지는 것입니다. 우리가 알고 있는 구도들은 그러한 고민의 결과물에 적당한 이름을 붙인 것뿐입니다. 구도를 정해놓고 그 구도에 맞는 사진을 찍는 것이 아니라 내가 찍을 사진에 적당한 구도가 무엇일지를 생각해야합니다.
구도는 객관식 문제의 정답을 고르듯이 정해진 답을 찾는 것이 아닙니다. 다양한 방법으로 여러 번 사진을 찍으면서 어떻게 찍어야 좋을까에 대해 고민해보고 그 생각을 토대로 자신만의 답을 만드는 것입니다.

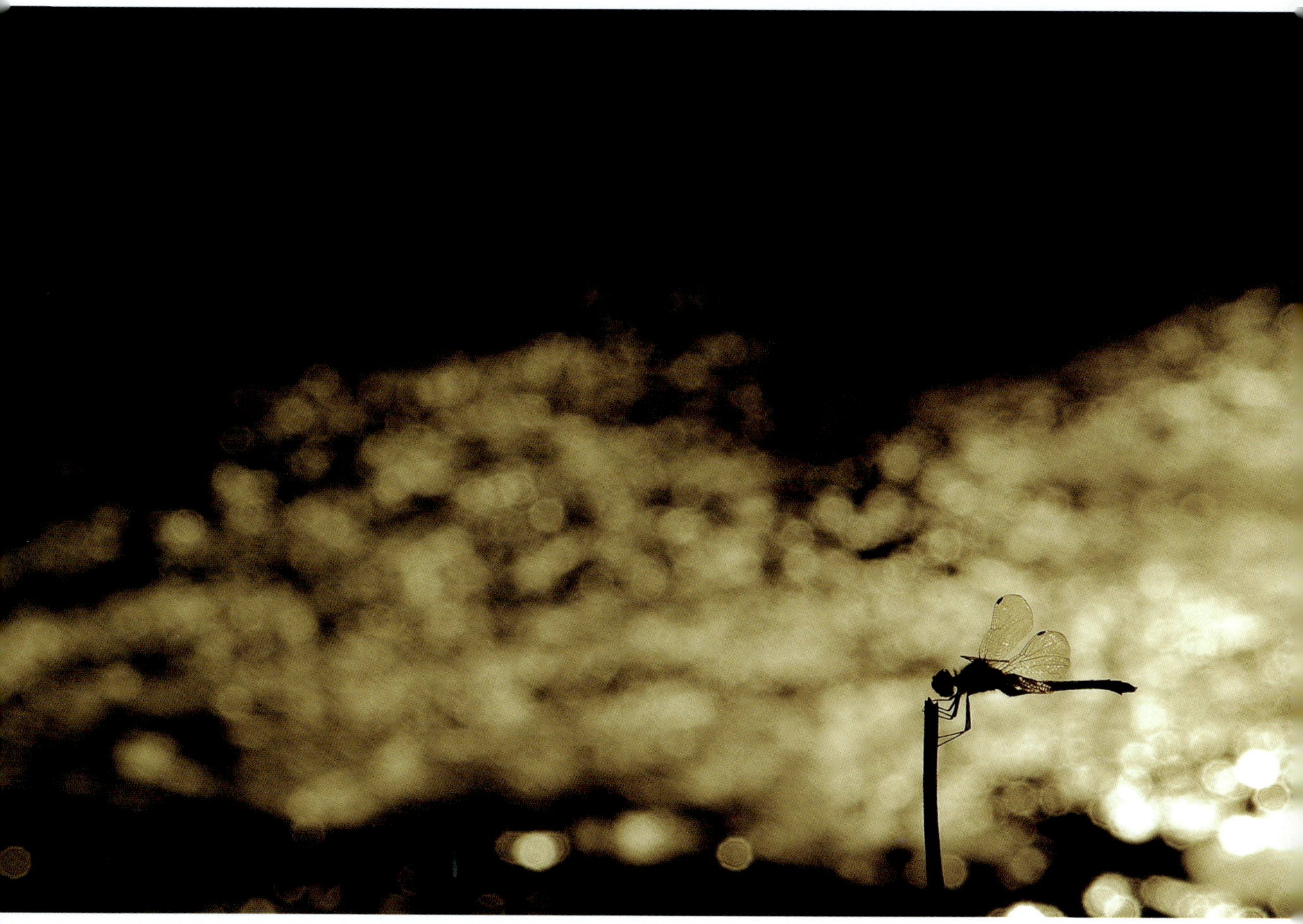

렌즈: 70-300mm F4-5.6 · 셔터속도: 1/750초 · 조리개: F22.0

사진은 사각형의 틀 안에서 만들어집니다. 필자는 '사진이 왜 네모난 모양이어야 할까'라는 의구심을 품어본 적이 있습니다. 카메라 렌즈는 동그란데 말입니다. 조금 엉터리 같은 답이지만, 사진이 네모난 것은 필름이 네모나기 때문입니다. 필름을 네모나게 만드는 건 그것이 가장 효율적이기 때문입니다.

많은 사람들은 사진이 네모라는 점에 이의를 제기하지 않습니다. 그것은 네모난 신문, 네모난 책, 네모난 TV처럼 그것이 가장 자연스러운 모양이라고 생각하기 때문일 것입니다.

구도를 이야기하면 빠지지 않고 언급되는 것 중 하나가 바로 황금분할입니다. 황금분할, 즉 황금비율은 가장 보기 좋고 이상적인 비율이라고들 하는데, 사실은 황금비율로 만들어진 것이 자연스러워 보이는 것이 아니라 그냥 보기 좋고 자연스러워 보이는 것들이 그런 비율을 갖는 것입니다.

황금분할을 설명하면 또 빠지지 않는 것이 3분할 구도와 명함, 신용카드, 우편엽서의 가로세로 비율이 황금분할을 토대로 만들어졌다는 이야기입니다. 명함이나 카드가 대부분 한쪽이 조금 더 긴 직사각형 모양인 것은, 몇 대 몇 비율을 꼭 잘라 맞추어서라기보다는 그저 정사각형보다 그것이 자연스러워 보이기 때문입니다.

황금분할이 자연스러워 보인다고 꼭 황금분할을 맞춰서 찍어야 자연스러운 사진이 되는 것은 아닙니다. 대상이 너무 한가운데나 너무 구석에 있지 않을 때 편안하고 자연스러워 보인다는 정도로만 아는 것으로 충분합니다.

POINT 01

자연스러운 구도는 마치 바닥에 떨어져 부러진 분필 같은 것이 아닌가 생각합니다. 바닥에 떨어진 분필이 가운데가 부러지든 모서리가 부서지든, 운 좋게 부러지지 않았든, 둘로 쪼개지든 셋으로 쪼개지든 떨어질 때마다 그때그때 달라지는 것처럼 말입니다.

자연스럽다는 것은 말 그대로 인위적이지 않고 자연스러운 느낌이 난다는 것입니다. 꼭 그런 것은 아니지만, 대부분의 물체는 너무 똑 부러지는 위치보다는 조금 치우쳐 있는 것이 자연스럽게 느껴집니다. 사진 속의 잠자리가 한가운데에 있었다면 자연스러운 느낌은 조금 덜했을 것입니다.

사진은 뺄셈이다

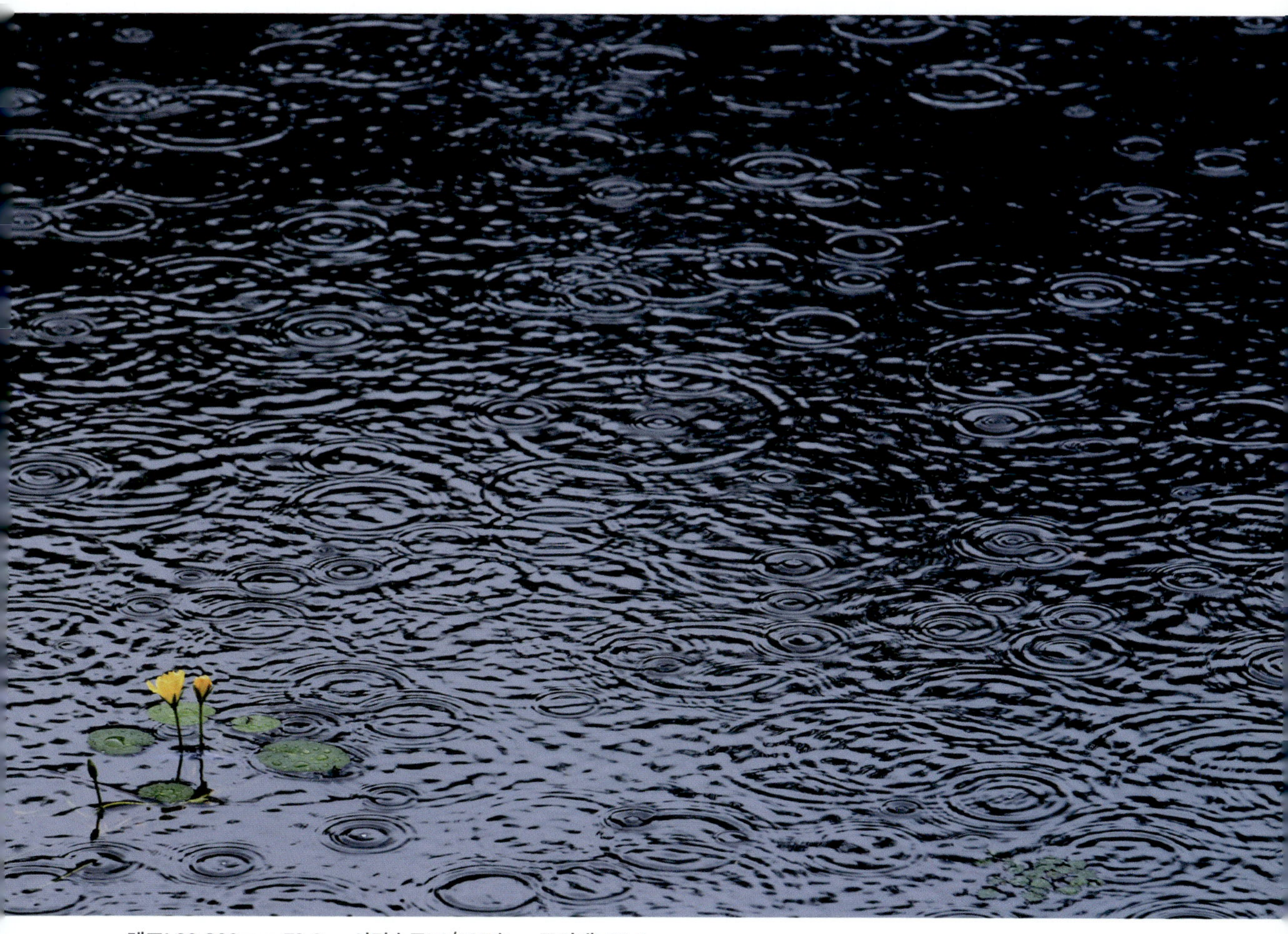

렌즈: 80-200mm F2.8 · 셔터속도: 1/125초 · 조리개: F5.6

사람의 눈은 카메라의 파인더로 보는 것보다 더 넓은 범위를 볼 수 있습니다. 사람들은 보통 눈에 보인 풍경 중 일부분에만 집중하여 그것만 바라봅니다. 하지만 카메라는 파인더에 들어온 것 그대로를 기록합니다.

사진을 찍을 때는 항상 카메라가 보는 것처럼 사각의 프레임을 통해서 보는 연습이 필요합니다. 그렇지 않으면 내가 담고자 했던 것보다 더 많은 것들이 담기게 됩니다.

사진을 찍는다는 것은 파인더라는 네모난 틀을 통해 세상을 바라보고 그 중에서 보여주고 싶은 것을 담는 것입니다. 눈에 보이는 것들을 점, 선, 면으로 나누고 그것들을 3:2 비율의 프레임 안에 예쁘게 꾸미는 것이 구도이고, 그 네모난 틀 안에 담고자 하는 것을 담고 불필요한 부분을 빼나가는 것이 구도인 것입니다.

'사진은 뺄셈이다.'라는 말이 있습니다. 사진을 찍어본 사람이라면 무척 공감하는 말일 겁니다. 아마도 더하기를 할 줄 알면 빼기도 할 줄 알아야 하는데, 사진을 찍는데 있어 덧셈은 잘하는데 뺄셈을 잘 하지 못하는 사람들을 위해서 한 말이 아닐까요?
내 눈에 비친 풍경 중에서, 내가 담고자 했던 것을 제외하고 나머지 불필요한 부분을 하나씩 뺀 다음 내가 담고자 하는 것으로 가득 채웠을 때 내가 정말로 찍고 싶었던 사진이 나오게 됩니다. 사진에서 불필요한 부분이라는 것은 구석에 보기 싫게 들어간 나뭇가지나 전봇대, 우연찮게 지나가다 프레임 속에 담긴 사람만을 이야기하는 것이 아니라, 불필요한 공간을 뜻하는 것이기도 합니다. 사진에서 들어가지 않아도 좋은 부분을 빼면 뺄수록 사진은 더 가득 차보이고 빈공간이 없이 가득 찬 사진을 만들어나가야 합니다.

불필요한 공간과 달리 필요에 의해 의도된 공간을 여백이라고 합니다. 여백의 미란 비워두는 것이 아니라 가득 채우는 데 있는 것이라서, 단순히 공간을 비워두는 것이 아니라 그 안을 이야기로 가득 채워야 하는 것입니다.
꼭 들어가야 하는 부분과 빼 버려야 하는 부분이 겹치는 경우, 대상이나 모델을 옮기거나 카메라를 옮기며 원하는 구도를 찾아내면 됩니다.

POINT 01

사진은 보이는 것을 담는 것이 아니라 담고자 하는 것을 보는 것입니다. 사진을 찍을 때 중요한 것은 내가 담고자 하는 것이 들어갔느냐 안 들어갔느냐가 아니라 내가 담고자 하는 것이 어떻게 들어갔느냐 입니다.

POINT 02

많은 어리연이 군락을 이루고 연못에 피어있었지만 한쪽에 피어있는 두 송이의 노란 어리연 두 송이를 마치 비를 맞으면서 도란도란 이야기를 나누는 자매로 이야기를 만들 수 있겠다는 생각이 들었습니다.

POINT 03

사진은 언어입니다. 논리 정연한 이야기가 듣기 좋고 설득력이 있듯이 사진은 구도를 통해 더 전달하기 좋은 언어가 될 수 있습니다.

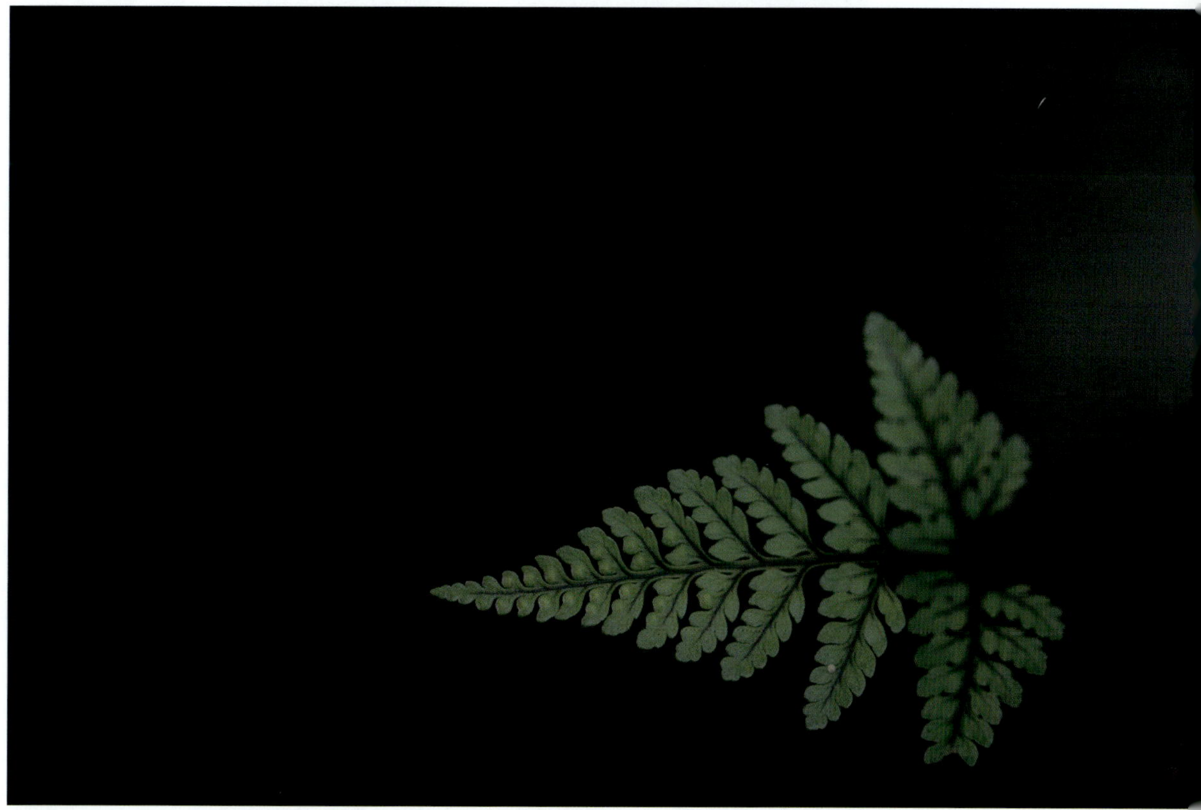

렌즈: 70mm F2.8 macro · 셔터속도: 1/200초 · 조리개: F3.2

구도의 공식

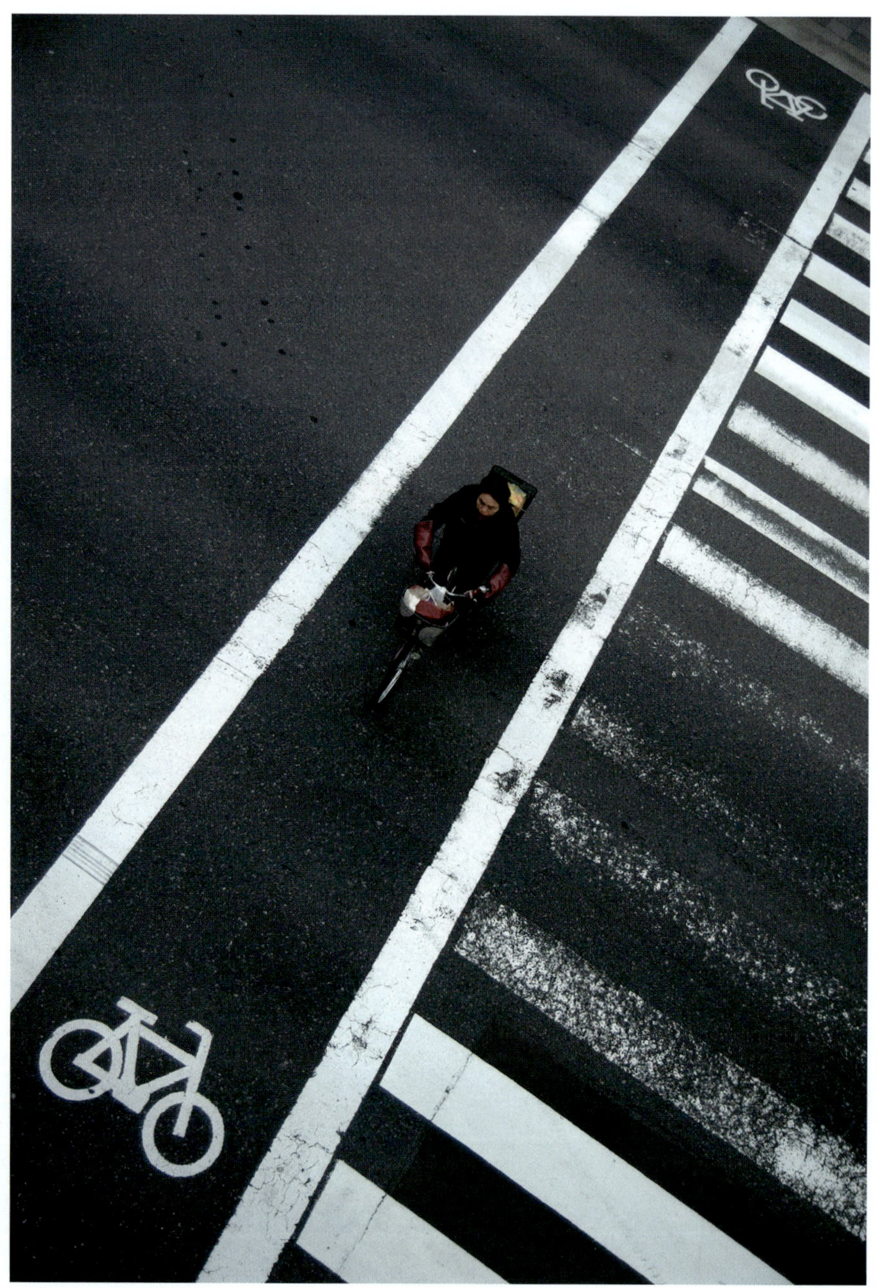

렌즈: 24-70mm F2.8 · 셔터속도: 1/250초 · 조리개: F2.8

점	사진의 포인트가 되는 주제는 가운데에 있는 것보다 화면을 삼등분한 교차점에 위치하는 것이 좋습니다.
선	곡선은 부드럽고 동적인 느낌을 주고, 직선은 딱딱하고 정적인 느낌을 줍니다. 단 화면을 가로지르는 대각선과 화면의 중심으로 모이는 직선들은 동적인 표현이 가능합니다.
면	하늘과 땅과 같은 두개의 면을 구분할 때는 2:1의 비율일 때 안정감이 느껴집니다. 하지만 어느 한쪽을 강조하고자 한다면 8:2 혹은 9:1의 비율도 나쁘지 않습니다.
여백	움직이는 대상은 진행방향으로, 인물사진의 경우에는 시선이 향하는 곳에 더 많은 공간을 주는 것이 자연스럽습니다.
안정감	사진이 기울지 않고 무게 중심이 화면의 위쪽보다 아래쪽에 있을 때 안정감이 느껴집니다. 삼각형 구도가 안정감이 느껴지는 대표적인 구도입니다.
패턴	같은 모양의 반복은 사람들의 시선을 모으기 마련입니다. 패턴을 담을 때는 그 안에 변화와 반전이 될 만한 요소가 있어야 합니다.
대칭	위아래 혹은 좌우가 너무 똑같은 모양이면 안정감은 있어보일지 몰라도 단조로워 보입니다. 패턴과 마찬가지로 한쪽이 약간의 비대칭적 요소를 넣어주는 것이 좋습니다.
그림자	빛이 있으면 그림자가 있기 마련입니다. 빛만 보는 것이 아니라 그림자도 함께 볼 줄 알아야합니다.
색	점, 선, 면의 형태가 아닌 명도, 채도, 보색 같은 색의 구성 역시 구도의 요소입니다.
파격	구도는 정답이 없습니다. 늘 새로운 시도가 필요합니다.

가을 포즈, 가을 햄버거

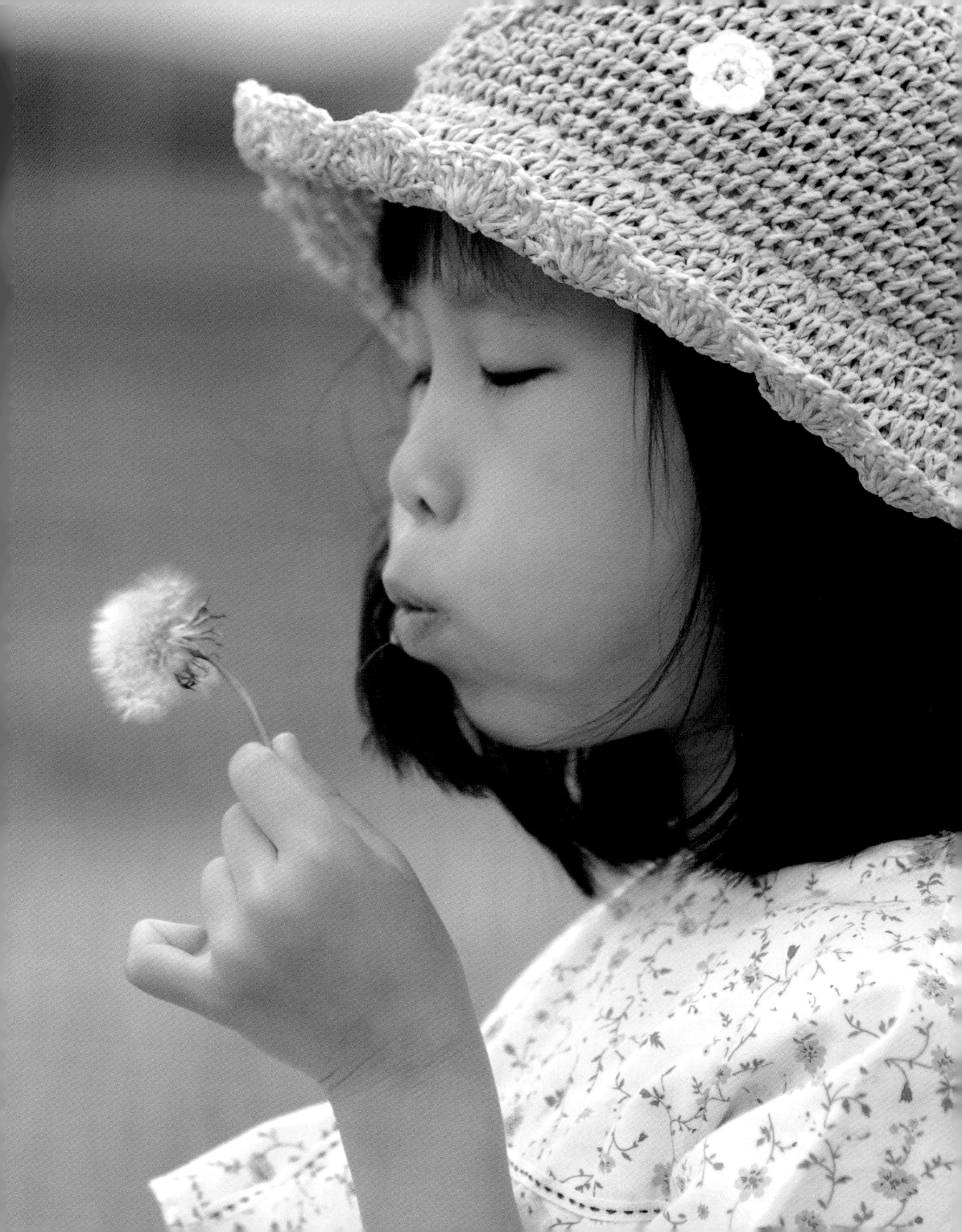

기억에 남는 가족사진

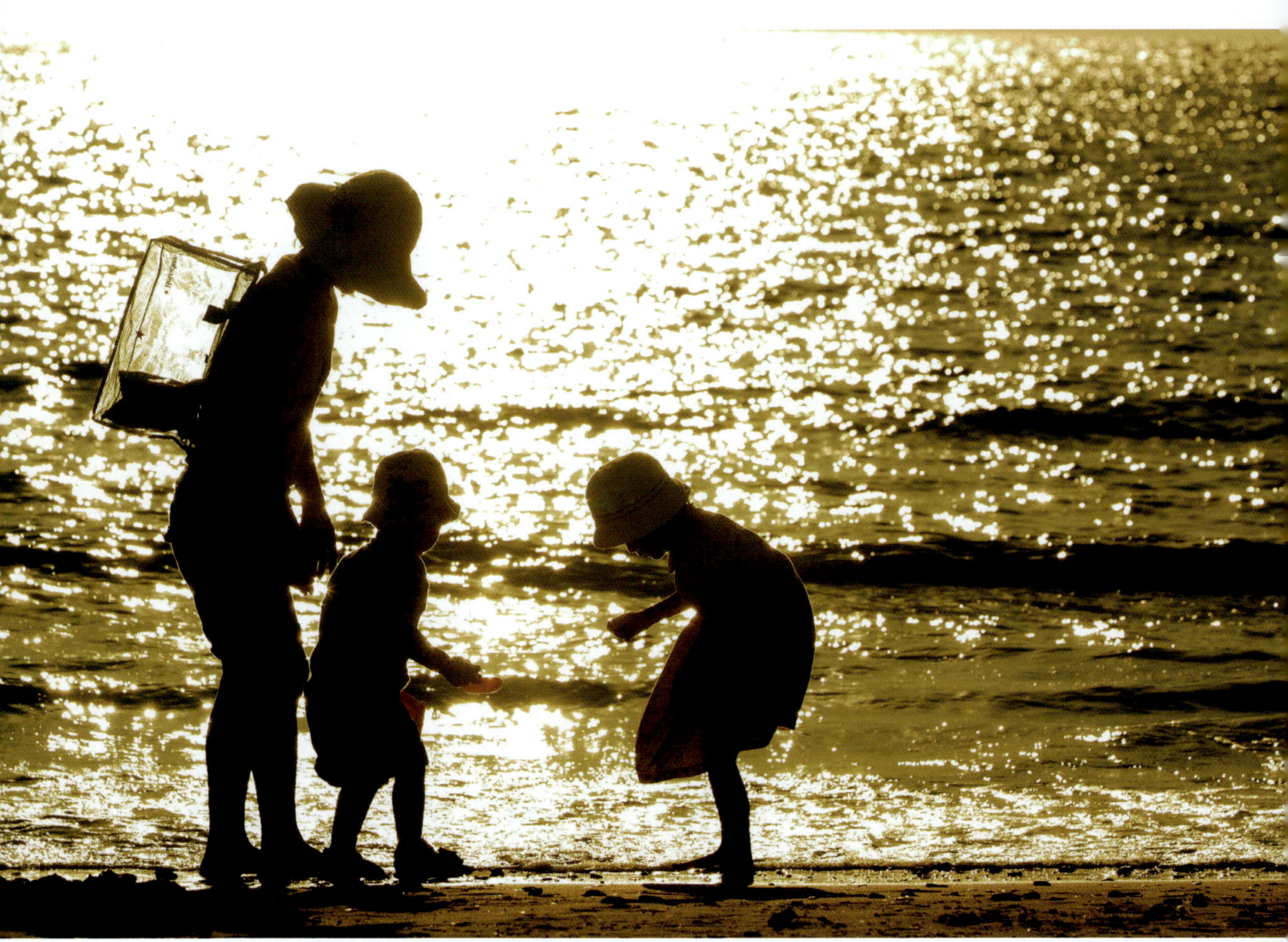

렌즈: 80-200mm F2.8 · 셔터속도: 1/1000초 · 조리개: F8.0

처음 DLSR을 구입할 때 '내가 과연 무엇을 담기 위해 카메라를 구입했는가'를 생각해보면 아마 '가족'이란 단어를 떠올리는 사람들이 많을 것입니다. 우리는 사랑하는 연인의 아름다운 모습과 아이들이 자라는 모습, 가족과 함께한 행복했던 시간들을 더 아름답게 남기고 싶어합니다.

'기록은 기억을 지배한다.'라는 말을 굳이 인용하지 않더라도 여행을 가게 되면 사진을 남기기 마련입니다. 어린 시절 어느 여름날 안면도의 꽃지 해수욕장에서 물놀이를 하고 서서히 저물어가는 석양, 아름다운 할미섬과 할아비섬 사이로 지는 해를 바라본 기억을 아이들이 언제까지 기억해줄까요? 쉽게 지워지지 않는 즐거운 추억으로 오래오래 기억해 줄지도 모릅니다만, 아무리 즐거웠더라도 모든 것을 기억하기는 힘들겠지요. 반면 사진은 지워지거나 희미해지지 않기에 카메라는 오래전부터 여행의 필수품이었습니다.

여행사진에서 가장 중요한 것은 여행 자체를 기억하기 위한 사진이 아니라 여행길에서 있었던 즐거운 기억을 담는 사진이어야 한다는 것입니다. 여행의 즐거움이란 어디에 다녀왔느냐가 아니라, 그곳에서 어떤 재미난 일이 있었는가에 좌우됩니다. 국립공원 매표소 앞 커다란 관광안내지도 앞에 나란히 서서 찍은 단체사진처럼 어디로 여행을 다녀왔다는 증거를 남기기 위한 사진보다는, 어디라고 쓰여 있지 않더라도 즐거운 순간을 담아낸 사진을 찍도록 해보세요. 사진을 꺼내볼 때마다 절로 흐뭇한 미소가 지어진다면 즐거웠던 여행으로 더 오래도록 기억될 것입니다.

POINT 01

해질녘 석양빛에 반짝이는 바다를 배경으로 사진을 찍을 때, 인물에 노출을 맞추면 노출이 오버되어 배경이 하얗게 나오게 됩니다. 강한 역광에서는 −1.5~2스톱 정도 더 어둡게 노출을 보정해서 실루엣으로 담으면 더 분위기 있는 실루엣 사진을 얻을 수 있습니다.

POINT 02

황금색 바다를 표현하기 위해 화이트밸런스 프리셋을 통해 인위적으로 조정했습니다. 파란색 색종이를 이용하면 보색인 노란빛의 사진을 얻을 수 있습니다. 카메라의 색온도를 높게 설정하는 것도 하나의 방법입니다.

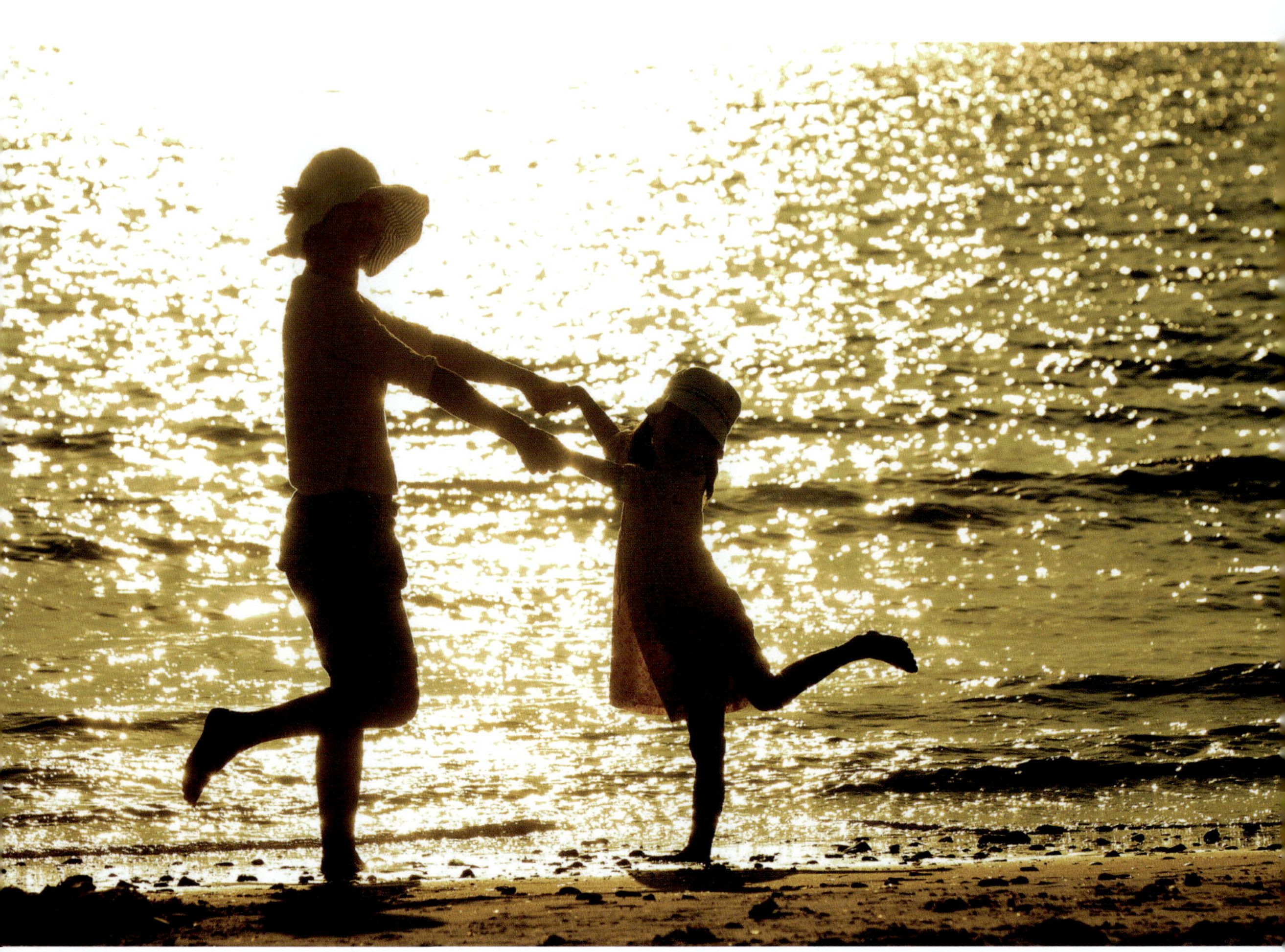

렌즈: 80-200mm F2.8 · 셔터속도: 1/1000초 · 조리개: F8.0

일상의 즐거움

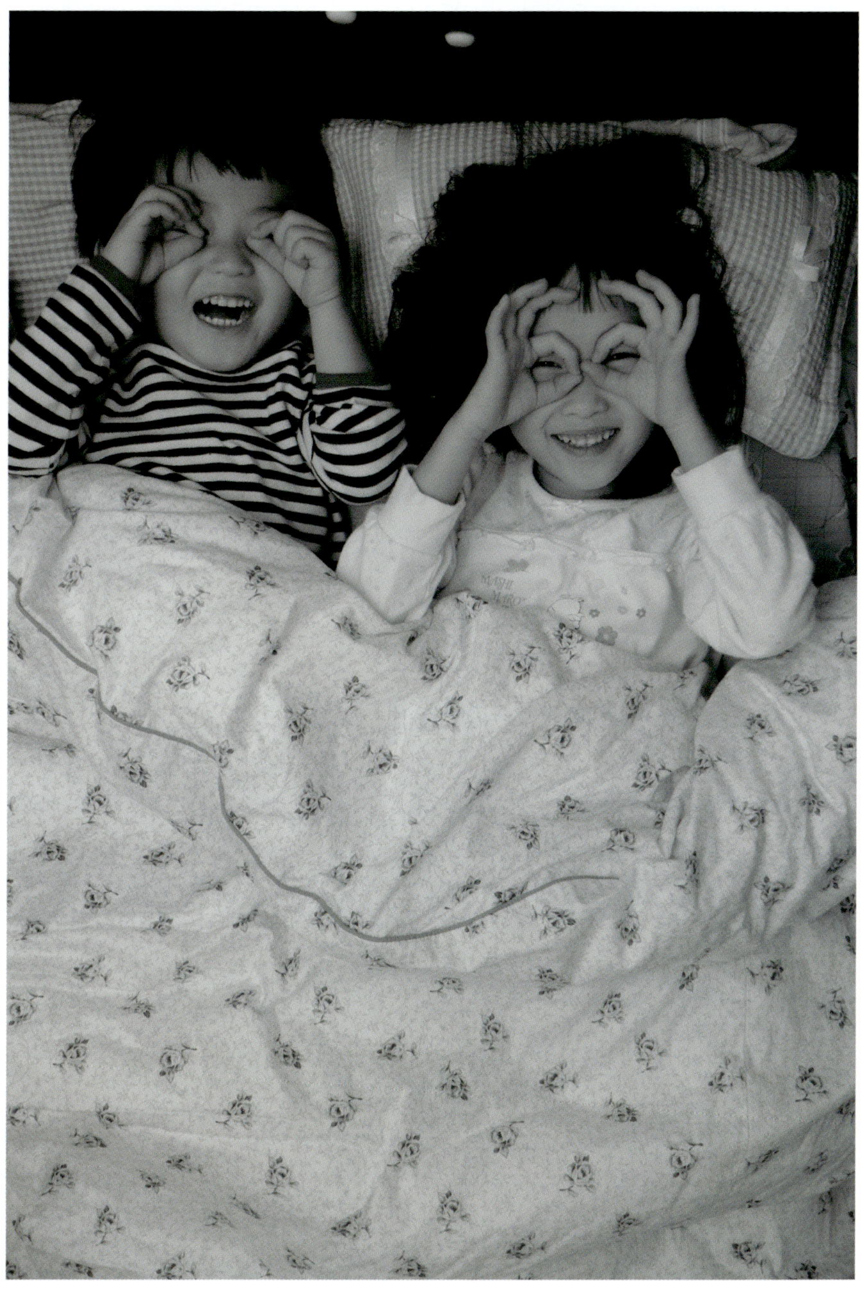

렌즈: 28-75mm F2.8 · 셔터속도: 1/60초 · 조리개: F4.0

사진은 꼭 특별한 날이나 멀리 여행을 갈 때에만 찍는 것이 아닙니다. 집에서 일어나는 평범한 일상 역시 멋진 소재가 될 수 있습니다. 오히려 이런 일상의 모습에서 카메라를 의식하지 않은 자연스러운 표정을 담을 수 있습니다.

디지털 사진은 사진에 날짜를 적어놓지 않아도 메타정보를 통해 언제 찍은 사진인지 알 수 있습니다. 잠자리에 들기 전 침대에서 장난스런 표정을 짓고 있는 오누이처럼, 일상 속에서의 사진들은 시간이 지난 뒤 꺼내보는 재미가 쏠쏠합니다.

실내에서는 광량이 부족해서 스트로보를 사용하는 경우가 많은데, 스트로보를 사용하면 그림자가 생기고 모델도 카메라를 의식하게 되어 원하는 만큼 자연스러운 느낌을 담기 어렵습니다. 사진이 조금 거칠어지더라도 감도를 높여서 최대한 자연광을 활용하는 것이 좋으며 스트로보를 사용할 때도 직광보다는 천정을 향해 바운스를 해주면 강한 그림자를 피할 수 있습니다.

POINT 01

실내의 형광등 조명 아래서는 화이트밸런스가 잘 맞지 않는 경우가 많고 자칫 정리되지 못한 집안의 어수선함이 그대로 담기는 경우가 있습니다. 그럴 땐 사진을 흑백으로 바꿔보면 의외로 근사한 느낌의 사진이 만들어집니다.

POINT 02

스토로보를 사용하여 사진을 찍으면 표면에 번들거리는 반사가 보기 싫게 나오고 피사체 뒤편에 짙은 그림자를 만들어 부자연스러운 사진이 됩니다. 스트로보의 빛을 정면이 아닌 천정이나 벽을 향하게 해서 촬영하면 빛이 벽에 반사되면서 부드러워져 보다 자연스러운 느낌의 사진을 찍을 수 있습니다. 바운스 촬영을 하게 되면 직광일 때보다 광량이 저하된다는 점을 감안하여 노출을 보정해주어야 합니다.

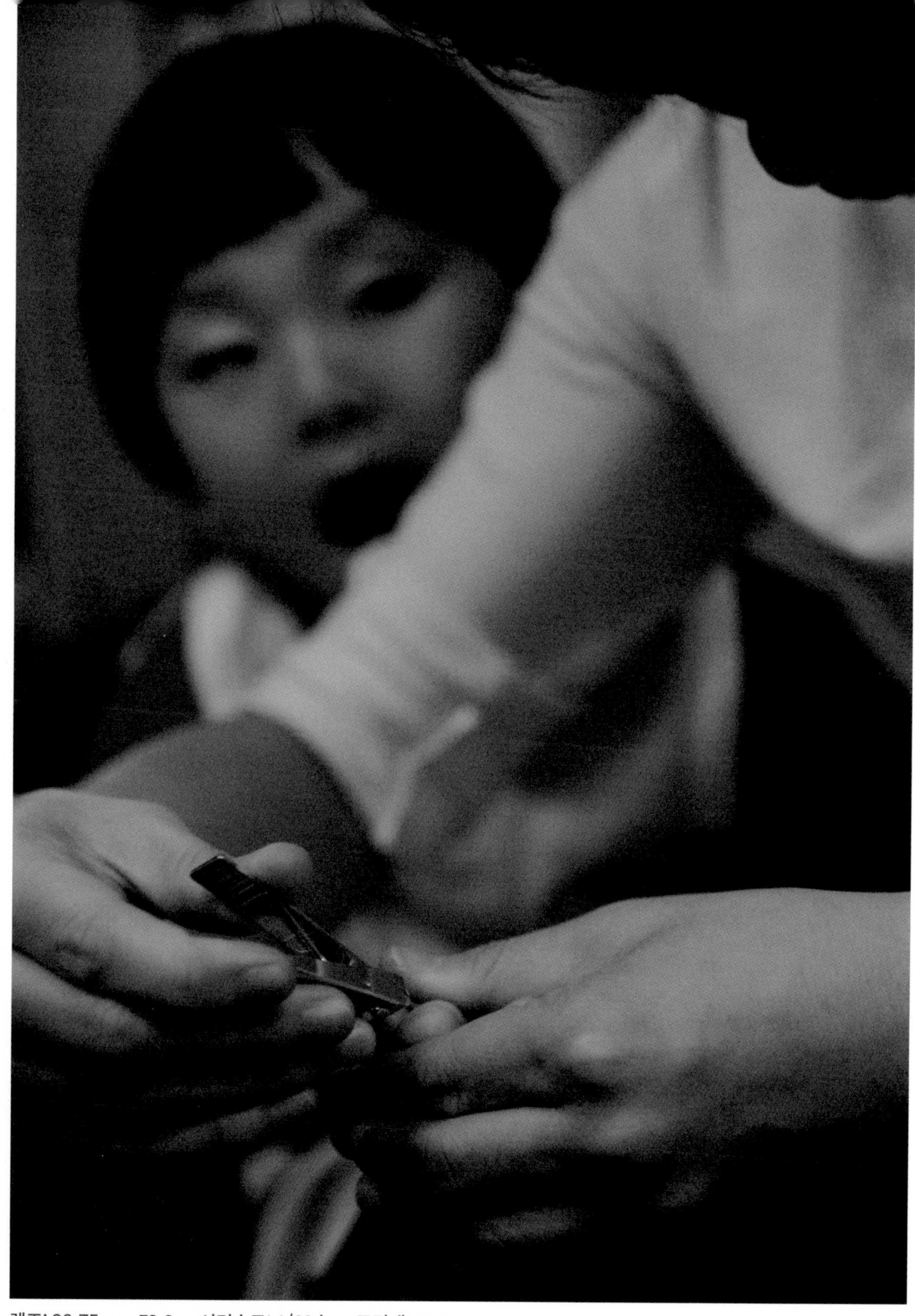

렌즈: 28-75mm F2.8 · 셔터속도: 1/60초 · 조리개: F2.8

자연스러운 연출

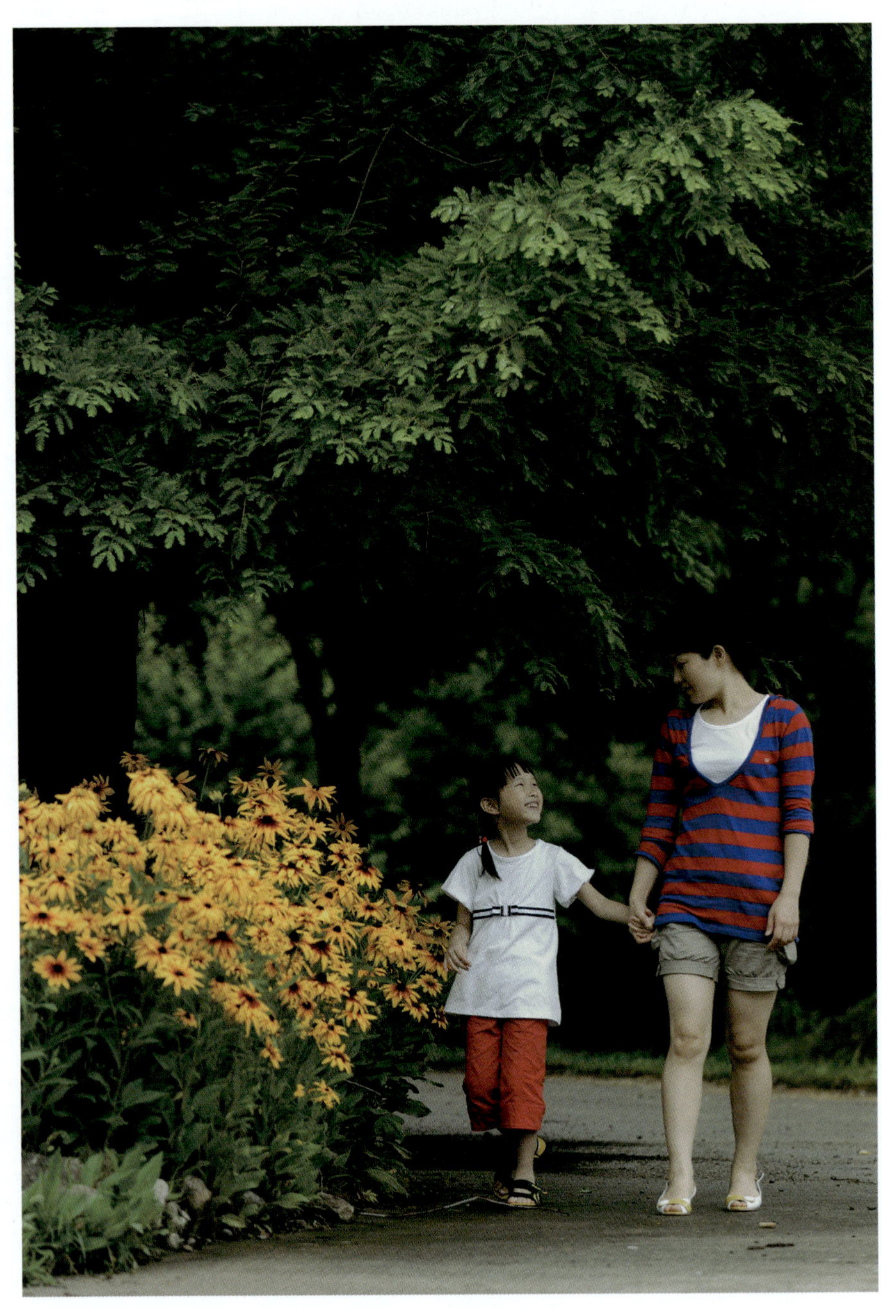

렌즈: 80-200mm F2.8 · 셔터속도: 1/400초 · 조리개: F2.8

사진을 찍다 보면 자연스러운 느낌을 카메라에 담는 것이 쉬운 일이 아님을 알게 됩니다. 일상의 느낌을 담으려면 그 중에서 가장 아름다운 한 순간을 담아내야 하는데, 그런 순간은 자주 오지 않고 잠시 스치는 경우가 많아 놓치기 쉽습니다. 그래서 일상의 자연스러움보다 찍기 쉬운 인위적인 느낌의 사진을 찍게 되는데 그러다 보니 표정은 굳어지고 포즈도 어색해지기 쉽습니다.

온통 초록으로 가득한 수목원에서 만난, 노란색 루드베키아가 핀 꽃길은 누구라도 카메라를 꺼내들게 만들었을 듯했습니다.
'저기 노란 꽃 보이지? 사진 찍게 그 옆에 서봐.' 하고 배경과 어울리지도 않게 뻘쭘하게 서있는 사진을 찍기보다 이렇게 말해보면 어떨까요? 연출한 것 같지 않고 자연스러운 모습을 담을 수 있을 것입니다.

'유정아, 엄마랑 저쪽 꽃길을 걸어볼래?'
'아니 꽃에서 너무 떨어지면 안 되고⋯⋯.'
'그래, 거기서 둘이 재미난 이야기 나누면서 걸어오면 돼.'
'유정이가 웃으면 더 예쁠 것 같은데⋯⋯ 한번만 더⋯⋯.'
'아빠 보지 말고 둘이 서로 마주보고 눈을 맞추면서⋯⋯.'
'오케이! 예쁘게 잘 나왔어.'

POINT 01

사진을 찍는다고 하면 사람들의 시선은 너무나 당연한 듯 카메라를 향하게 됩니다. 그것이 꼭 잘못된 것은 아니지만, 이야기를 나누며 꽃길을 걷는 모녀는 카메라가 아니라 서로의 눈을 마주보며 걸을 때 더 다정다감해 보입니다. 때로는 정면을 바라보는 것보다 그 상황에 어울리는 쪽으로 시선을 결정할 필요가 있습니다.

POINT 02

모든 사진이 다큐멘터리여야 한다거나 리얼리즘에 충실해야 하는 것은 결코 아닙니다. 영화나 드라마가 현실과 다르지만 감동과 재미를 주는 것처럼, 사진을 찍을 때도 약간의 자연스러운 연출이 필요할 때가 있습니다. 너무 억지스런 연출은 꽃잎을 던지고 찍은 사진처럼 오히려 어색한 사진이 되기도 하지만 자연스럽고 효과적인 연출은 영화나 드라마의 한 장면이나 기억에 남는 CF에서와 같은 사진을 담게 해줍니다.

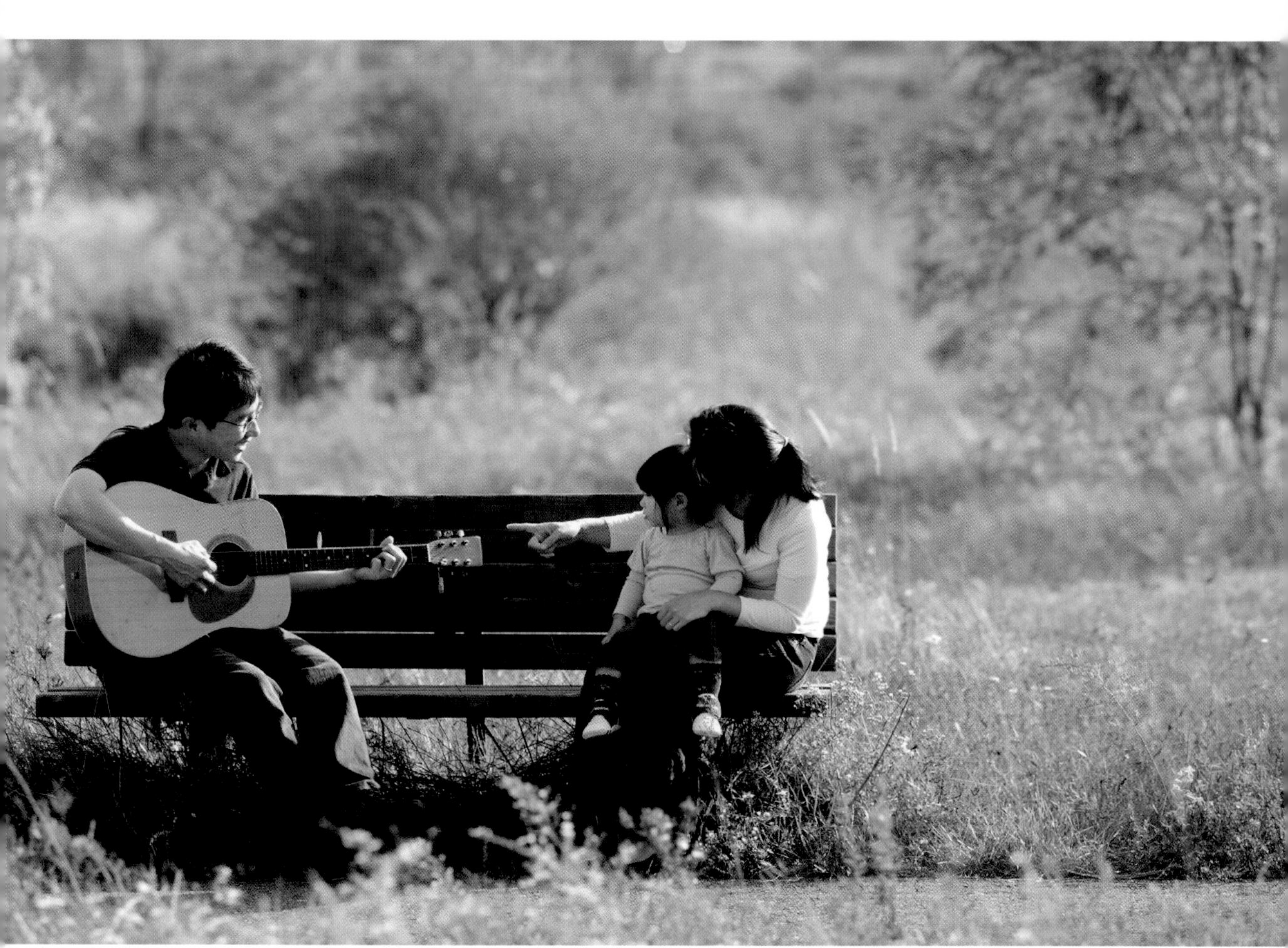

렌즈: 135mm F2.0 · 셔터속도: 1/800초 · 조리개: F2.5

같은 포즈, 같은 행복

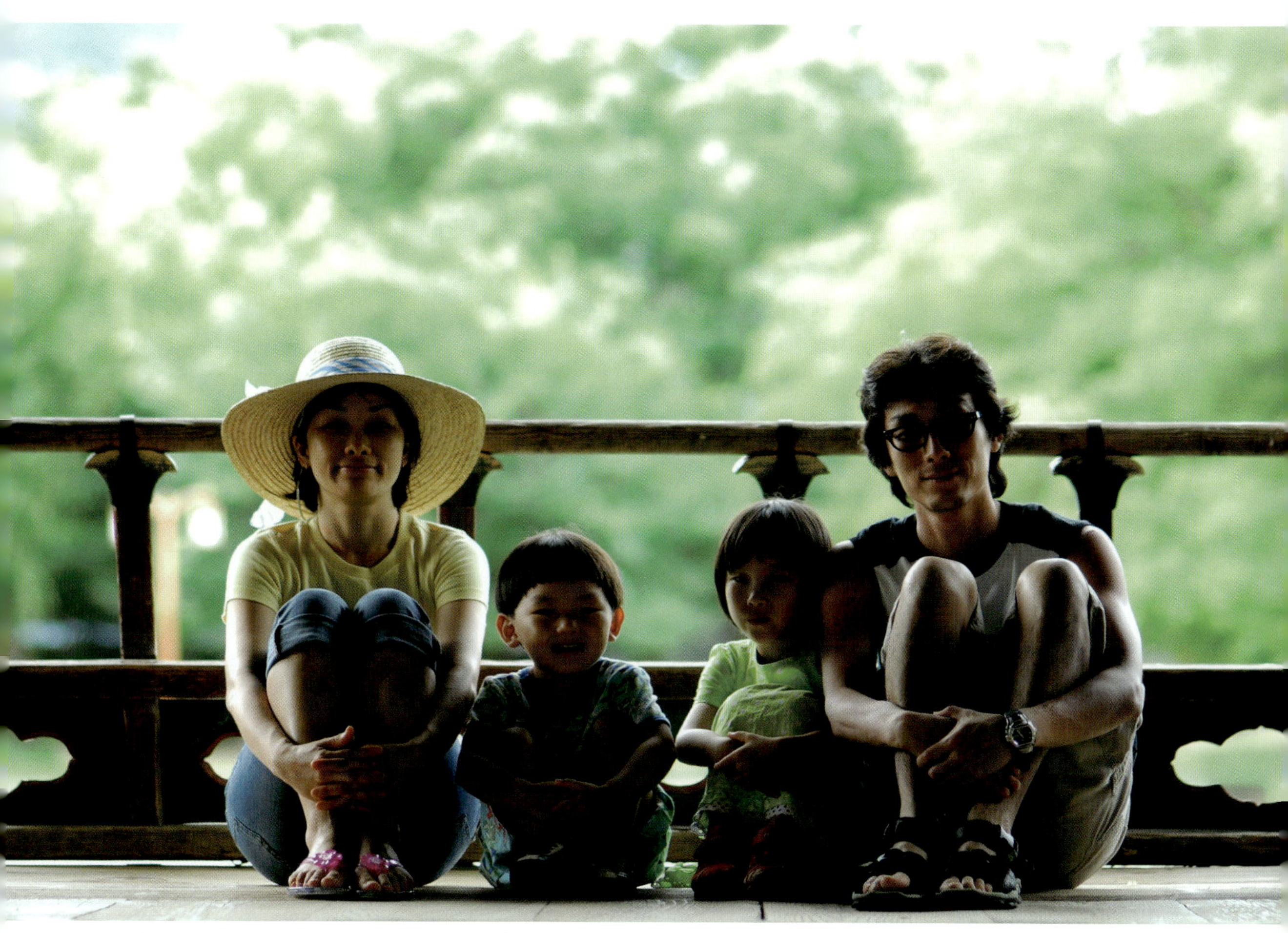

렌즈: 85mm F1.8 · 셔터속도: 1/100초 · 조리개: F2.0

사진을 많이 찍어본 전문 모델과는 달리 사진 찍기에 익숙하지 않은 가족을
모델로 삼을 때는 표정과 포즈를 어떻게 해야 좋을지 몰라 애를 먹게 됩니다.
기껏해야 '김치' 하고 억지웃음을 짓거나, 포즈라고 해봐야 차렷 자세나 손으로
V를 그리는 것이 전부일 것입니다.
가족사진을 찍을 때 포즈를 정하기 어렵다면 서로 같은 포즈를 취해보는 건 어
떨까요? 조금 유치해 보일는지도 모르지만 서로 닮은 모습에서 행복을 느끼는
가족의 모습이 보일 것입니다. 가족이 서로 닮은 건 같은 유전자를 물려받았

기 때문일 테지만, 서로 같은 표정과 포즈로 카메라 앞에 선다면 외모뿐 아니라 행복도 공유할 수 있을 테니까요.

POINT 01

관광지 입간판 앞에서 V를 하며 찍는 사진은 이제 그만!
나만의 개성으로 기억에 남을 만한 사진을 찍는 것이 필요합니다.
기억에 남는 사진은 오랜 시간이 지나도 그곳이 어디였는지 기억에 남기 마련입니다.

POINT 02

사진을 년, 월, 일, 별로 폴더를 관리하고 촬영일자와 장소 명으로 폴더를 만들어 정리하면 언제 어디서 찍은 사진인지 기억할 수 있습니다.
예) 2015년 폴더 〉 9월 폴더 〉 15일 남원 광한루원 폴더

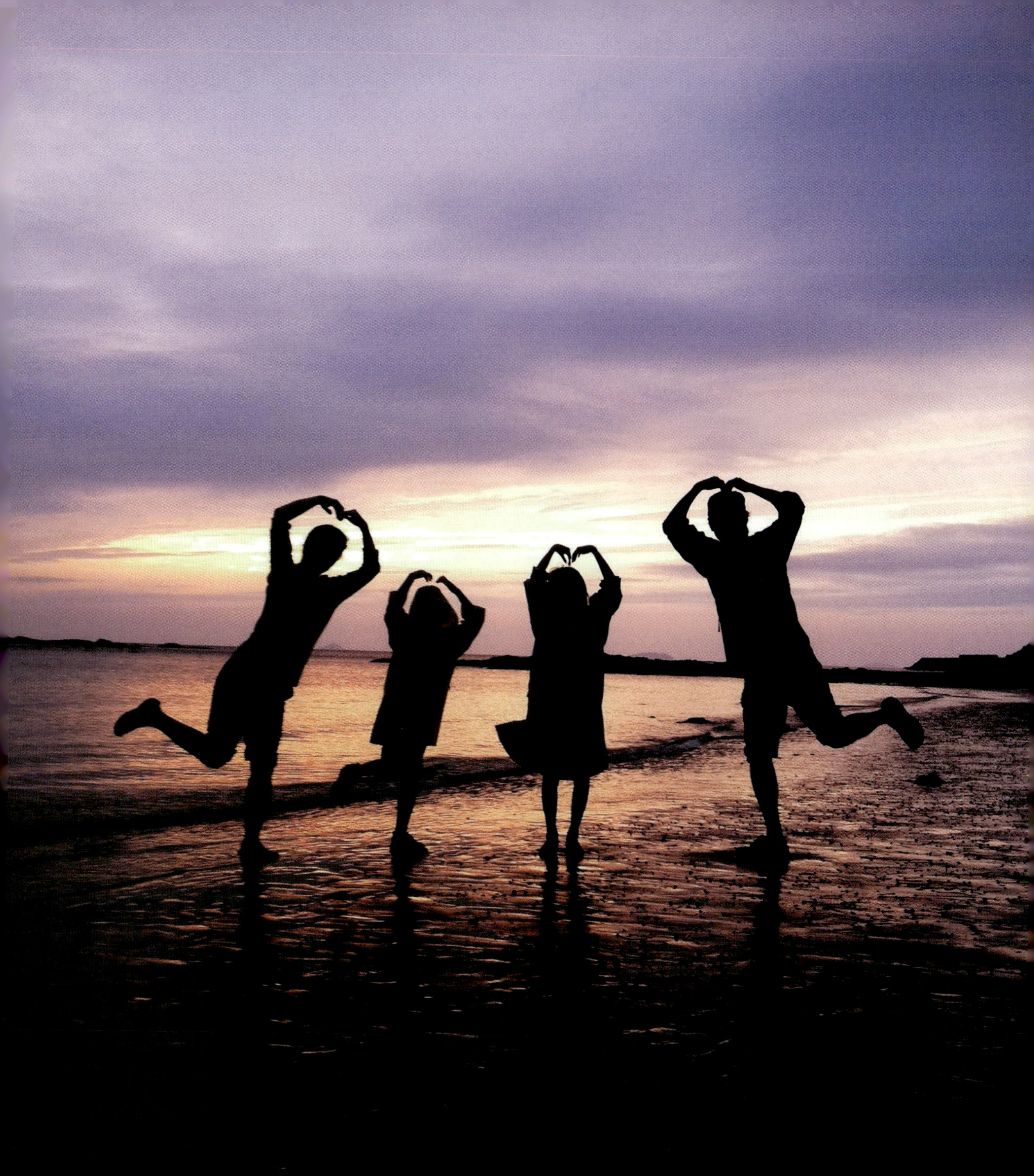

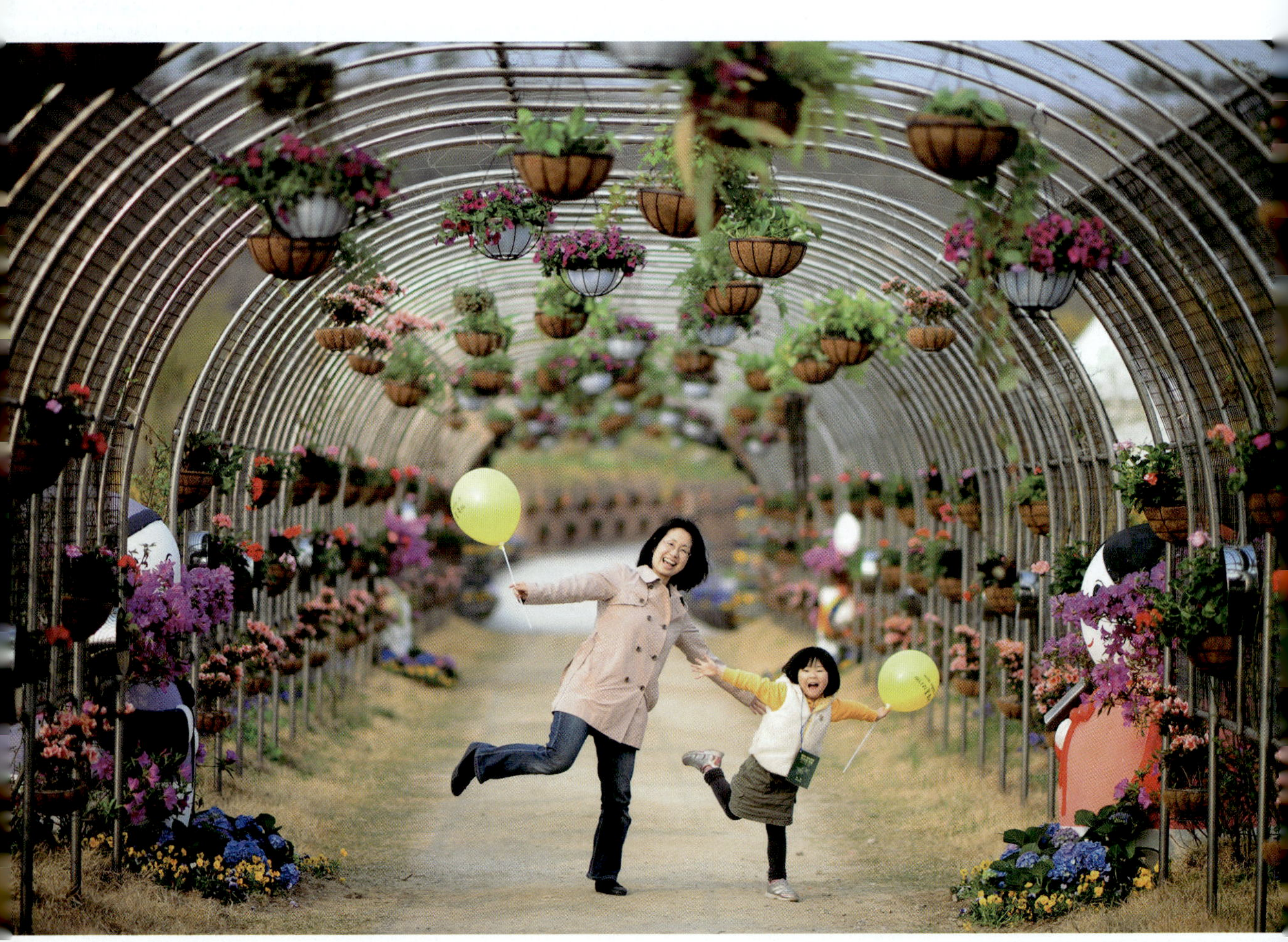

렌즈: 135mm F2.0 · 셔터속도: 1/2000초 · 조리개: F2.0

같은 포즈, 같은 행복

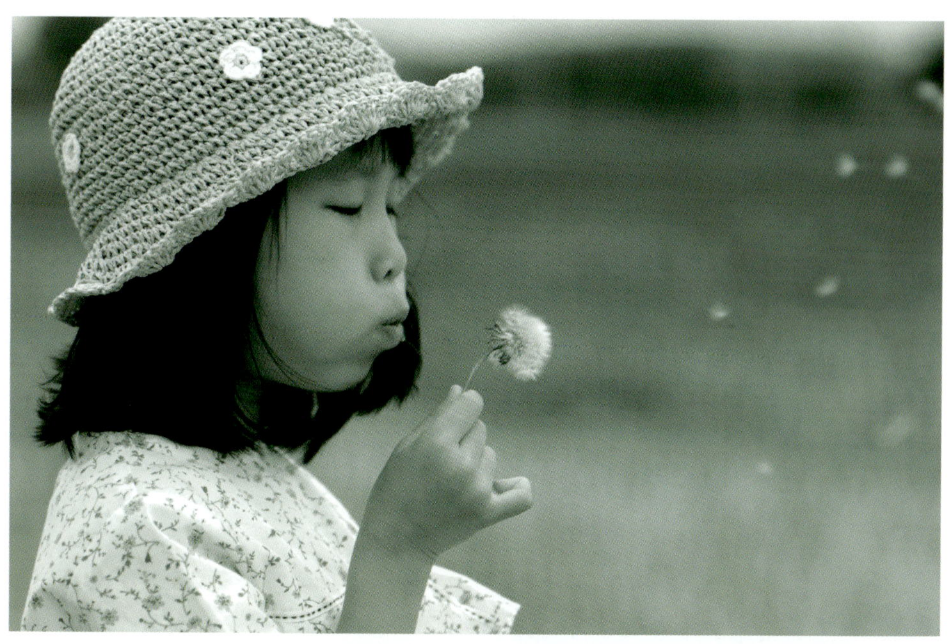

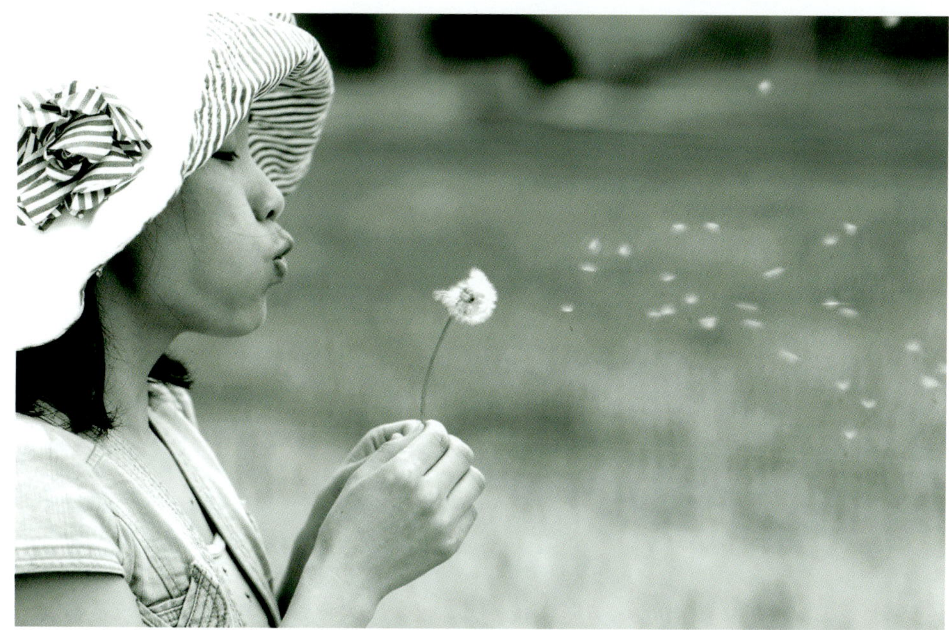

렌즈: 85mm F1.8 · 셔터속도: 1/500초 · 조리개: F2.8

1년 중 가장 아름다운 때는 온천지에 노란 민들레가 피고 하얀 홀씨가 나부낄 때 즈음이 아닐까 싶습니다. 이맘때면 날씨도 적당하고 온갖 꽃들이 피는 시기라 가족 나들이를 가기에도 무척 좋습니다.

어릴 적 한번쯤은 민들레 홀씨를 꺾어 입으로 후 하고 불어 날려본 경험이 있을 것입니다. 민들레 홀씨를 불어 날리는 장면은 동화적인 느낌을 주지만, 사진으로 예쁘게 담기란 만만치 않습니다. 날아가는 홀씨를 살리려면 어느 정도 셔터속도가 확보되어야 하고 홀씨가 보이기 위해서는 조금 어두운 배경을 찾을 필요가 있습니다. 입김을 부는 세기도 적당히 조절해야 하고, 언제 날아갈지 모를 씨앗들은 한번 날아가기 시작하면 금세 흩어져 버리므로 연사로 촬영하는 것이 좋습니다.
생김새도 하는 행동도 닮은 엄마와 딸, 두 장의 사진을 한 장으로 만들어 놓으니 재미있는 구성이 만들어졌습니다.

POINT 01

파스텔 톤의 단색으로 보정을 하면 흑백사진처럼 심플한 느낌을 주면서도 흑백의 담백함과는 또 다른 따스한 느낌을 줄 수 있습니다. 우선 채도를 0으로 낮춰서 흑백사진으로 바꾸고 컬러 밸런스에서 원하는 색감으로 조정을 해주면 만들 수 있습니다.

POINT 02

인물을 한가운데에 넣지 말고 민들레 홀씨가 날아가는 방향으로 여백을 설정하면 보다 보기 좋은 사진이 됩니다. 인물이 중앙이 아닌 한쪽으로 치우칠 때는 주변의 측거점을 활용하면 인물에 초점을 맞추기 수월합니다.

행복을 담는 카메라

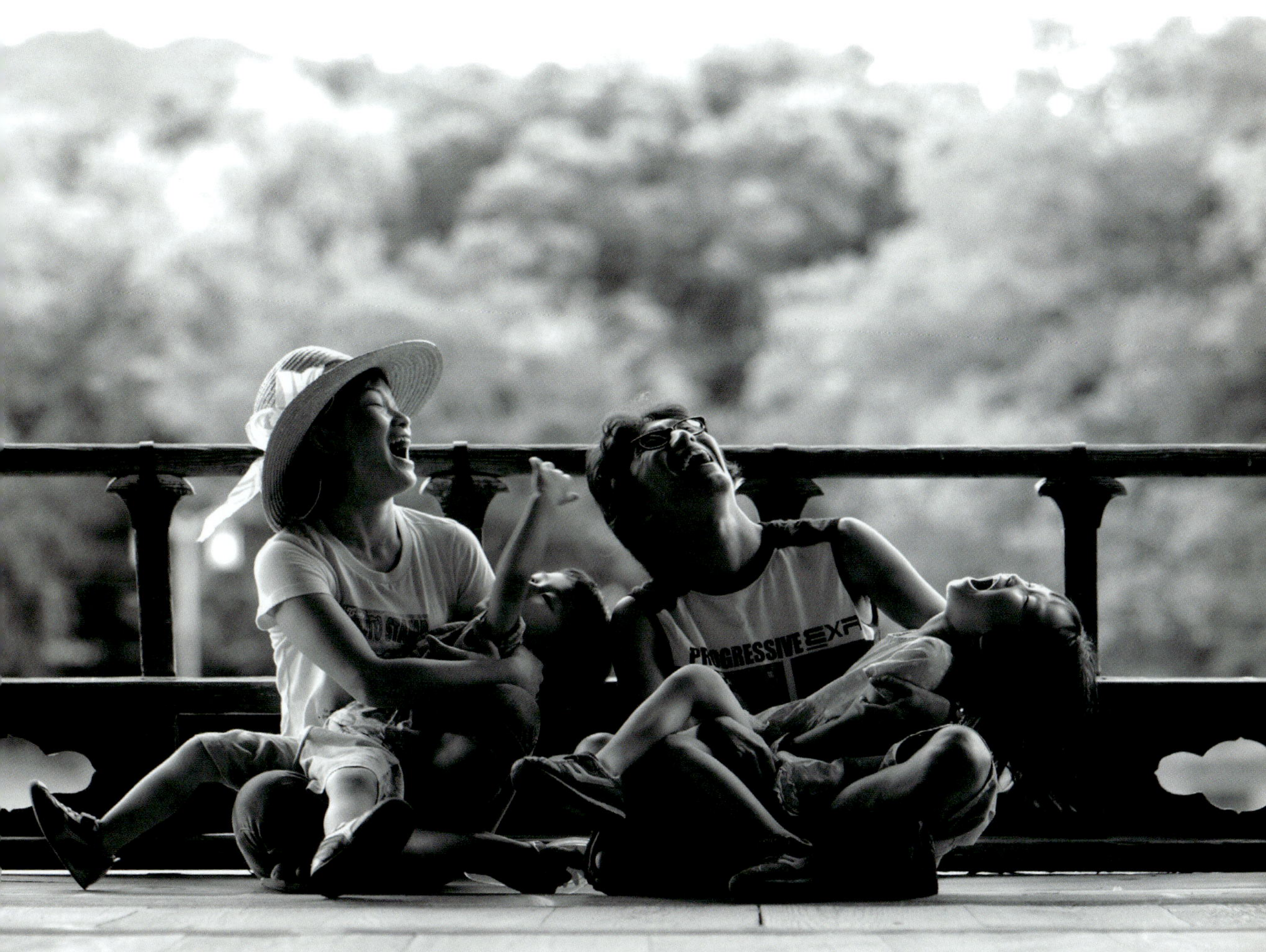

렌즈: 85mm F1.8 · 셔터속도: 1/100초 · 조리개: F2.0

행복이 별건가!
카메라, 삼각대, 그리고 가족의 웃음만 있으면 충분합니다.

사진을 취미로 하고부터 나들이에서 사진을 많이 찍어주는데, 정작 사진 속에
는 아빠의 모습이 없는 경우가 많습니다. 이것저것 짐도 많은데 삼각대까지
챙기는 것이 여간 귀찮은 일이 아닙니다. 하지만 가족사진에서 삼각대는 중요

한 역할을 합니다.

보통 삼각대는 묵직하고 튼튼한 것이 좋지만 나들이에서의 삼각대는 가급적 가벼운 것으로 선택하는 것이 좋습니다. 접었다 폈다 하기 귀찮고 타이머에 맞춰서 찍다보면 여러 번 시행착오를 겪기도 하지만, 온 가족이 함께 담긴 잘나온 사진 한 장은 오래도록 기억에 남는 행복을 선사해줍니다. 가족과 행복을 공유하려면 삼각대의 무게 정도는 감수해야 하지 않을까요?

삼각대에 카메라를 세워놓고 셀프타이머로 사진을 찍을 때도 나름의 노하우가 있습니다. 우선 어떤 포즈를 취할지 의논합니다. 포즈를 잡는 동안에는 시험 촬영을 통해 LCD로 노출과 구도를 확인합니다. 그리고 타이머가 깜빡이는 10초 동안 최대한 자연스런 표정을 만들어야 합니다. 보통 카메라의 셀프타이머는 9초간 깜빡이다 마지막에는 불이 들어온 채로 있다가 찍히는데, 마음속으로 10초를 계산하면 보다 정확한 타이밍을 맞출 수 있습니다.

카메라까지 왔다 갔다 하는 것이 조금 귀찮더라도, 처음엔 어색하고 굳었던 표정도 두세 번 반복하다 보면 점점 자연스럽게 바뀌는 경우가 많습니다. 그러므로 사진을 한 장으로 마치지 말고 표정과 포즈를 바꿔가며 마음에 드는 표정이 나올 때까지 여러 장을 찍는 것이 좋습니다.

POINT 01

신나게 웃는 모습이 이 사진의 콘셉트였습니다. 아이들이 자연스럽게 웃는 표정을 만들기 위해 타이머가 작동하는 동안 간지럼을 태운 건 약간 반칙(?)이었지만, 그래도 정말 신나는 사진이 나왔습니다.

POINT 02

가족을 함께 담는 방법으로는 삼각대를 세우고 무선 리모컨을 이용해 촬영하는 방법과 그림자를 활용해서 가족 모두를 사진 속에 담는 방법이 있습니다.

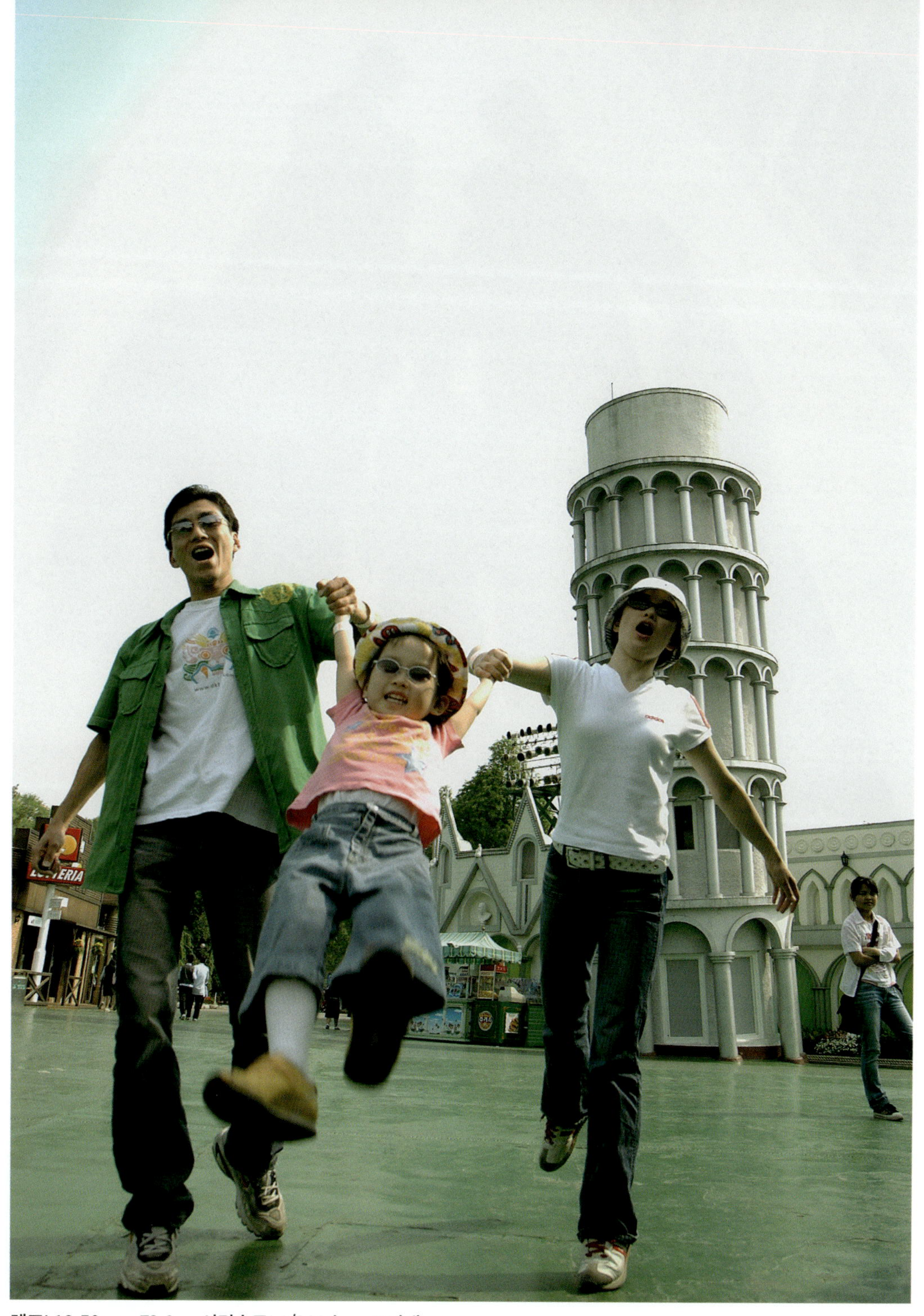

렌즈: 18-50mm F2.8 · 셔터속도: 1/200초 · 조리개: F6.3

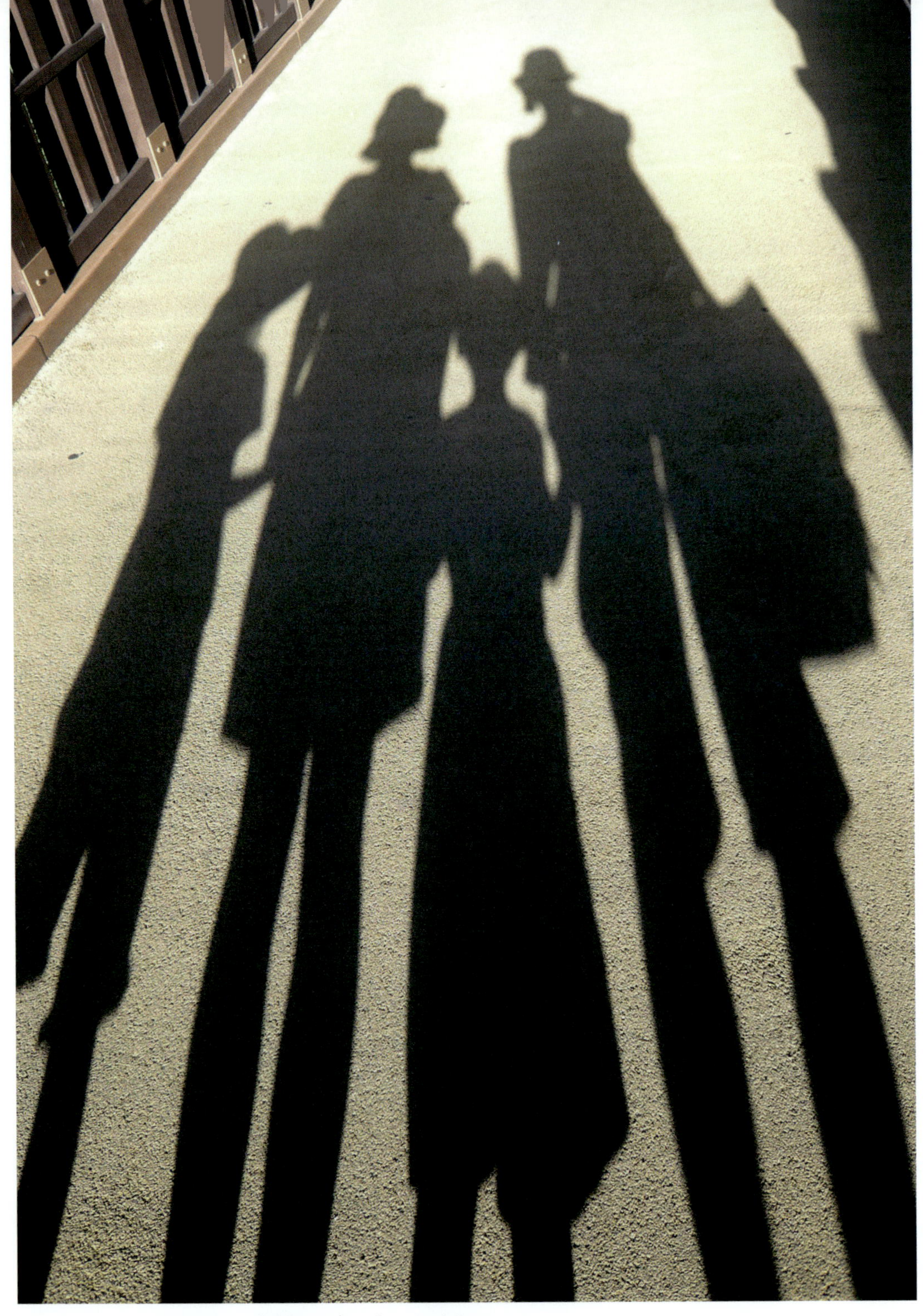

렌즈: 28-100mm F2.8-5.6 · 셔터속도: 1/320초 · 조리개: F2.8

아내가 찍어준 사진

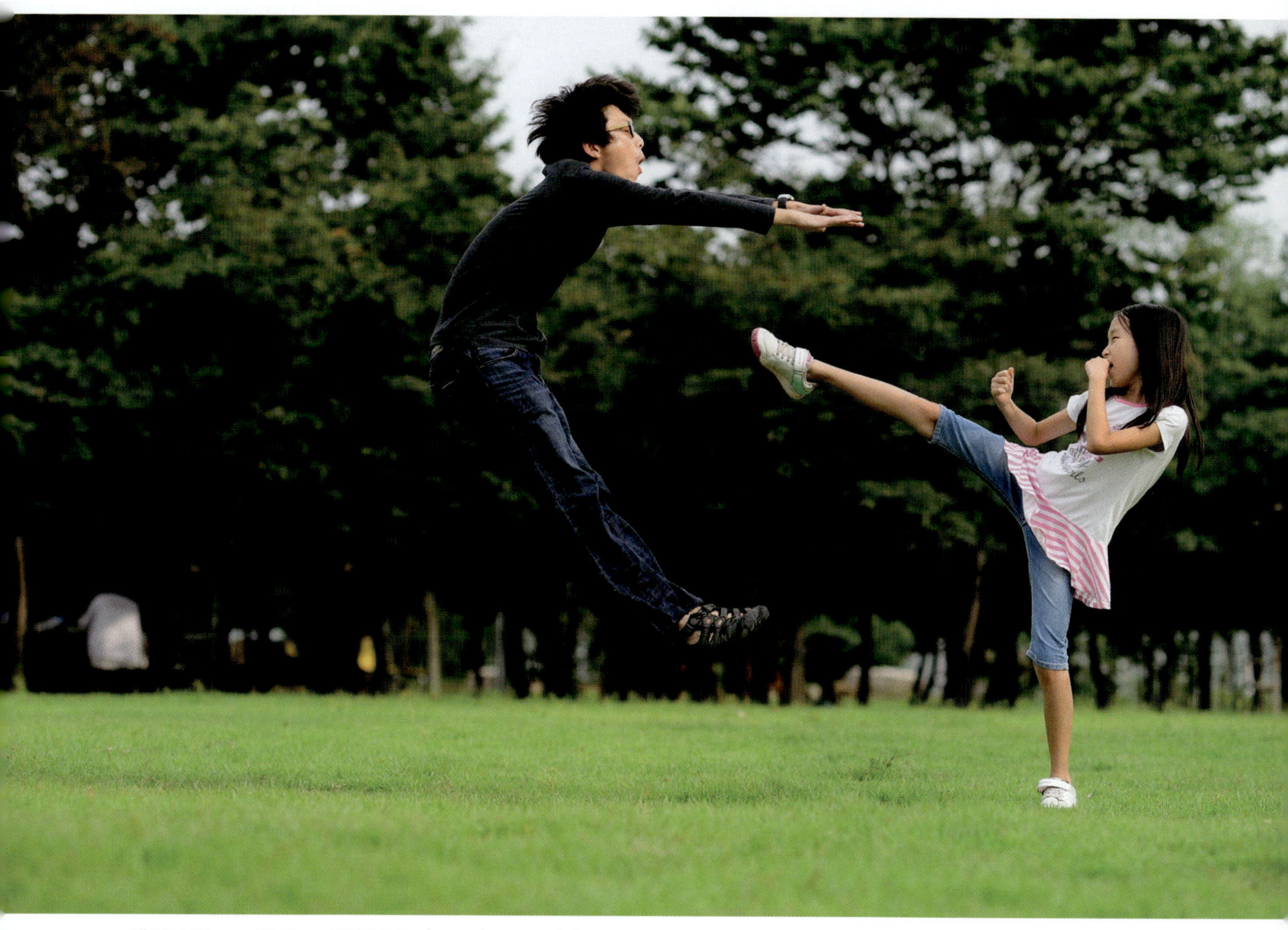

렌즈: 135mm F2.0 · 셔터속도: 1/1000초 · 조리개: F4.0

커다란 렌즈가 달린 DSLR을 들고 다니다보면 가끔 사진을 찍어달라는 부탁을 받고는 합니다. 하지만 DSLR 카메라라는 것이, 사진을 찍던 사람이더라도 늘 쓰던 기종이 아니면 다루기가 쉽지 않습니다. 니콘을 주로 사용하던 필자에게 캐논 카메라를 주면서 촬영부탁을 하면 필자 역시 가만히 셔터를 누르기만 하는 경우가 많습니다. 카메라에 대해 잘 모르는 사람에게 카메라를 맡겨서 내가 원하는 사진을 얻기란 더더욱 어려운 일입니다.

가끔은 카메라를 다른 사람에게 맡기고 내가 모델이 되어야 하는 경우가 있습니다. 이때 내가 원하는 사진을 얻고 싶다면 촬영자가 셔터만 누르면 되도록 가능한 모든 세팅을 미리 준비해주어야 합니다. 셔터속도와 조리개를 정해서 노출을 맞춰놓고, 미리 원하는 구도의 사진을 보여주고 이런 구도로 찍어달라고 부탁을 해야 합니다. 때로는 측거점에 맞춰서 초점을 잡는 것을 모르는 경우도 많으므로 초점을 맞춰놓고 매뉴얼 모드로 바꿔서 초점이 어긋나지 않게 할 필요도 있습니다.

아내에게 카메라를 맡기면 사진에 익숙하지 않은 사람에게는 사진을 찍는 일이 쉬운 일이 아니라는 것을 느낍니다. 그리고 그때마다 아내의 복수가 시작됩니다. 그동안 한 장을 위해 반복했던 설움을 이번 기회에 모조리 갚으려 일부러 못 찍는 척하는 것일지도……

POINT 01

과장된 액션과 표정으로 코믹한 느낌을 최대한 살렸습니다. 아빠의 오버에 아이들은 더욱 신이 났습니다.

POINT 02

찍기만 하지 말고, 가끔은 찍혀보기도 하는 것이 좋습니다. 그래야 모델도 그리 쉬운 일이 아니라는 것을 알게 됩니다.

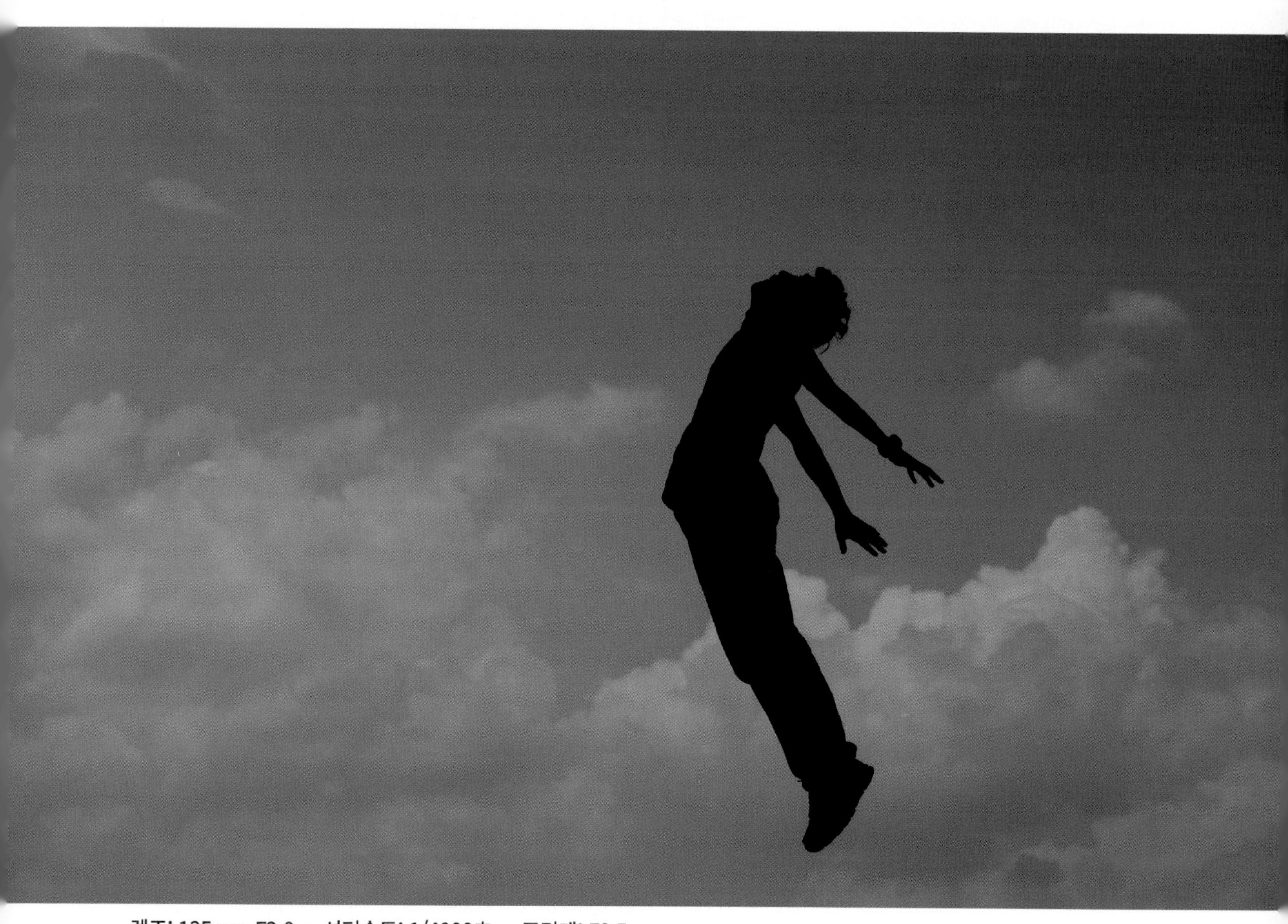

렌즈: 135mm F2.0 · 셔터속도: 1/4000초 · 조리개: F3.5

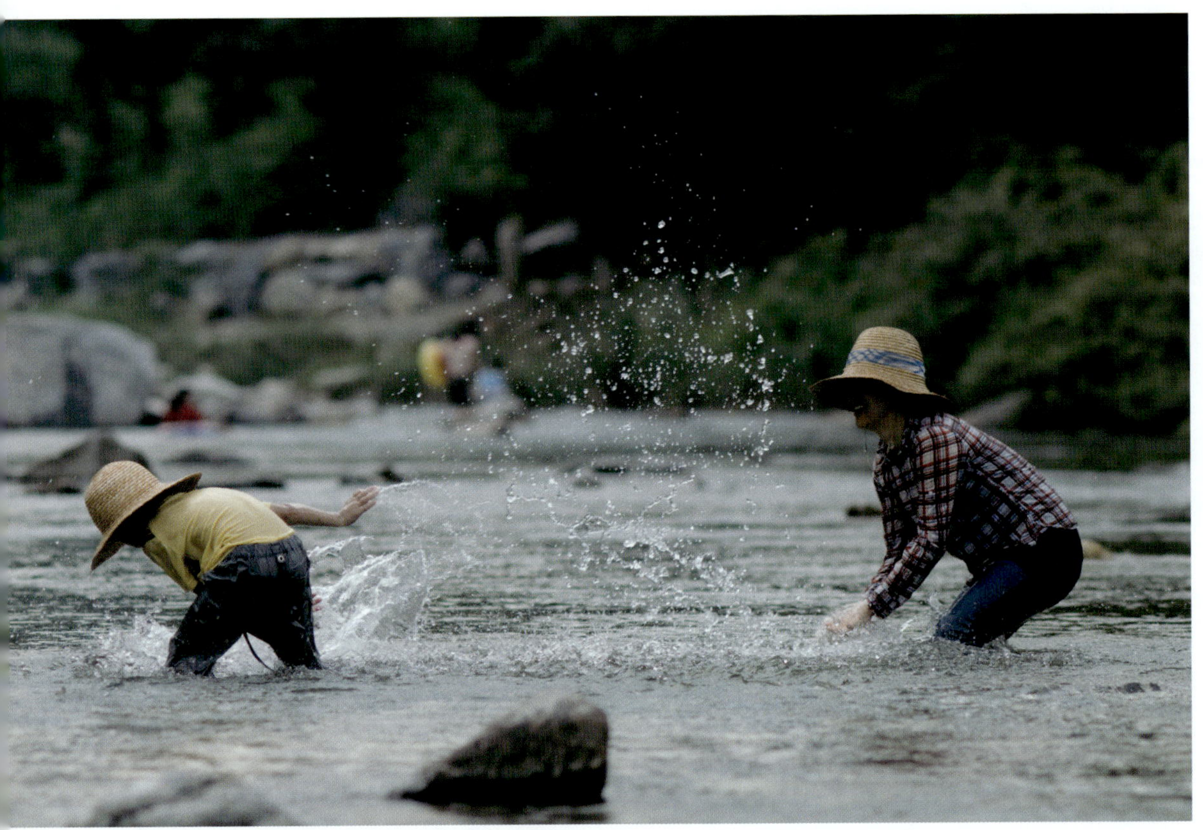

렌즈: 135mm F2.0 · 셔터속도: 1/500초 · 조리개: F2.8

인물사진에서 135mm는 가장 자주 사용되는 렌즈입니다. 대상과 적당한 거리를 두고 촬영해야 해서 찍히는 사람의 부담도 덜하고, 2.0의 밝은 조리개는 전신을 찍더라도 배경이 예쁘게 흐려진다는 장점이 있습니다.

밝은 망원렌즈로 조리개를 개방하고 한 화면에서 두 명을 담을 때 무엇보다 우선으로 생각해야 하는 것이 카메라와의 거리입니다. 심도에 따라 다르기는 하지만 사진에서는 초점을 맞춘 지점과 같은 거리에 있는 초점면만이 선명하게 나옵니다. 따라서 사진 속 인물과 카메라 간 거리가 인물마다 다른 경우, 어느 사람은 초점이 맞고 어느 사람은 그렇지 않게 되지요. 조리개를 개방해서 심도가 얕아진 경우라면 더욱 그러합니다.

적당한 배경, 적당한 포즈를 정했다면 두 사람이 카메라와 같은 거리인 곳에서 촬영하거나, 같은 거리가 되도록 조정한 다음 촬영하는 것이 한 화면에 두 명 모두를 선명하게 담는 요령입니다.

POINT 01

밝은 렌즈의 장점이 심도표현이 좋다는 것뿐만은 아닙니다. 조리개를 개방하여 빠른 셔터속도의 사진을 얻을 수 있다는 것입니다. 튀어 오르는 물방울을 생동감 있게 표현할 수 있었던 것은 그만큼 밝은 렌즈였기에 가능했습니다.

POINT 02

비슷한 색의 물보다는 상대적으로 어두운 녹색의 배경이 물방울을 더 세밀하게 보여줄 수 있습니다. 촬영 시 자세를 낮출수록 위쪽을 담을 수 있습니다. 셔터를 누르기 전에 촬영자의 눈높이(앵글)를 다양하게 해서 바라보는 것이 좋습니다.

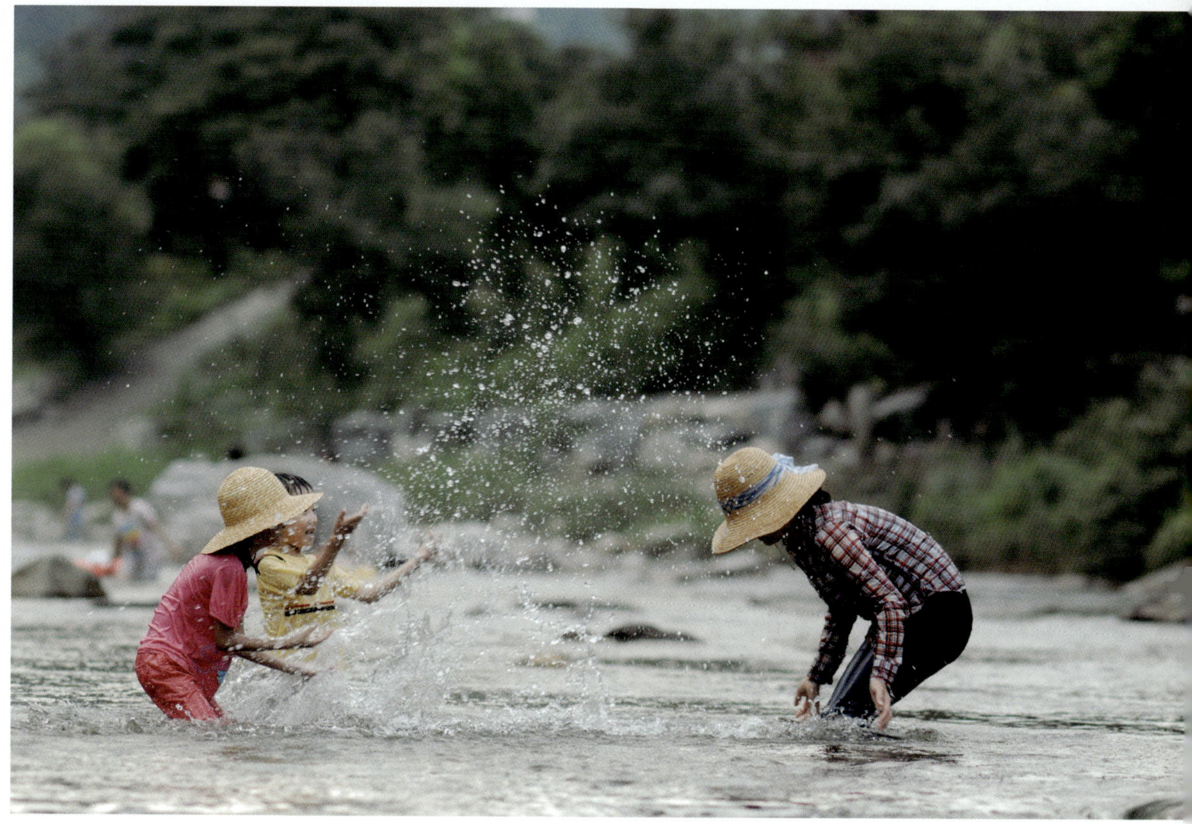

렌즈: 135mm F2.0 · 셔터속도: 1/320초 · 조리개: F2.8

예쁜 얼굴이 아니라 예쁜 표정

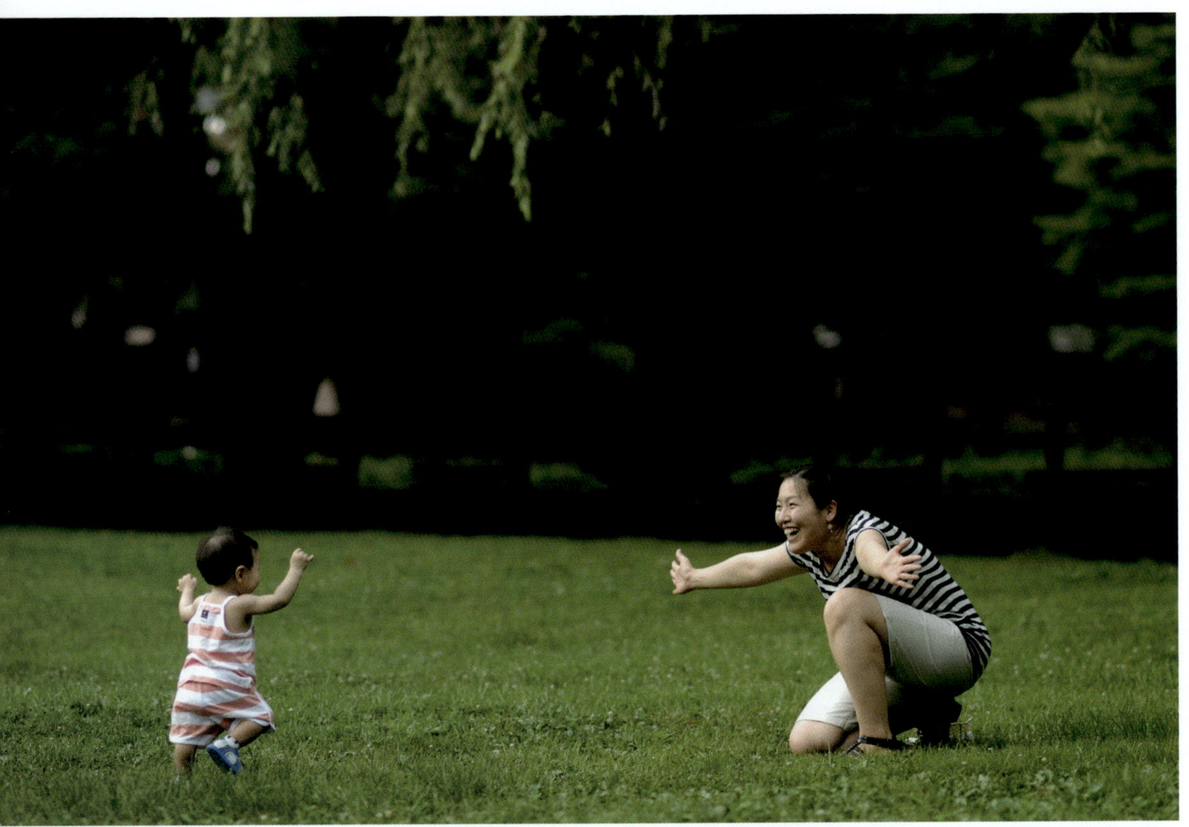

렌즈: 135mm F2.0 · 셔터속도: 1/1000초 · 조리개: F2.0

사진에 찍히기 싫어하는 사람들이 있습니다. 여러 이유들이 있겠지만 왜 싫어하느냐 물으면 '난 예쁘지가 않아서…….'라고 말끝을 흐리는 경우가 대부분입니다.

모터쇼와 같은 행사들을 가보면 예쁜 얼굴의 모델들이 화려한 의상을 갖춰 입고 능숙하게 포즈를 취하고 있습니다. 많은 사람들이 셔터를 누르느라 정신이 없는 모습은 그리 낯선 풍경이 아닙니다. 찍는 순간은 즐거울지 모르지만, 피사체가 예쁘다는 이유로 찍은 사진이 오래도록 간직하고픈 사진이 되기란 쉽지 않을 것입니다.

예쁜 얼굴을 찍을 때보다 예쁜 표정을 담을 때 사진을 찍는 즐거움과 보람은 배가됩니다. 이때 예쁜 표정은 김치나 치즈로 억지로 만들어낸 표정이 아니라 진심에서 나오는 행복한 표정이어야 합니다. 아이들은 본능적으로 엄마를 향해 달려가고, 달려오는 아이를 바라보는 엄마는 누가 시키지 않더라도 행복함으로 가득한 환한 웃음을 절로 짓습니다. 그런 엄마의 진심이 담기면 예쁜 얼굴, 화려한 의상을 찍지 않더라도 좋은 사진이 되는 것입니다.

POINT 01

움직이고 있는 아이가 아닌, 가만히 있는 엄마 쪽에 초점을 고정시키고 적절한 셔터 타이밍을 노리는 것이 좋습니다.

POINT 02

단순한 녹색의 배경을 선택해서 아이와 엄마 두 사람에게 집중할 수 있는 사진을 담았습니다. 두 사람의 간격이 어느 정도가 좋을지 생각해야합니다. 두 사람의 거리가 너무 멀면 인물이 너무 작게 나오고, 너무 가까우면 달려가는 느낌이 줄어들 것입니다.

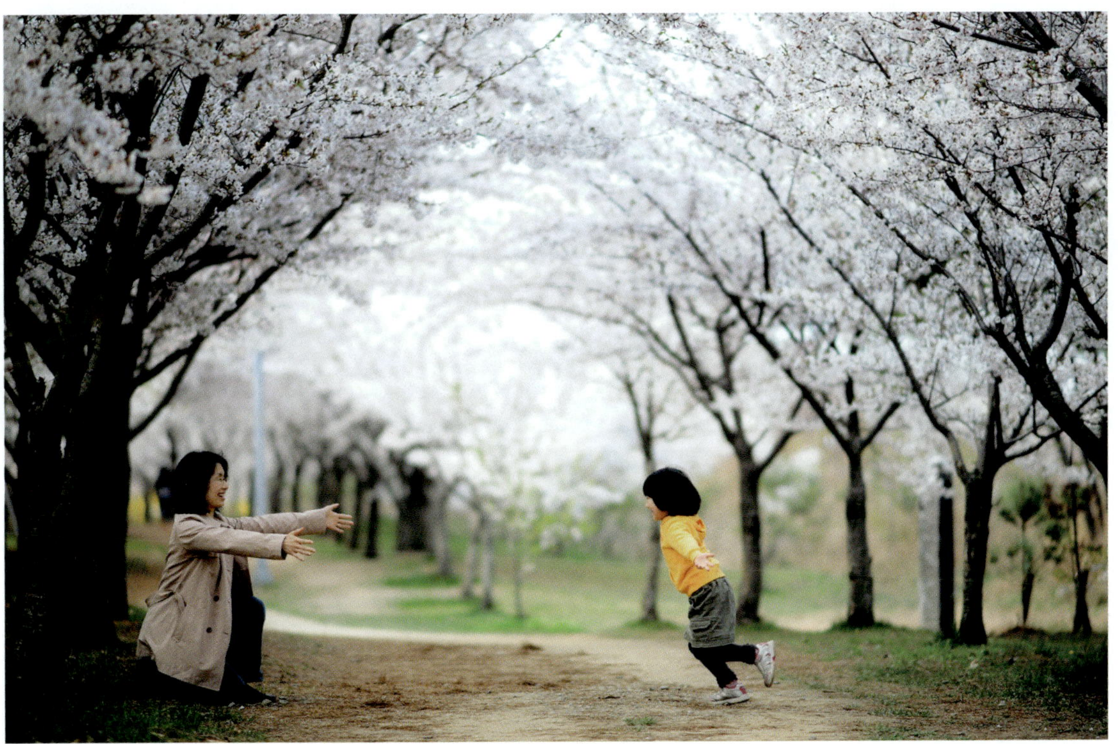

렌즈: 135mm F2.0 · 셔터속도: 1/1000초 · 조리개: F2.0

식구

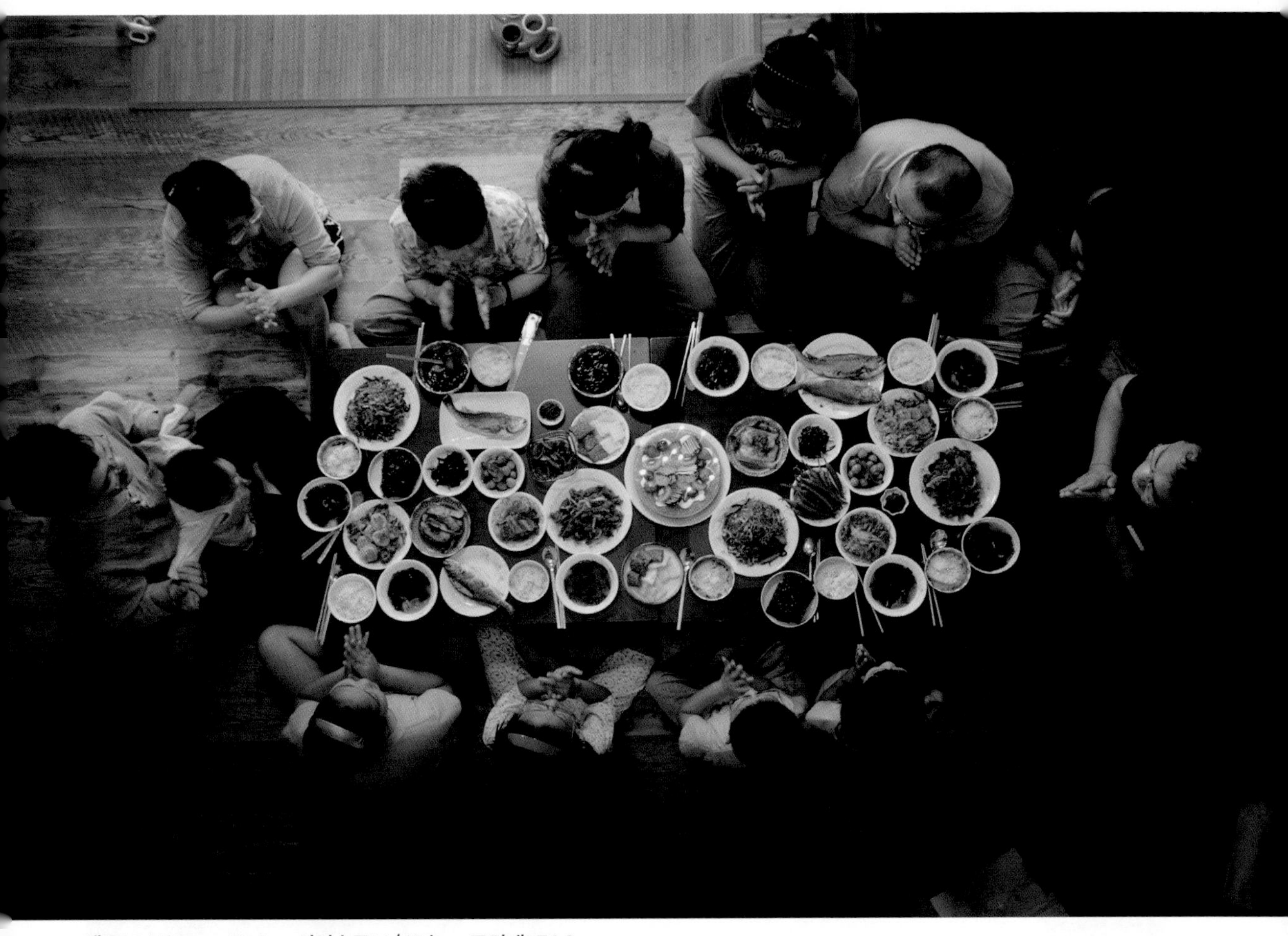

렌즈: 24-70mm F2.8 · 셔터속도: 1/40초 · 조리개: F4.0

'가족'을 다른 말로 식구라고도 합니다. 식구란 '같이 밥 먹는 사람'이라는 뜻이지만, 핵가족화 되고 각자 사는 일로 바빠진 요즘 시대에 온 가족이 함께 모여 식사를 하는 건 일 년에 한두 번도 어려운 것이 현실입니다.

오랜만에 3대가 한자리에 모였으니 기념할만한 특별한 사진을 남기고 싶었습니다. 생일상이 차려지고 생일축하 노래를 부르는 모습을 평소와는 다른 시각으로 담을 수 있었던 것은, 복층구조의 특성을 잘 살린 덕분이기도 하지만 늘 다양한 각도에서 사진을 찍어보는 습관이 있었기에 가능했습니다.

사진을 찍을 때 앞뒤로 혹은 좌우로의 이동은 많이 하지만 위아래로의 이동은 잘 시도하지 않게 됩니다. 움직일 수 있는 범위에 한계가 있어서일까요? 하지만 특별한 사진은 특별한 시선에서 나오는 경우가 많습니다. 평범한 시선에서 벗어나 극단적인 하이앵글이나 로우앵글 사진을 시도해보면 평소에 보던 것과 다른 장면을 카메라에 담을 수 있습니다.

발가락이 닮았다

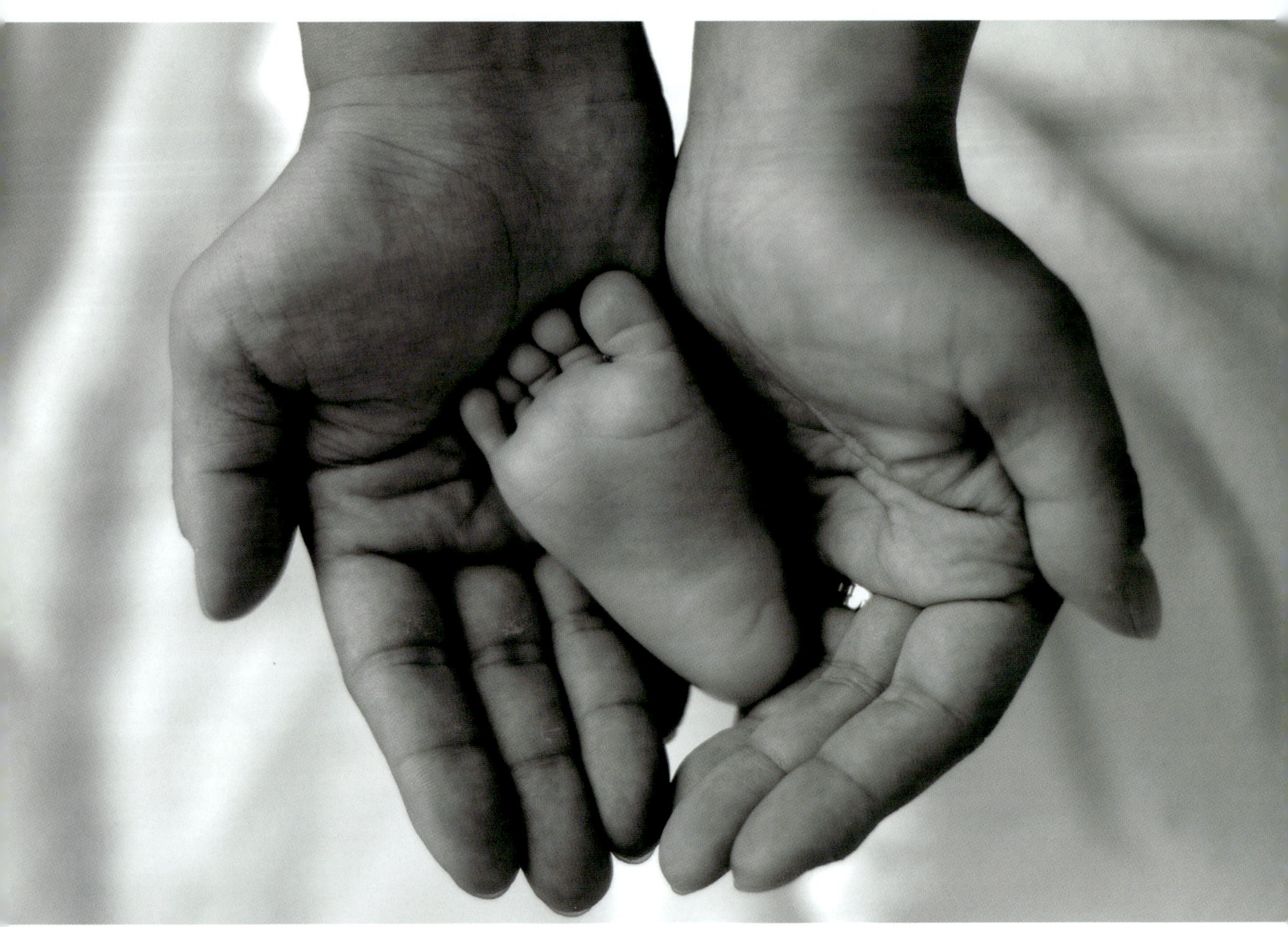

렌즈: 50mm F1.8 · 셔터속도: 1/125초 · 조리개: F2.0

새로 태어난 아기를 예쁘게 사진으로 담고 싶은 마음은 누구나 가지고 있을 것입니다. 백일이나 돌을 기념하여 사진관에서 찍은 사진들도 필요하지만, 집에서 아기들이 자라는 모습을 하나씩 남기는 것도 의미 있는 일입니다. 하지만 아기를 사진에 담는 것이 생각처럼 만만한 일은 아닙니다. 아기들은 대부분의 시간 동안 잠을 자거나 누워만 있다 보니, 포즈라는 것을 따로 취하게 하기가 어렵습니다. 그래서 누워 있는 모습을 몇 장 찍고 나면 더 이상 찍을 사진이 없다고 느끼게 됩니다.

전신이나 얼굴이 아니라 아기의 손가락 발가락을 하나하나 따로 담아도 예쁜 사진이 나옵니다. 엄마의 손에 아기의 작은 손을 얹어놓고 찍어보거나, 발을 손으로 감싸고 찍은 사진도 아름답게 보입니다. 아빠의 배 위에서 엎드려 새근새근 잠든 아기의 모습만큼 마음을 평온하게 하는 것도, 엄마 품에 안겨 젖을 먹는 아기의 나른한 표정만큼 편안해 보이는 것도 없을 것입니다. 본인만의 아이디어도 좋지만 다른 사람들이 찍은 사진들을 보고 괜찮겠다 싶은 사진들을 참고해서 비슷하게 시도해 보는 것도 하나의 방법입니다.

매일 바라보며 살면 늘 같은 얼굴처럼 느껴지지만, 아이들은 생각하는 것 보다 빠르게 자랍니다. 백일이나 돌 같은 연중행사만이 아니라 아이들이 자라는 모습을 꾸준히 사진으로 모아보세요. 나중에는 아이에게도 엄마 아빠에게도 큰 선물이 되어줄 것입니다.
스튜디오의 조명이나 값비싼 장비가 있어야만 사진을 찍을 수 있는 것은 아닙니다. 크롭바디의 DSLR에 10만원대의 50mm 1.8 렌즈로도 훌륭한 사진을 담을 수 있습니다.

POINT 01

흰색 이불을 이용해 아기의 발만 보일 수 있도록 하고 흑백으로 간결함의 더 강조했습니다. 간결할수록 강렬할 수 있습니다.

POINT 02

채도는 낮추고 대비는 높여 후보정을 해줬습니다. 콘트라스트를 10-20정도 높게 보정을 하면 지문과 손금이 더 선명하게 보입니다.

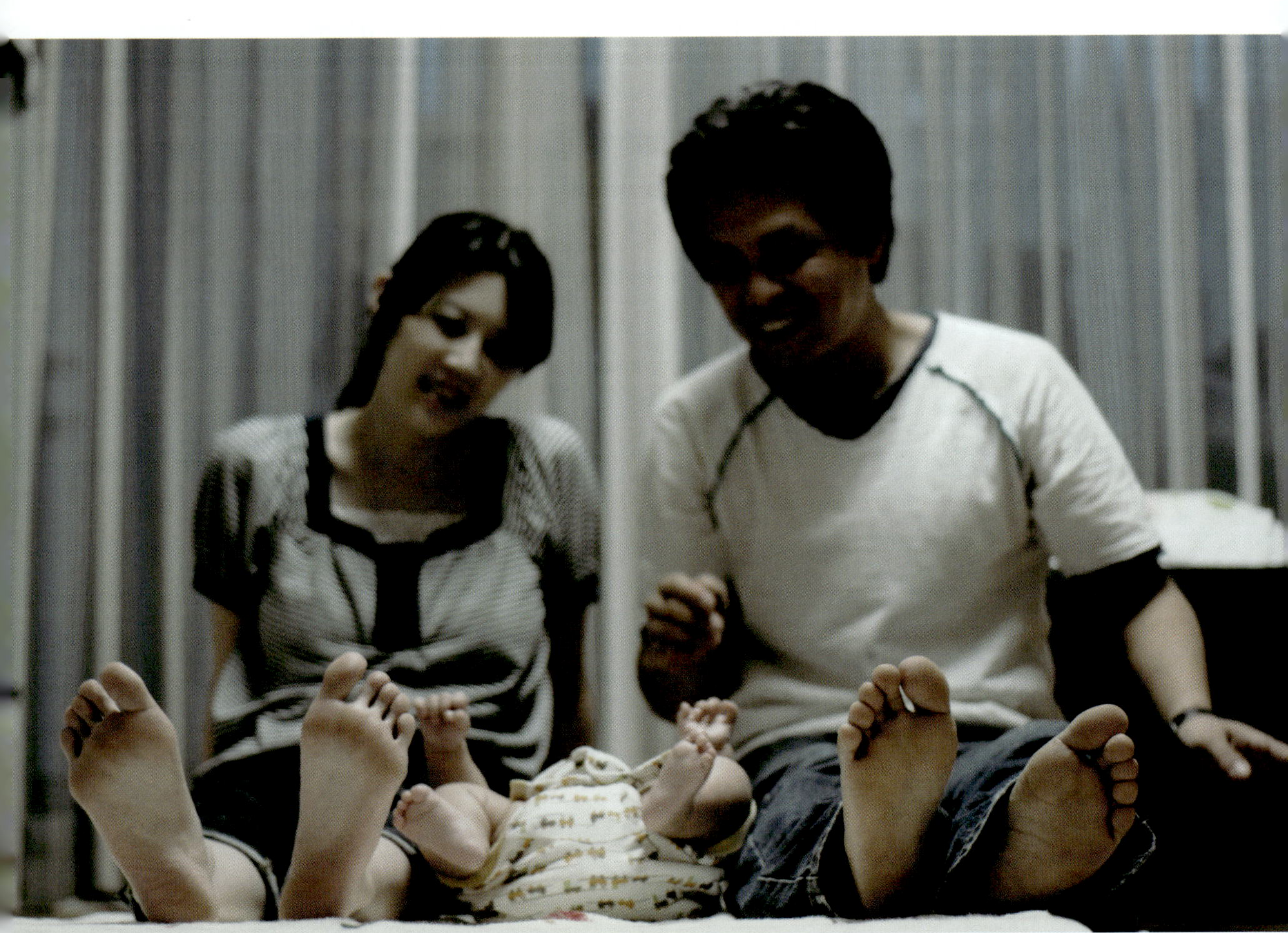

렌즈: 50mm F1.8 · 셔터속도: 1/160초 · 조리개: F2.0

내 생애 최고의 모델

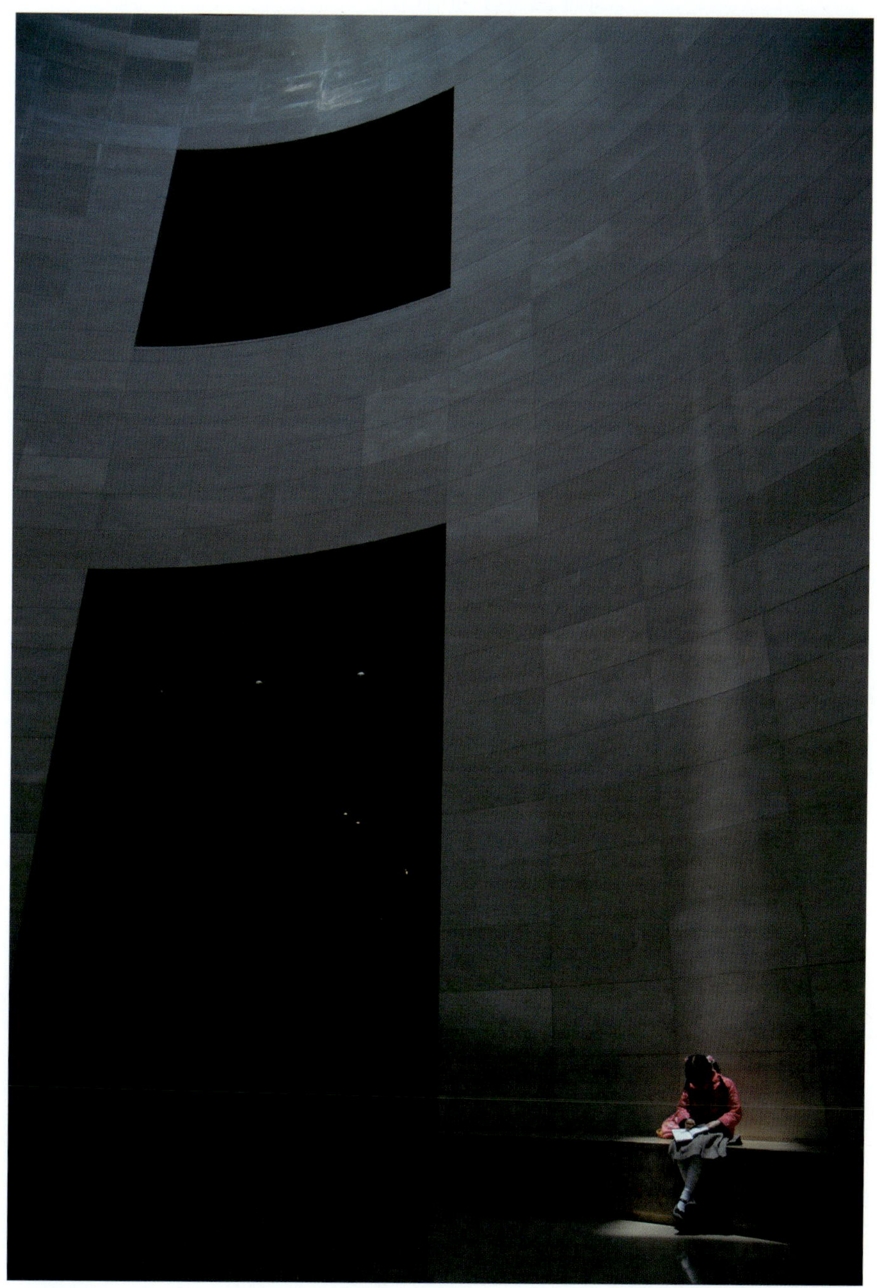

렌즈: 17-50mm F2.8 · 셔터속도: 1/250초 · 조리개: F2.8

'사진은 좋은 대상이 아니라 좋은 빛을 담는 것'이라는 어느 사진가의 말처럼, 멋지게 내려오는 빛줄기 아래에서라면 그 누가 앉아 있었더라도 멋진 사진이 되었을 테지요. 하지만 그 대상이 나의 사랑하는 가족이라면 더 의미 있고 값지게 느껴질 것입니다.

가족은 누구에게나 가장 소중한 존재입니다. 너무나 잘 알고 있지만, 바쁜 일상에는 가족과 함께 할 시간이 늘 부족하고, 무언가에 빠져들기 시작하면 그나마 있는 휴일도 자신의 취미를 위해 보내는 경우가 많습니다.

사진이 취미라면 가족은 그 어떤 모델보다 훌륭한 최고의 모델이 되어줄 것입니다. 그리고 어떤 취미를 가지든 가족과 즐거움을 공유할 수 있는 시간을 많이 나눌 수 있다면 그것이 진정한 취미가 아닐까요?

가족사진은 예쁜 얼굴을 담거나, 어떤 행사를 기록하는 일이기도 하겠지만, 가족이기에 함께 느낄 수 있는 행복을 담는 일이 우선입니다. 행복이란 억지로 만들어지는 것이 아니라 서로 아끼고 사랑하는 마음속에서 자연스럽게 만들어지는 것이니까요.

POINT 01

빛은 생각보다 밝습니다. 어둠속에 빛을 담을 때는 −노출 보정을 해서 주변을 더 어둡게 담아야 더 빛나게 담을 수 있습니다.

POINT 02

같은 장소에서라도 여러 구도를 생각할 수 있을 겁니다. 인물을 가운데에 위치하게 담을 수도 있을 것이고 주변의 더 어두운 부분과 대비를 주는 구도도 있을 것입니다.

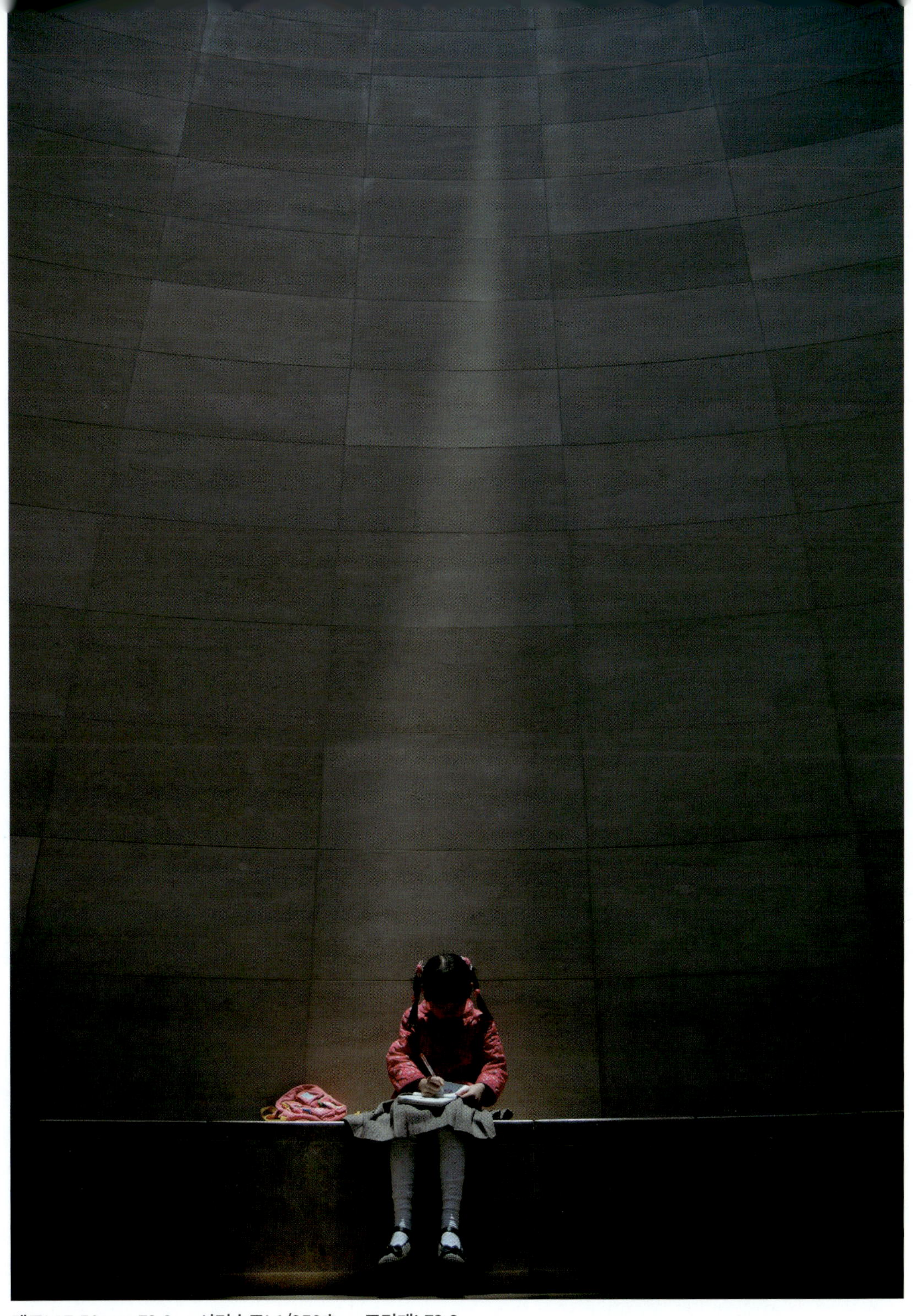

렌즈: 17-50mm F2.8 · 셔터속도: 1/250초 · 조리개: F2.8

배경에 어울리는 포즈

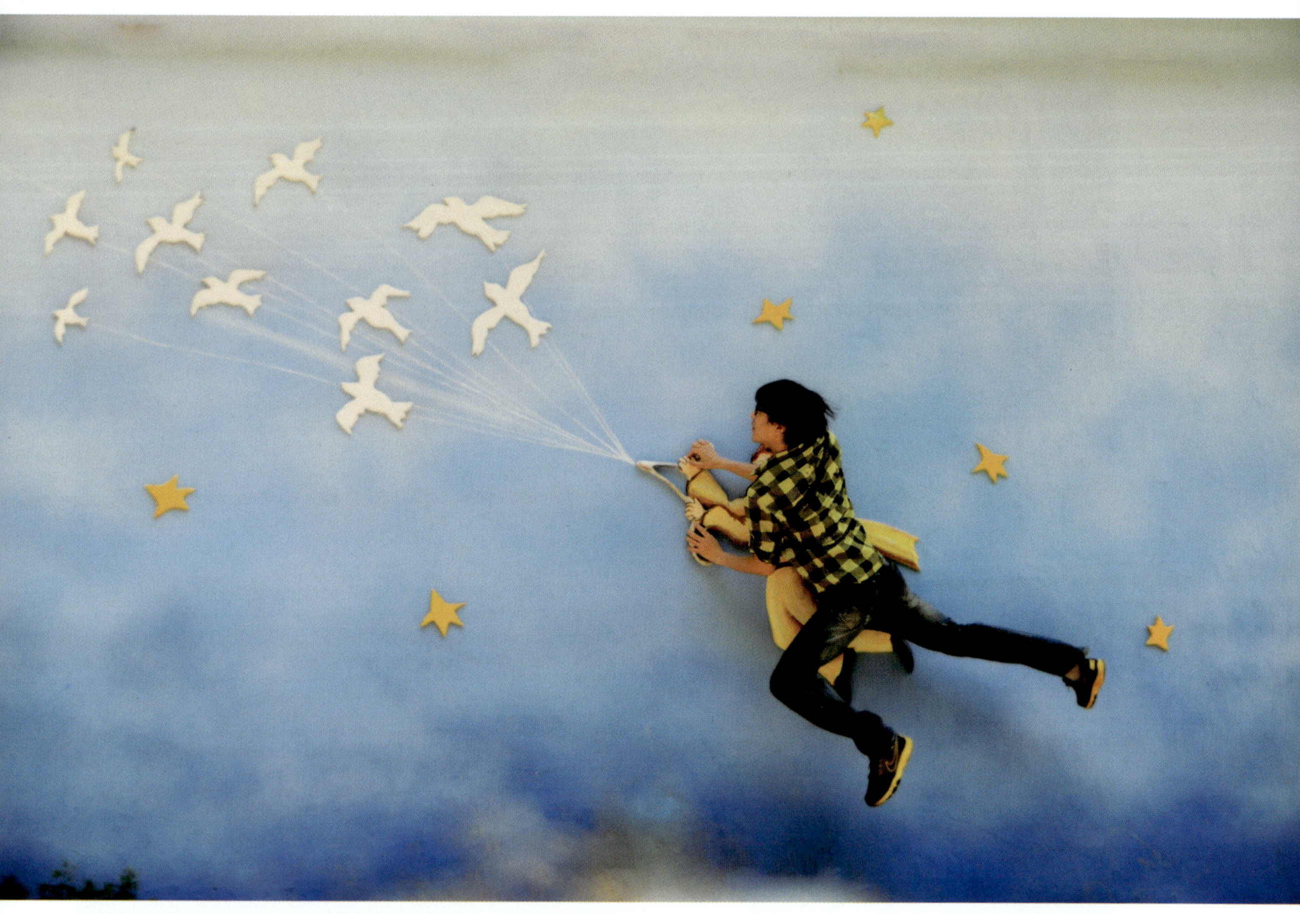

렌즈: 28-75mm F2.8 · 셔터속도: 1/1000초 · 조리개: F4.0

인물사진에서 배경이 중요하다는 것은 익히 알려진 사실입니다. 멋지게 그려진 벽화는 사진 찍기 좋은 배경입니다. 서울의 홍대, 낙산, 통영의 동피랑, 부산의 감천마을 등 유명한 벽화 관광지에서 많은 이들이 벽화를 배경으로 사진을 찍습니다. 하지만 배경이 아무리 좋다 한들 멀뚱하게 서있거나 억지웃음을 짓거나 손으로 V자만 만든 채 사진을 찍으면 밋밋하기만 할 뿐입니다.

좋은 배경을 만났다면 그에 어울리는 표정과 포즈를 정해야 합니다. 기러기를 따라 소행성을 떠나는 어린왕자로 빙의해 사진을 찍는다거나, 바다 속에서 키싱구라미를 만난 양 자연스럽게 포즈를 취한다면 벽화 속의 이야기의 주인공이 되어 벽화에 어울리는 사진이 됩니다.

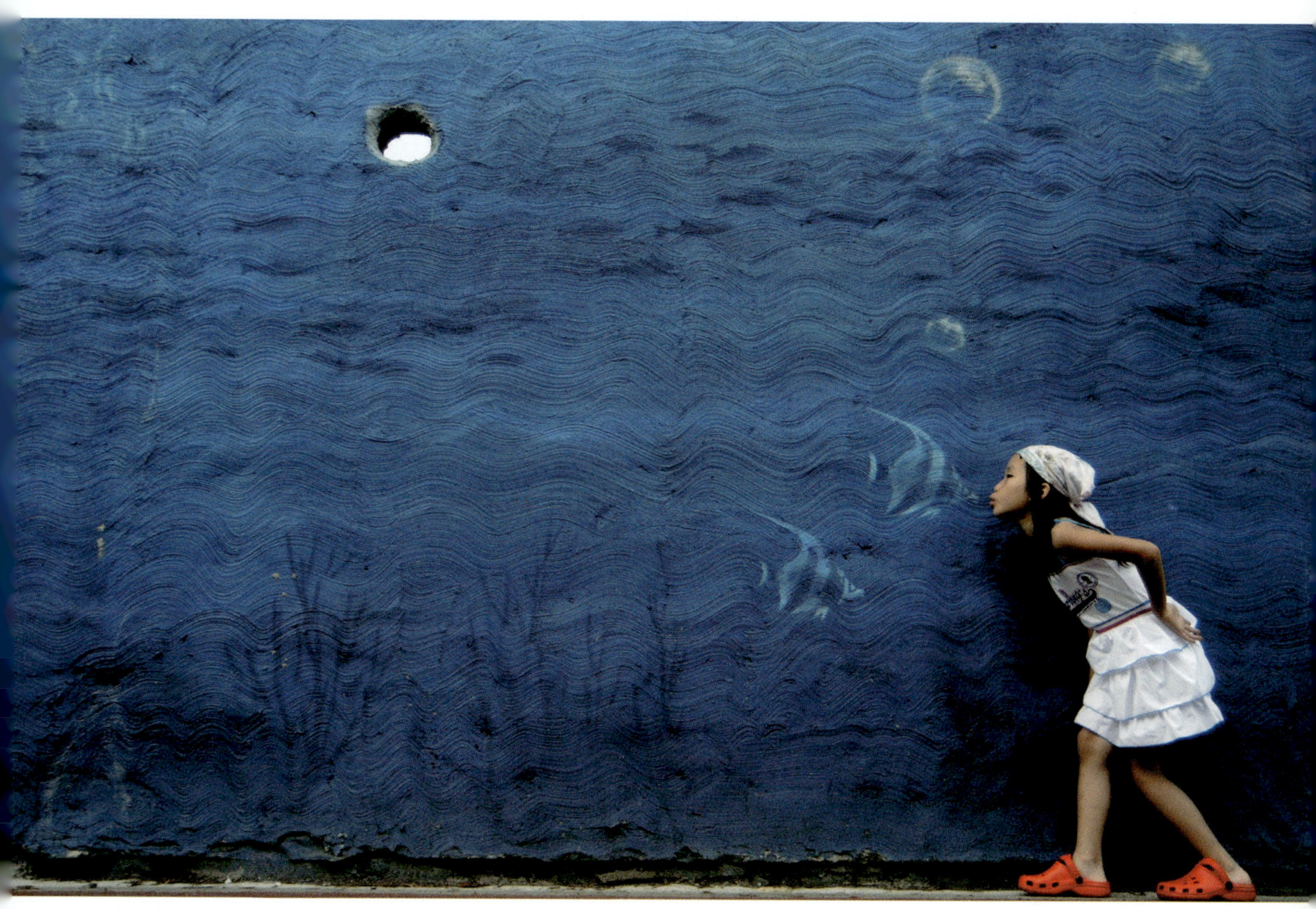

렌즈: 24-70mm F2.8 · 셔터속도: 1/125초 · 조리개: F2.8

POINT 01

벽화 속 이야기의 일부분인 듯한 사진을 원한다면 벽화 이외의 부분이 가급적 들어가지 않는 것이 좋습니다. 인물이 벽에 붙을수록 촬영자가 자세를 낮출수록 벽화 위주의 사진을 담을 수 있습니다.

사진은 오래 기억된다

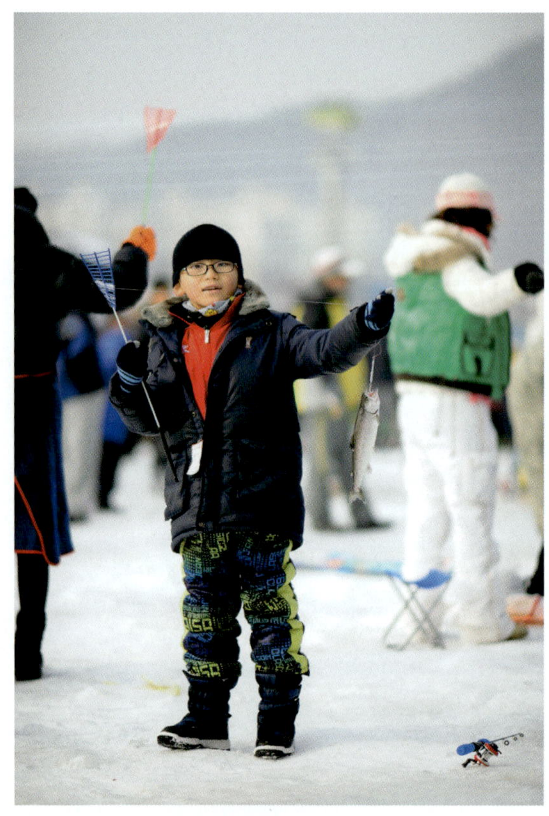

렌즈: 135mm F2.0 · 셔터속도: 1/2000초 · 조리개: F2.0

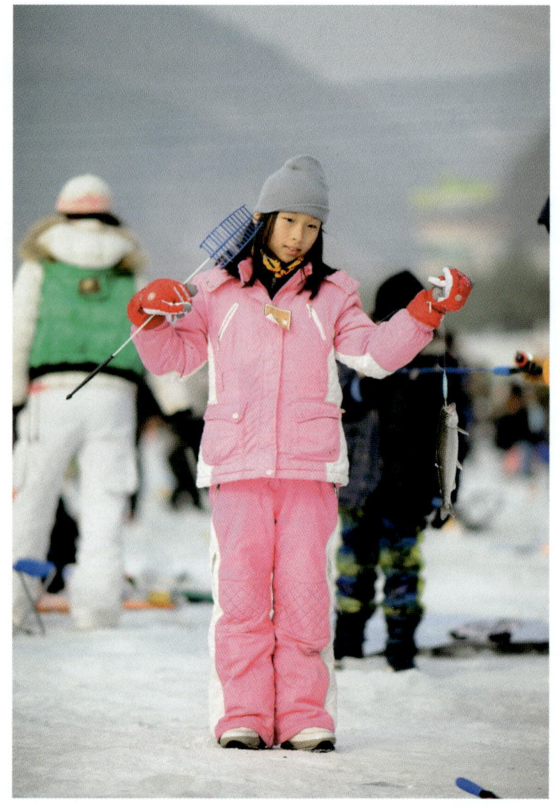

렌즈: 135mm F2.0 · 셔터속도: 1/2500초 · 조리개: F2.0

'기록은 기억을 지배한다'는 말이 있습니다. 기억은 희미해지고, 왜곡되기도 하며, 아예 잊히기도 하지만, 기록은 그대로 간직할 수 있습니다. 그래서 사진은 누가 무엇으로 찍었든 추억을 담는 것만으로 그 의미가 있습니다.

화천의 산천어 축제는 분명 기억에 남는 경험일 것입니다. 꽁꽁 언 강 위에서 얼음낚시를 하며 물고기가 미끼를 물었을 때의 손맛이 그렇습니다. 구이터에서 즉석으로 구워서 먹은 산천어구이와 싱싱한 회를 초장에 먹은 맛도 기억에 오래 남을 것입니다. 이러한 기억들은 아이들이 대견스럽게도 산천어를 낚은 뒤 찍은 기념사진을 볼 때마다 새록새록 다시 떠오를 것입니다.

뻔하고 진부한 사진이라도 좋습니다. 잘 찍은 사진과 좋은 사진은 다를 수 있습니다.

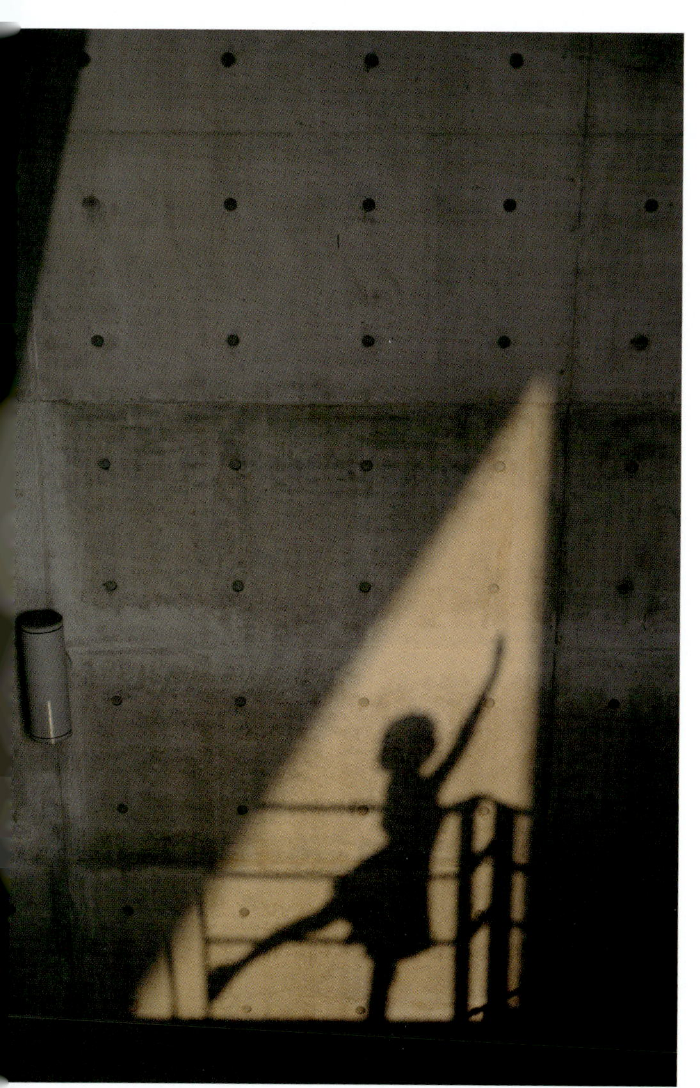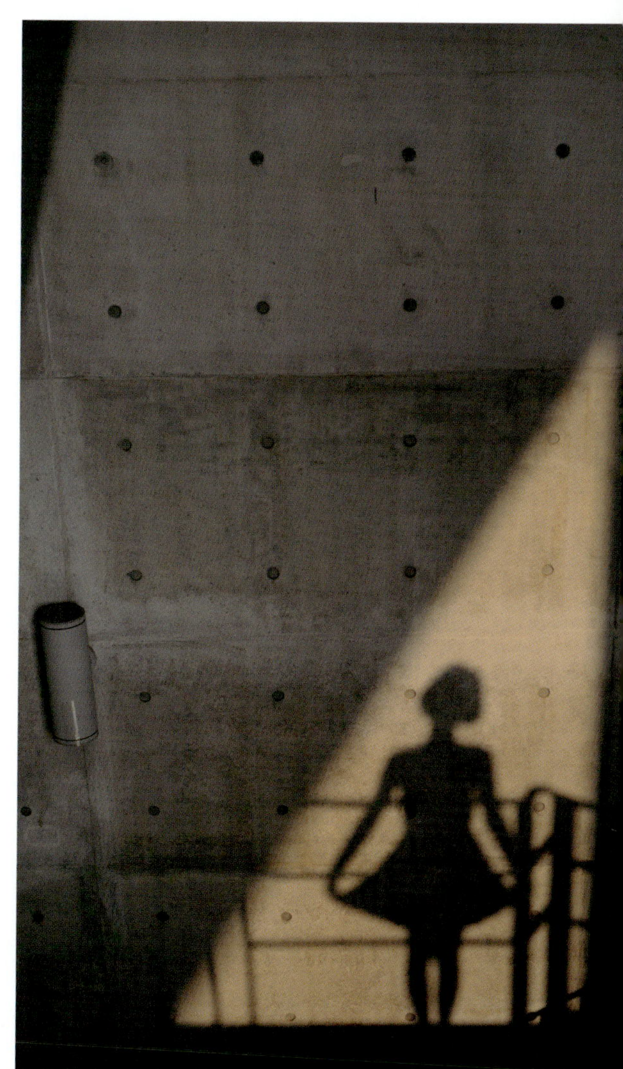

렌즈: 50mm F1.8 · 셔터속도: 1/400초 · 조리개: F3.5

그림자를 통해서 춤을 추는 발레리나의 모습, 소녀의 여성스러운 이미지가 담긴 사진이지만 사진을 찍을 때의 모습은 발레리나와는 거리가 있는 포즈였습니다.

때로는 한 장의 사진을 얻기 위해서 부끄러움을 불사해야 하는 경우가 있습니다. 다른 사람들이 볼지도 모른다는 의식 속에서 민망한 포즈를 취하는 것은 적지 않은 용기가 필요한 일일 겁니다. 그러나, 창피함은 순간이지만 사진은 오래 남는 법입니다. 한 순간의 쪽팔림을 감수하면 오래 기억하며 웃을 수 있는 사진을 얻을 수 있을 것입니다. 사진을 잘 찍고 못 찍고를 떠나 그 사진을 찍으면서 웃었던 그날의 추억이 사진보다 더 값진 기억이 될 것입니다.

POINT 01

그림자로 표현할 때는 실제의 모습이 아니라 그림자의 모습이 어떻게 나오는지를 더 중요하게 생각해야합니다.

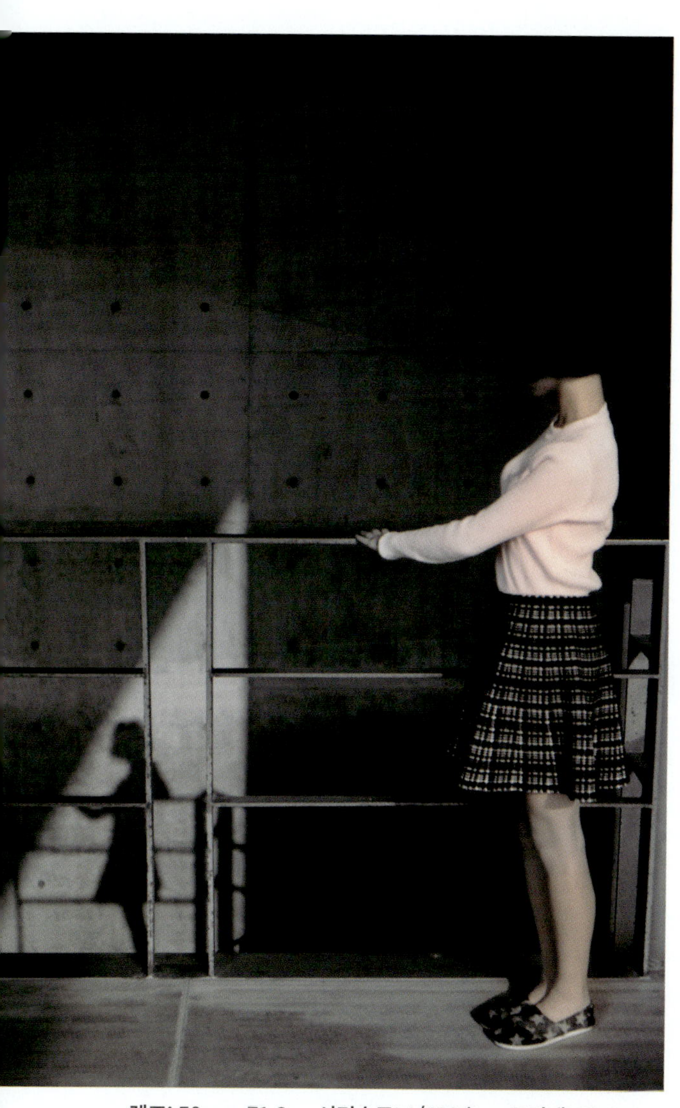 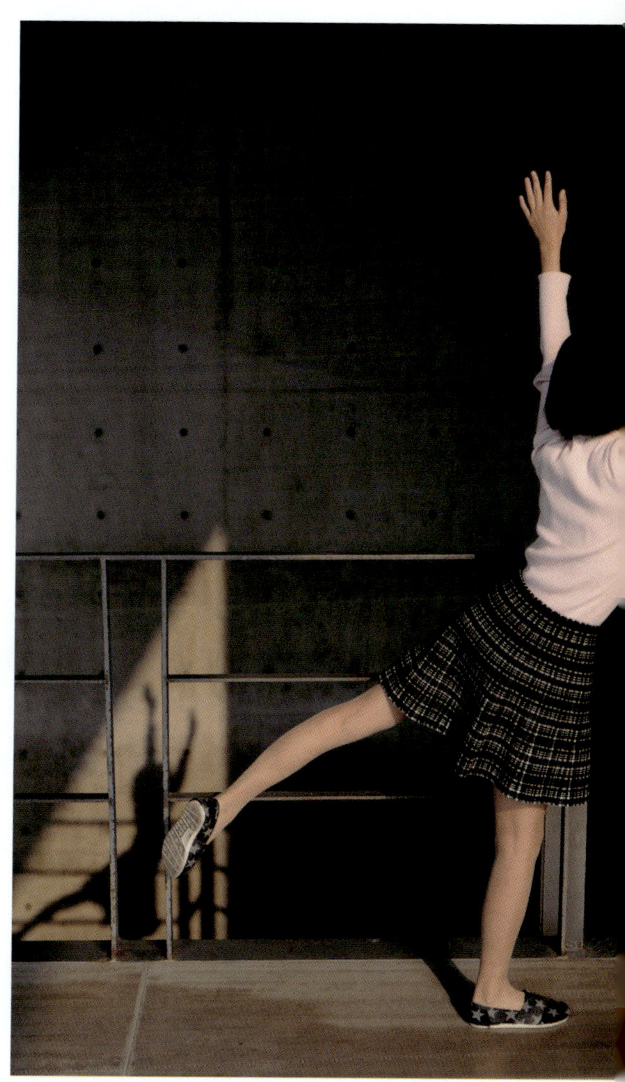

렌즈: 50mm F1.8 · 셔터속도: 1/400초 · 조리개: F3.5

CHAPTER 03

사람이 꽃보다 아름답다

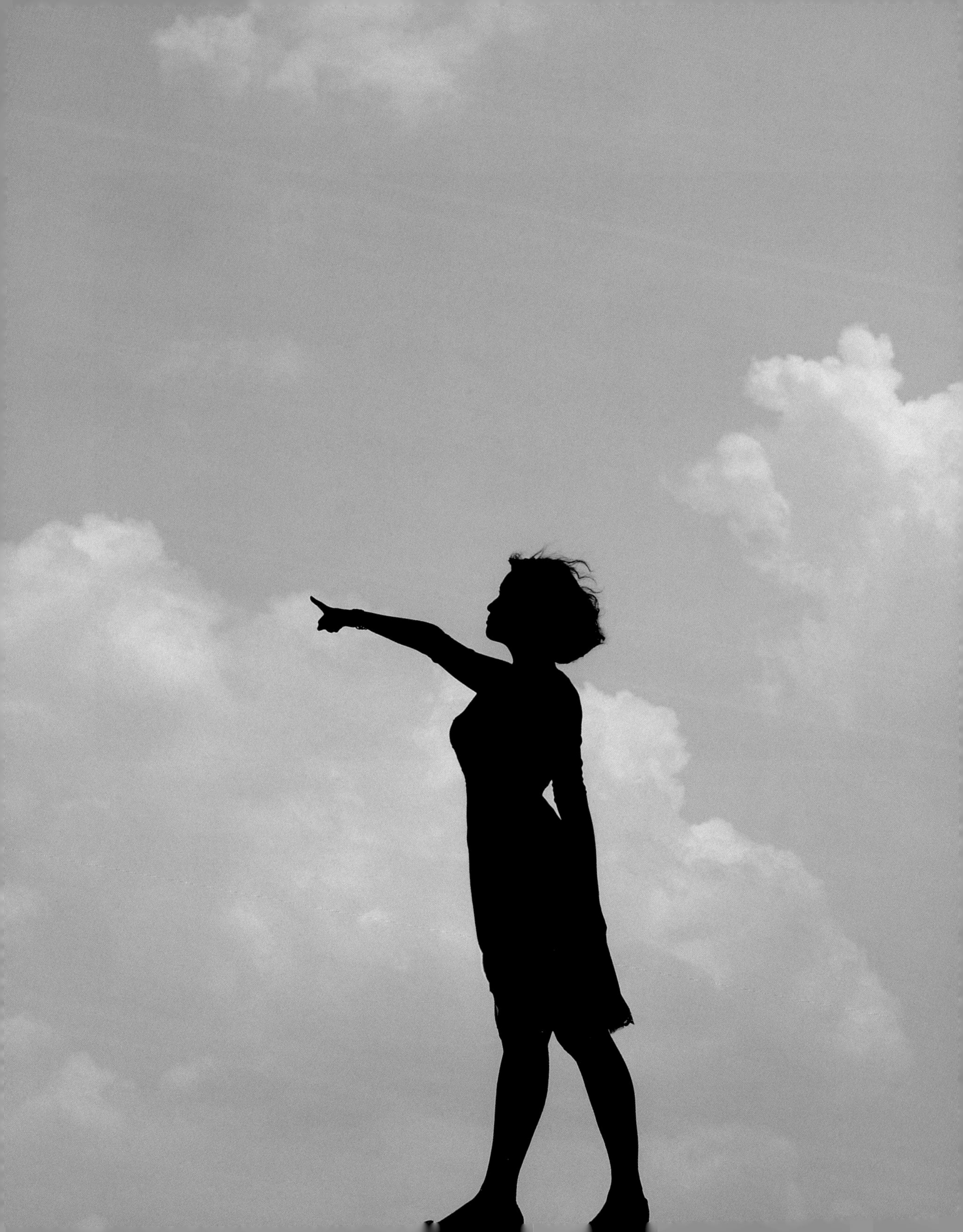

사람이 꽃보다 아름답다

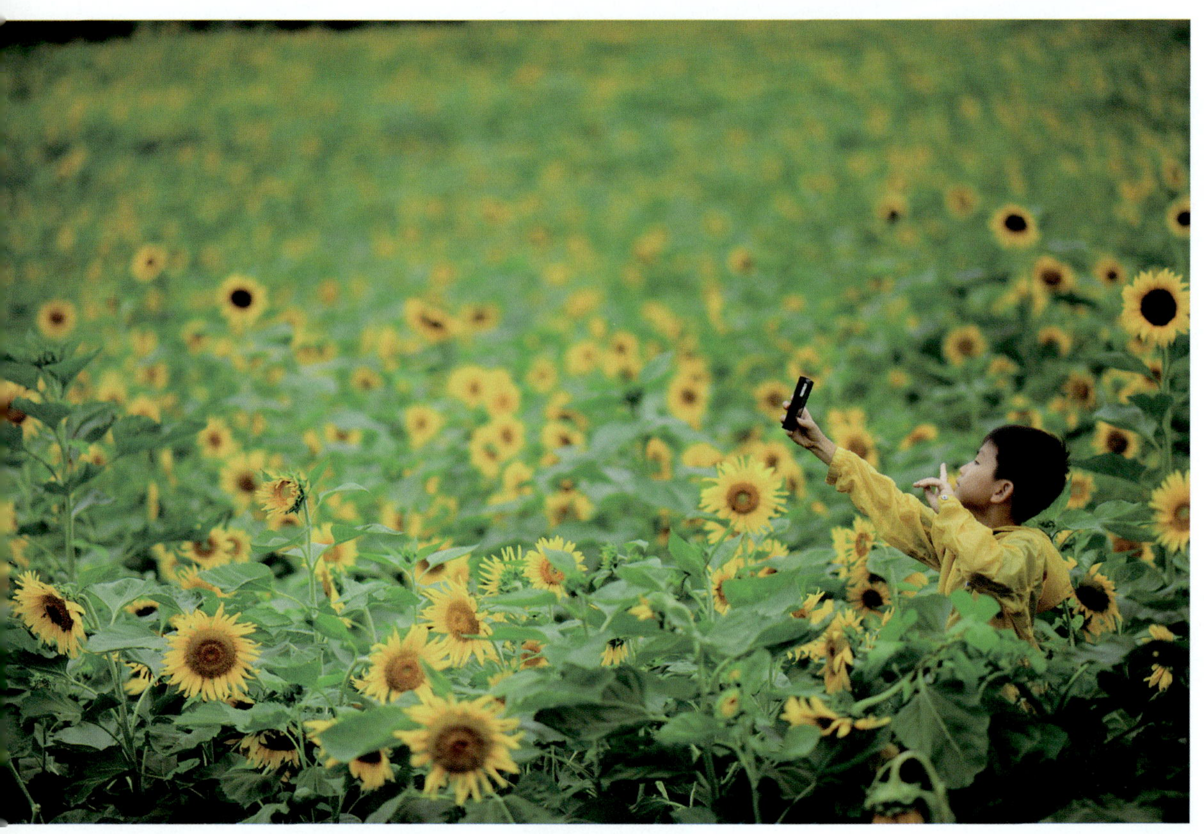

렌즈: 135mm F2.0 · 셔터속도: 1/2500초 · 조리개: F2.0

우리는 예쁜 꽃밭을 만나면 자동으로 카메라를 꺼내들어 사진을 찍습니다. 하지만 화려한 꽃밭은 인물보다 배경이 더 돋보이기 쉬우므로 사실 인물사진을 찍기에 그리 좋은 곳은 아닙니다.

일반적인 인식과는 다르게 인물사진을 찍을 때는 눈으로 봤을 때 아름답고 화려한 곳보다 단순한 배경이 좋습니다. 사람이 꽃보다 아름답다는 노랫말이 있기는 하지만, 과연 화사하게 핀 꽃 앞에서 미모를 자랑할 만한 이가 몇이나 될까요?

인물사진의 주제는 사람입니다. 그래서 어떻게 하면 인물이 가장 돋보일 수 있느냐가 관건입니다. 인물을 돋보이게 하는 가장 쉽고 효과적인 방법은 얕은 심도로 배경을 아웃포커스 시키는 것입니다. 대구경의 망원렌즈가 인물 사진을 찍기에 좋다고 말하는 이유 역시 조리개를 개방해서 촬영하면 얕은 심도로 인해 어떤 배경에서라도 인물이 돋보이게 해주기 때문입니다.

번들렌즈만으로도 좋은 사진을 찍을 수 있지만 얕은 심도의 사진을 얻기에는 한계가 있습니다. 장비가 전부는 아니더라도 좋은 렌즈가 보다 나은 사진을 만드는 데 큰 힘이 되는 것은 부인할 수 없습니다. 흐릿하게 뭉개진 배경을 만드는 것은 실력이 아니라 렌즈의 성능에 의한 것이기 때문입니다.

사진에서 심도는 렌즈의 초점거리, 조리개 값, 카메라와 피사체와의 거리, 피사체와 배경과의 거리에 따라 달라집니다. 초점거리가 길수록(망원렌즈일수록), 조리개 값이 작을수록, 카메라와 피사체가 가까울수록, 피사체와 배경이 멀수록 흔히 말하는 아웃포커싱 된 심도가 얕은 사진을 얻을 수 있습니다. 인물사진에 자신이 없다면 배경이 많고 사람이 작게 나오는 사진보다는 인물을 조리개를 개방한 망원렌즈로 가까이서 큼지막하게 찍어보세요. 만족할만한 사진을 얻을 수 있을 것입니다.

분명 사람이 꽃보다 아름답습니다. 사람이 꽃보다 아름다울 수 있는 건 얼굴이 아닌 마음이 아름답기 때문입니다. 그 아름다운 마음을 사진에 담아야 진정 꽃보다 아름다운 사람이 담기는 게 아닐까요?

POINT 01

중앙에 인물을 두는 것보다는 시선이 가는 방향으로 여백을 주는 편이 보기 좋은 구도를 만들어줍니다.

POINT 02

적당히 구름이 있는 날씨가 부드러운 빛을 만들어 강한 그림자가 생기지 않기 때문에 맑은 날보다 사진 찍기에 적당합니다.

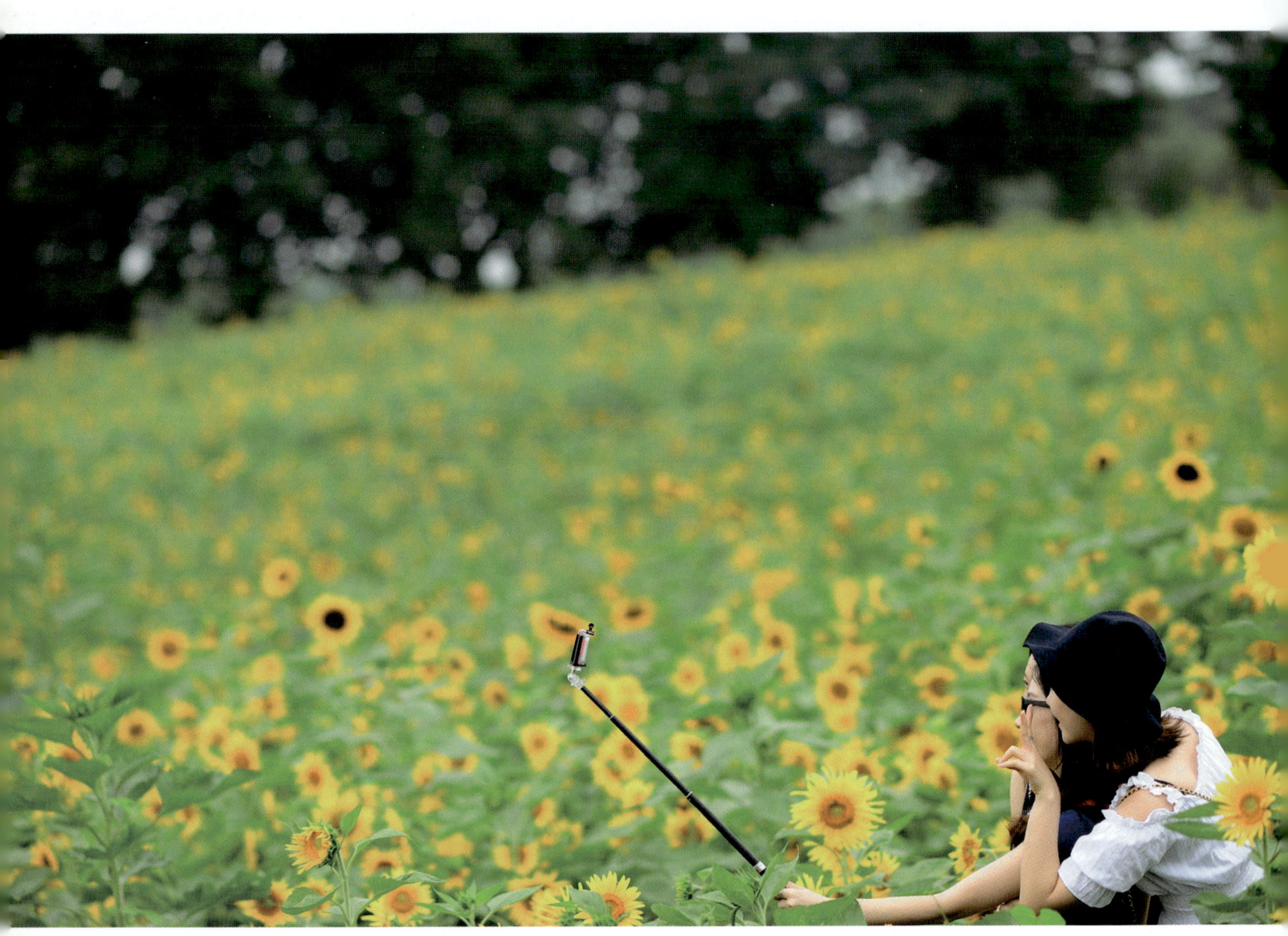

렌즈: 135mm F2.0 · 셔터속도: 1/2000초 · 조리개: F2.8

렘브란트 라이팅

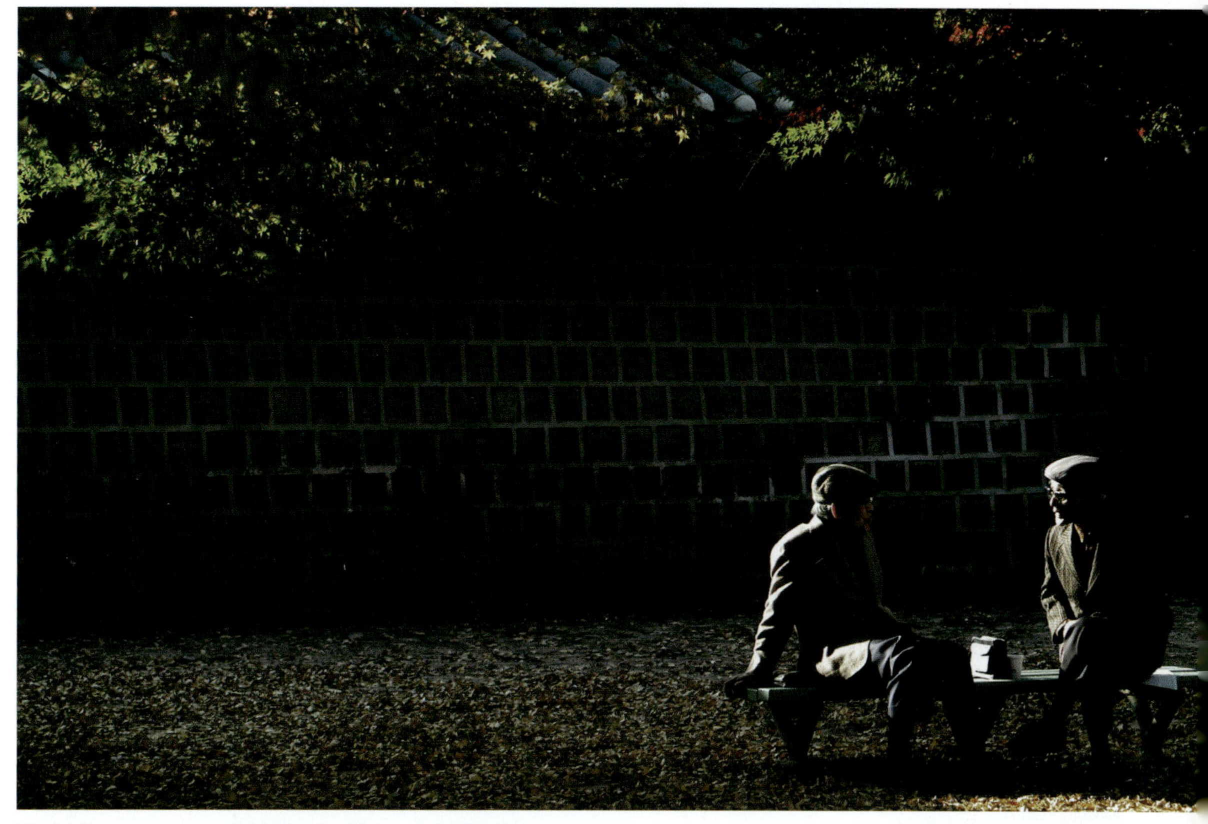

렌즈: 135mm F2.0 · 셔터속도: 1/1000초 · 조리개: F2.8

인물을 찍을 때 '김치' '치즈' '스마일'을 외치며 표정에만 신경 쓰기 쉽지만, 사실 인물사진의 느낌은 표정이 아니라 빛이 좌우하는 경우가 많습니다. 밝고 명쾌한 빛, 어둡고 탁한 빛, 순광, 역광, 사광, 부드러운 확산광과 강렬한 스포트라이트까지……. 빛을 볼 줄 알아야 비로소 사진을 찍을 수 있게 되는 것입니다.

빛을 보는 능력은 오로지 경험을 통해서만 얻을 수 있습니다. 책을 읽고, 사진을 보고, 다양한 빛을 찍다보면 자연스레 나뭇가지 사이로 들어오는 한 줄기의 빛을 읽고 있는 자신을 보게 될 것입니다.

17세기 네덜란드의 화가 렘브란트는 작품속 인물을 표현할 때 단순히 외형을 그리는 데 그치지 않고 인물에 비스듬히 들어오는 빛과 그림자가 만드는 명암

차이를 통해 인간 내면의 모습을 나타내려 하였습니다. 렘브란트의 초상화에서 자주 등장하는 인물의 대각선 45도 위에서 비춰지는 극적인 조명은 렘브란트 조명Rembrandt lighting이라 불리며 지금까지도 영화나 연극 사진 등에서 강렬한 인상과 인간 내면을 나타내고자 할 때 많이 사용됩니다.

많은 사진가들이 사진 찍기 좋은 시간은 일출 후 2-3시간, 그리고 일몰 전의 2-3시간이라고 말합니다. 그것은 아마도 이맘때의 빛이 렘브란트 조명에 가장 가까운 시간이기 때문일 것입니다.

POINT 01

카메라를 들고 다니다 보면 놓치기 아쉬운 장면을 만나게 됩니다. 이때는 사진을 찍고자 하는 욕심만 너무 앞세우기보다 자신도 모르게 사진이 찍힐 사람에 대한 배려도 필요합니다.
몰카를 찍듯이 숨어서 찍기보다 서로 기분 좋게 사진을 찍는 것이 바람직합니다. 양해를 구하면서 이메일 주소를 받아두었다 사진을 보내주면 오히려 고마워하기도 합니다.

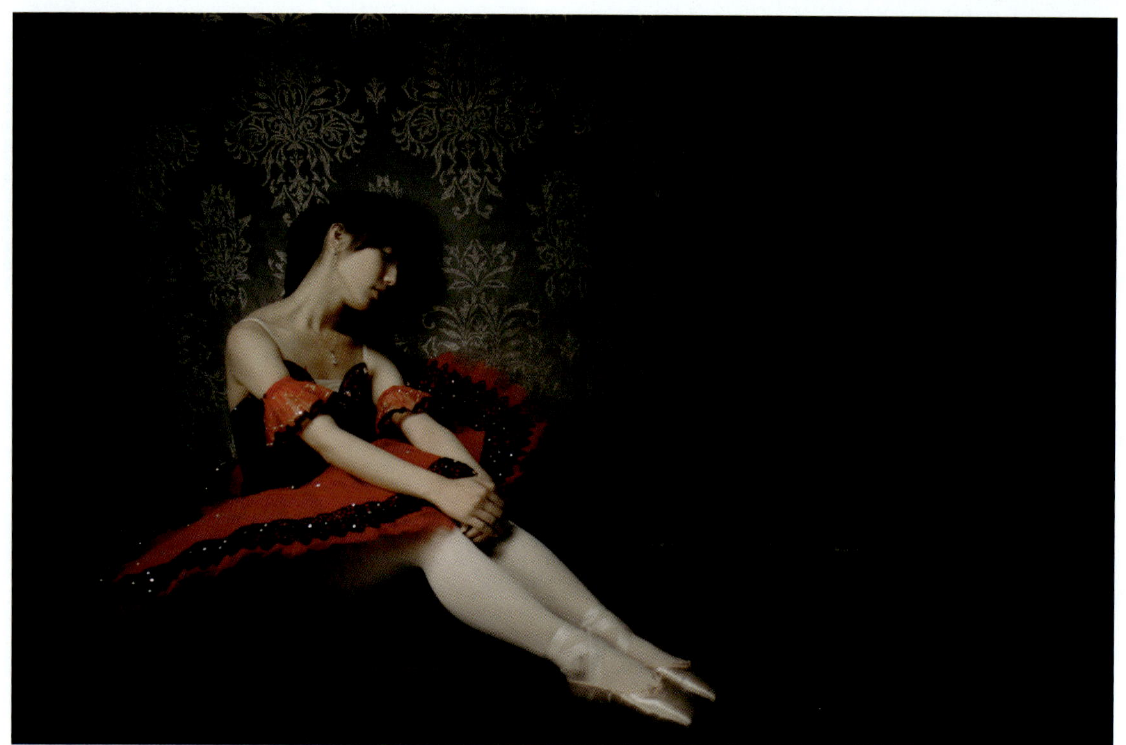

렌즈: 28-75mm F2.8 · 셔터속도: 1/100초 · 조리개: F2.8

역광사진

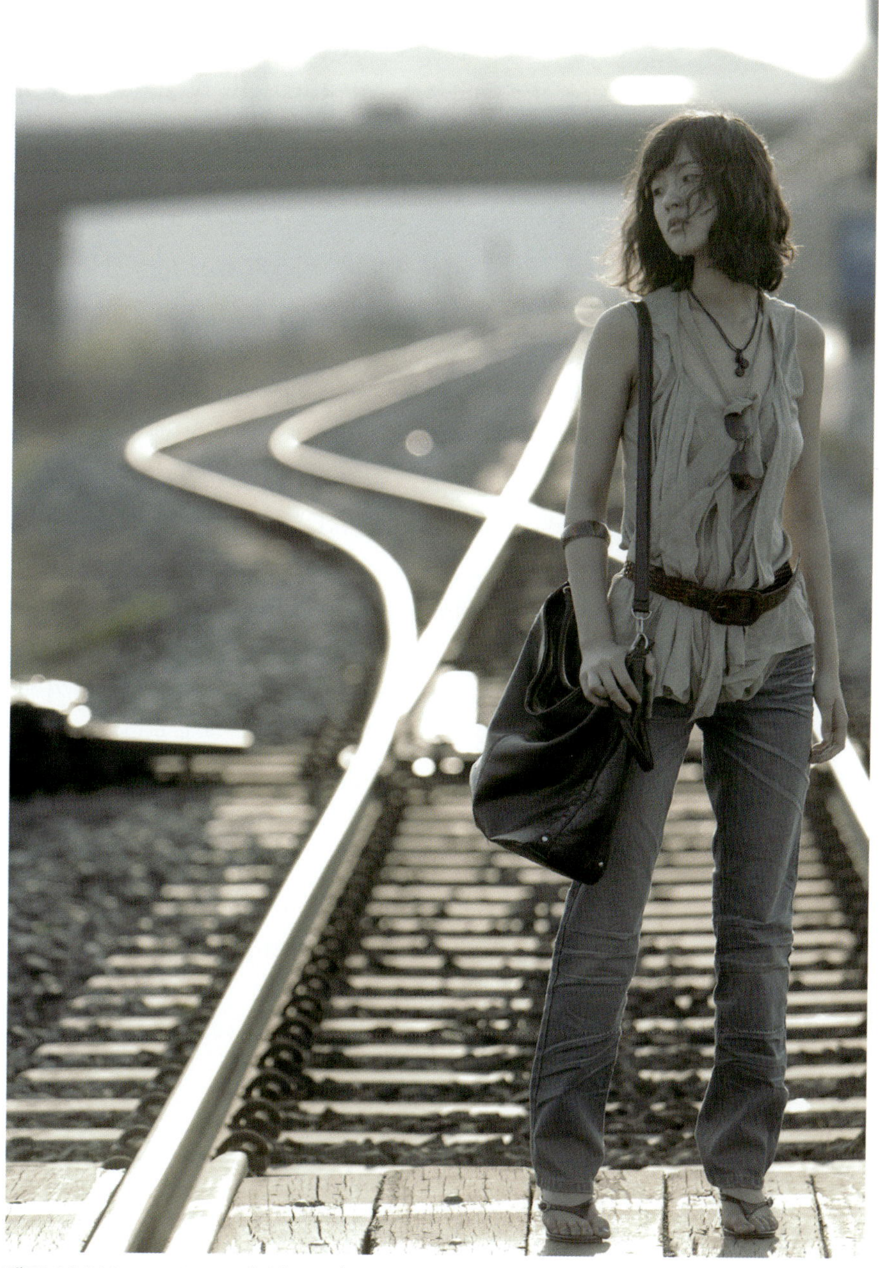

렌즈: 80-200mm F2.8 · 셔터속도: 1/400초 · 조리개: F2.8

'사진을 찍을 때는 해를 등지고 찍어야 잘 나온다.' 라는 말은 필자가 처음으로 배운 사진 찍는 방법이었습니다. 이 비법(?)은 오랫동안 꼭 지켜야 하는 철칙처럼 여겨졌습니다. 한참 뒤에, 보다 다양한 빛을 활용하는 법을 배운 뒤에야 역광이 얼마나 매력적인 빛인가를 깨닫게 되었습니다.

역광에서의 사진은 생각보다 쉽지 않습니다. 방법을 모르면 실패하기 쉽기 때문에 역광을 피하라고들 조언하지만, 노하우를 알고 찍으면 가장 근사한 사진을 만들어 주는 빛 또한 역광입니다.
불필요한 빛이 카메라 렌즈 안으로 들어오는 것이 역광의 가장 큰 문제점입니다. 불필요한 빛은 정확한 조점을 잡는 것을 방해하고, 플레어를 만들어 사진이 뿌옇게 보이게 합니다. 렌즈의 후드가 잡광을 차단하는 역할을 하긴 하지만 충분치 않으므로, 역광에서 보다 선명한 사진을 얻기 위해서는 그림자를 찾아 그늘진 곳에 자리를 잡고 찍어야 잡광의 유입을 최소화 할 수 있습니다. 또한 역광에서 인물을 찍을 때는 배경과 인물의 노출차이가 커 정확한 노출값을 구하기가 어려운 경우가 많습니다. 이때는 우선 인물 가까이에서 노출을 인물의 얼굴에 스팟으로 측광하여 노출값을 결정한 다음 촬영위치로 이동하여 촬영을 하면 비교적 정확한 노출의 사진을 찍을 수 있습니다.

초보자에게 역광에서의 촬영을 피하라고 말하는 것은 배경이 밝을 경우 배경에 노출을 맞추면 인물이 너무 어둡게 나오고, 반대로 인물에 노출을 맞추면 배경이 노출 오버되어 하얗게 날아간 사진이 나오기 때문입니다. 인물과 배경을 모두 살리려면 어두운 얼굴에 스트로보나 반사판을 이용해서 빛을 더해주면 되는데 이를 필 인Fill In 이라고 합니다.
역광사진이 주는 가장 큰 매력은 인물의 테두리와 머리카락에서 나타나는 라인 라이트Line Light가 주는 따뜻하고 극적인 느낌일 것입니다. 빛을 받고 있는 인물 뒤편의 배경이 어두우면 라인 라이트가 보다 강조되어 보이므로, 역광에서는 단순하면서 어두운 배경을 찾아 인물을 위치시키는 것이 좋습니다.

POINT 01

늦은 오후 역광에 반짝이는 곡선과 직선의 레일을 배경으로 한 철길 건널목에 선 모델을 봤을 때 해맑게 웃는 모습보다는 혼자 여행을 나선 쓸쓸한 분위기가 어울릴 거란 생각이 들었습니다. 인물사진을 찍을 때는 무턱대고 예쁜 배경 예쁜 모델을 담는 것이 아니라 우선 어떻게 사진을 담을 것인가에 대한 밑그림을 그리고 모델과의 대화를 통해서 원하는 느낌을 설명해 주어야 생각했던 사진을 얻을 수 있습니다.

POINT 02

쓸쓸한 분위기를 위해서 모델의 표정만 중요한 것은 아닙니다. 원하는 느낌을 더 잘 표현할 수 있도록 채도를 낮추는 후보정을 해주었습니다.

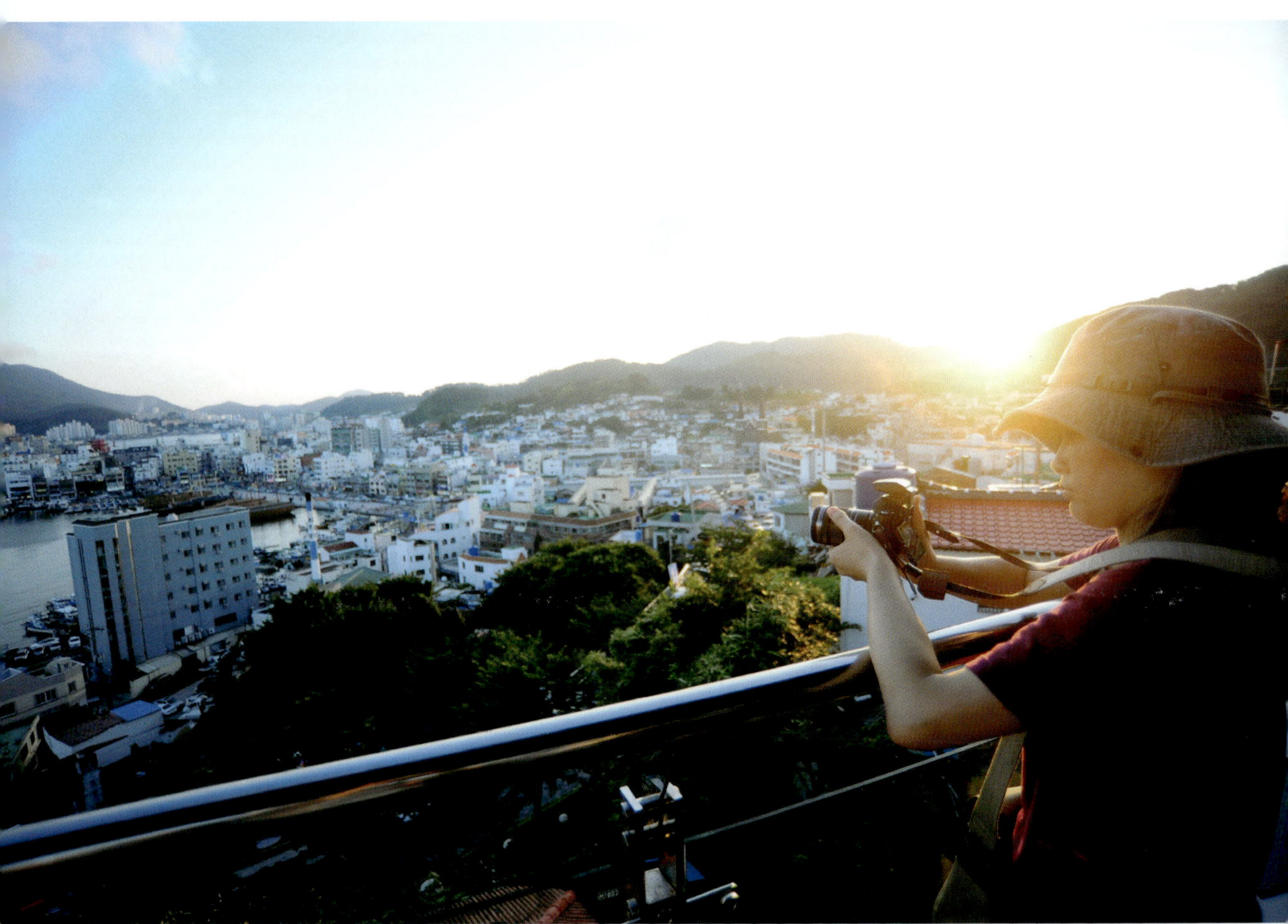

렌즈: 18-35mm F3.5-4.5 · 셔터속도: 1/160초 · 조리개: F3.5

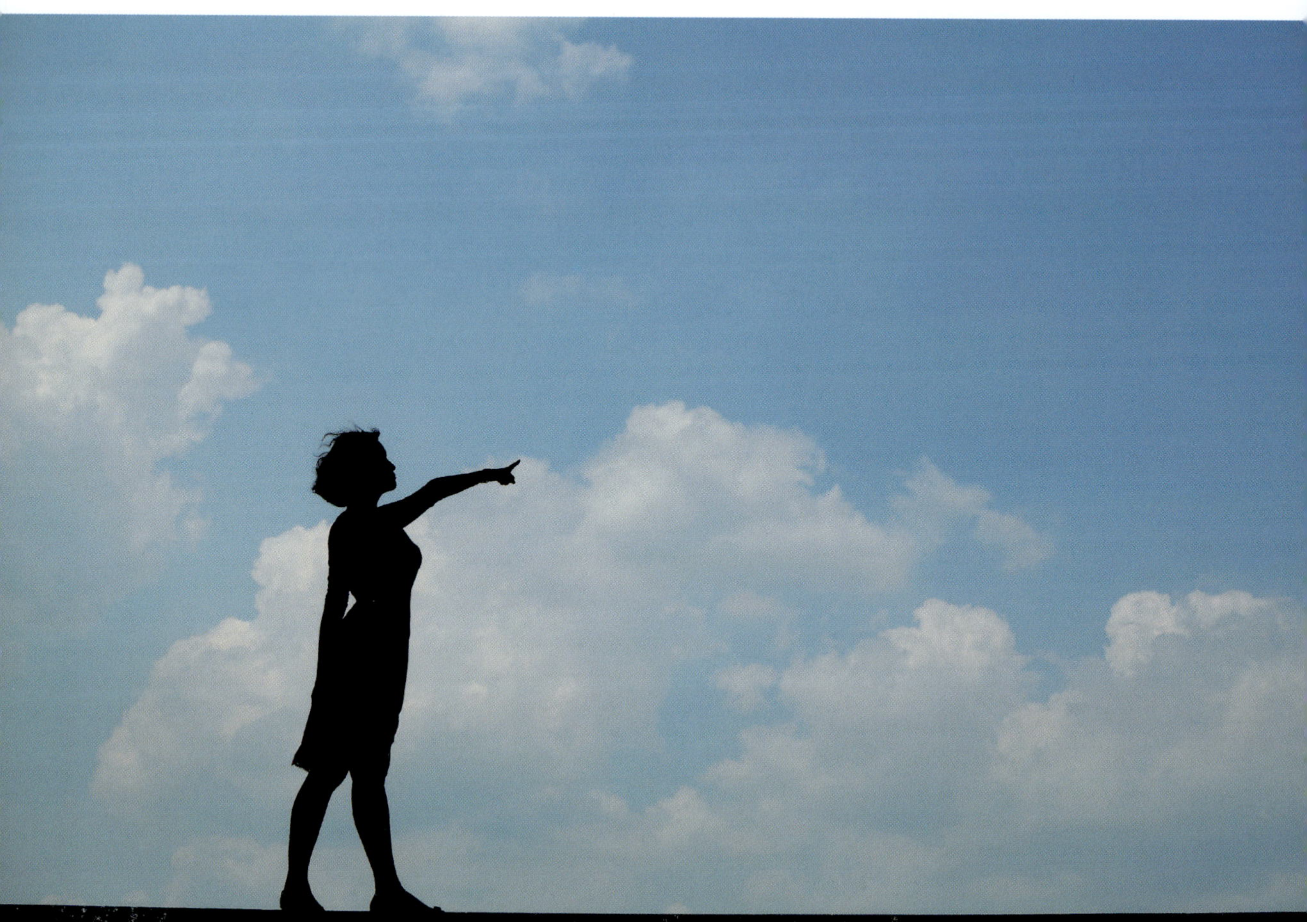

렌즈: 35mm F1.8 · 셔터속도: 1/1600초 · 조리개: F3.5

인물보다 배경이 밝은 상황에서 인물을 살려서 찍으려면 +노출 보정을 통해 사진을 보다 밝게 찍어야 한다고들 합니다. 하지만 사진은 정답이 없고 오답 또한 정답이 될 수 있습니다. 이런 상황에서는 오히려 더 어둡게 찍어서 인물을 아예 검게 찍는 것도 하나의 방법입니다.

사람의 눈은 지금 보고 있는 것보다 더 밝게, 혹은 더 어둡게 볼 수 없지만 사진으로는 얼마든지 명암을 표현할 수 있습니다. 그래서 사진은 눈에 보이는 것을 담는 것이 아니라 카메라의 입장에서 생각한 것을 담아내는 것입니다.

POINT 01

하늘은 의외로 밝은 피사체입니다. 하늘은 그 자체로 빛을 내는 것은 아니지만 태양빛을 받은 공기의 입자들이 반사해내는 빛을 통해 밝게 보입니다. 반대로 그늘속의 인물은 어둡습니다. 그래서 그늘아래의 인물을 하늘과 함께 담을 때 하늘에 노출을 맞추면 인물을 실루엣으로 나오게 됩니다.

POINT 02

실루엣으로 인물을 표현할 때는 입체가 아닌 평면으로 표현되는 실루엣의 특징을 잘 살려줘야 합니다. 예를 들면 얼굴을 표현할 때 카메라와 직각이 되도록 바라봐야 코와 입의 라인이 보이게 되고 손동작 하나도 사진에 어떻게 해야 원하는 모습으로 담길지를 생각해봐야 합니다.

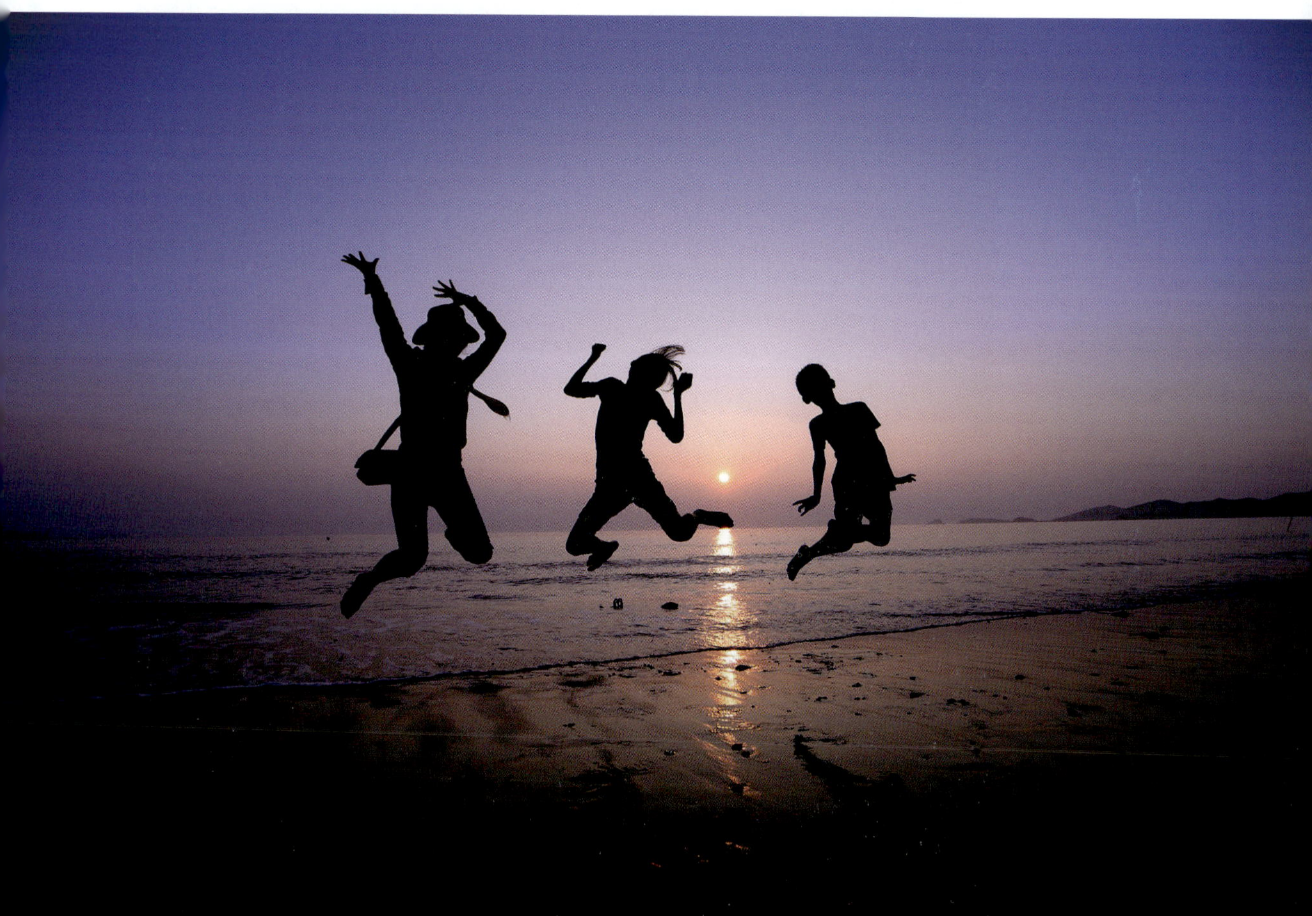

렌즈: 18-35mm F3.5-4.5 · 셔터속도: 1/1000초 · 조리개: F5.6

빛과 그림자

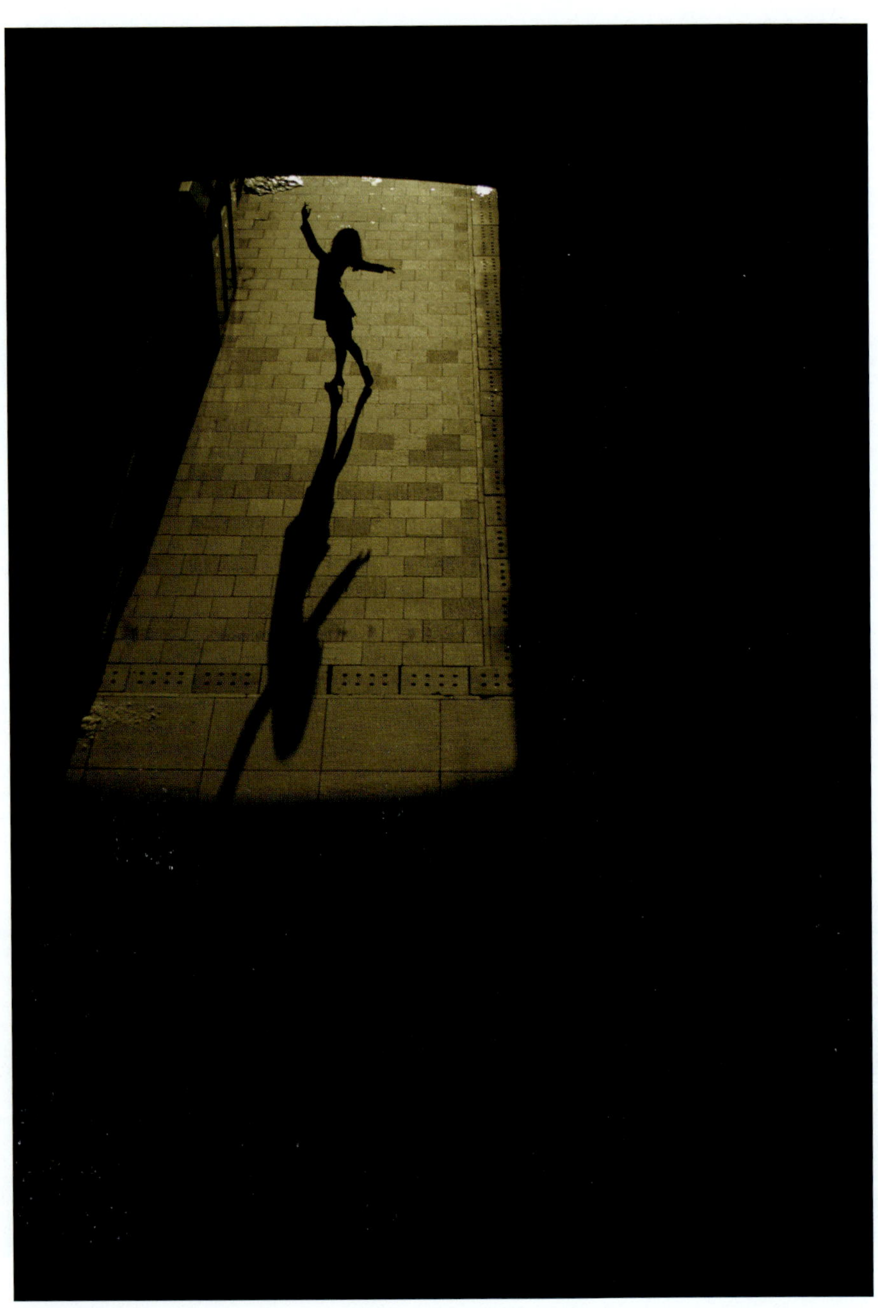

렌즈: 28-70mm F2.8 · 셔터속도: 1/2000초 · 조리개: F4.0

실루엣을 담은 사진과 마찬가지로 그림자 역시 간결한 표현으로 느낌을 전달하기에 충분한 경우가 있습니다. 그림자가 자신의 모습과 닮았다고 흔히들 생각하지만 길게 늘어선 그림자는 키 작은 꼬마아이를 키다리로 만들지요. 거울에 비치는 모습과 달리 그림자는 빛의 방향과 높이에 따라 변화무쌍한 모습을 가집니다. 사진을 빛으로 그리는 그림이라고 말하지만, 동전의 양면처럼 빛의 다른 모습인 어둠 역시 사진을 만드는 한 부분입니다.

우리가 알고 있는 적정노출, 그러니까 카메라의 노출계가 알려주는 적정노출은 회색을 구하는 값일 뿐입니다. 적정노출이 중요하고 꼭 알아야 하는 이유는 적정노출로 사진을 찍어야 하기 때문이 아닙니다. 사진은 물감이 아닌 빛으로 그려야 하기에 회색 노출(적정노출)을 하나의 기준으로 정한 것입니다. 기준이 있어야 더 밝게 혹은 더 어둡게 찍고자 하는 마음을 잡기가 쉬워지기 때문입니다. 노출의 기준을 하늘에 맞출 것이지 인물에 맞출 것인지, 더 밝게 찍을 것인지 더 어둡게 찍을지를 결정하는 것은 직접 결정해야 합니다. 그것까지 카메라가 알려주지는 않으니까요.

POINT 01

스팟측광으로 노출을 빛이 들어오는 바닥에 맞췄습니다. 노출차이가 큰 상황에서 적정노출의 기준을 어디에 두느냐가 사진의 분위기를 좌우합니다.

POINT 02

그림자는 상하를 뒤집으면 또 다른 재미있는 느낌의 사진을 얻을 수 있습니다.

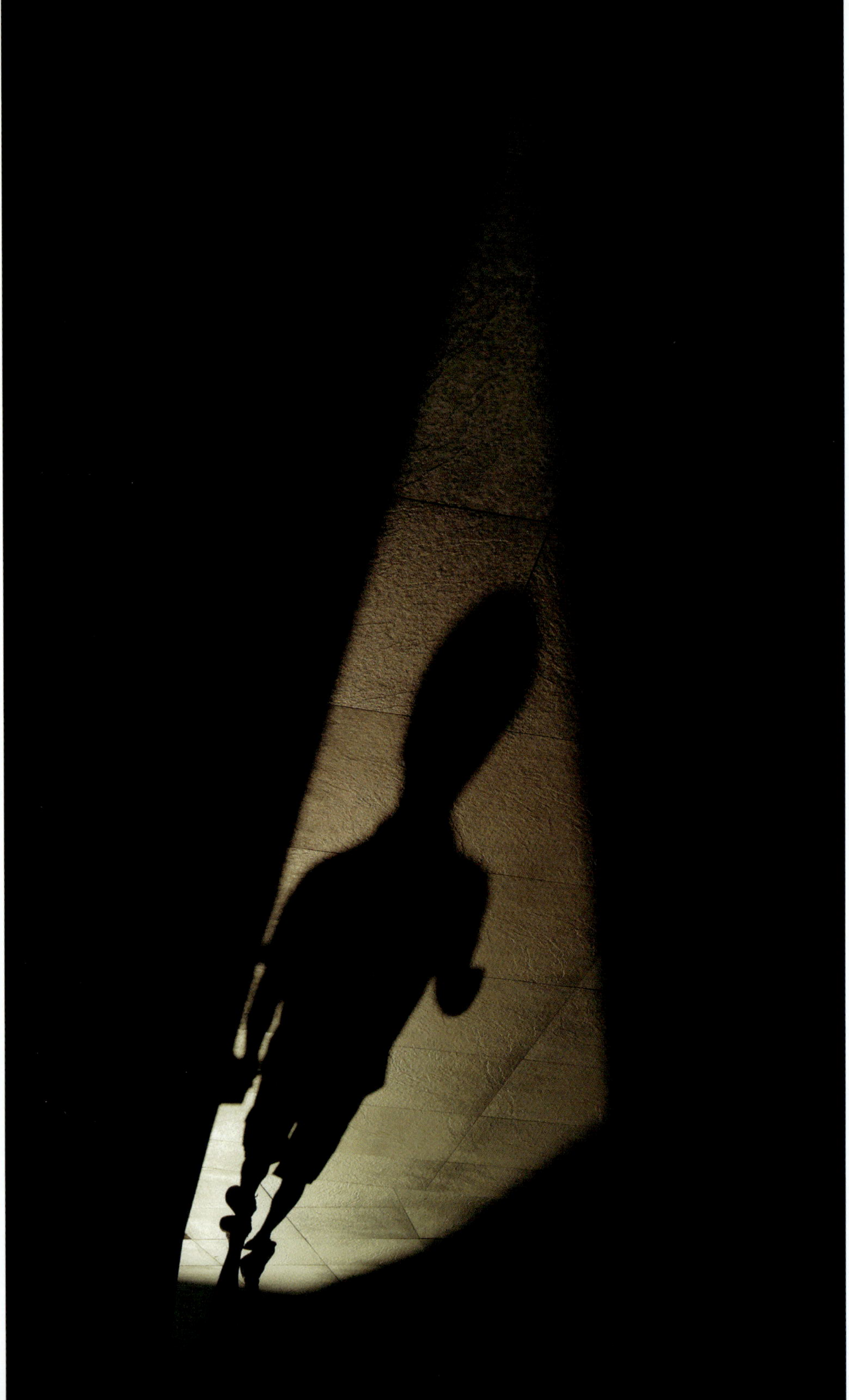

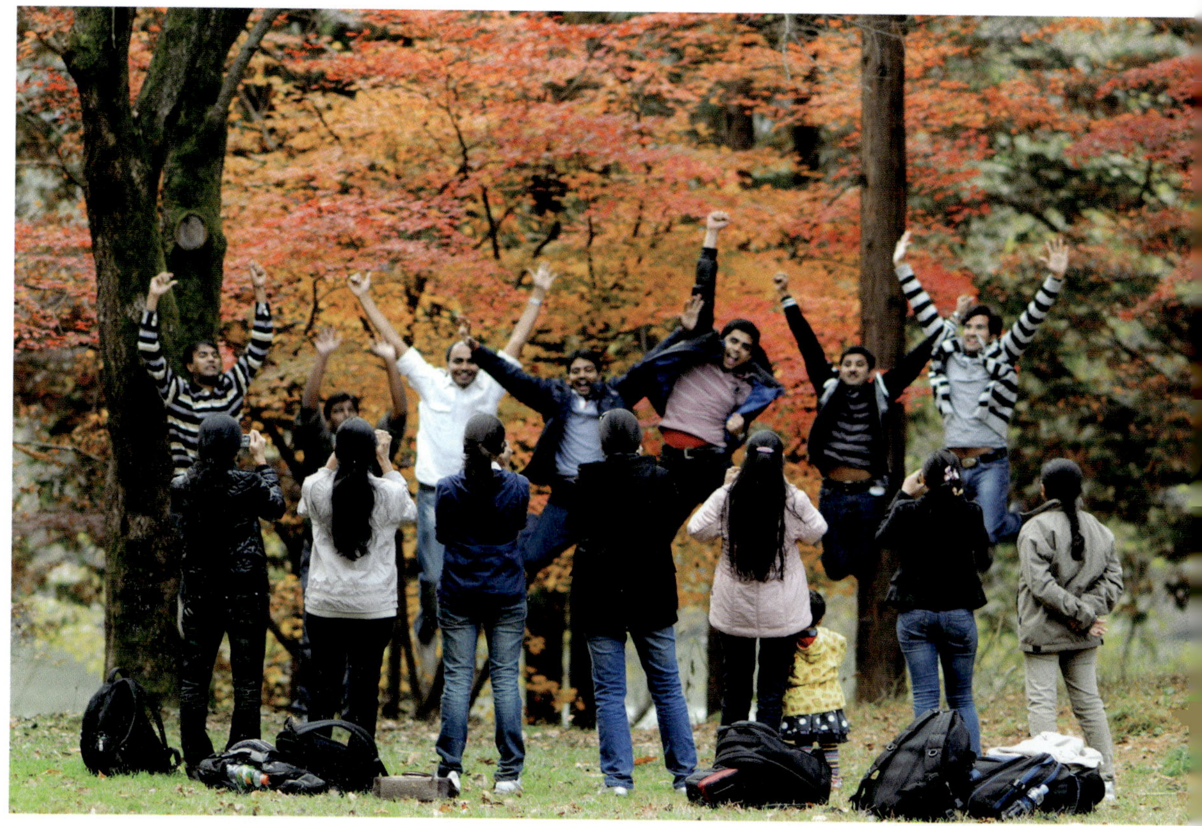

렌즈: 135mm F2.0 · 셔터속도: 1/125초 · 조리개: F2.8

즐거운 시간을 보낸 뒤 대미를 장식하는 것은 언제나 단체사진의 몫입니다. 그저 줄맞춰서 찍으면 그만인 게 단체사진 같지만 막상 찍어보면 찍는 사람은 은근히 부담스럽습니다.

여러 명을 한 장의 사진에 담는 일은 한두 명이 대상일 때보다 신경 써야 할 것들이 많습니다. 우선 각각의 표정이 다른 데다 찍어보면 꼭 한두 명은 눈을 감고 있는 경우가 발생합니다. 역시 한 장의 사진으로 완성하기보다 여러 장의 사진을 찍어 전체적으로 가장 마음에 드는 사진을 고르는 것이 좋습니다. 단체사진은 어느 한사람이 잘 나오도록 담는 것보다 어느 한 사람이라도 이상하게 나오지 않도록 찍는 것이 더 중요합니다. 여러 명을 찍을 때 사람마다 카메라와의 거리가 다르면 초점이 맞은 사람과 그렇지 않은 사람이 생길 수 있으므로, 셔터를 누르기 전에 심도가 적당한가를 살펴봐야 합니다. 서로의 거리가 너무 떨어져 있지 않도록 위치를 정해주거나 모두가 선명하게 나올 수 있도록 조리개를 조여 주어야 합니다.

POINT 01

스팟측광으로 빛이 들어오는 바닥에 노출을 맞췄습니다. 노출 차이가 큰 상황에서 적정노출의 기준을 어디에 두느냐가 사진의 분위기를 좌우합니다.

POINT 02

카메라를 의식하지 않고 자연스럽게 대화를 나누며 걸어오는 모습을 담는 것도 좋은 방법입니다. 이때 카메라와의 거리가 서로 같아야 한다는 점을 미리 설명해주는 것이 좋습니다.

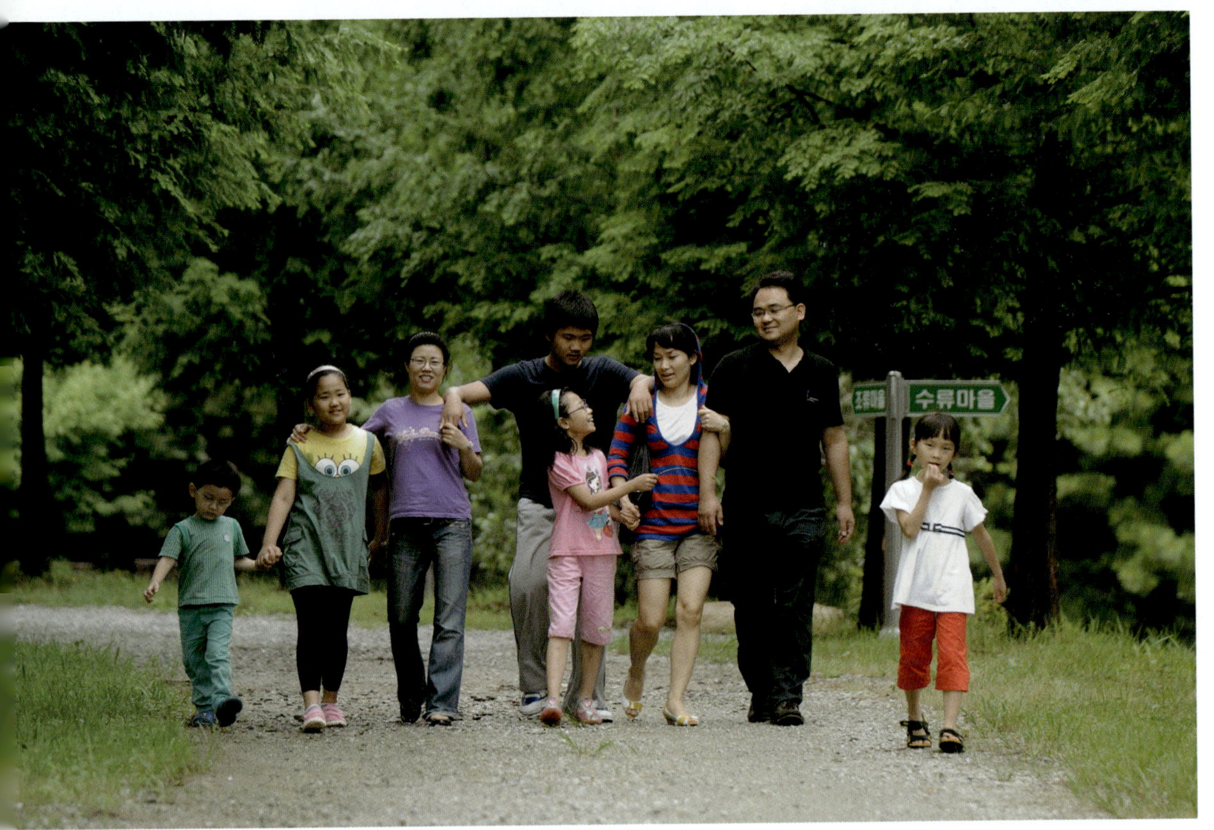

렌즈: 80-200mm F2.8 · **셔터속도: 1/200초** · **조리개: F2.8**

눈빛을 담다

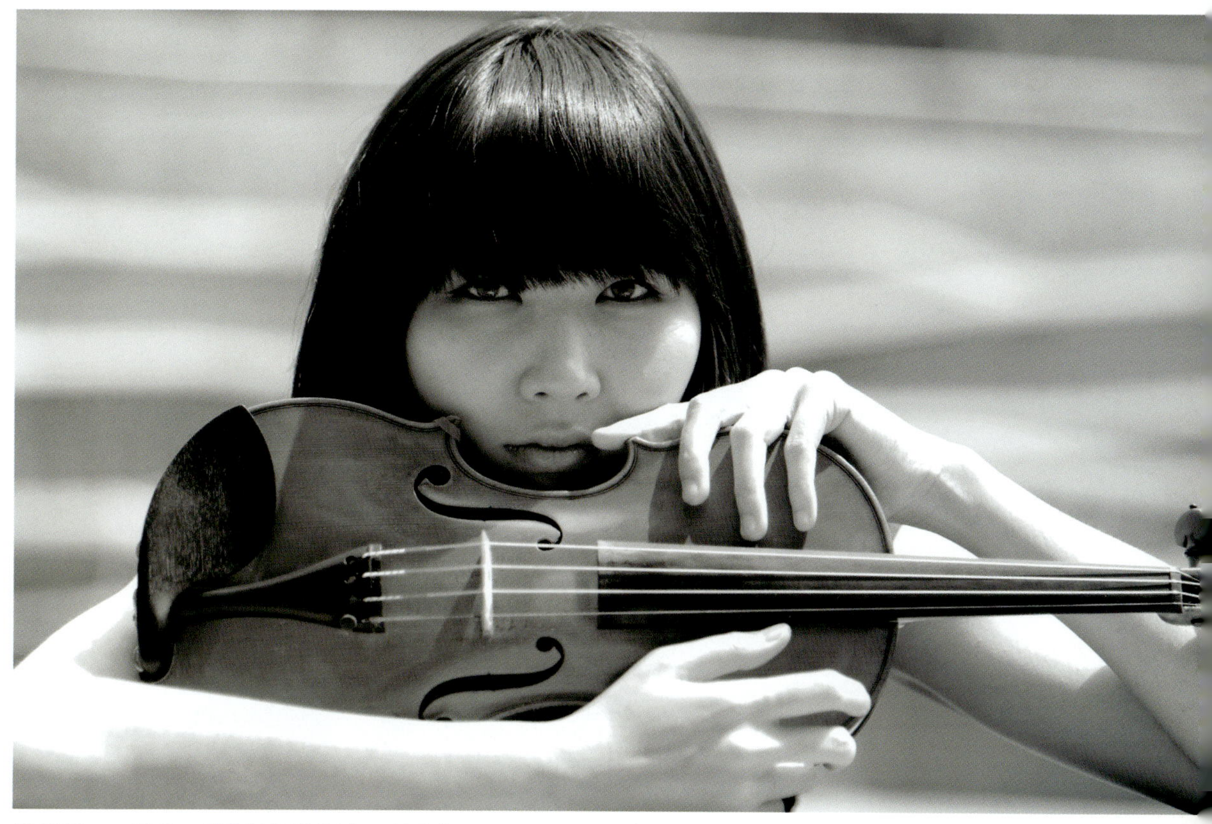

렌즈: 85mm F1.8 · 셔터속도: 1/500초 · 조리개: F2.2

사람은 가장 많이 찍는 만큼 가장 어려운 대상이기도 합니다. 전문 모델이 아니라 카메라 앞에 서는 일이 낯선 사람을 대상으로 자연스러운 표정과 포즈를 연출해내기란 만만치 않은 일입니다.

인물사진은 혼자 사진을 찍는 것이 아닙니다. 찍는 사람과 찍히는 사람이 함께 만드는 것입니다. 어떤 사진을 찍을 것인가도 중요하지만 그 사람이 어떤 사람인가를 아는 것도 중요합니다. 그러기 위해서는 많은 대화를 통해 서로를 이해하는 과정이 필요합니다. 마음의 거리를 좁힐수록 자연스러운 표정과 포즈가 나오게 됩니다.

인물사진은 얼굴위주, 가슴, 허리, 무릎, 전신 그리고 인물과 배경을 함께 담는 사진으로 나눌 수 있습니다. 특히 클로즈업이나 상반신 위주의 사진에서는 얼굴의 표정과 눈빛이 사진을 만드는 핵심입니다. 그 중에서도 가장 중요한 것은 눈입니다. 인물사진이 선명하다 아니다의 기준은 눈에 초점이 맞았느냐 아니냐로 가를 수 있습니다. 눈에 초점이 맞지 않은 인물사진은 뭔가 실패한 것 같은 기분마저 듭니다.

이성을 볼 때 어디를 가장 먼저 보냐는 진부한 질문에는 눈을 가장 먼저 본다는 진부한 답변이 따라옵니다. 인물사진에서 눈이 빛이 중요하다는 말 역시 진부한 말일지 모릅니다. 하지만 아무리 뻔한 말이라도 하지 않고 넘어갈 수 없는 말이 아닌가 싶습니다.

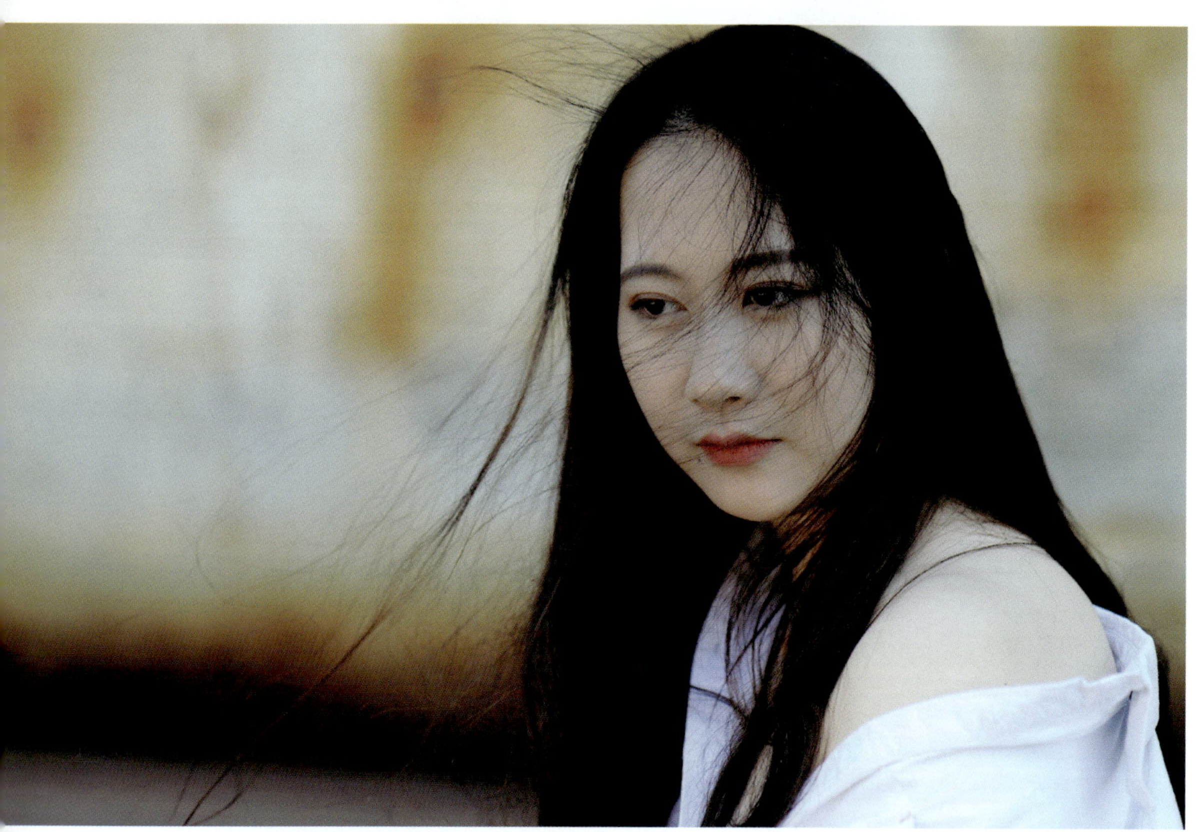

렌즈: 85mm F1.8 · 셔터속도: 1/500초 · 조리개: F2.8

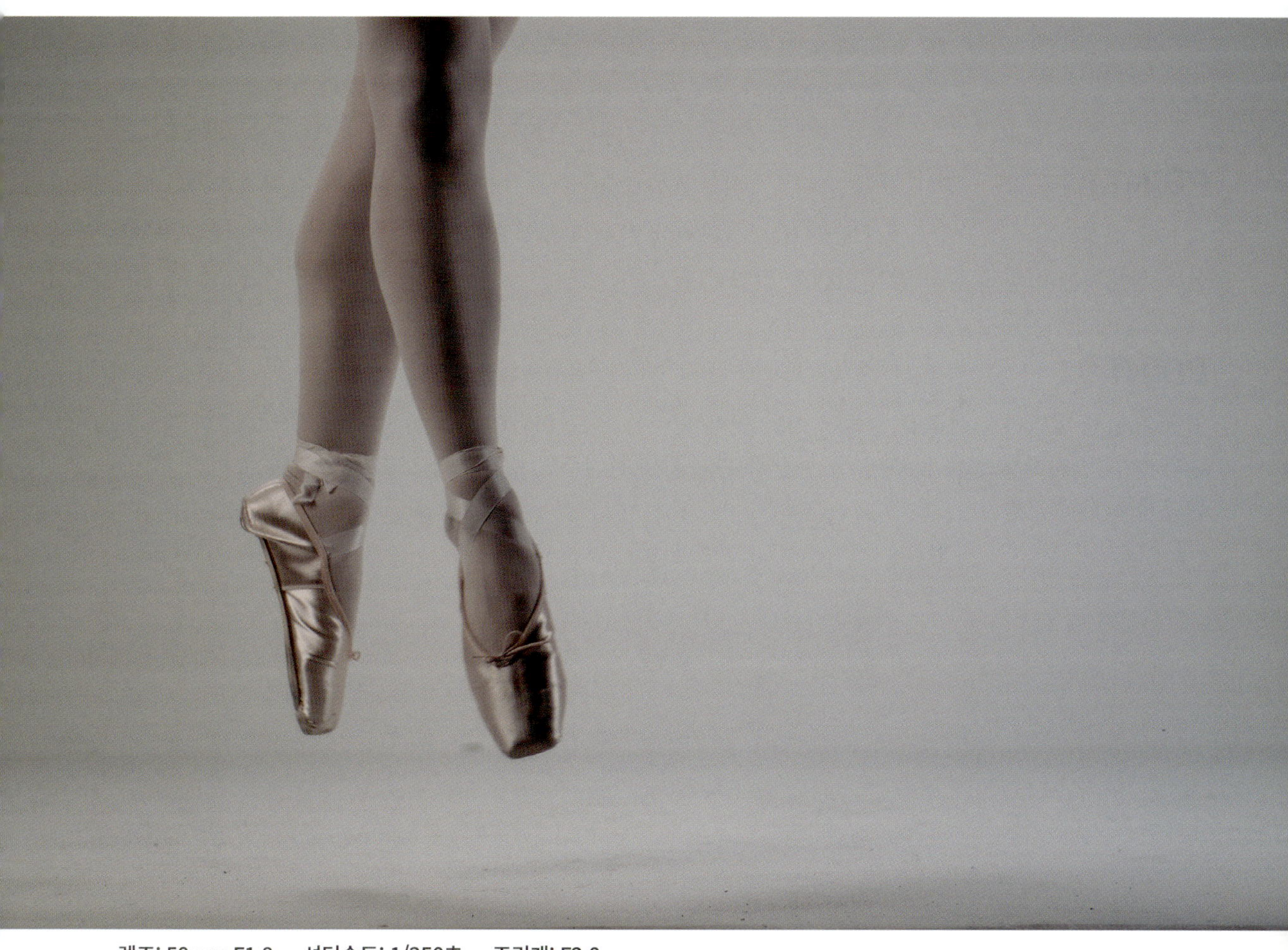

렌즈: 50mm F1.8 · 셔터속도: 1/250초 · 조리개: F2.0

인물사진이라고 하면 흔히 얼굴이 잘 나온 사진이 좋은 사진이라고 알기 쉽습니다. 예쁜 얼굴과 살아있는 눈빛이 중요하긴 하지만, 얼굴이 다가 아니고 눈빛이 전부는 아닙니다. 누군가는 단정하게 모은 손끝이, 누군가는 거칠게 굳은 살이 박인 발이 그 사람을 대변하는 모습일 수 있습니다.

인물을 찍을 때 무작정 머리끝에서 발끝까지 담으려고 하기보다는 그 사람을 대변할 수 있는 부분을 강조함으로써 그 사람의 진면목을 담아낼 수 있습니다. 이때 과연 어떻게 담는 것이 더 강한 인상을 줄 것인가를 생각해야 합니다.

토슈즈를 신은 발레리나를 발끝만으로, 발끝을 세우고 살짝 점프하는 순간으로 표현하는 것이 좋을 것 같았습니다. 두 발을 서로 엇갈리게 하여 화면에 변화를 주면서 여성스러움을 강조하였습니다. 채도를 낮춰 화려하지 않고 부드러운 느낌이 들도록 보정해 주었습니다. 그저 발을 담는 것이 아니라, 발을 통해 그 사람을 표현하겠다는 마음으로 이런저런 아이디어들을 떠올리면서 사진을 찍어야 합니다.

POINT 01

대상이 화려하지 않으므로, 단색의 배경을 선택해야 시선의 분산을 막을 수 있습니다. 화려하고 복잡한 배경에서는 이런 느낌을 얻기 어려울 것입니다.

POINT 02

얼굴을 함께 담더라도 초점을 얼굴이 아닌 곳에 맞추는 것도 하나의 방법이 될 수 있습니다. 마주잡은 손과 함께 반지에 초점을 맞추어 두 사람의 관계를 표현해주면 흐릿하게 보이는 얼굴이 오히려 더 아름답게 느껴질 것입니다.

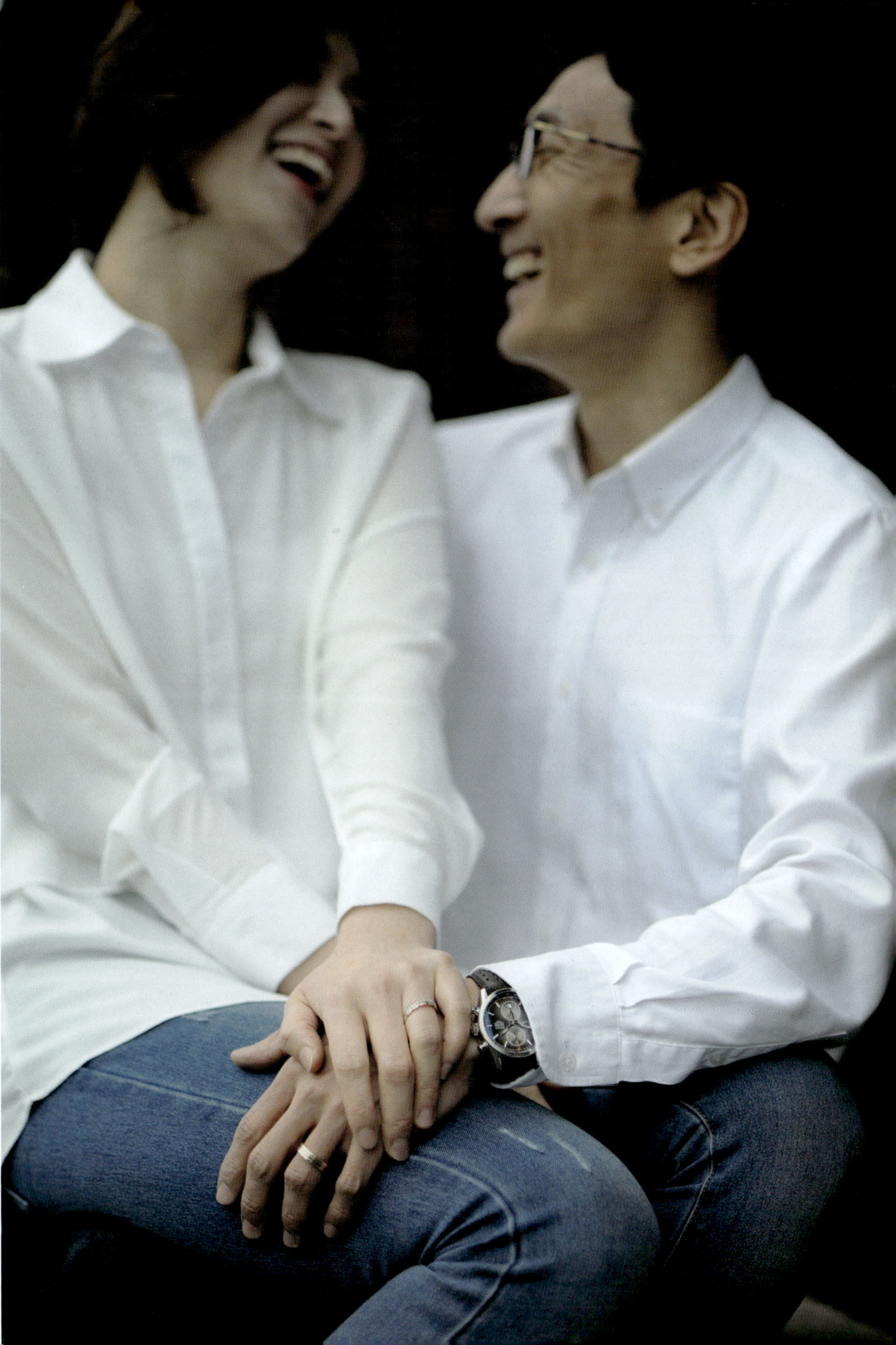

같은 곳을 바라보다

누구는 서로 마주보는 것이 사랑이라고 말하고, 누구는 서로 같은 곳을 바라보는 것이 사랑이라고 말합니다. 그렇다면 같은 곳을 서로 마주보는 것은 어떨까요?

사진은 그 안에 들려주는 이야기가 있을 때 보는 이에게 감동을 줍니다. 한 장의 사진으로 완성된 이야기를 만드는 것도 좋지만 연작을 통해서 여러 장의 사진으로 하나의 이야기를 만들면 더 재미있는 이야기를 들려 줄 수 있습니다.

두 장의 사진으로 하나의 이야기를 만들기 위해서는 촬영하기 전부터 밑그림이 그려져 있어야 합니다. 인물의 위치와 시선의 방향 등이 처음부터 계획되어있어야 보다 완성도 높은 사진이 될 수 있습니다. 한 사람은 크고 다른 사람은 작게 찍거나, 한 사람만 허리나 다리까지 담았다면 사진을 억지로 합한 것처럼 보일 것입니다.

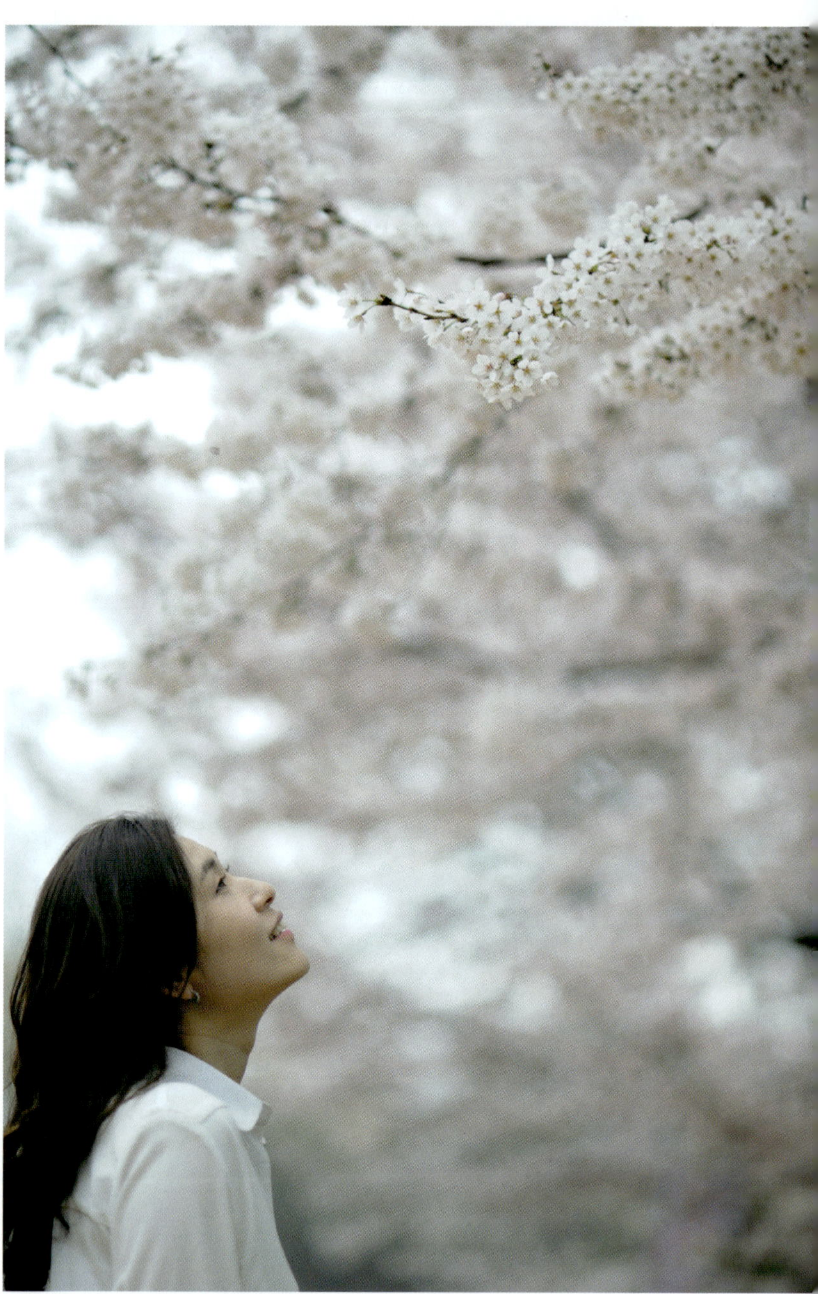

렌즈: 1350mm F2.0 · 셔터속도: 1/640초 · 조리개: F2.0

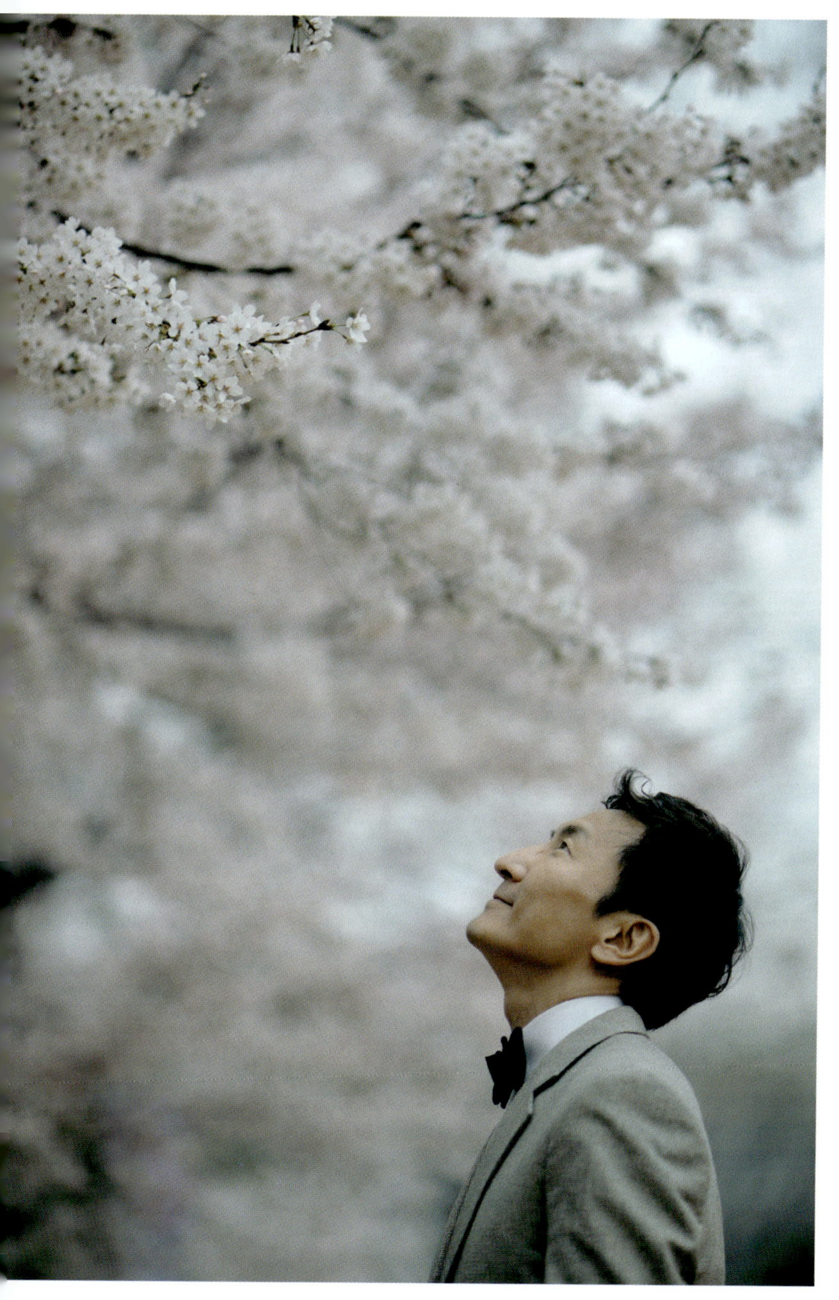

POINT 01

같은 자리에서 같은 대상을 바라보는 모습의 두 장의 사진을 데칼코마니처럼 좌우반전을 주어 서로 마주선 느낌의 한 장의 사진으로 만들었습니다. 두 장의 사진이 한 장의 사진처럼 보이기 위해서는 노출과 화이트밸런스의 조건이 같아야 한다는 점도 간과하지 말아야 합니다.

POINT 02

시선의 방향으로 여백을 두고 시선이 가는 쪽에 초점이 맞아 선명한 꽃이 위치하도록 하여야 시선의 의미를 부여할 수 있습니다. 초점을 맞출 꽃 바로 아래에 인물을 위치하도록 하는 것이 중요합니다.

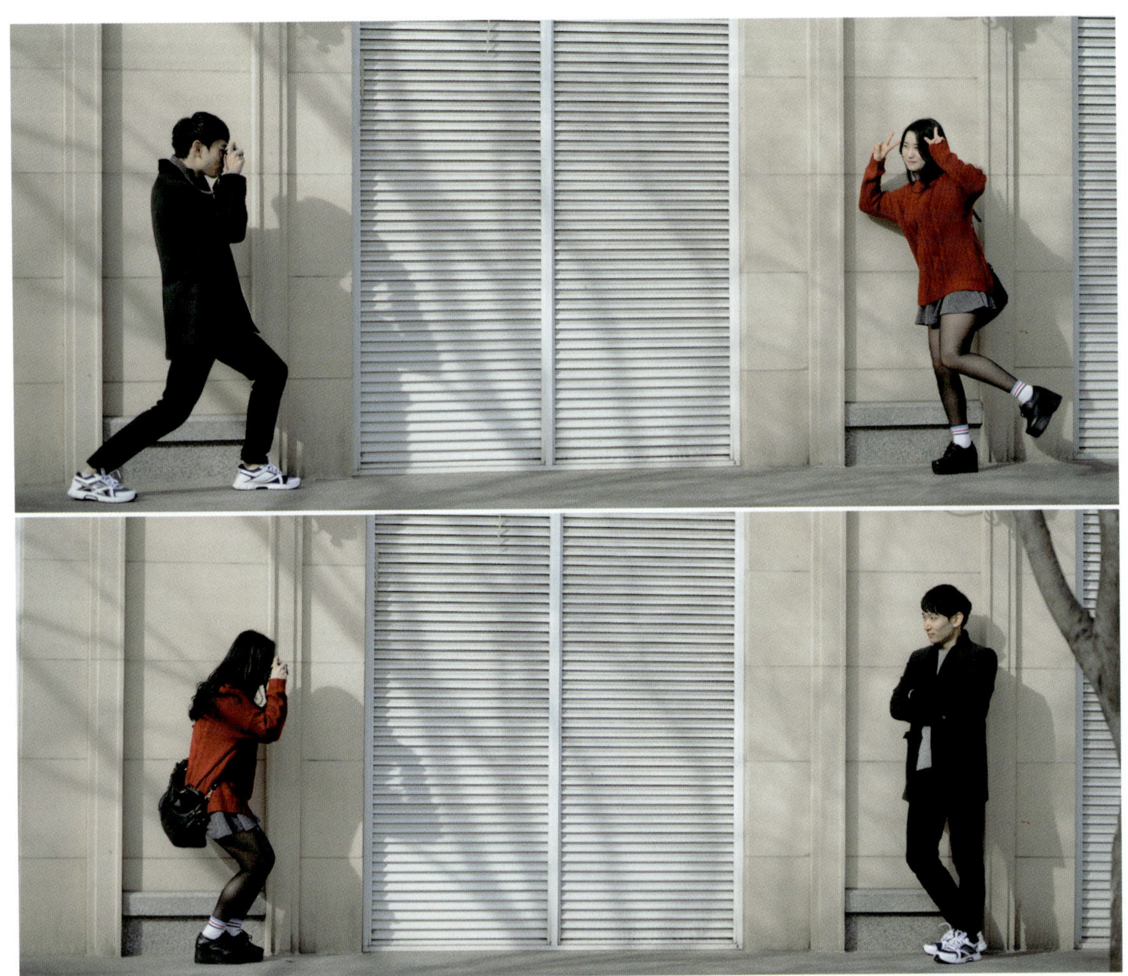

렌즈: 85mm F1.8 · 셔터속도: 1/500초 · 조리개: F5.6

뒷모습은 정직하다

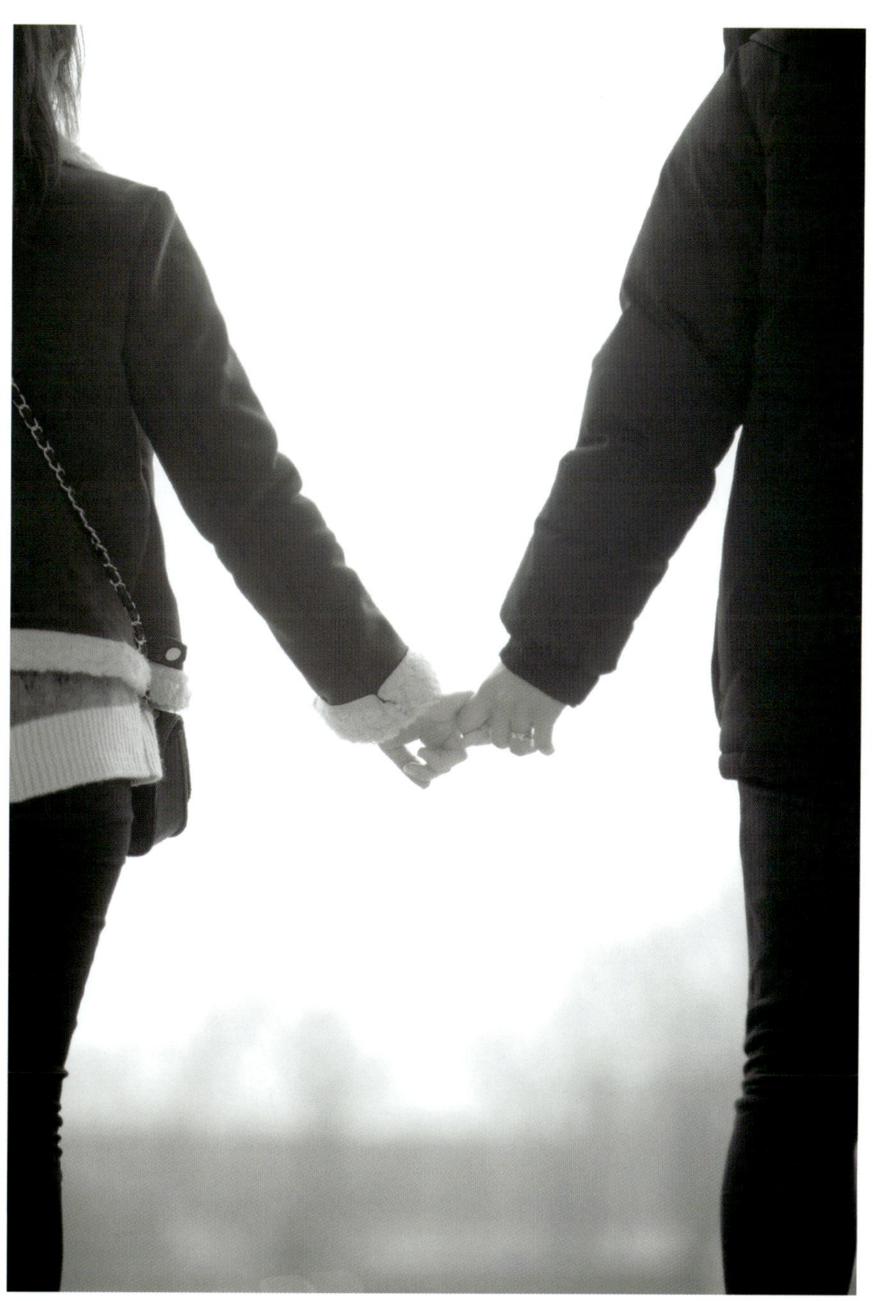

렌즈: 135mm F2.0 · 셔터속도: 1/250초 · 조리개: F2.0

우리는 누군가를 알아볼 때 그 사람을 얼굴로 기억한다고 생각하지만, 보이지 않아도 목소리만으로도 그 사람을 알 수 있듯이 얼굴만으로 사람을 기억하는 것은 아닙니다. 우리는 내 앞에 걸어가는 사람의 뒷모습만으로도 그가 누구인지 알 수 있습니다.

눈. 코. 입, 표정을 나타내야만 그 사람의 기분을 표현할 수 있는 것이 아닙니다. 표정이 보이지 않는 뒷모습에 그 사람의 기분이 더 솔직하게 담기기도 합니다. 실루엣처럼 얼굴이 보이지 않는 뒷모습으로도 사랑과 즐거움, 고단함과 슬픔을 담을 수 있습니다.

손을 마주잡은 두 사람의 뒷모습에서 그 어떤 약속보다 굳은 약속을 느낀 것은 저 혼자만은 아닐 거라 생각합니다. 어느 책의 제목이었는지, 아니면 영화 속의 대사였는지 모르겠으나 '뒷모습은 정직하다!'라는 말이 있지요. 그 말처럼 그 사람의 가장 정직한 모습을 담아보는 것은 어떨까요?

POINT 01

사진에서 보여주고자 한 것은 손입니다. 두 사람의 전신을 모두 담으면 마주잡은 손을 자세히 보여주기 어려웠을 것입니다.

POINT 02

피사체가 검다면 흰 배경을, 피사체가 밝다면 어두운 배경을 선택하여 찍습니다. 이렇게 찍은 흑백사진은 명도대비로 인해 컬러보다도 화려한 강렬함이 있습니다.

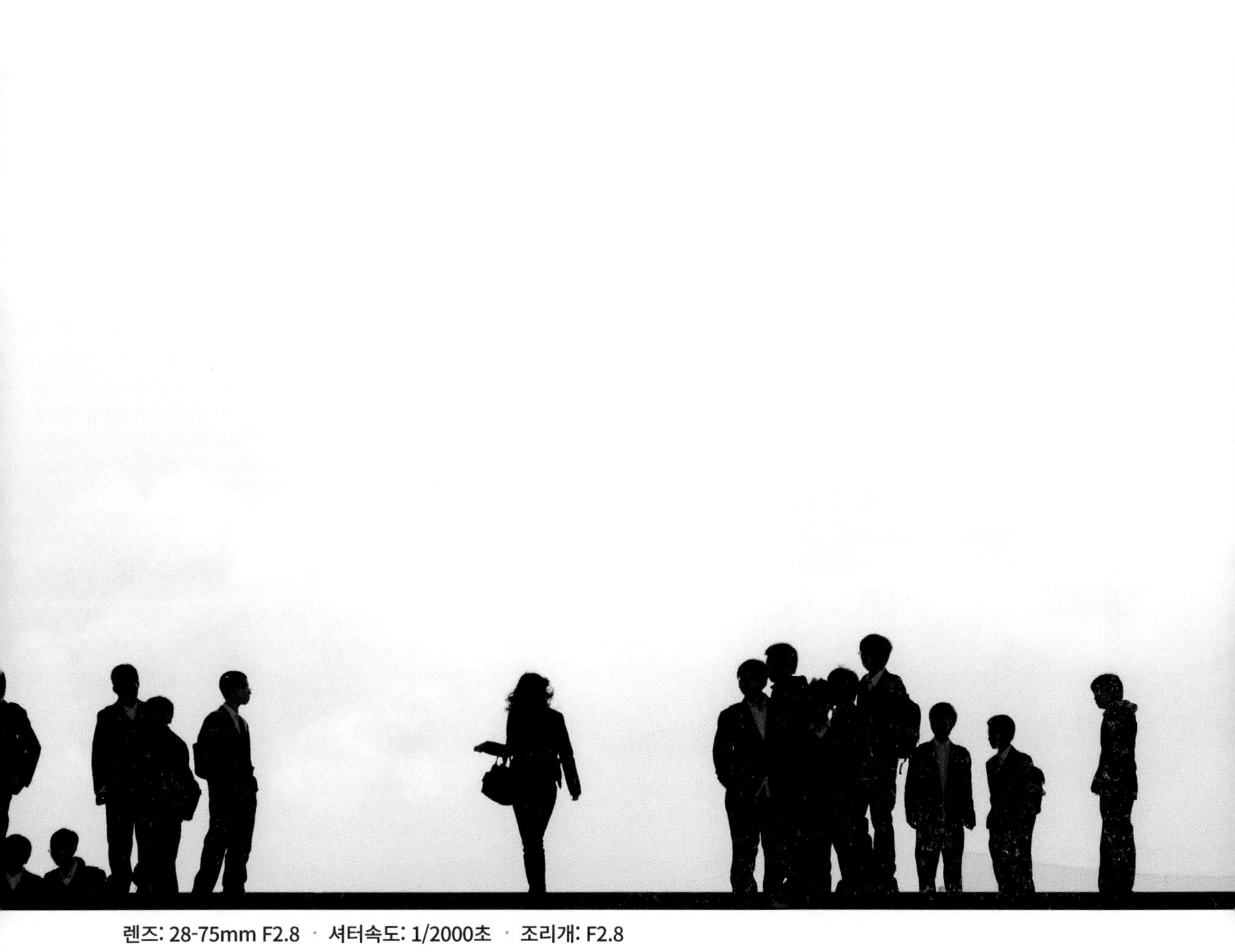

렌즈: 28-75mm F2.8 · 셔터속도: 1/2000초 · 조리개: F2.8

예쁜 모델보다 예쁜 배경

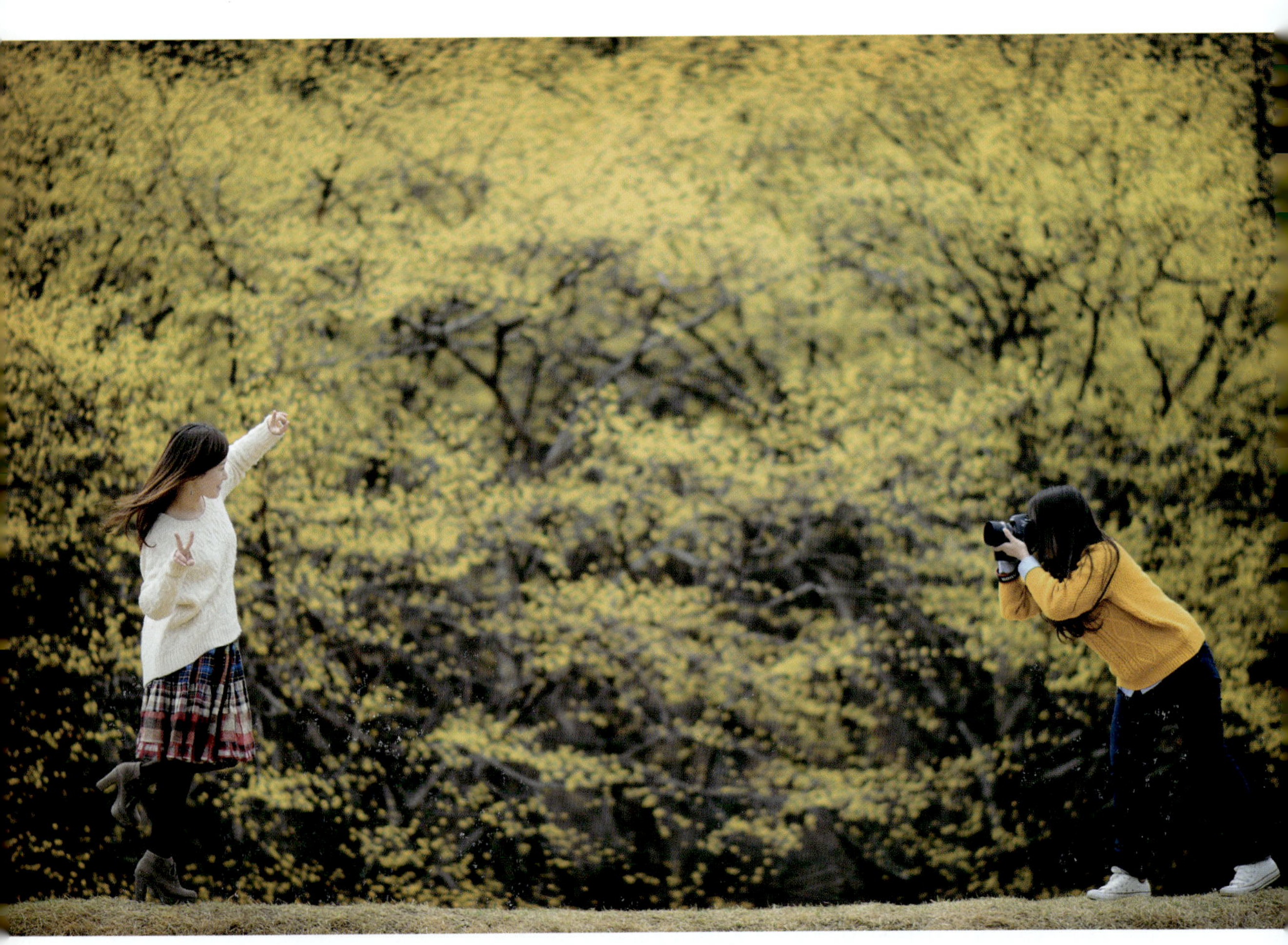

렌즈: 135mm F2.0 · 셔터속도: 1/2000초 · 조리개: F2.2

인물사진에서 인물을 돋보이게 하는 가장 중요한 요소는 인물이 아닌 배경입니다. 어느 배경에서 찍느냐에 따라 같은 인물이라도 더 돋보이기도 하고 더 죽어 보이기도 합니다. 필자는 인물사진을 찍을 때 그 사람이 예쁜지 아닌지, 키가 큰지 작은지, 날씬한지 뚱뚱한지를 중요하게 생각하지 않습니다. 예쁘면 예쁜 대로 개성 있으면 개성 있는 대로 날씬하면 날씬한 대로, 그 사람만의 장점을 찾아서 서로 원하는 느낌의 사진을 담고자 노력하면 마음에 드는 사진을 얻을 수 있다고 봅니다.

인물만을 강조한 클로즈업이 아니라면 원하는 사진은 주로 예쁜 배경에서 나오게 됩니다.

눈으로 봤을 때 예쁜 배경이 아니라 카메라로 찍었을 때 예쁜 배경을 보는 것은 아무래도 경험이 필요합니다. 명도대비 · 채도대비 · 색상대비 등 피사체와 배경이 대비를 만드는 곳이나, 인물과 이야기를 만들 수 있는 배경이 좋습니다. 사진은 뺄셈이기에 단순한 배경도 좋습니다.

POINT 01

사진을 찍고 있는 사람들의 모습을 담는 것은 함께 출사를 한 지인들과의 하나의 콘셉트였습니다. 인물사진에서 타인을 찍을 때는 초상권침해에 조심해야 합니다. 얼굴이 확실히 드러나지 않더라도 사전 승낙 없이 타인을 찍을 때는 미리 양해를 구하거나 촬영 후에라도 사진 촬영에 대한 허락을 구하는 것이 좋습니다. 예쁘게 나온 사진이라면 이메일 등으로 보내드리겠다고 말씀드리는 것도 허락을 구하는 좋은 방법입니다.

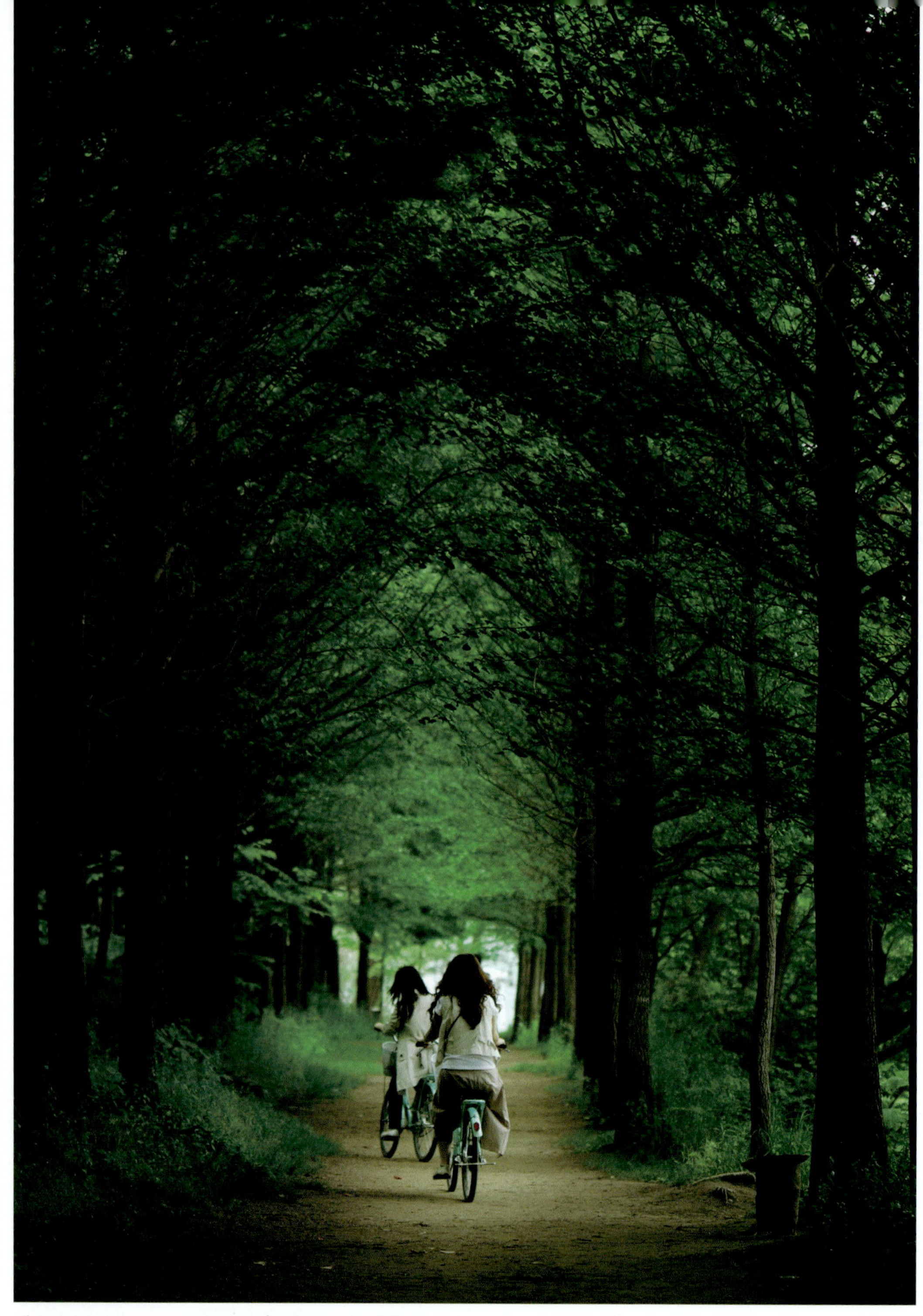

렌즈: 85mm F1.8　·　셔터속도: 1/2000초　·　조리개: F2.8

흑백으로 담는 인물

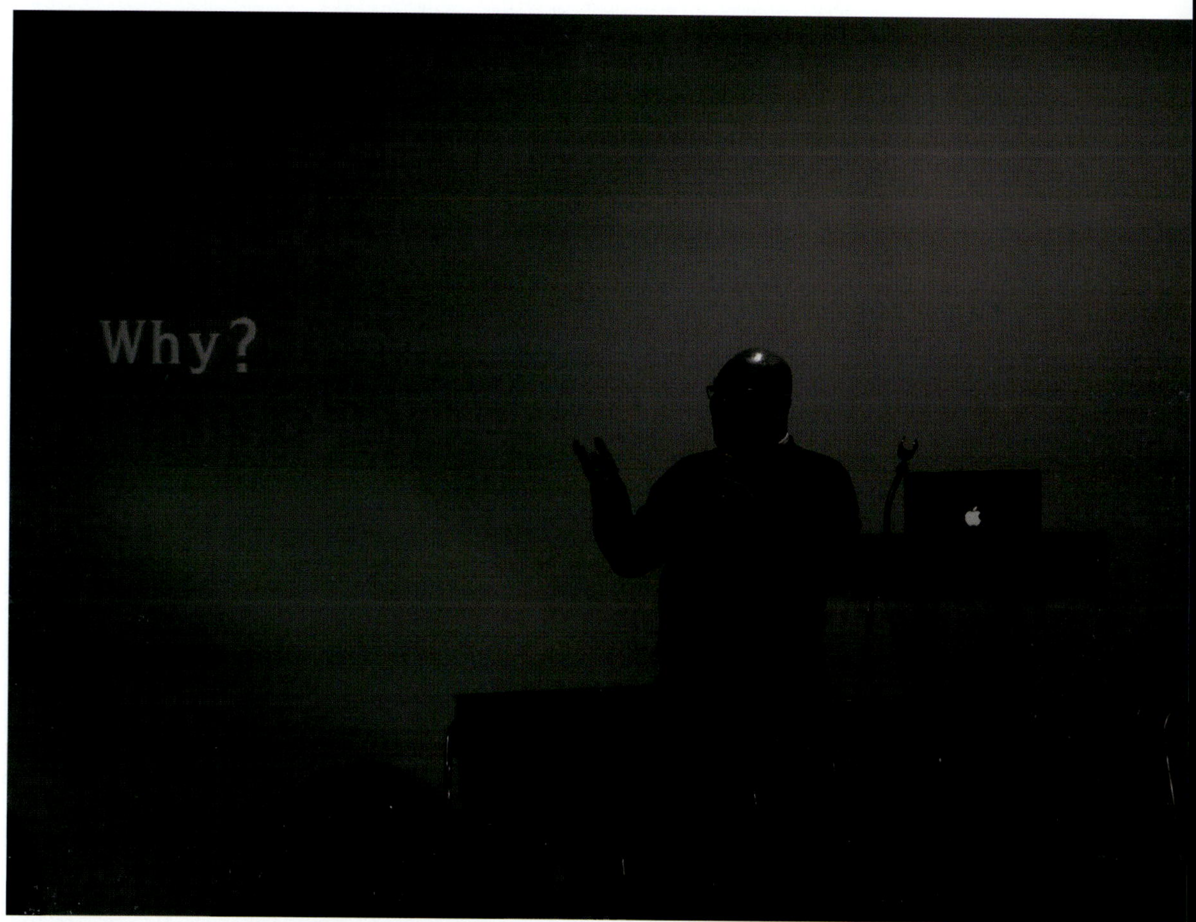

렌즈: 60mm F2.8 · 셔터속도: 1/100초 · 조리개: F2.8

사진을 통해 새로운 친구를 만들게 되는 경우가 있습니다. SNS 에 올린 사진에 댓글로 이야기를 나누다 친해지기도 하고, 여행지에서 '사진 한 장만 찍어주세요.'라는 부탁을 받고 이메일로 사진을 보내드린 것이 인연이 되기도 합니다.

소셜 네트워크에 관한 강의를 들을 기회가 있었습니다. 이날 강사로 오신 분께서는 페이스북에서 왕성한 활동을 하고 계신 이규상 님 이셨습니다. 강의가 너무 좋았다고 말하며 이 사진을 보내드렸더니 무척 기뻐하셨고, 우리는 바로 페이스북 친구가 되었습니다.

어두운 강연장에서 유난히 눈에 띄는 것은 노트북에 반짝이는 사과모양과 민
머리 강사님의 이마에서 반짝이는 광채였습니다. 이 두 개의 빛을 강조하기
위해 어둡게 촬영을 하였더니 강의 내용의 문구 Why? 가 묘하게 의미심장하
게 나왔습니다.

POINT 01

실내 공연이나 강연을 촬영할 때에는 방해가 되지 않도록 스트로보 사용을 자제해야 합니다. 또한 사진
을 사용함에 있어서 당사자가 불쾌하지 않을 수 있도록 미리 허락을 구하는 것이 좋습니다.

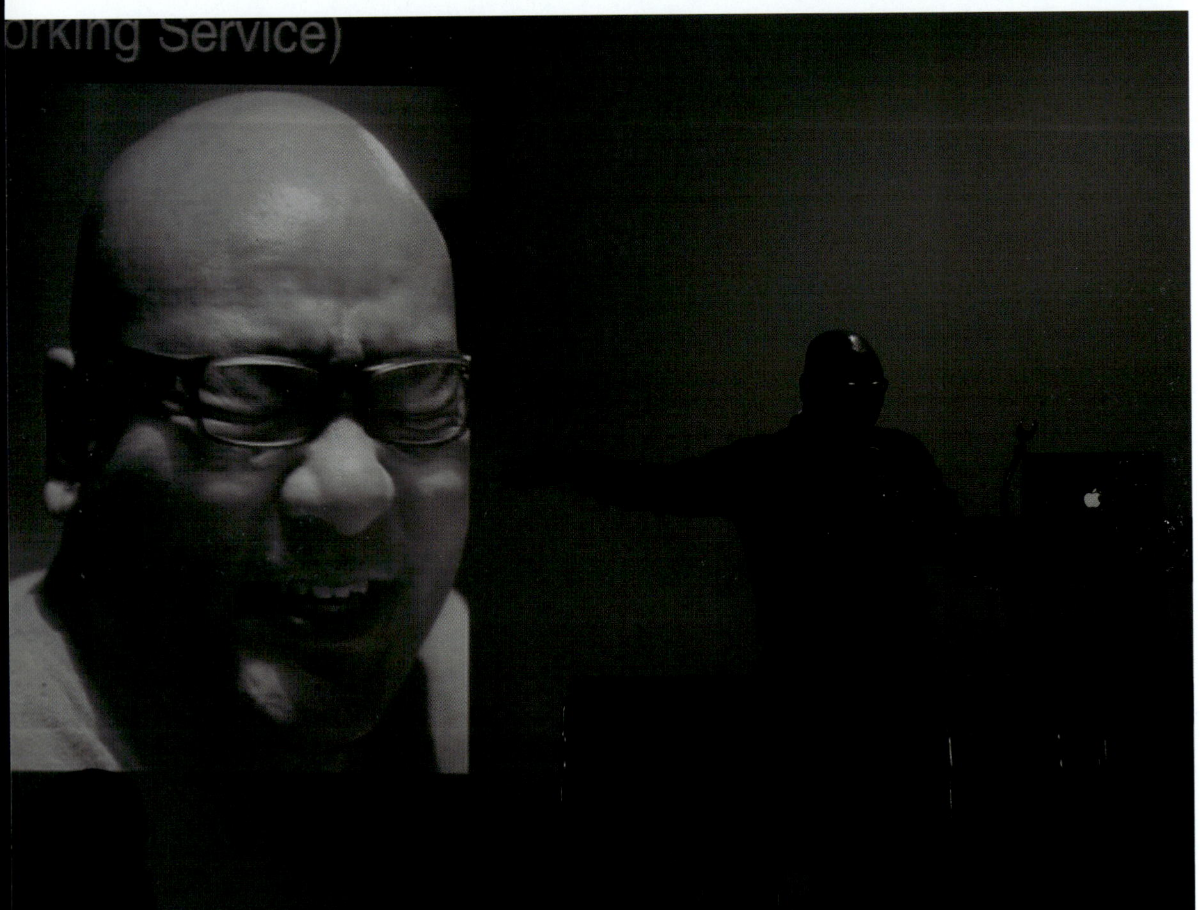

렌즈: 60mm F2.8 · 셔터속도: 1/100초 · 조리개: F2.8

거울의 질투

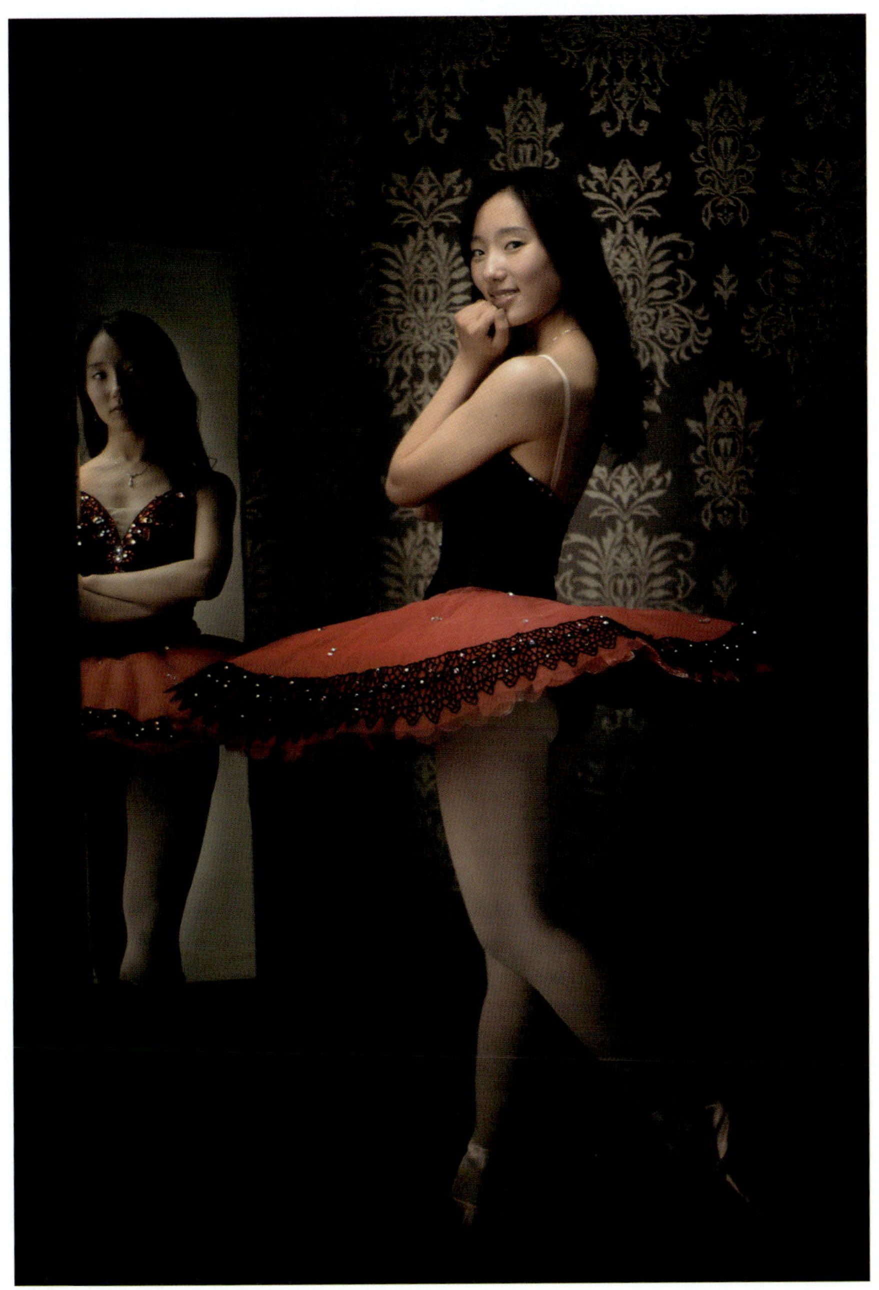

렌즈: 50mm F1.8 · 셔터속도: 1/80초 · 조리개: F2.0

디지털 사진이 가지는 장점 중 하나가 포토샵이라는 프로그램을 통해서 내 마음대로 사진을 편집할 수 있다는 점입니다. 사진을 밝게, 혹은 어둡게 만들거나 사진의 색조를 조정하는 것뿐 아니라 서로 다른 사진을 하나로 합성하는 것도 손쉽게 할 수 있습니다.

사진을 합성할 수 있다고 해서 무조건 근사한 합성사진을 만들 수 있는 것은 아닙니다. 어떻게 편집해서 보여줄 것인가를 미리 생각해야 하고, 적당한 소스가 있어야 합니다.

거울이라는 소품을 활용해서 거울 밖의 실상과 거울에 비친 허상이 서로 다른 모습을 담으면 재미있겠다는 생각이 들었습니다. 한껏 귀여운 모습을 하고 포즈를 취한 모습과 거울 속에서 시기어린 표정으로 바라보는 모습을 하나의 화면에 담아봤습니다.

장비의 성능보다 참신한 아이디어가 좋은 사진을 만들어줍니다. 창의적인 아이디어는 천부적으로 타고나는 경우보다는 다른 사람의 사진을 모방하고, 성공보다 많은 실패를 통한 시도가 바탕이 되어 생기는 경우가 더 많다고 생각합니다. 많이 보고 많이 찍다 보면 어느 순간부터 나만의 아이디어로 사진을 담게 될 것입니다.

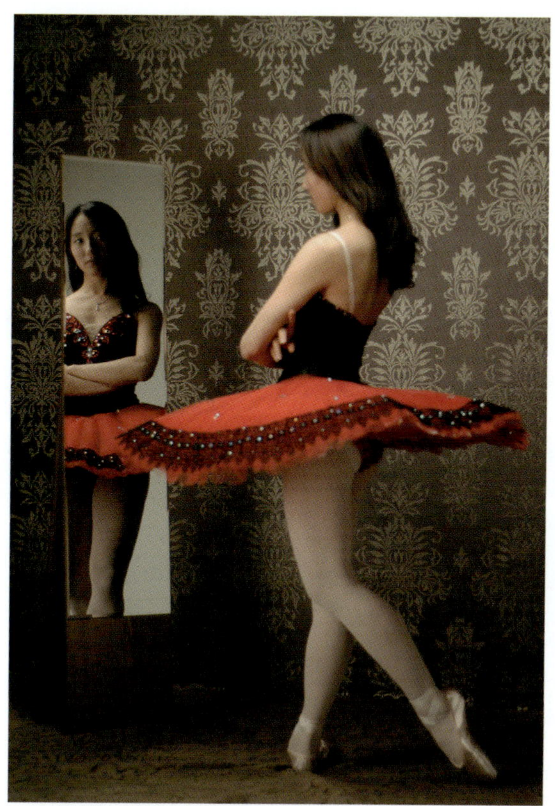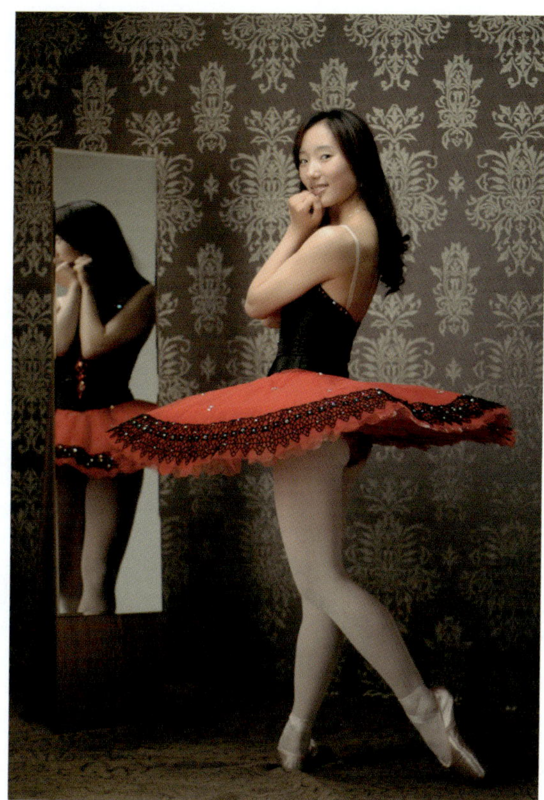

렌즈: 50mm F1.8 · 셔터속도: 1/80초 · 조리개: F2.0

POINT 01

배경에서 인물이 부각되지 않는 느낌이 들어 배경을 보다 어둡게 보정을 해주었습니다.

POINT 02

촬영 전 촬영의도를 모델에게 구체적으로 설명해주어야 표정과 포즈가 자연스럽게 이어질 수 있습니다.

POINT 03

초점을 맞출 때 한번은 실상에, 한번은 거울 속 허상에 초점을 맞춰주었습니다.

상상할 수 있다면 찍을 수 있습니다

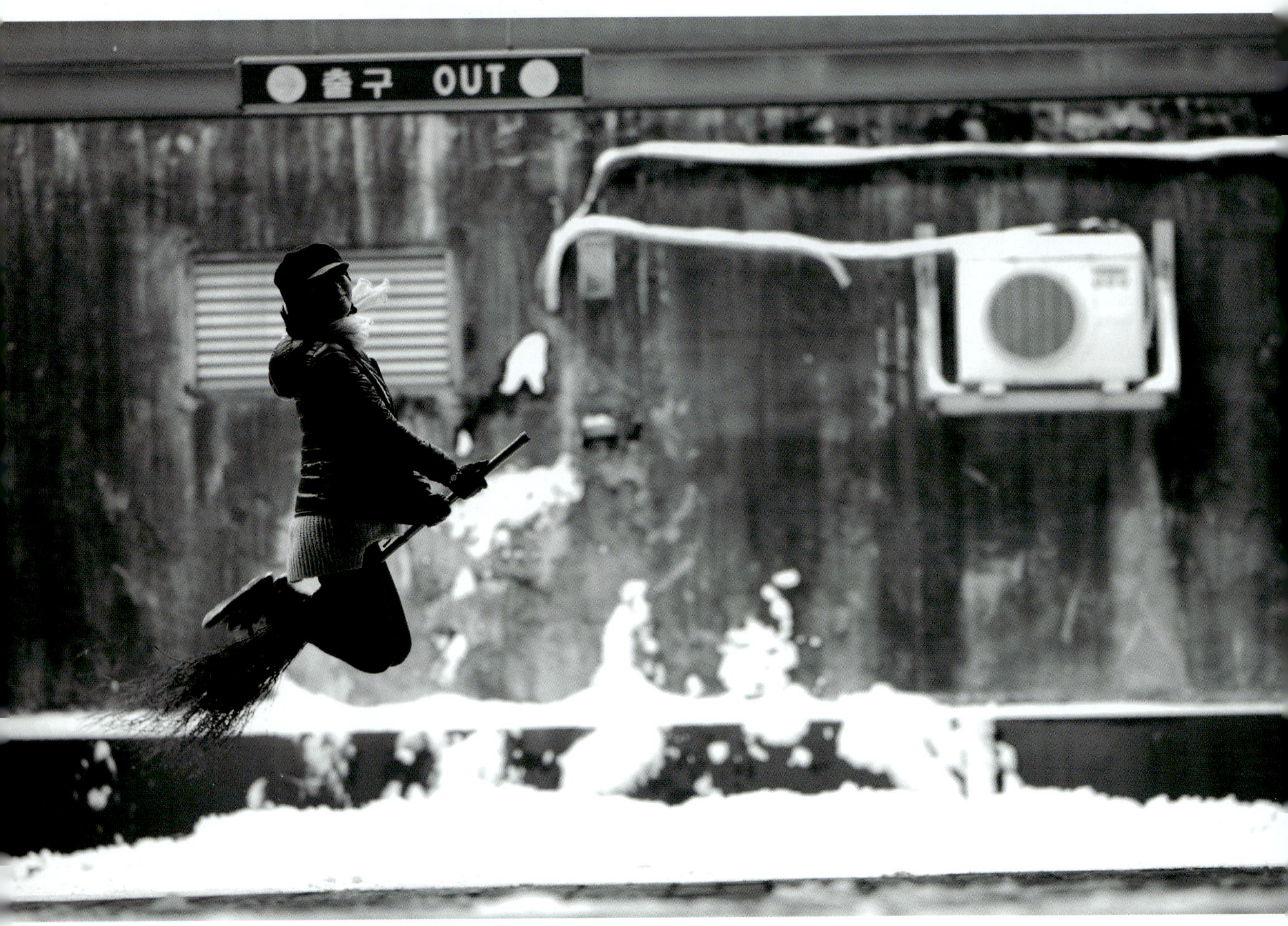

렌즈: 135mm F2.0 · 셔터속도: 1/250초 · 조리개: F2.0

상상할 수 있다면 찍을 수 있습니다

빗자루를 타고 하늘을 나는 모습은 상상하는 것만으로도 신나는 모험입니다. 영화 해리포터나 만화 속에서만 볼 수 있었던 장면을 실제 사진으로 찍는 것 역시 신나는 일입니다. 만화에서 나올법한 마녀처럼 멋진 고깔모자가 있었으면 더 근사했겠지만, 눈을 치우고 한쪽 구석에 놓인 빗자루로 급하게 연출한 사진치고는 그런대로 빗자루를 타고 유쾌하게 하늘을 나는 느낌을 담을 수 있었습니다.

이런 사진은 특별한 장비가 필요하거나 방법이 어려워서 못 찍는 것이 아닙니다. 이렇게 찍어보겠다는 생각을 하지 않고, 찍어보려고 시도를 하지 않아서입니다.

기발한 아이디어라고 생각하는 것들은 의외로 단순한 생각의 전환을 통해서 만들어집니다. 가로로 찍은 사진을 그저 세로로 보여주는 것만으로도 보는 이에게 낯선 느낌을 주기에 충분할 때도 있습니다.

POINT 01

하늘을 나는 모습을 찍는다고 실제로 하늘을 날 필요는 없습니다. 아주 낮게 뛰더라도 하늘을 나는 시늉을 잘 하는 것이 중요합니다. 높이 뛰려고 애쓰다보면 표정이 인상을 쓰고 있는 경우가 많으니 표정 관리도 필요합니다.

POINT 02

나는 것이 아니라 뛰어 오르는 것을 찍는 것이므로 촬영자는 점프의 최고점에서 셔터를 눌러주는 것이 중요합니다. 연사로 촬영하는 것도 방법이지만 정점의 순간에 한 장의 사진을 얻는 것이 오히려 효과적일 때도 있습니다.

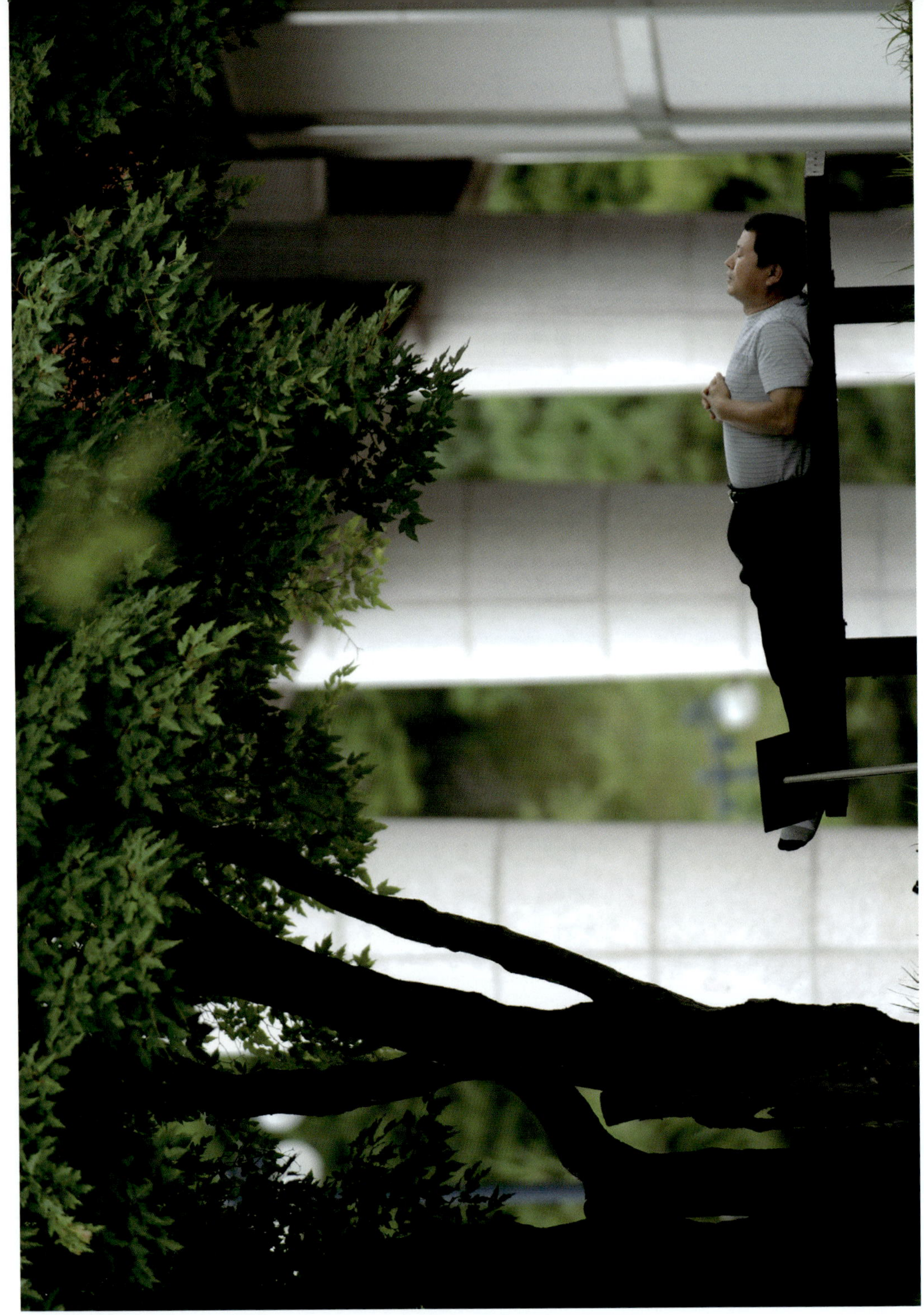

렌즈: 80-200mm F2.8 · 셔터속도: 1/250초 · 조리개: F2.8

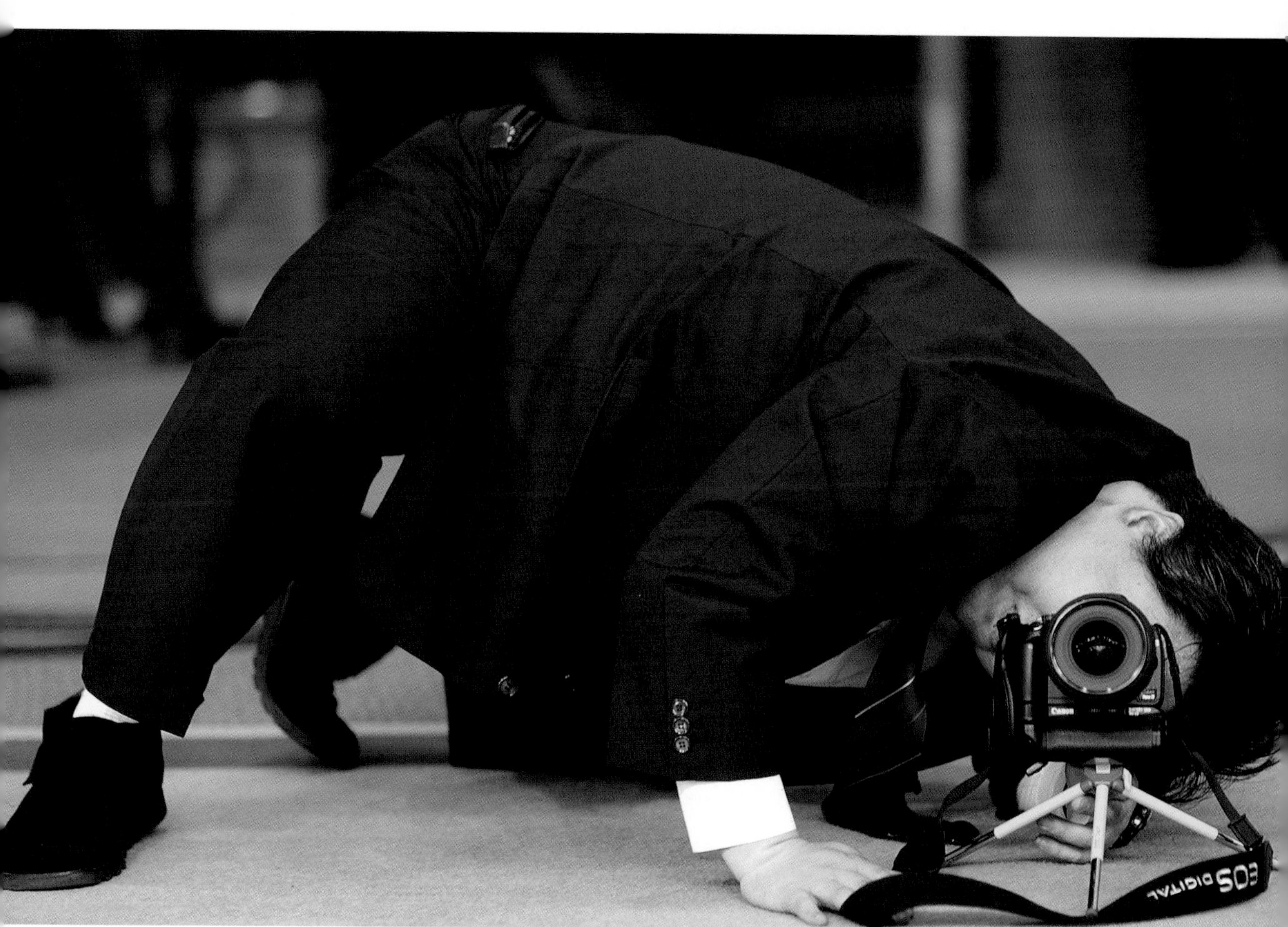

내가 진실로 좋아하는 사진은 웃음이 있는 사진이다. - 패트릭 드마슈리에

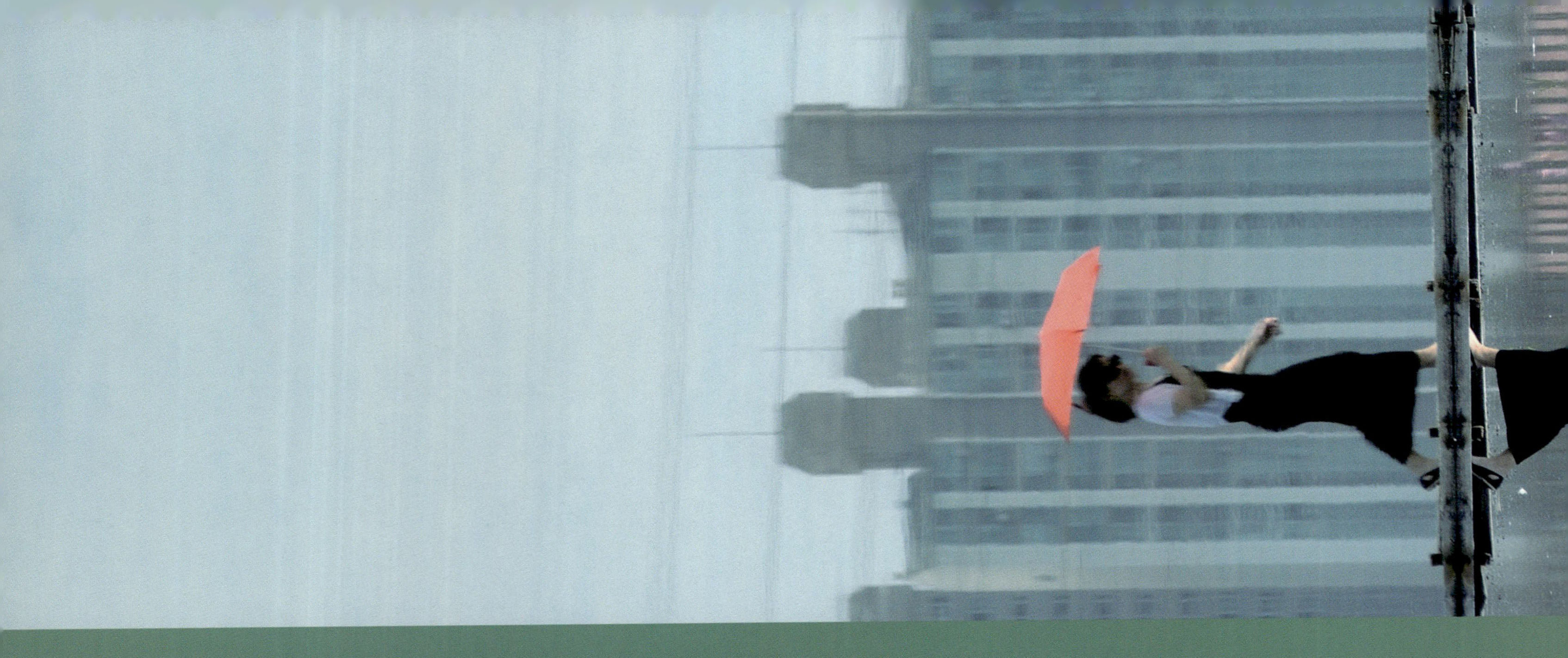

평범함 속 특별함

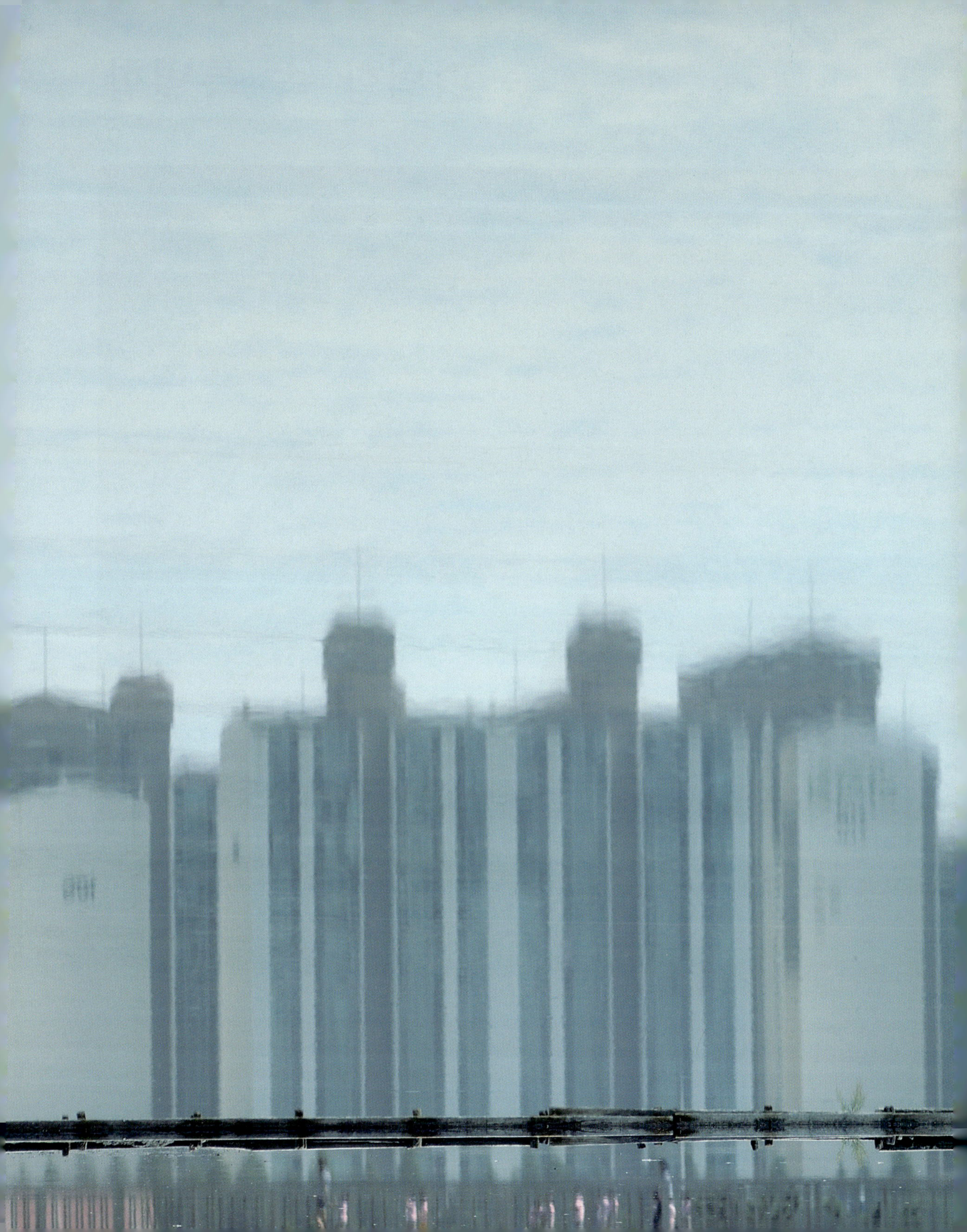

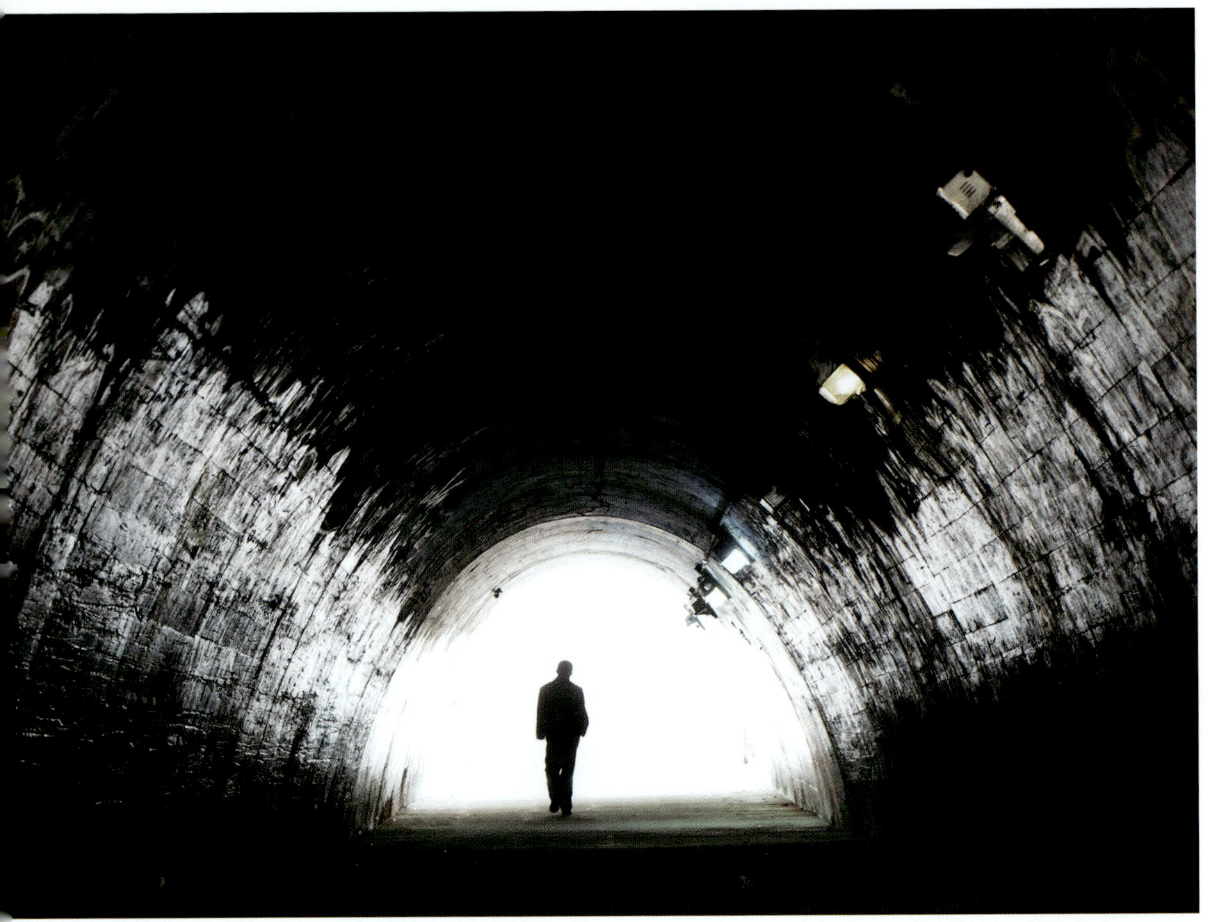

렌즈: 60mm F2.8 · 셔터속도: 1-15초 · 조리개: F3.5

사진 찍기 좋은 곳들이 있습니다. 꽃지나 순천만의 낙조, 주산지의 반영은 이미 사진가들에게 널리 알려진 촬영명소로 유명하고 남이섬의 메타세콰이어 길 위에서 찍은 사진에서는 겨울연가의 배용준이 아니더라도 누구나 드라마의 주인공처럼 나옵니다. 주산지의 반영사진은 마치 한 폭의 그림을 연상케 하고 선유도 공원에 가면 필히 찍어야 하는 의자가 있지요. 파주의 프로방스 마을에서 찍은 사진은 파스텔 톤의 건물 색만 봐도 어딘지 알 수 있을 정도입니다. 다양한 축제와 전시, 공연 역시 사진 찍는 사람들에겐 색다른 사진을 찍을 수 있는 좋은 기회이지요. 이런 촬영지에서 찍은 사진들은 누가 찍어도 멋지게 나오는 것을 보면 사진 찍기 좋은 장소는 분명히 있습니다.

평소 카메라를 가방 속에 모셔둔 채 휴일만 기다려온 아마추어 사진가라면 모처럼 맞이하는 촬영기회에 뭔가 멋진 사진을 건지고 싶을 겁니다. 그런 마음이 이런 사진 찍기 좋은 곳을 찾아 나서게 만들죠. 그런 곳에서는 눈에 익은 듯하면서도 그럴듯한 사진 몇 장 담는 것이 그리 어려운 일도 아닙니다.

하지만 사진 찍기 좋은 곳에서만 좋은 사진을 찍을 수 있는 것은 아닙니다. 필자 역시 휴일이면 이런 촬영지를 찾아 나서지만, 정작 애착이 가는 것은 일부러 찾아 나선 출사에서의 사진이 아니라 일상에서 찍은 사진입니다. 오늘은 무얼 찍어야지 하고 정한 것도 없기에, 가방을 메고 나가서 단 한 장의 사진도 찍지 않고 돌아오는 경우도 많지만 언제나 카메라를 들고 집을 나서는 이유는 언제 찾아올지 오를 셔터찬스나 풍경을 놓치기 싫어서입니다. 또 카메라는 내게 친구 같은 존재여서 특별한 날에만 들고 나가는 것이 아니라 일상 속에서 함께 하는 것이 익숙해졌기 때문입니다.

매일 보는 똑같은 풍경이라 특별해 보이지도 않고 신기할 것도 없는 듯하지만, 하나하나 유심히 살펴보면 일상의 주변에서도 수많은 찍을 거리들을 찾을 수 있습니다.

매일 보는 같은 장소, 같은 건물이지만 파인더를 통해 새로운 모습을 발견하는 기쁨은 그 어떤 근사한 촬영지에서 사진을 찍는 것보다도 즐거운 일입니다.

POINT 01

터널은 안과 밖의 노출차이가 커서 자연스러운 실루엣을 담기에 적당한 장소입니다. 터널의 아치를 함께 담으면 멋진 구도의 사진을 얻을 수 있습니다.

POINT 02

사진은 언제 어느 때고 찍을 수 있는 것입니다. 사진을 꼭 어디 놀러가서나 찍어야 한나는 생각은 버려야 합니다. 찍고 싶은데 마땅한 장소나 시간적 여유가 없다는 말은 사진에 대한 열정이 부족하다는 것일 것입니다. 카메라를 늘 가지고 다니면서 자신의 주변을 유심히 바라보면 수없이 많은 찍을 거리들이 보일 것입니다.

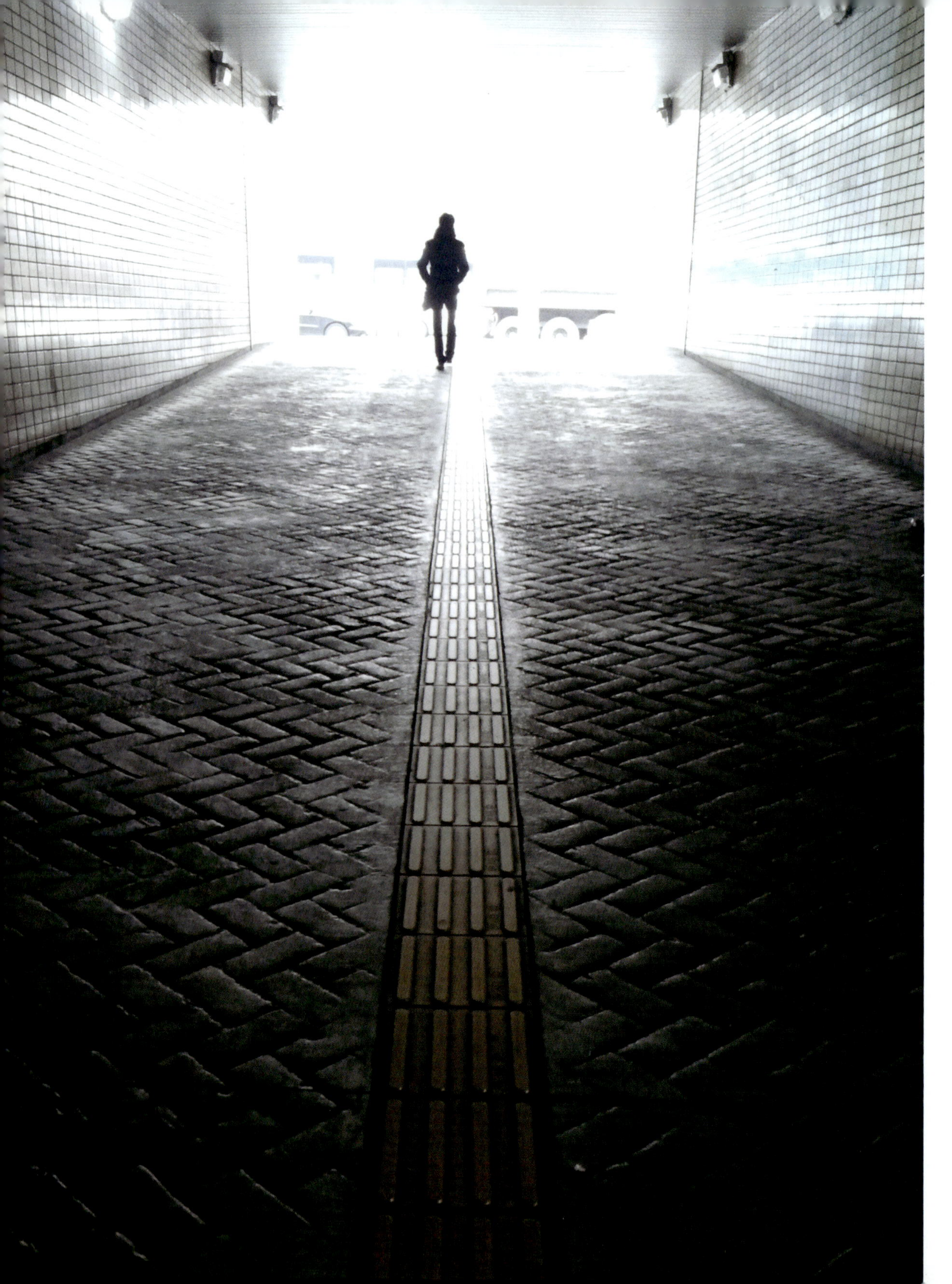

마법의 시간

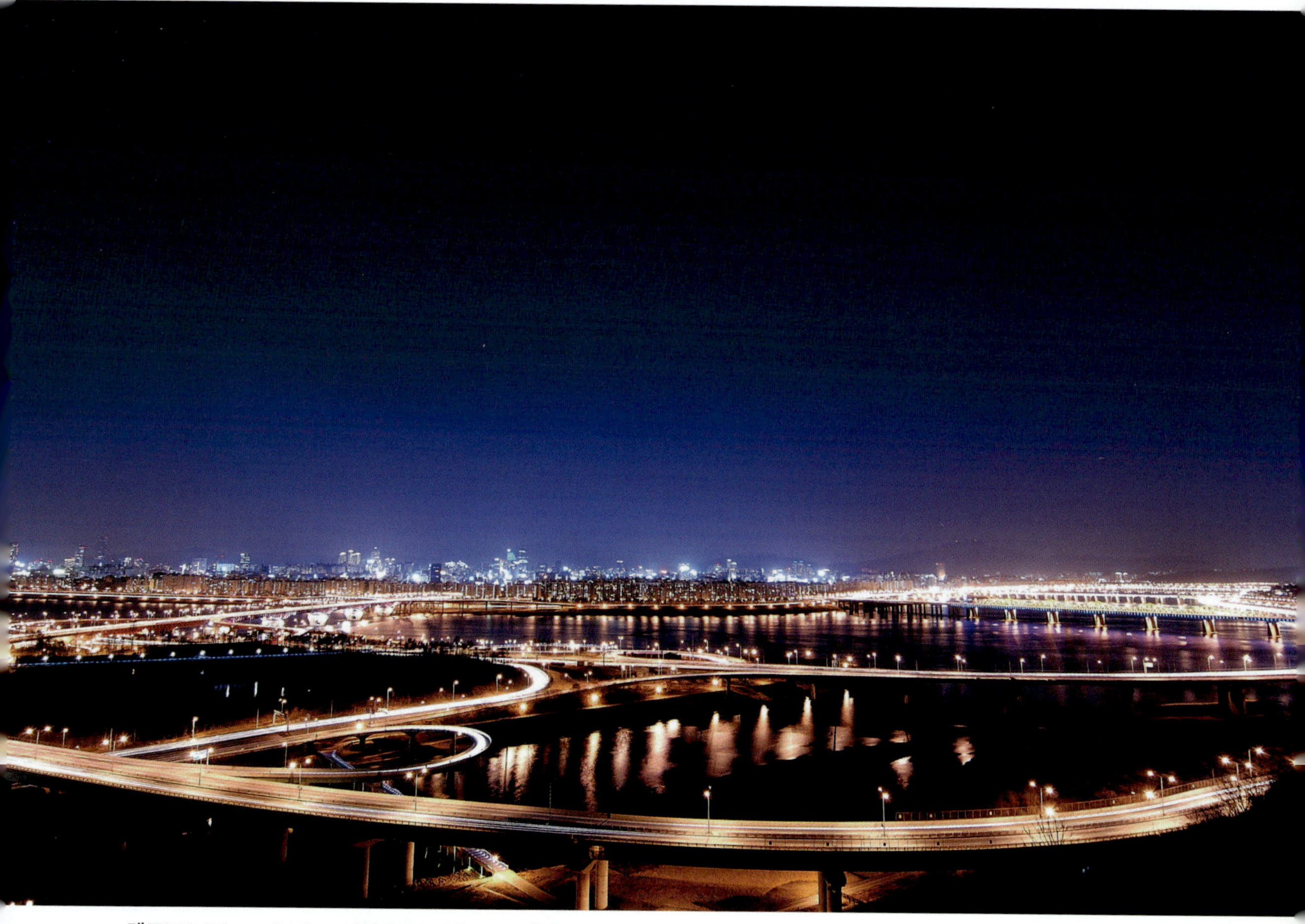

렌즈: 12-24mm F4.0 · 셔터속도: 15초 · 조리개: F5.6

해가 지면 도시는 태양을 대신해 세상을 밝히려는 수많은 불빛들로 가득 찹니다. 어둠과 빛이 공존하는 밤은 사진을 찍는 또 하나의 매력을 느낄 수 있게 해줍니다. 멋진 야경을 찍을 수 있는 시간은 해가 지면서부터 시작됩니다.

붉게 타는 노을을 끝으로 세상의 하루를 비추던 태양이 저물고 나면 마법의 시간이 시작됩니다. 어둠 속에서 빛나는 도시의 불빛은 언제나 아름답지만, 해가 지고 나면 하늘은 언제 붉었는가 싶게 푸른빛으로 물들어 버립니다. 완전히 까만 밤하늘이 되기 전 신비한 푸른빛을 띠는 잠시 동안의 시간을 매직 아워(magic hour)라 부르는데, 야경과 함께 신비롭기까지 한 푸른빛이 함께 담기는 이때가 바로 야경을 담기에 가장 좋은 시기입니다.

평소 조리개를 열고 촬영하는 편이지만 야경을 담을 때는 조리개를 조여서 촬영하는 일이 많습니다. 밝으면 조리개를 조이고 어두우면 조리개를 열어야 한다는 법칙은 야경을 찍을 때는 예외로 생각해야 합니다. 야경사진은 조리개를 개방하더라도 손으로 들고 찍을 수 있는 셔터속도의 범위를 벗어나는 경우가 대부분이기 때문에 삼각대를 사용해야 합니다. 어떤 렌즈든 조리개를 완전개방에서 3-4스톱 조여 주었을 때 최고의 화질을 보여주므로, 야경을 찍을 때는 조리개 값을 F8에서 F11 정도로 조이고 카메라를 삼각대에 고정시킨 뒤 셔터속도를 길게 하여 노출을 조절하면 선명한 야경을 얻을 수 있습니다. 장시간의 노출로 사진을 담으면 움직이는 빛의 궤적이 담겨 다이내믹한 느낌을 줄 수도 있습니다.

해가 지면 어둠의 시간이 시작됩니다. 사진은 빛이 있어야만 만들 수 있기에 여러 가지 제약이 따를 수밖에 없는 밤은 사진을 찍기에 적당치 않다고 생각하기 쉽습니다. 하지만 밤은 낮 동안 태양빛에 바래어 눈에 띄지 않던 빛들이 어둠 속에서 빛나는, 또 다른 빛의 세상이 펼쳐지는 공간입니다.

멋진 야경사진을 찍어본 적이 없다면 빛이 없어 사진을 찍기 어려웠기 때문이 아니라 늦은 시간 카메라와 삼각대를 짊어지고 사진을 찍으러 나가기가 귀찮았던 게으름이 그 원인이 아닐까요?

POINT 01

노출시간이 길어지면 셔터를 누르는 순간의 흔들림이 문제가 되는 경우가 있는데 이를 줄이려면 릴리즈나 촬영리모컨을 사용하거나, 셀프타이머, 미러락업 기능을 활용하는 것이 도움이 됩니다.

POINT 02

낮에는 빛을 받은 사물의 색을 찍는 것이라면, 밤에는 빛 자체를 담는다는 점이 가장 큰 차이점일 것입니다. 낮에도 그렇지만 빛이 카메라에 바로 들어오면 필터와 렌즈에 의한 플레어 현상이 일어나게 됩니다. 빛을 더욱 화려하게 만들어주는 크로스필터와 같이 특별한 경우가 아니라면 야경을 찍을 때는 평소 렌즈보호를 위해 끼워두었던 UV필터까지 빼고 촬영하는 것이 좋습니다. 굳이 필터를 쓰지 않더라도 조리개를 조이고 사진을 찍으면 크로스필터를 사용한 것 같은 빛 갈라짐이 나타납니다.

렌즈: 18-35mm F3.5-5.6 · 셔터속도: 2초 · 조리개: F4.0

비 오는 날의 수채화

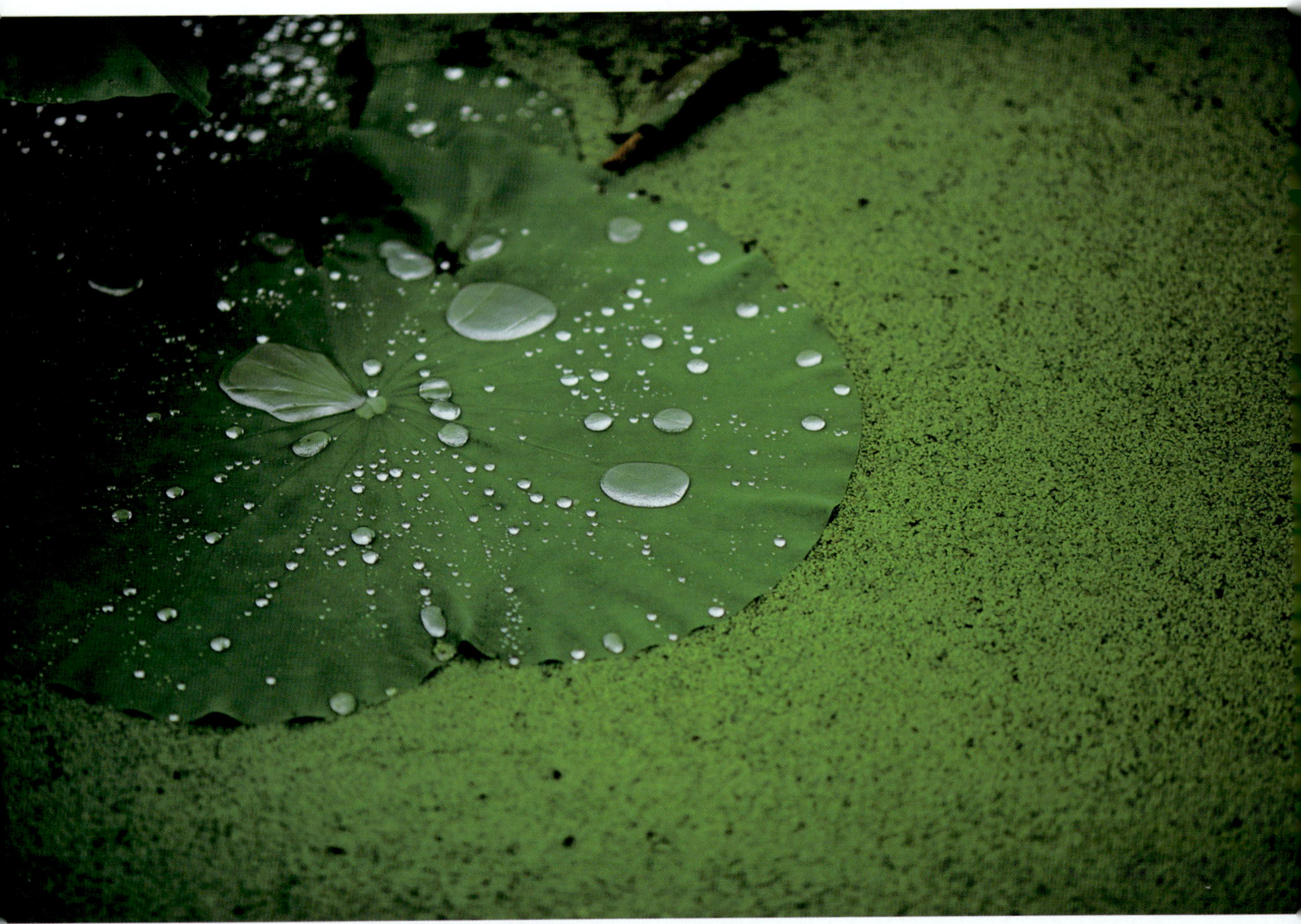

렌즈: 135mm F2.0 · 셔터속도: 1/1000초 · 조리개: F2.8

사진은 날씨의 영향을 많이 받습니다.
화창한 파란 하늘의 맑은 날이 사진을 찍기 좋다고 생각하기 쉽지만 꼭 그렇지
만은 않습니다. 구름 한 점 없이 맑은 날에는 햇살이 눈이 부셔 인상을 찌푸리
게 만들고, 얼굴에는 짙은 그림자가 생기기 쉬운데다 밝기의 차이가 심해 하
이라이트가 날아가 버리기 쉽기 때문입니다. 그래서 오히려 아주 맑은 날보다
는 태양이 구름에 살짝 가렸을 때의 부드러운 빛이 사진을 찍기에는 편하다는
것을 느끼게 됩니다.

반대로 날씨가 흐리거나 비가 오고 바람이 부는 날은 사진을 찍기 그리 좋지 않다고 생각하기 쉽지만, 역시 꼭 그렇지만은 않습니다.

물과는 상극인 카메라가 비에 젖을까 노심초사하기 일쑤인데다 우산에 삼각대까지 들고 나갈 생각을 하면 비 오는 날 사진을 찍으러 나가는 일은 여간 귀찮은 일이 아닐 수 없습니다. 하지만 비가 오는 풍경은 비가 내리는 날이어야 찍을 수 있습니다. 빗방울이 만드는 동심원이 그렇고 도로에 고인 빗물에 비친 반영이 그렇습니다. 담장에 떨어져 부서지는 빗방울과 비에 젖은 유리창 너머의 흐릿한 풍경은 비 오는 날의 운치를 살려줍니다.

사진은 날씨에 따라 그 느낌이 다르므로 날씨의 영향을 많이 받습니다. 하지만 날씨가 좋고 나쁘고의 차이가 사진 찍기 좋으냐 나쁘냐의 차이와 일치하는 것은 아닙니다. 날씨 때문에 찍을 수 없는 사진을 걱정하기보다 맑은 날엔 맑은 대로 흐린 날엔 흐린 대로, 비가오거나 바람이 불면 또 그에 걸맞은 사진을 찾는다면 그 날이 바로 사진 찍기 좋은 날이 아닐까요?

POINT 01

비가 내리는 날이나 비가 그친 직후에는 물기를 머금은 표면이 매끄러워져서 광택이 나면서도 난반사가 줄어들어 보다 진하고 선명한 색을 띄게 됩니다. 거기에 구름을 통과하면서 한층 부드러워진 빛은 구석구석 골고루 빛이 들어가 그림자를 지워주어 마치 커다란 반사판을 앞에 두고 사진을 찍는 느낌이 들게 합니다.

POINT 02

비 오는 날 사진을 찍어도 비가 내리는 것 같은 느낌을 살리기 어려운 경우가 많은데, 셔터속도가 빠르면 빗방울이 점으로 나와 사진상에 표현이 잘 안 되기 때문입니다. 빗방울이 떨어지는 모습은 셔터속도가 길수록 길게 선으로 나옵니다. 1/30초에서 1/125초 사이로 찍으면 비가 내리는 느낌을 잘 표현할 수 있습니다.

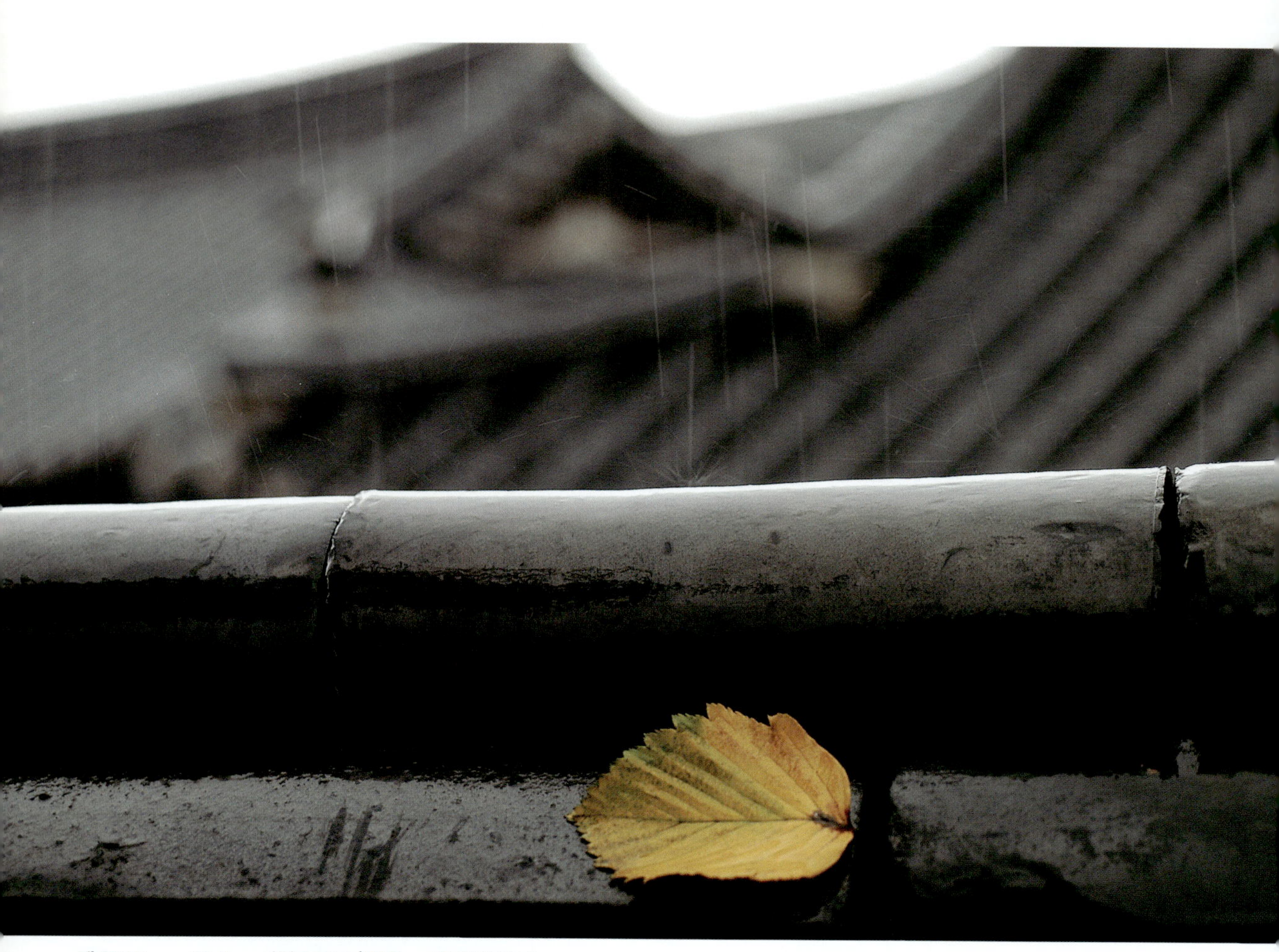

렌즈: 60mm F2.8 · 셔터속도: 1/60초 · 조리개: F3.5

일출과 석양

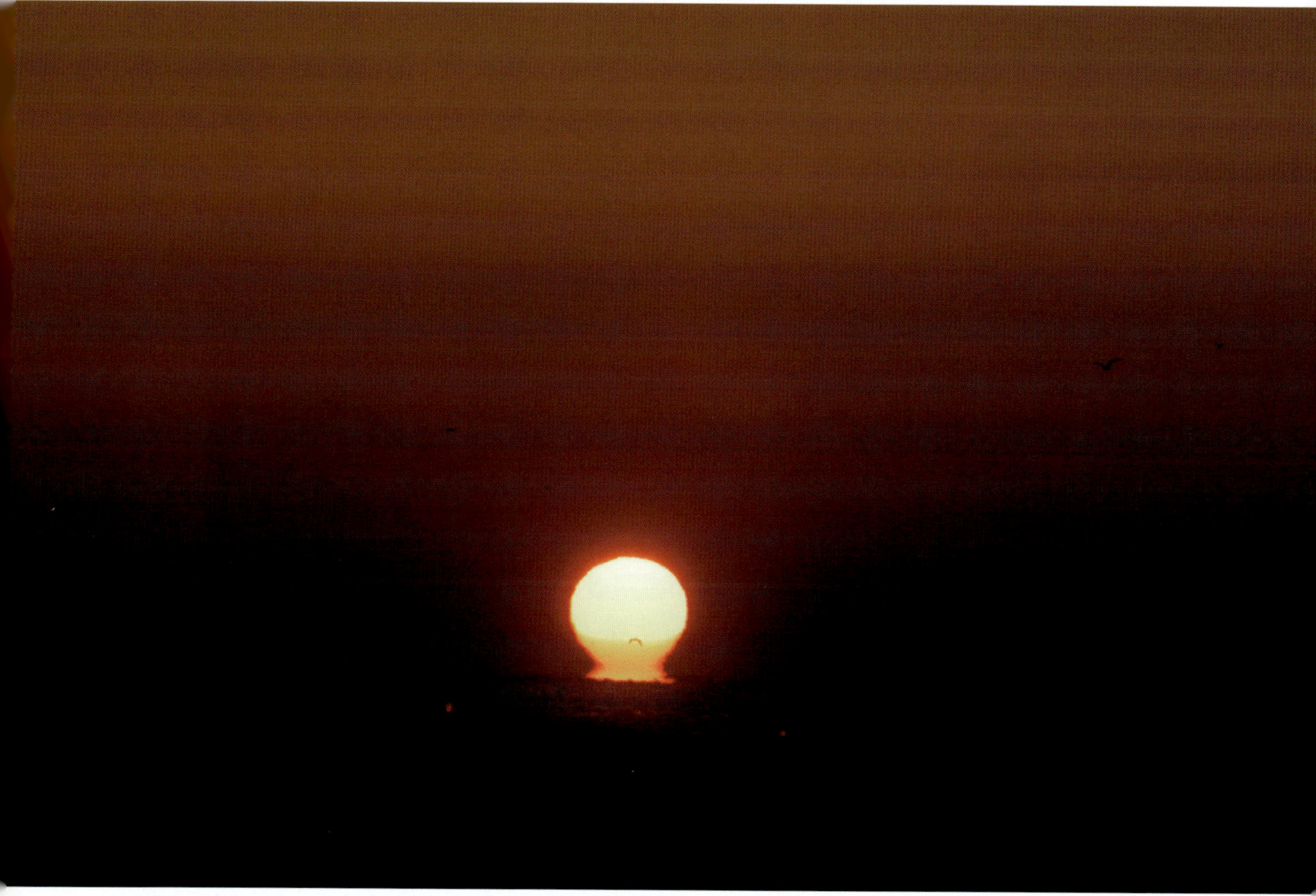

렌즈: 80-200mm F2.8 · 셔터속도: 1/800초 · 조리개: F5.6

태양은 매일 뜨고 지지만, 바다에 인접해 살지 않는다면 수평선 아래에서 떠
오르는 일출의 순간은 어지간히 부지런하지 않고서야 좀처럼 보기 어려운 광
경입니다.

특별한 날을 기념하고자 새해 첫날이면 가슴 벅찬 감동과 희망을 간직하고 한
해를 시작하려는 사람들로 전국의 일출명소들은 북적입니다. 부지런히 밤길
을 달려 새벽 동이 트기만을 기다린 뒤에야 일출을 만날 수 있지만, 그마저도
기상조건이 따라주지 않으면 감상하지도 못하고 언제일지 모를 다음 기회로
미루어야 합니다. 멋진 일출은 부지런함과 행운이 함께하는 사람에게만 허락

된 풍경인 셈입니다.

바다와 하늘, 그 경계선인 수평선 위의 태양은 그 자체만으로도 웅장하지만 막상 그 풍경을 사진으로 찍으면 단조로워지기가 쉽습니다. 아무리 사진이 뺄셈의 미학이라도 평범하고 진부한 사진은 매력이 없습니다. 태양을 향해 날아가는 갈매기, 이른 아침 만선을 꿈꾸며 출항하는 고깃배, 하얗게 파도가 부서지는 바위섬 등을 함께 담으면 다양한 일출의 느낌을 살리는 구도를 만들 수 있습니다. 바다가 뜨거운 해를 삼키고 있다 토해내는 듯한 오메가 형태의 일출은 바다에서만 볼 수 있는 일출의 백미라 할 수 있습니다.

일출을 찍으려고 마음을 먹었다면 해 뜨기 30분 전부터 미리 준비를 하는 것이 좋습니다. 해 뜨는 시각과 해가 떠오르는 위치는 매일 조금씩 바뀌므로 미리 알아두면 촬영 포인트를 정하는데 많은 도움이 됩니다. 일출 명소에는 언제나 사진가들이 모이기 마련이므로 그분들의 조언을 듣거나 비슷한 방향에 자리를 잡는 것도 좋을 것입니다. 또한 일출 때는 강한 역광상태이므로 다른 피사체들에 노출을 맞추기보다 피사체의 실루엣을 담는 것이 자연스러운 느낌을 줍니다. 반대로 노출을 하늘에 맞추고 스트로보를 사용하면 보다 극적인 느낌의 사진을 얻을 수도 있다는 점도 알고 있어야 합니다.

쉽게 보기 힘든 장대한 광경은 아쉽게도 2-30분 만에 막을 내리고 맙니다. 수면 위로 태양이 보이기 시작할 때 셔터를 누르다 보면 어느새 해는 수면 위로 떠오릅니다. 준비한 시간에 비해 너무나 짧은 만남이 아쉽기 그지없습니다.

POINT 01

태양을 직접 프레임 안에 담아야 하는 일출촬영에서는 노출을 정하기가 쉽지 않습니다. 밝은 태양과 어두운 하늘, 그리고 그보다 더 검은 바다의 노출차이가 크고, 태양에 비해 하늘과 바다가 차지하는 비중이 크기 때문입니다. 일반적인 멀티측광으로 사진을 찍으면 의도보다 밝은 사진이 나오는 경우가 많습니다. 따라서 태양에서 조금 떨어진 하늘을 스팟으로 측광하는 것이 정석인데, 구름의 양이나 계절과 날씨에 따라 하늘의 밝기가 매번 다르므로 이 역시 명쾌한 해답이 되지는 못합니다.

POINT 02

일출은 흔하게 촬영할 수 있는 기회가 아니므로 다양한 노출값으로 촬영하는 브라케팅 촬영을 해두면 노출로 인한 실수를 줄일 수 있습니다.

렌즈: 70-300mm F4-5.6 · 셔터속도: 1/3200초 · 조리개: F5.6

파란 하늘

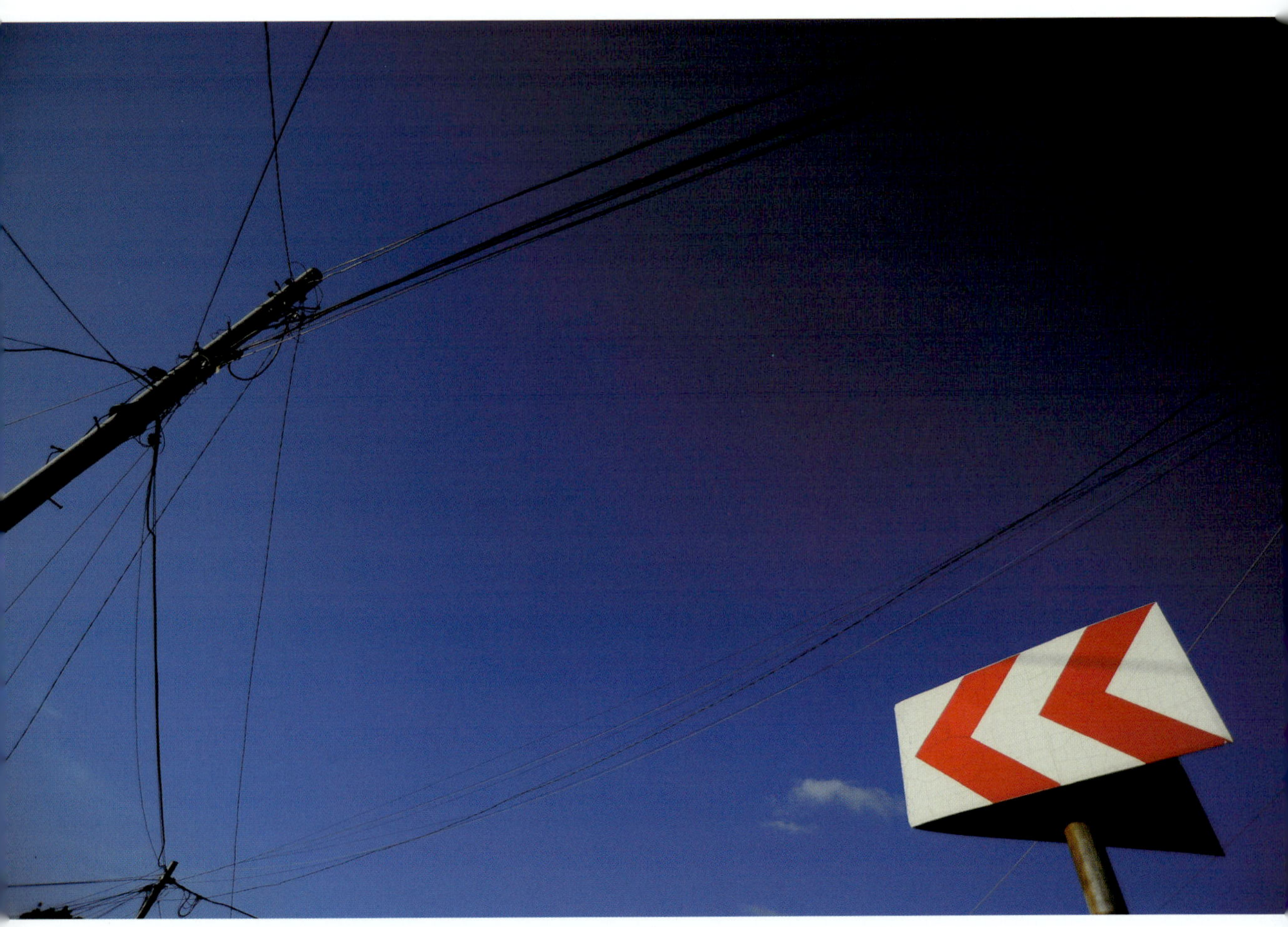

렌즈: 18-35mm F3.5-5.6 · 셔터속도: 1/3200초 · 조리개: F3.5

우리가 하늘이라고 부르는 것은 어떤 경계를 가지고 있는 것이 아닙니다. 하늘은 내 머리위에 있는 공기층이 태양빛을 산란시켜 보여주는 색이라고 할 수 있습니다. 그래서 하늘은 어느 한 가지 색으로 보이는 것이 아니라 태양의 위치에 따라서 그 색이 다르게 보입니다. 하늘이 파랗게 혹은 빨갛게 보이는 이유는 빛이 공기와 부딪쳐서 일어나는 산란에 의해서입니다. 낮에는 파장이 짧은 파란색이 더 많이 퍼져서 하늘이 파랗게 보이고, 저녁에는 파장이 긴 붉은 색의 하늘이 보입니다. 맑은 날 하늘이 더 파랗게 보이는 것은 공기 중에 불순물이 적어 난반사가 적어서입니다.

푸른 하늘을 파랗게 찍기 위해서는 우선 청명한 날씨가 필요하겠지요. 하지만 맑은 날의 파란 하늘도 막상 찍으면 생각보다 파랗게 나오지 않는 경우가 많은데, 가장 큰 이유는 하늘이 의외로 밝은 피사체이기 때문입니다. 그래서 하늘을 찍으면 의도보다 밝게 나오는 경우가 많습니다. 하늘을 한 스톱 정도 어둡게 찍어주면 눈에 보이는 것보다 검푸르고 짙은 하늘을 담을 수 있습니다. 또 태양과 먼 쪽의 하늘일수록 더 어둡고 푸르게 보이므로 하늘을 새파랗게 찍고 싶다면 해를 등지고 찍는 것이 유리합니다.
하늘을 파랗게 담는 또 하나의 방법은 편광필터를 사용하는 것입니다. 필터가 공기 중의 난반사를 줄여주어 하늘을 파랗게 담을 수 있습니다. 편광필터로 하늘을 담을 때는 필터의 방향에 다라 그 효과가 달라집니다. 필터를 돌려보면 방향에 따라 하늘이 밝게도 보였다 어둡게도 보였다 하는데, 하늘이 가장 밝게 보이는 위치에서 노출값을 고정시킨 뒤 다시 하늘이 가장 어두운 위치로 필터를 돌려 촬영을 하면 눈에 보이는 것보다 짙고 파란 하늘을 담을 수 있습니다.

POINT 01

파란 하늘은 그와 대비를 이루는 피사체와 함께할 때 진가를 발휘합니다.

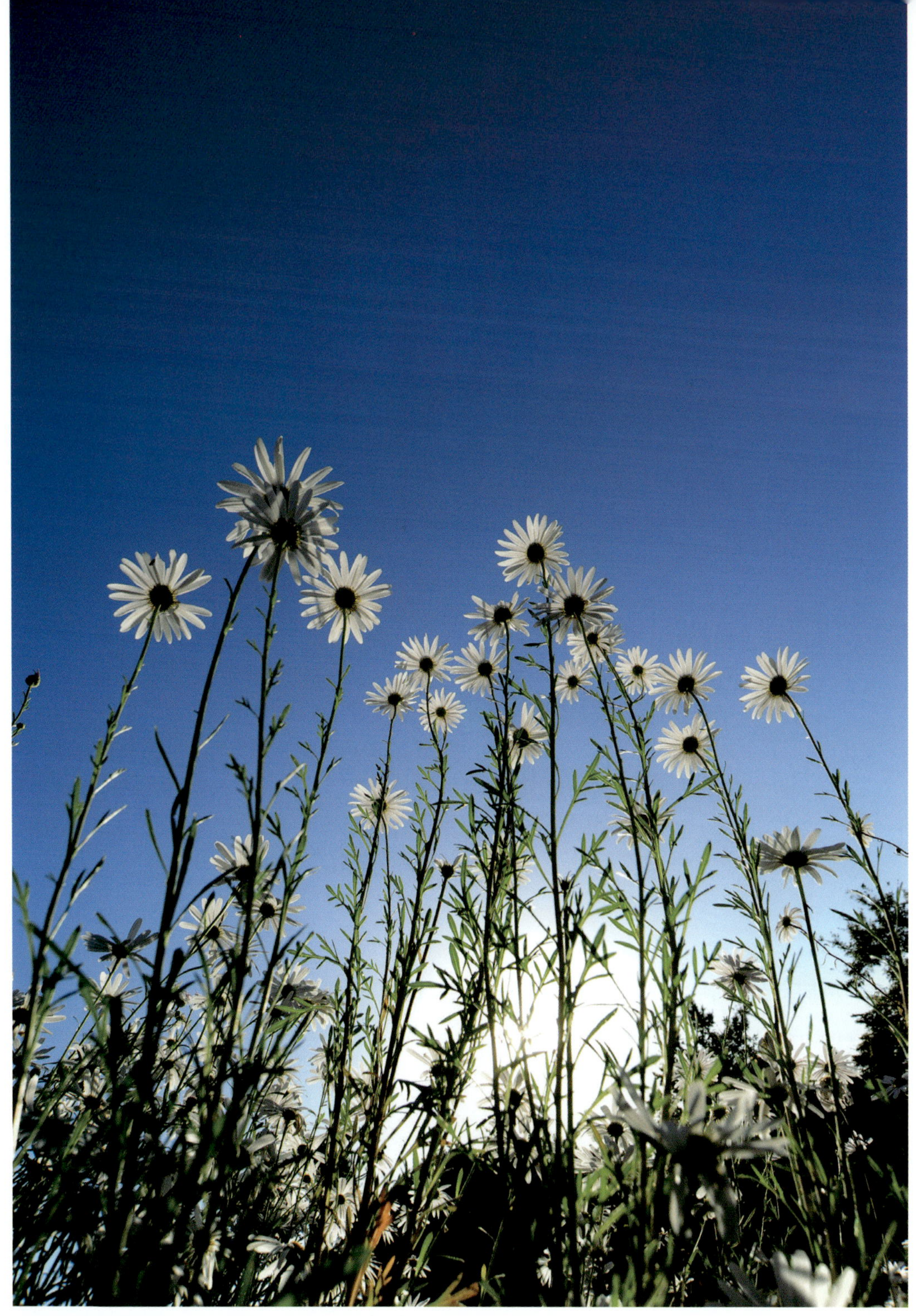

렌즈: 18-35mm F3.5-5.6 · 셔터속도: 1/640초 · 조리개: F18.0

더 좋은 사진을 찍는 연습

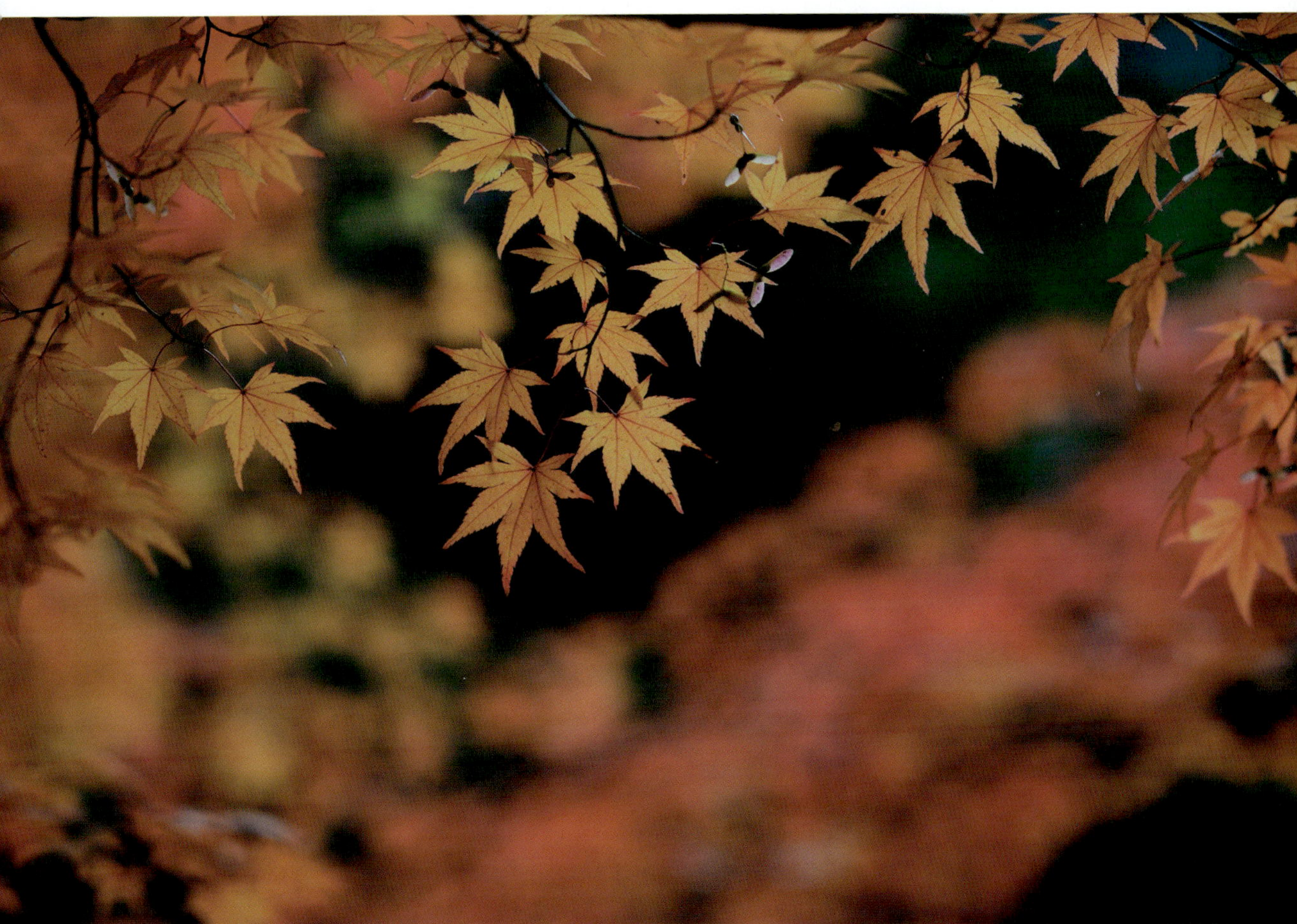

렌즈: 135mm F2.0 · 셔터속도: 1/320초 · 조리개: F2.8

한 번 찍어 한 장의 완성된 결과물을 얻기란 쉽지 않습니다. 같은 피사체를 비슷한 구도로 여러 장 찍어 그 중에서 가장 좋은 사진을 고르는 것도 좋은 사진을 찍는 방법 중 하나입니다.

곱게 물든 단풍 숲에서 사진을 찍으면서 가장 신경 썼던 점은 빛을 받은 단풍잎들이 뒤쪽 어두운 배경 속에 들어가도록 담겠다는 것 하나였습니다. 위치를 조금 바꿨을 뿐인데 역광에 빛을 받은 단풍잎이 보기 좋게 나왔습니다.

사진은 촬영자의 의도가 결과물에 큰 영향을 미칩니다. 셔터속도나 노출 같은

기계적인 요소도 그렇지만, 같은 노출값이라도 구도에 따라서 사진의 느낌이
달라집니다. 구도란 삼각형 구도, 원형 구도 같은 것뿐만 아니라 사각형의 프
레임 안에 있는 점. 선. 면의 요소들을 어떻게 배치할 것인가에 대한 생각 그
자체인 것입니다.
눈에 보이는 예쁜 것을 담는 것이 아니라 그 예쁜 대상을 어떻게 담으면 더 효
과적일지를 고민하는 과정이 중요합니다.

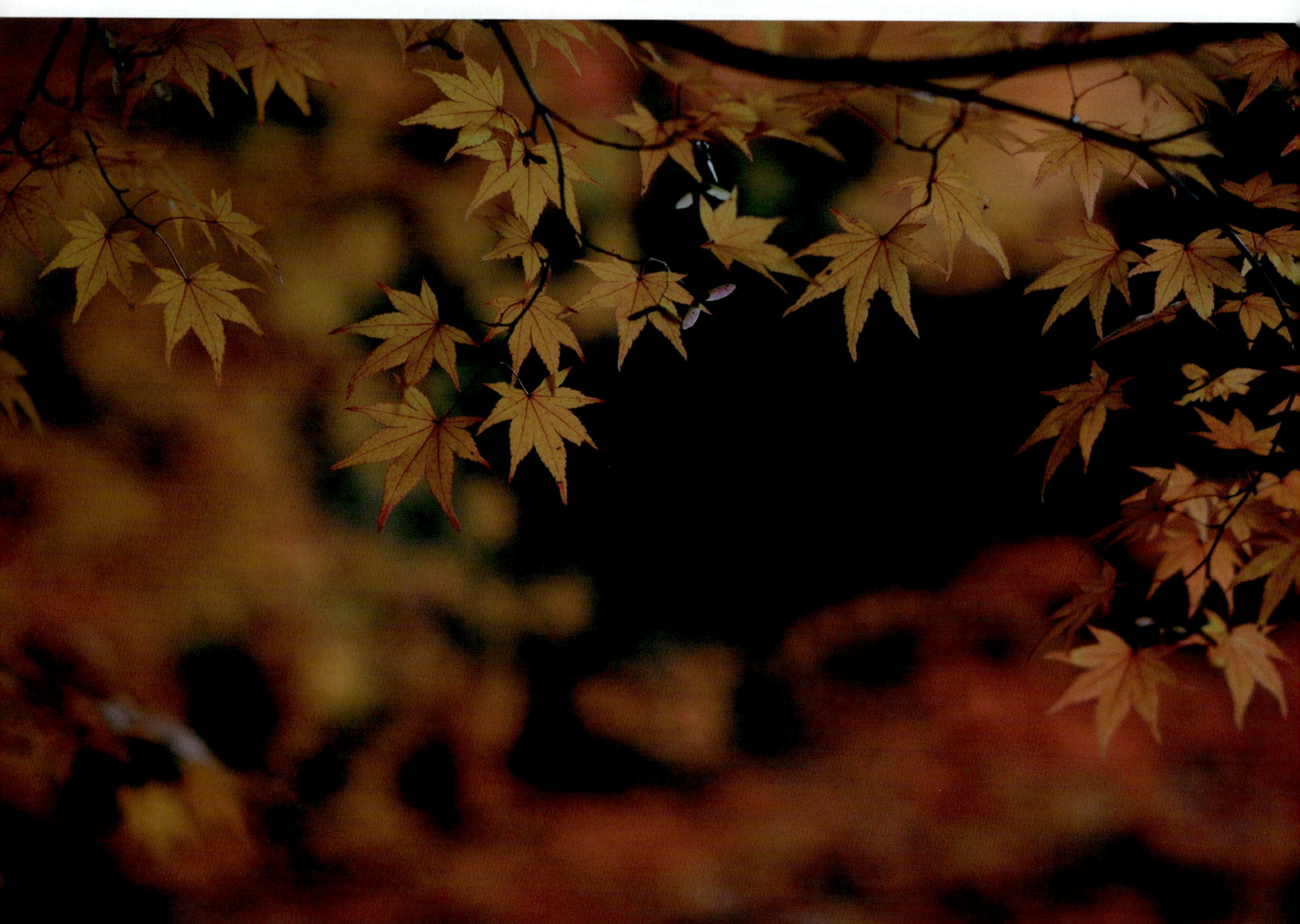

POINT 01

같은 노출이라도 촬영 시점의 밝기에 따라서도 느낌이 달라집니다. 구름이 해를 가렸다 비추었다를 반
복하는 날씨라면 해가 나길 기다리거나 구름에 가려지길 기다려야 합니다.

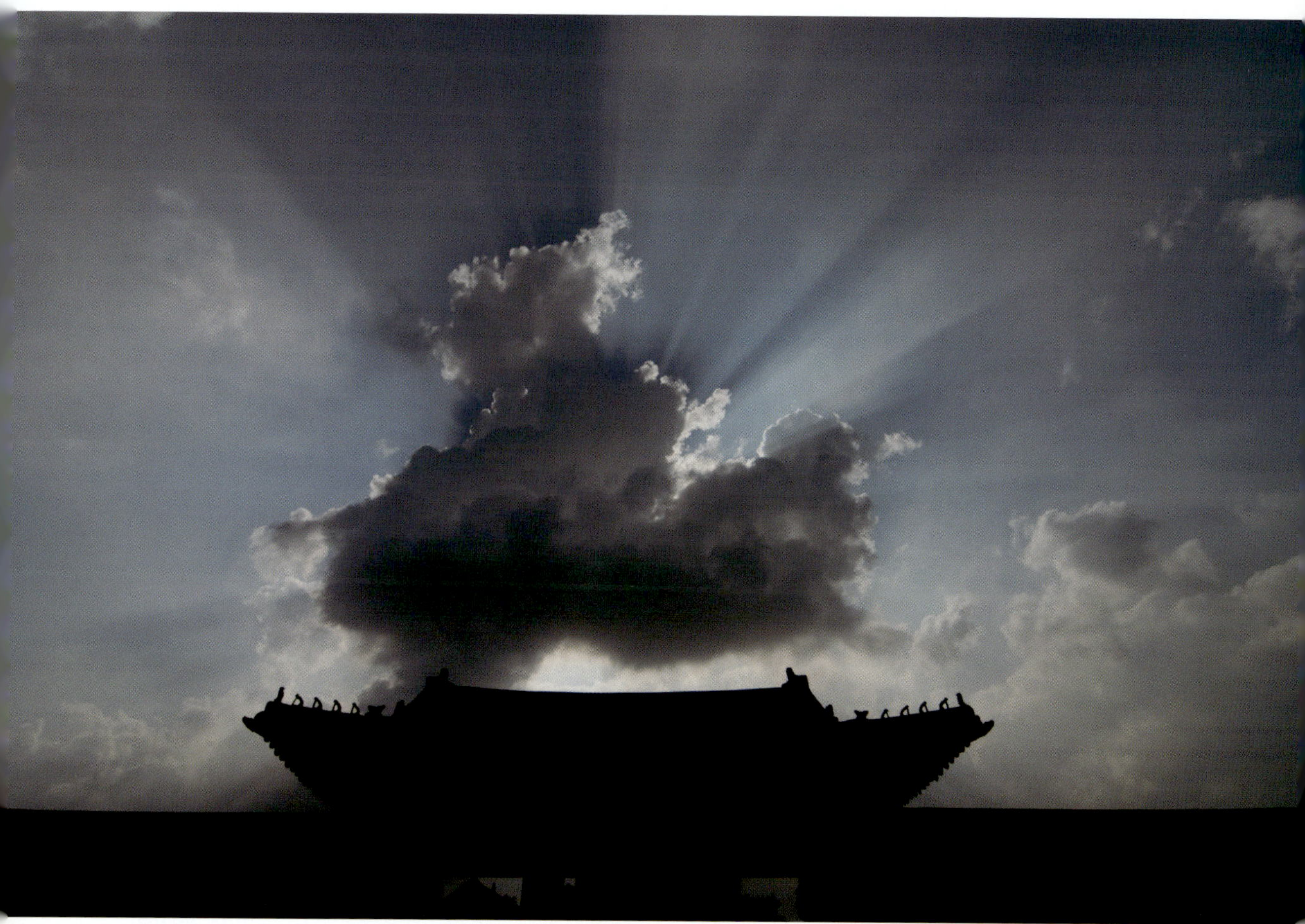

렌즈: 12-24mm F4.0 · 셔터속도: 1/800초 · 조리개: F8.0

"이런 사진은 어떻게 찍나요?"
사진을 SNS에 올리자마자 올라온 댓글이었습니다.
저의 대답은 "운이 좋았습니다."였습니다.

정말로 운이 좋았습니다. 이런 장면은 노력한다고 만날 수 있는 것은 아니니까요. 운도 실력이고 우연도 인연이라고 생각합니다. 운이 좋은 사람은 타고난 운이 좋은 경우보다 그만큼 노력을 많이 한 사람인 경우가 더 많습니다.

운이란 확률입니다. 운이 좋을 확률!

확률은 높은 확률이 있고 낮은 확률이 있습니다. 내일 아침에 해가 뜰 확률은 거의 100% 이지만 내일 아침 6시 정각에 해가 뜰 확률은 1년에 1-2번 정도 일 것입니다.

주사위를 던져서 숫자 6이 나올 확률은 한 번 던졌을 때보다 10번 던졌을 때 더 높습니다. 주사위를 한 번 던져서 한번에 6이 나오면 운이 좋은 것이고 10번을 던져서 그 중에 한 번 6이 나와도 운이 좋은 것입니다. 한번을 던지고 마는 것이 아니고 6이 나올 때까지 10번을 던진 것은 운이 좋은 것이 아니라 노력을 한 것이 아닐까요?

미 원주민이 기우제를 지내면 무조건 비가 온다고 합니다. 기우제를 지내서 비가 오는 것이 아니라 비가 올 때까지 기우제를 지내기 때문이라고 합니다. 노력하지 않고 운만 기대하는 것이 아니라 노력하다 보면 운도 따르는 것입니다.

사진을 찍을 때도 가끔은 운이 따르는 때가 있지만, 운이 따르기만 바라면 운 좋게 좋은 사진이 찍히는 일은 없습니다. 운은 노력할 때 따르는 경우가 많습니다. 노력하다 보면 운도 따를 겁니다.

POINT 01

역광에서 촬영할 때는 노출을 밝은 배경에 맞출 것인가, 아니면 건물에 맞출 것인가를 결정해야 합니다. 제가 보여주고자 한 것은 구름사이로 화려한 빛 내림이 있는 하늘이었기에 하늘에 노출을 맞추고 건물은 실루엣으로 나오도록 촬영했습니다.

POINT 02

날아가는 잠자리에 정확하게 초점을 맞춰서 찍는다는 것은 불가능에 가까운 일입니다. 꾸준히 관찰해보니 잠자리가 마치 멈춘 듯 정지비행을 하는 순간이 있다는 것을 알았습니다. 그 짧은 순간을 놓치지 않고 사진을 찍었습니다.

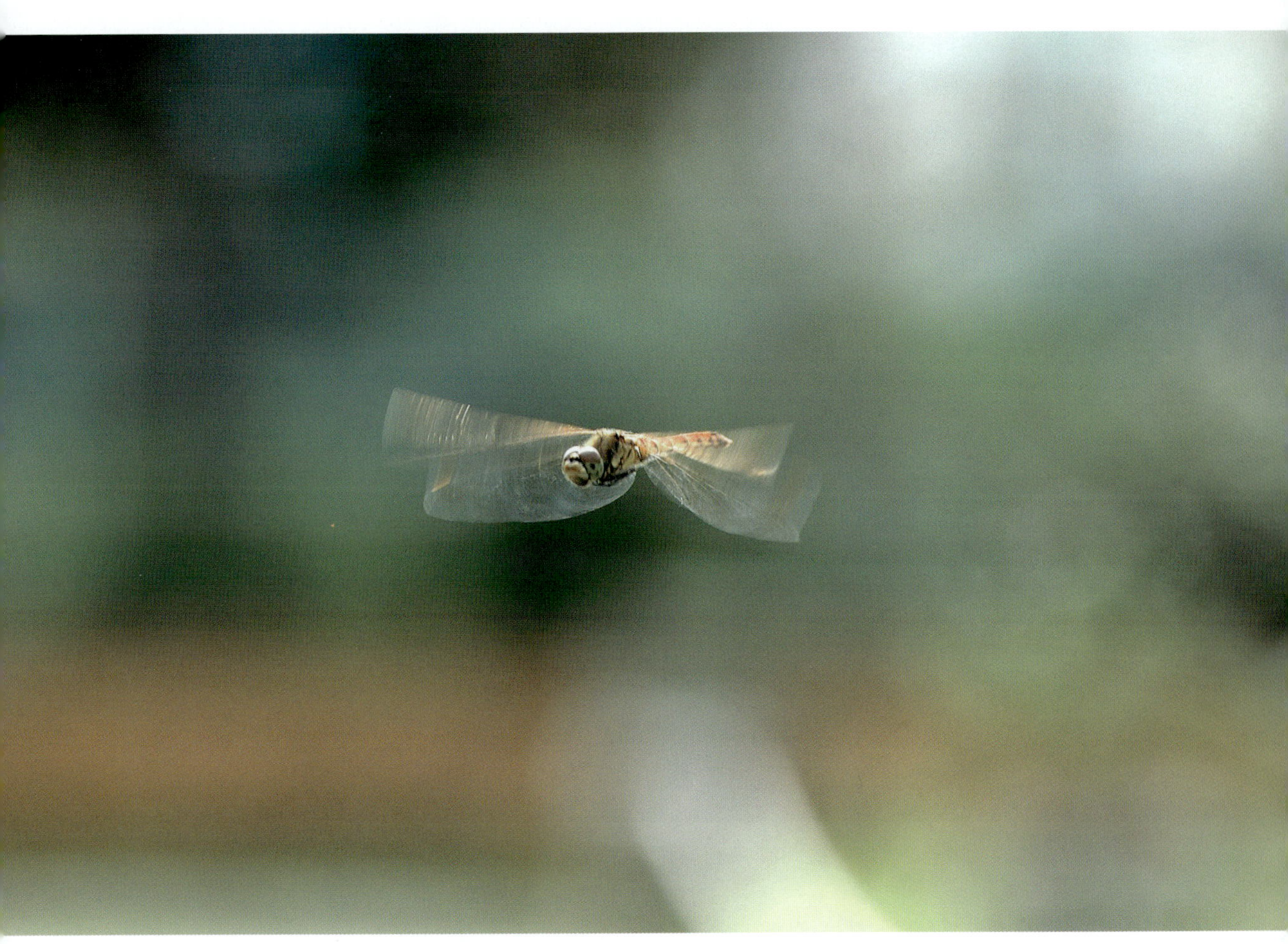

렌즈: 180mm F3.5 macro · 셔터속도: 1/200초 · 조리개: F5.6

내려다 본 풍경

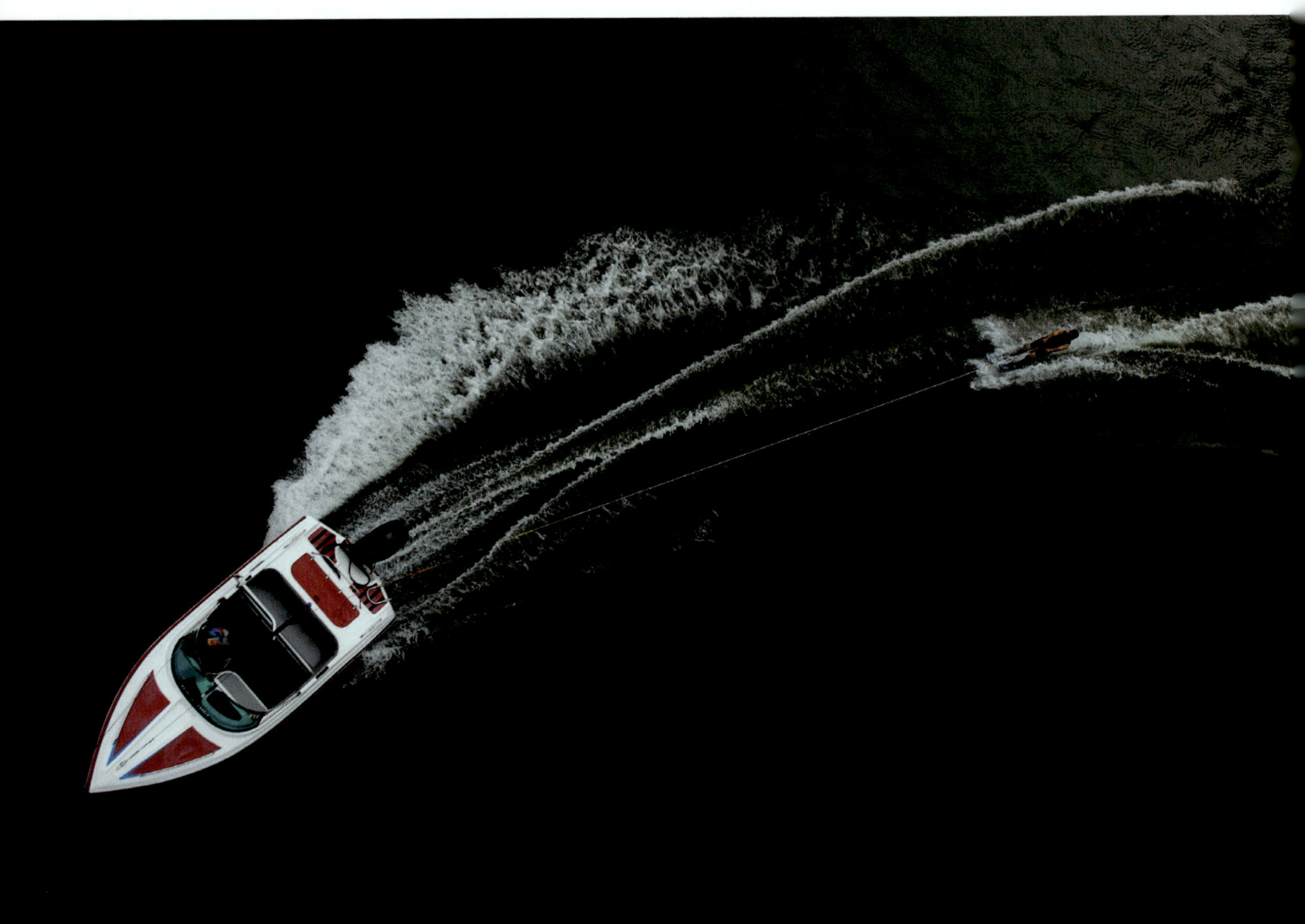

렌즈: 28-75mm F2.8 · 셔터속도: 1/250초 · 조리개: F8.0

평소에 보는 것과 다른 시선에서 바라본 풍경 사진은 절로 감탄을 자아내게 합니다. 특히 하늘에서 내려다 본 듯한 부감사진은 늘 수평의 시선으로 바라 보던 사람들에게 수직의 시선을 보여줌으로서 낯설고 새로운 느낌을 줍니다. 한강에는 수많은 다리들이 있지만 자동차나 지하철을 이용해서 건너는 경우는 많아도 걸어서 건너는 일은 흔하지 않습니다. 그러니 원효대교를 지나다 보면 다리 아래로 이러한 풍경을 볼 수 있다는 것을 아는 사람은 적을 것입니다. 물론 찍고자 하는 구도대로 지나가 달라고 부탁할 수는 없는 일이기에, 원하는 느낌의 사진을 얻기까지 여러 차례 지나는 모습을 담아야 했습니다.
선유도 공원과 이어지는 양화대교를 걷다보면 한강 둔치에 난 오솔길을 따라 걸어가는 사람들의 모습을 담을 수 있습니다. 이 역시 오가는 사람들이 적당한 구도의 포인트가 되어줄 때까지 기다리다 보면 원하는 구도의 근사치에 가까운 사진을 얻을 수 있습니다.

POINT 01

마이너스 노출보정을 통해서 강물을 더 어둡게 담으면 상대적으로 물보라가 선명하게 나옵니다. 그렇게 물보라가 강조되면서 보이는 역동성이 이 사진의 핵심입니다.

POINT 02

배나 사람을 중심이 아니라 3분할 구도의 교차점에 위치하게 담는 것은 사진의 구도를 잡는 기본이라고 할 수 있습니다. 구도에 자신이 없다면 사진을 조금 넓게 담고 크롭을 통해서 구도를 조정하는 것도 방법입니다.

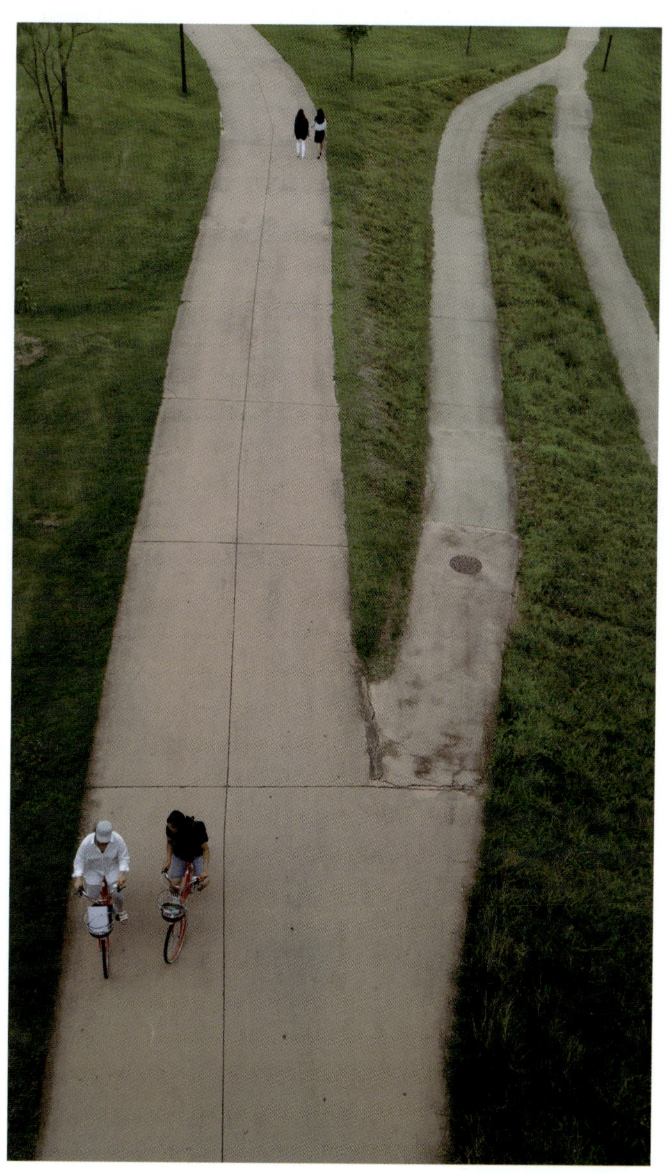

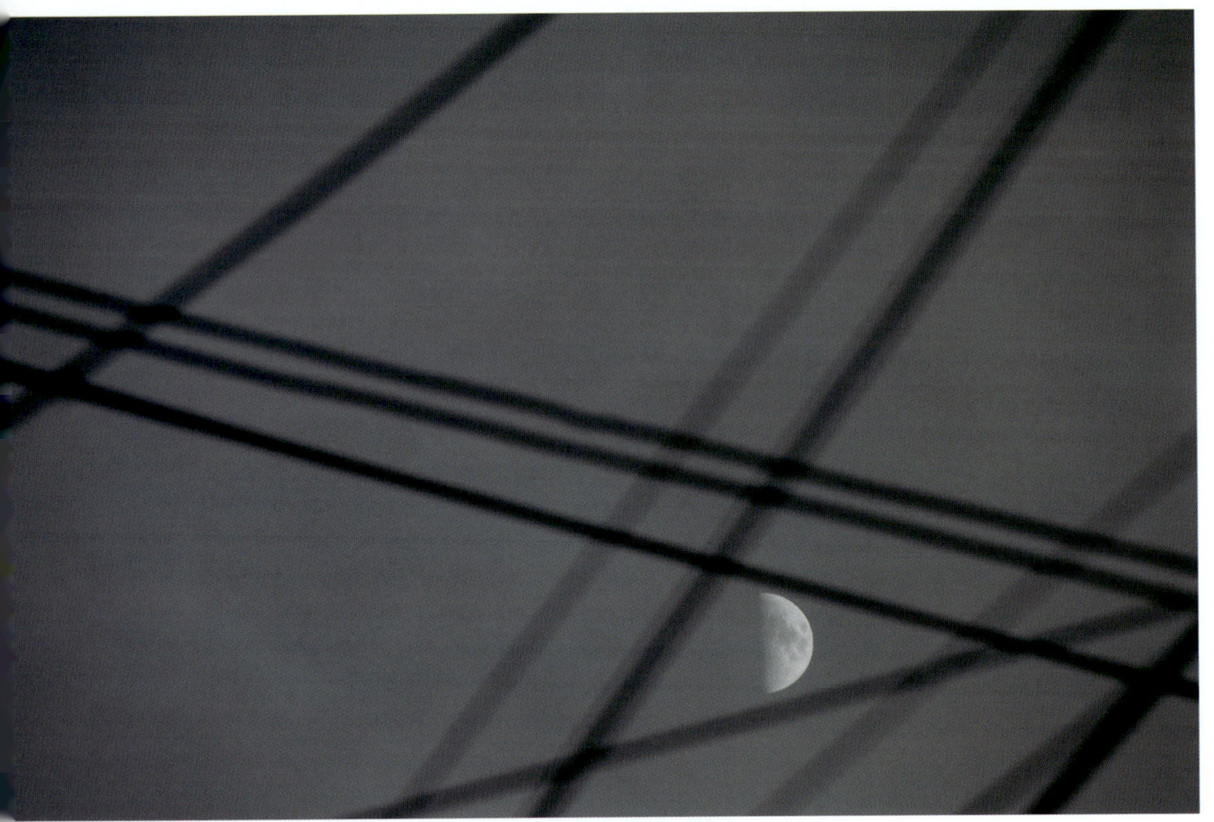

렌즈: 50-150mm F4-5.6 · 셔터속도: 1/200초 · 조리개: F5.6

자연을 담는 것만이 풍경사진의 전부는 아닙니다. 도시의 구석구석을 보다 보면 찍을 거리들이 많습니다. 평소 사진을 찍는 데 방해가 된다고 생각했던 전선줄도 그 안에 반달을 넣으니 그럴듯한 사진이 되었습니다. 전체적인 분위기를 흑백으로 표현하니, 콘크리트와 시멘트로 가득한 도시가 주는 삭막한 느낌을 잘 살려주는 듯합니다.

달은 태양 다음으로 밝은 천체입니다. 따라서 달을 사진에 담으면 의외로 밝은 노출값이 나옵니다. 보름달의 경우 셔터속도가 조리개 F5.6에 셔터속도 1/250초 정도까지 나오고, 200mm 정도의 망원렌즈로 찍으면 분화구의 모습까지 확인할 수 있을 정도로 담을 수 있습니다.

하늘의 모든 별들은 지구의 자전에 의해 움직입니다. 달도 시간의 흐름에 따라 움직이는데 5분~20분 간격으로 다중노출 촬영하면 달의 움직임을 하나의 화면에 보여줄 수 있습니다. 촬영 시간에 따라 달과 달 사이의 간격이 달라지는데, 너무 빠르면 달이 겹쳐서 보이고 너무 길면 간격이 멀게 느껴집니다. 2분 간격으로 찍을 경우 달과 달이 거의 맞닿게 나오므로 다중노출이 아니라 합성을 한다면 5분 간격으로 촬영을 하고 적당한 간격을 찾아 사진을 합하는 것이 좋습니다. 월식을 이런 방법으로 담는다면 뜻 깊은 사진이 될 것 같습니다.

POINT 01

올림푸스 OM-D는 풀 프레임 DSLR 절반 정도 크기의 CCD를 가지고 있어서 풀 프레임에 비해 렌즈 초점거리 2배만큼의 효과를 냅니다. 따라서 150mm로 촬영해도 DSLR의 300mm 렌즈로 촬영했을 때처럼 달이 크게 나올 수 있습니다.

POINT 02

달과 태양은 크기가 다르지만 그만큼 거리 또한 차이가 있어서, 지구에서 바라볼 때 달과 태양의 크기는 거의 동일하게 보입니다. 개기월식이나 개기일식이 가능한 것도 지구에서 보이는 크기가 같기 때문입니다. 달과 태양은 초점거리의 1/100 정도의 크기로 맺힙니다. 200mm 렌즈로 찍는다면 필름에 2mm 정도의 크기로 나오는데, 필름의 크기가 36×24 mm이니 달을 화면 가득 담고 싶다면 2000mm 이상의 렌즈가 있어야겠네요.

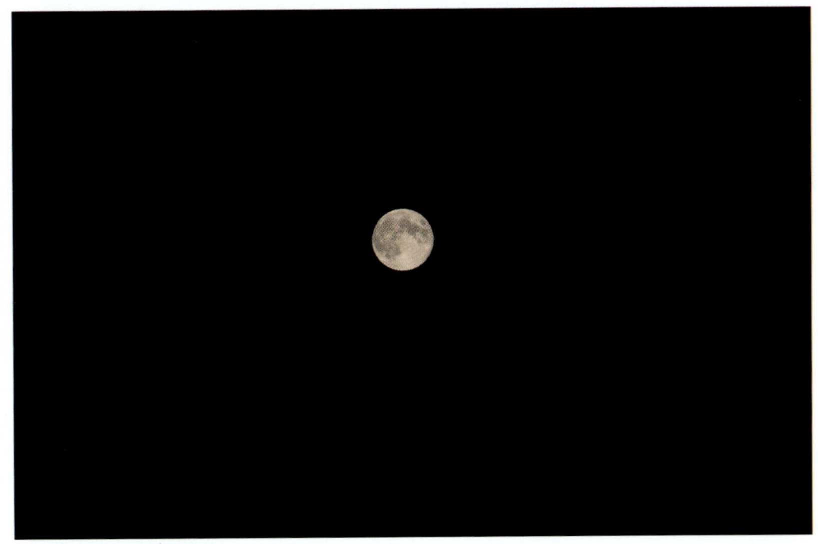

렌즈: 50-150mm F4-5.6 · 셔터속도: 1/800초 · 조리개: F5.6

연못에 담긴 하늘

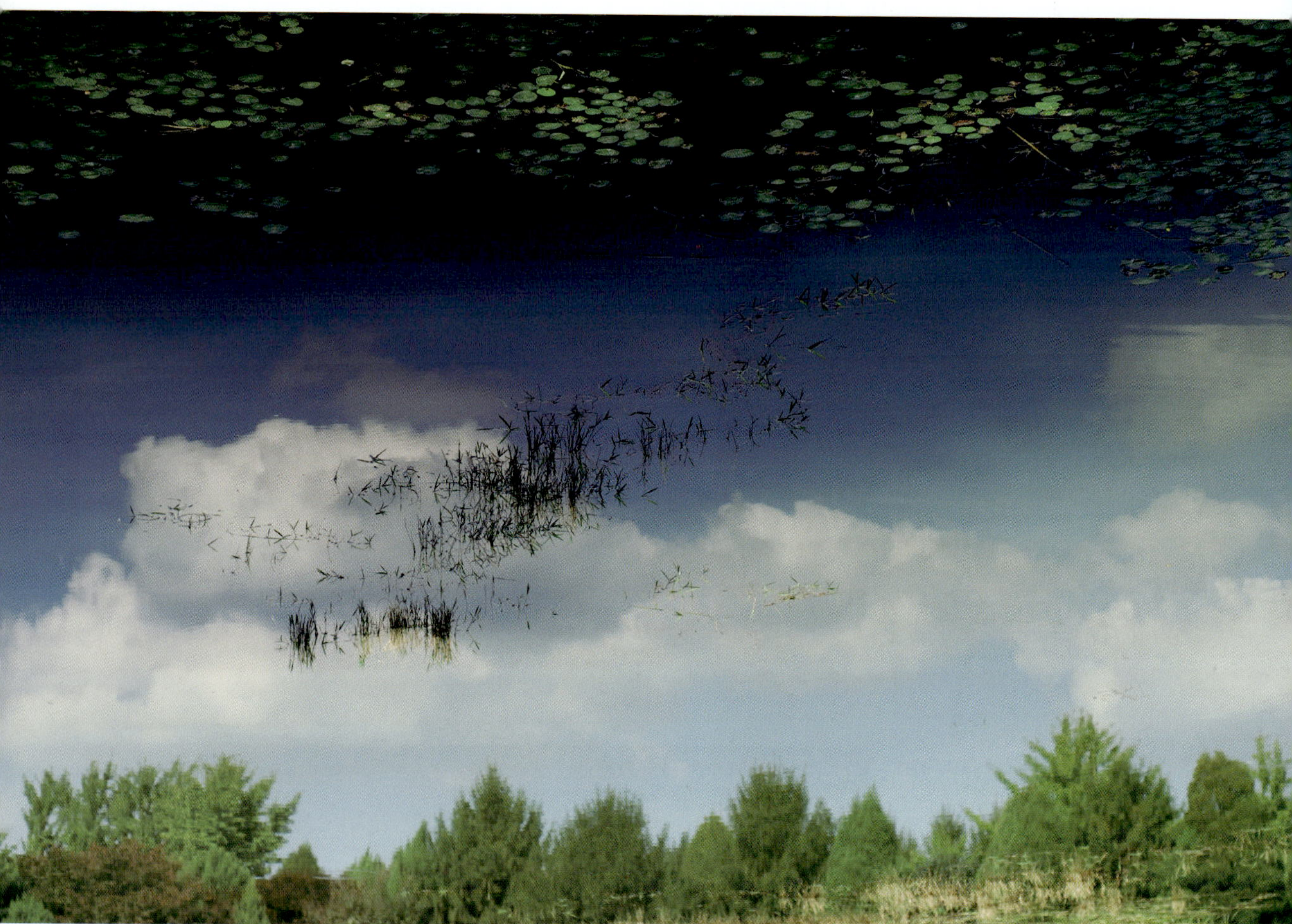

렌즈: 50mm F1.8 · 셔터속도: 1/125초 · 조리개: F4.5

연못은 계절에 따라, 날씨에 따라, 시간에 따라 새로운 모습을 보여주는 매력이 있습니다. 연못에 비친 하늘과 구름을 담으면 하늘을 찍은 것인지 연못을 찍은 것인지 알 수 없는 신비한 느낌마저 듭니다. 그냥 하늘이 비친 모습만을 담아도 좋지만, 연못에 난 수풀이나 물위에 떠있는 나뭇잎 등을 함께 찍어 이 것이 연못에 비친 하늘이라는 힌트를 주면 더 멋스럽게 나옵니다. 연못에 비친 반영을 찍을 때는 사진의 상하를 뒤집어서 마치 하늘 위에 수련이 자라는 것처럼 연출하면 더 재미있는 사진이 됩니다.

POINT 01

물위에 비친 반영은 바람의 영향을 많이 받습니다. 바람이 없을수록 반영이 깨끗하게 나오고, 수면과 가까운 높이에서 낮은 자세로 촬영할수록 데칼코마니를 찍은 것처럼 좌우가 대칭된 사진을 담을 수 있습니다.

POINT 02

실제 풍경보다 반영된 풍경이 조금 더 어둡게 나옵니다. 반영된 풍경에 맞추면 실제 풍경이 노출 오버가 되므로, 반영 위주의 사진이 아닌 경우에는 반영이 아닌 실제 풍경에 노출을 맞추는 것이 좋습니다.

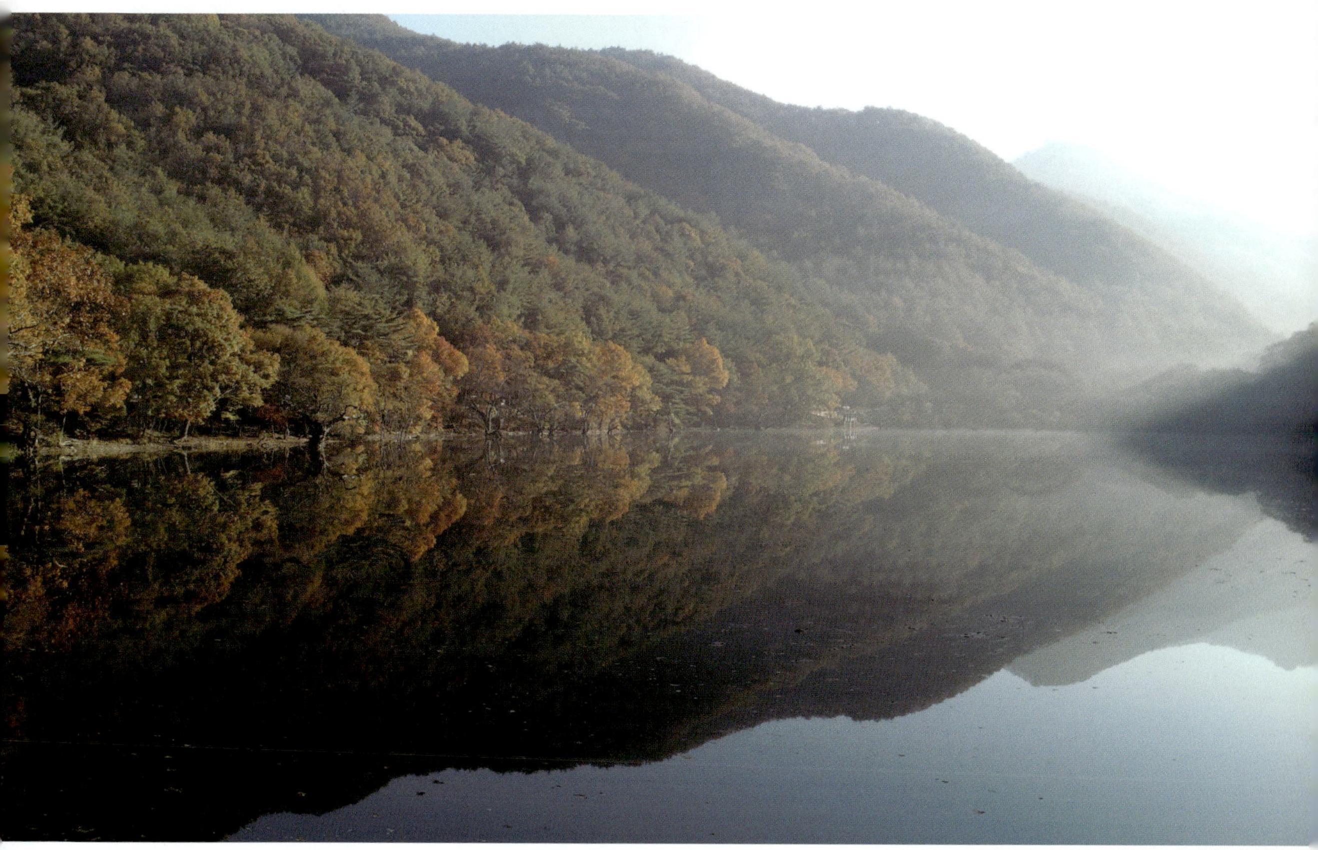

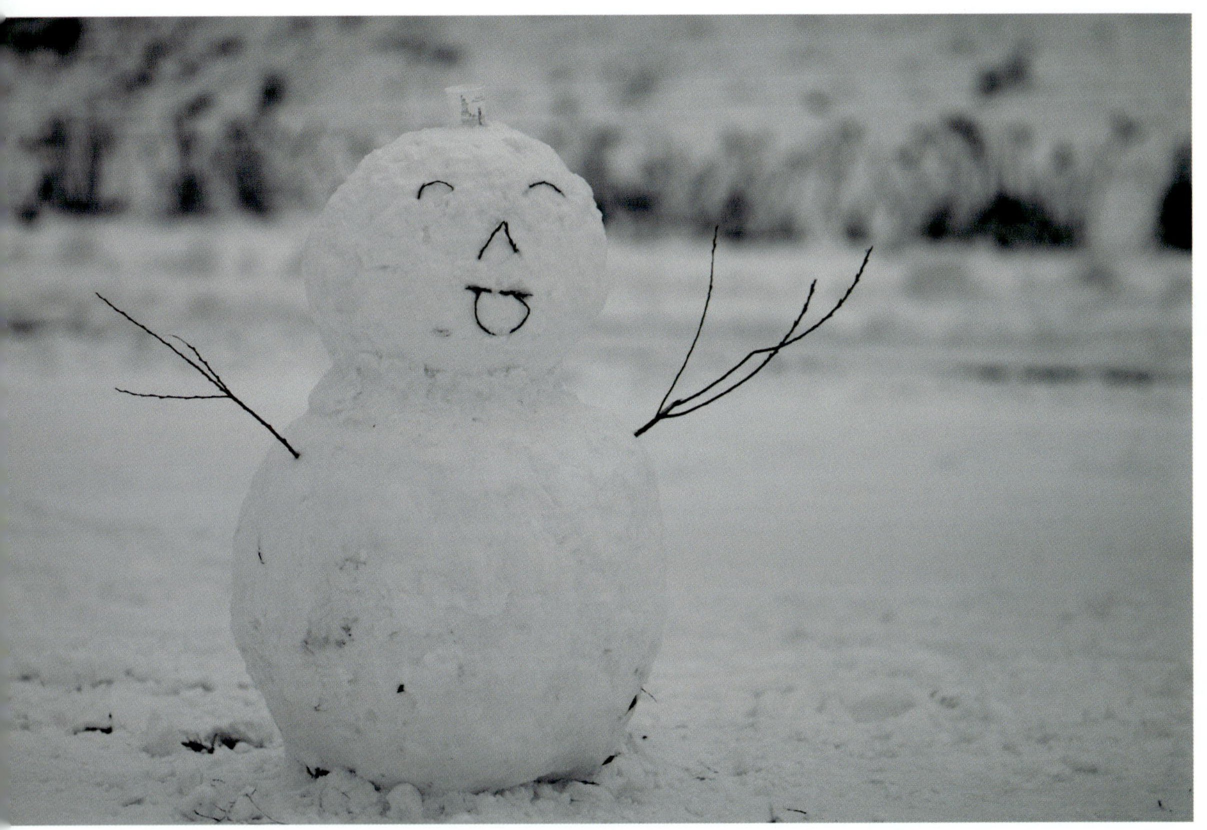

렌즈: 135mm F2.0 · 셔터속도: 1/1000초 · 조리개: F2.0

눈이 내리면 길도 막히고 바닥이 미끄러워져 조심조심 걸어야 하고, 내린 눈은 금세 질척해져서 보기 흉해집니다. 그래도 함박눈이 펑펑 내리는 모습이나, 세상이 하얗게 뒤덮인 풍경을 보는 건 기분 좋은 일이 아닐 수 없습니다. 비 오는 풍경은 비 오는 날에만 찍을 수 있는 것처럼, 눈 내린 풍경은 눈이 내려야 찍을 수 있습니다. 눈 오는 풍경을 찍는 것은 비 오는 날의 촬영만큼이나 번거롭습니다. 하지만 사진은 남들이 안 찍는 장면을 찍을 때 더 가치 있는 장면을 담을 수 있기에, 그만큼 만족스런 사진을 얻을 수 있는 기회이기도 합니다. 비나 눈이 내리는 날에는 카메라가 물기에 노출되므로 카메라 관리에 신경을 보다 많이 써야 합니다.

눈으로 가득한 하얀 풍경은 사진으로 찍으면 보이는 것보다 어둡게 나오는 경향이 있습니다. 카메라 노출계가 가진 한계 때문인데, 노출보정을 해줘야 내가 원하는 밝기의 사진을 얻을 수 있습니다. 어느 정도 노출 보정을 해주는 것이 적당한지는 상황에 따라 달라지므로 촬영한 화면을 확인해가면서 노출값을 정하는 것이 좋습니다.

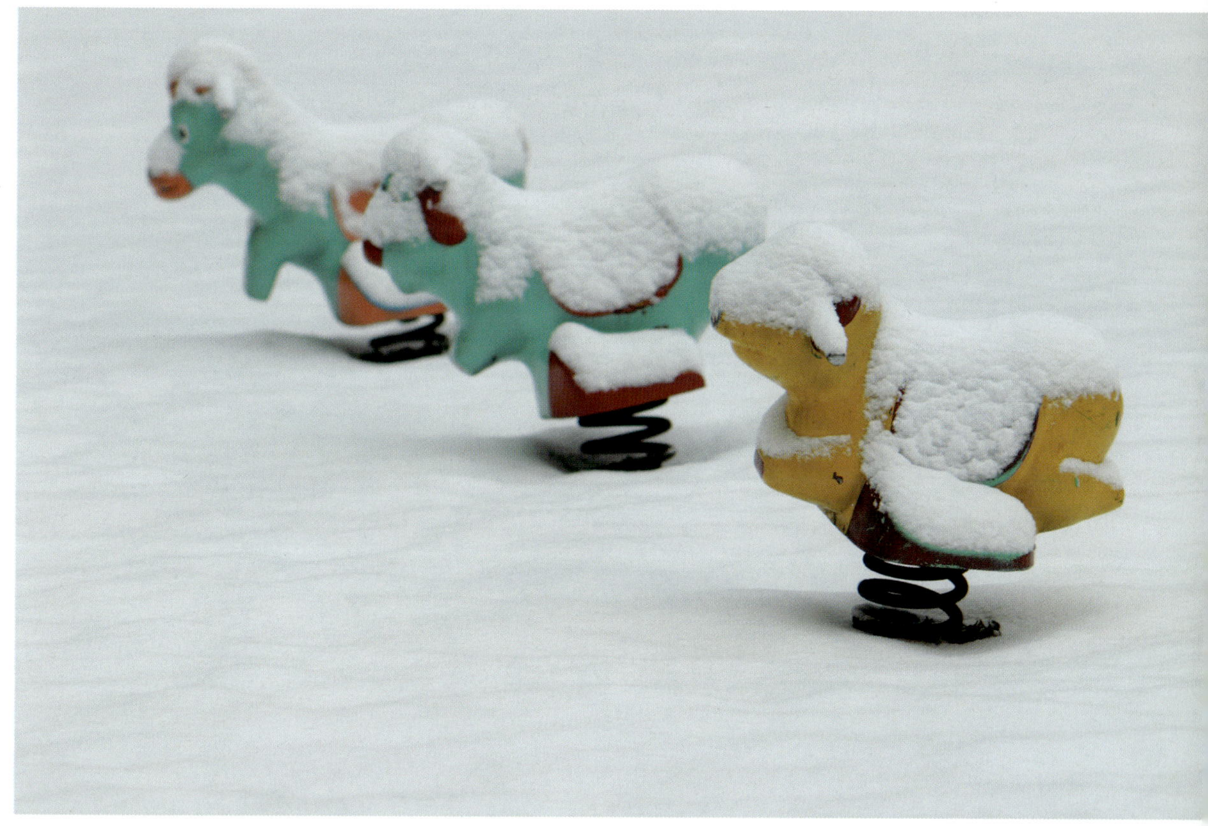

렌즈: 135mm F2.0 · 셔터속도: 1/250초 · 조리개: F3.5

POINT 01

눈 내린 풍경은 눈 내린 직후가 아니면 조금은 지저분해 보일 수 있습니다. 색을 지우고 흑백으로 표현하면 보다 깔끔한 풍경을 담을 수 있습니다.

POINT 02

너무 밝게 찍는 것보다 히스토그램 상에서 밝은 부분이 하이라이트로 날아가지 않을 정도로 조금 어둡게 촬영한 다음 후보정을 통해서 조금 더 밝게 보정하는 편이 좋습니다.

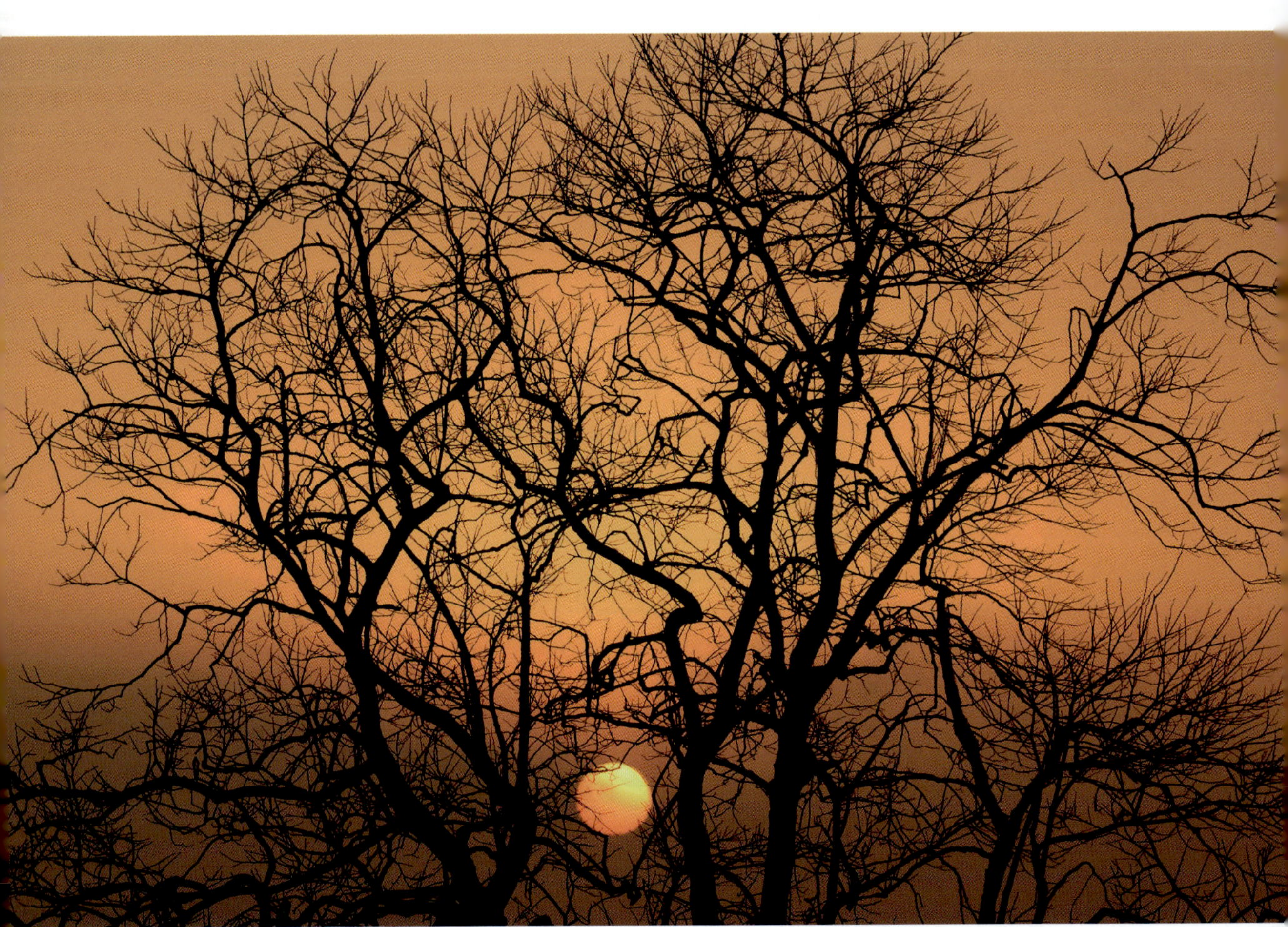

렌즈: 80-200mm F2.8 · 셔터속도: 1/1000초 · 조리개: F4.0

일출과 일몰을 촬영하는 방법은 동일합니다. 사진만 놓고 볼 때 일출과 일몰을 구분할 수 있는 방법은 없습니다. 하지만 사진을 표현하는 데 있어서 어떤 느낌을 줄 것인가가 다른 점이라고 할 수 있을 것입니다. 떠오르는 해는 새로움, 희망, 탄생과 같은 주제를, 저무는 해는 고단함, 마무리, 외로움과 같은 주제를 표현하는 것이 느낌을 살릴 수 있습니다.

커다랗지만 나뭇잎 없이 메마른 가지를 가진 나무를 서서히 저무는 태양과 함께 담음으로서 둘 사이에서 느껴지는 동질감이 사진의 감흥을 더했습니다.

다양한 시도들은 색다른 사진을 만들어줍니다. 곡면 거울에 비친 노을의 모습처럼 우연히 보게 된 장면도 놓치지 않고 담으니 그 나름의 매력이 있는 사진이 되었습니다.

POINT 01

일몰은 태양이 지평선 근처에 왔을 때이므로 해가 너무 높은 곳에 위치하지 않는 구도를 선택하는 것이 좋습니다.

POINT 02

태양을 전경과 함께 담을 때는 초점을 전경에 맞추면 아웃포커싱이 되면서 보다 크게 나오는 효과가 있습니다.

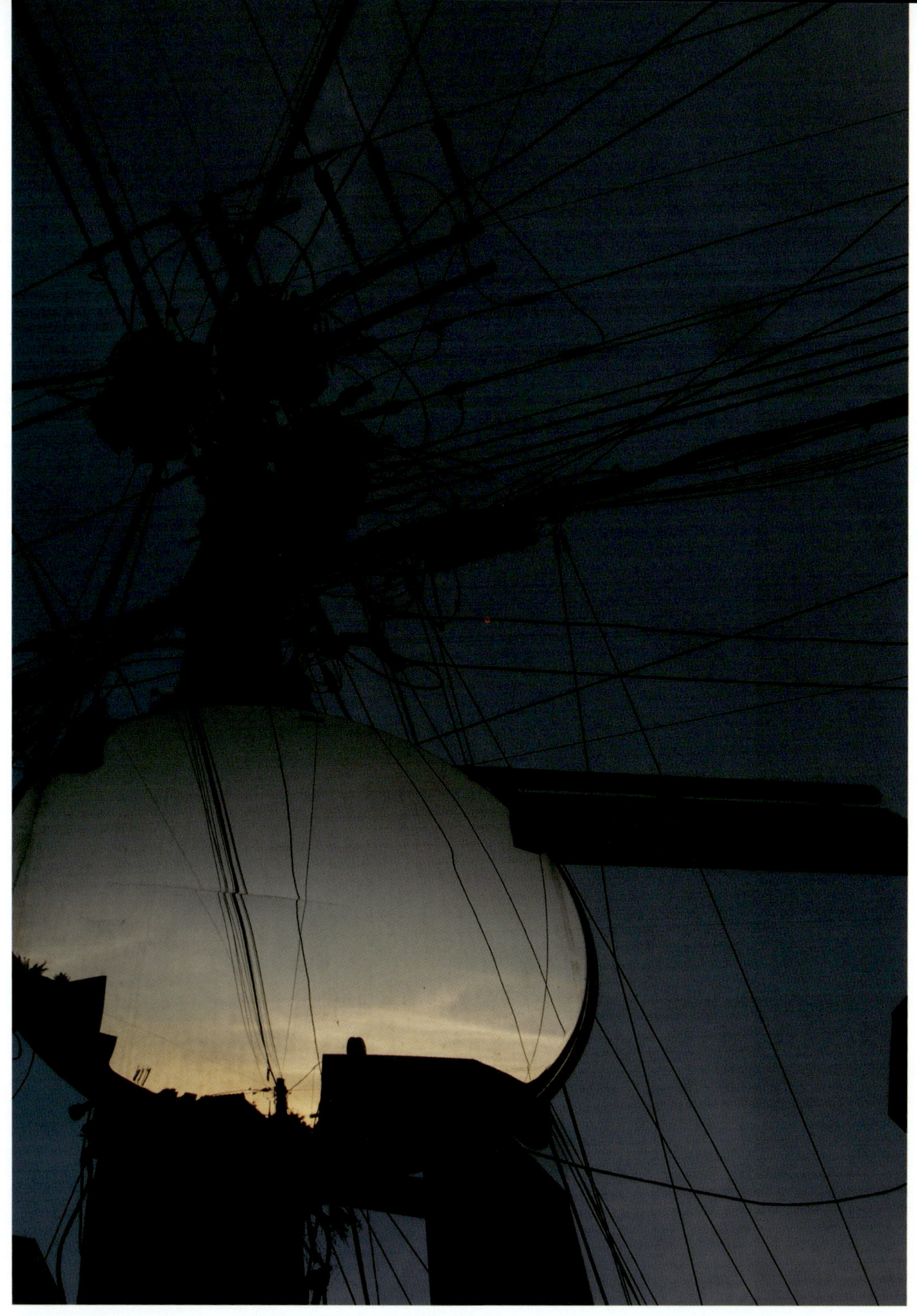

렌즈: 12-50mm F3.5-6.3 · 셔터속도: 1/25초 · 조리개: F16.0

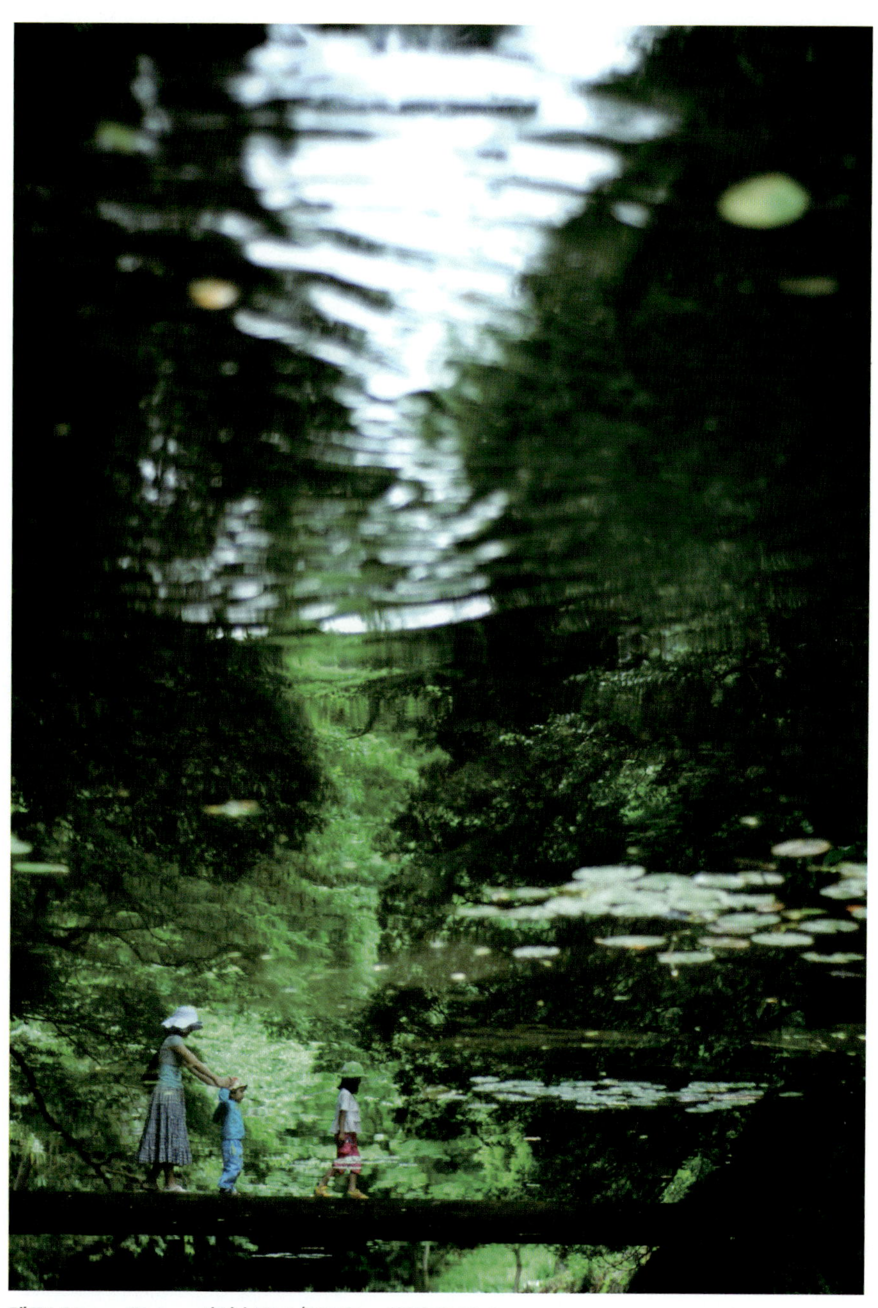

렌즈: 50mm F1.8 · 셔터속도: 1/125초 · 조리개: F2.0

가족을 담기 위해 사진에 관심을 가지게 되는 경우만큼이나 여행을 좋아해서 사진을 찍기 시작하는 경우도 많을 것입니다. 가족과 함께 하는 여행이라면 더할 나위 없겠지요.

충남 서산의 개심사에는 작은 연못이 있고 연못을 가로지르는 나무다리가 하나 있습니다. 연못 위의 나무다리는 누구라도 건너보고 싶게 생겼고, 많은 사람들이 그 모습을 카메라에 담기에 바쁩니다.
연못의 매력은 그 연못에 비친 풍경이 아닐까 싶습니다. 바람이 없어 다리를 건너는 모습이 실제인지 반영인지 헷갈릴 정도로 잔잔한 연못에 고스란히 비쳤습니다. 보통은 실제와 반영을 함께 담는 것이 일반적이지만 과감하게 반영만을 담아봤습니다. 때마침 떨어진 나뭇잎이 만들어낸 파문이 함께 담겨서 마치 꿈속의 풍경 같은 신비로운 느낌을 담을 수 있었습니다.

POINT 01

물에 파문이 인 모습이 물에 비친 풍경이라는 힌트가 될 수 있습니다. 작은 돌을 던져 파문이 일도록 연출을 하는 것도 방법입니다.

POINT 02

반영 위주의 구도를 선택하더라도 실제 풍경의 일부를 보여주는 것도 사진의 재미를 더해줄 수 있습니다.

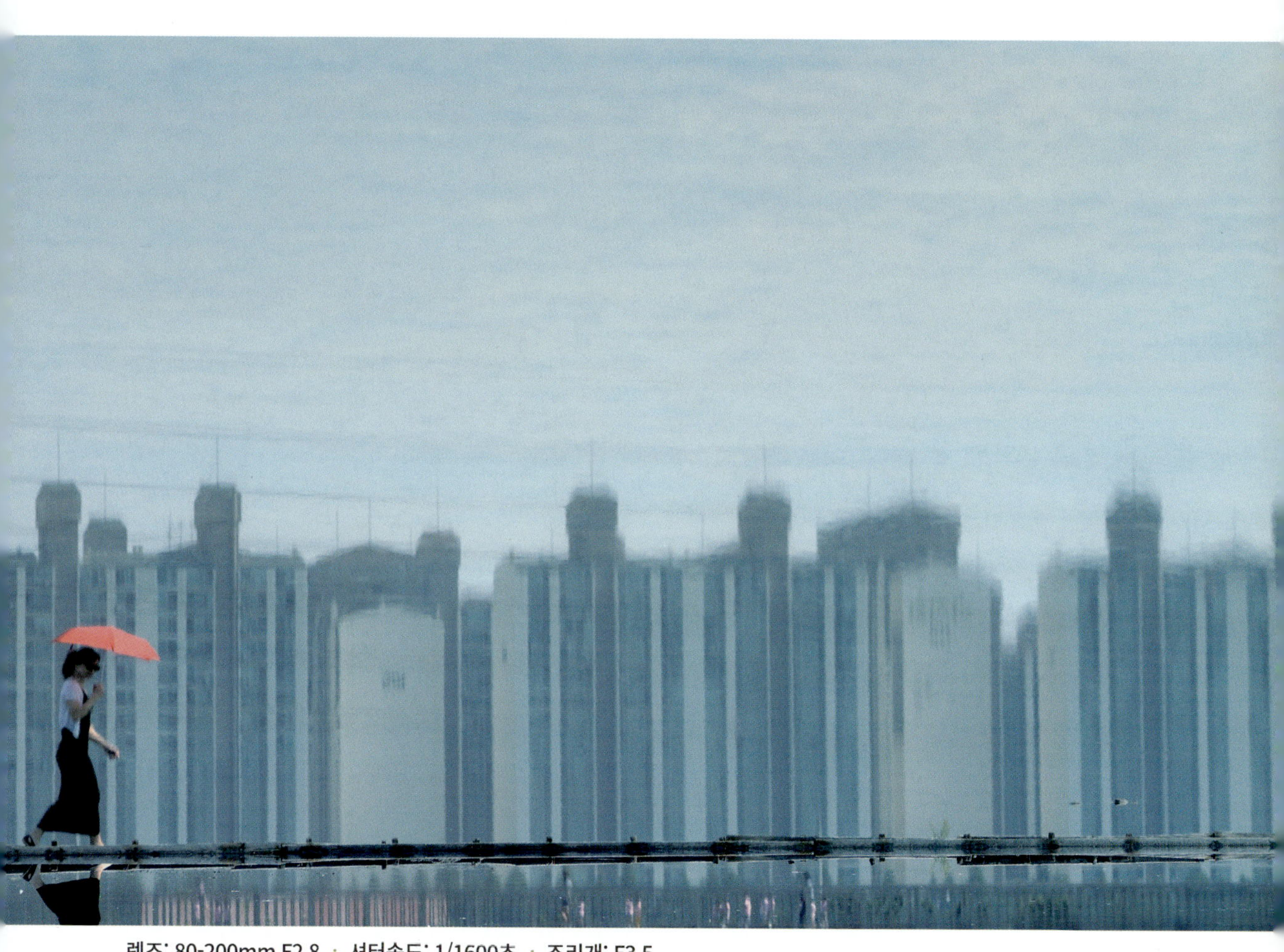

렌즈: 80-200mm F2.8 · 셔터속도: 1/1600초 · 조리개: F3.5

캄보디아 오픈카

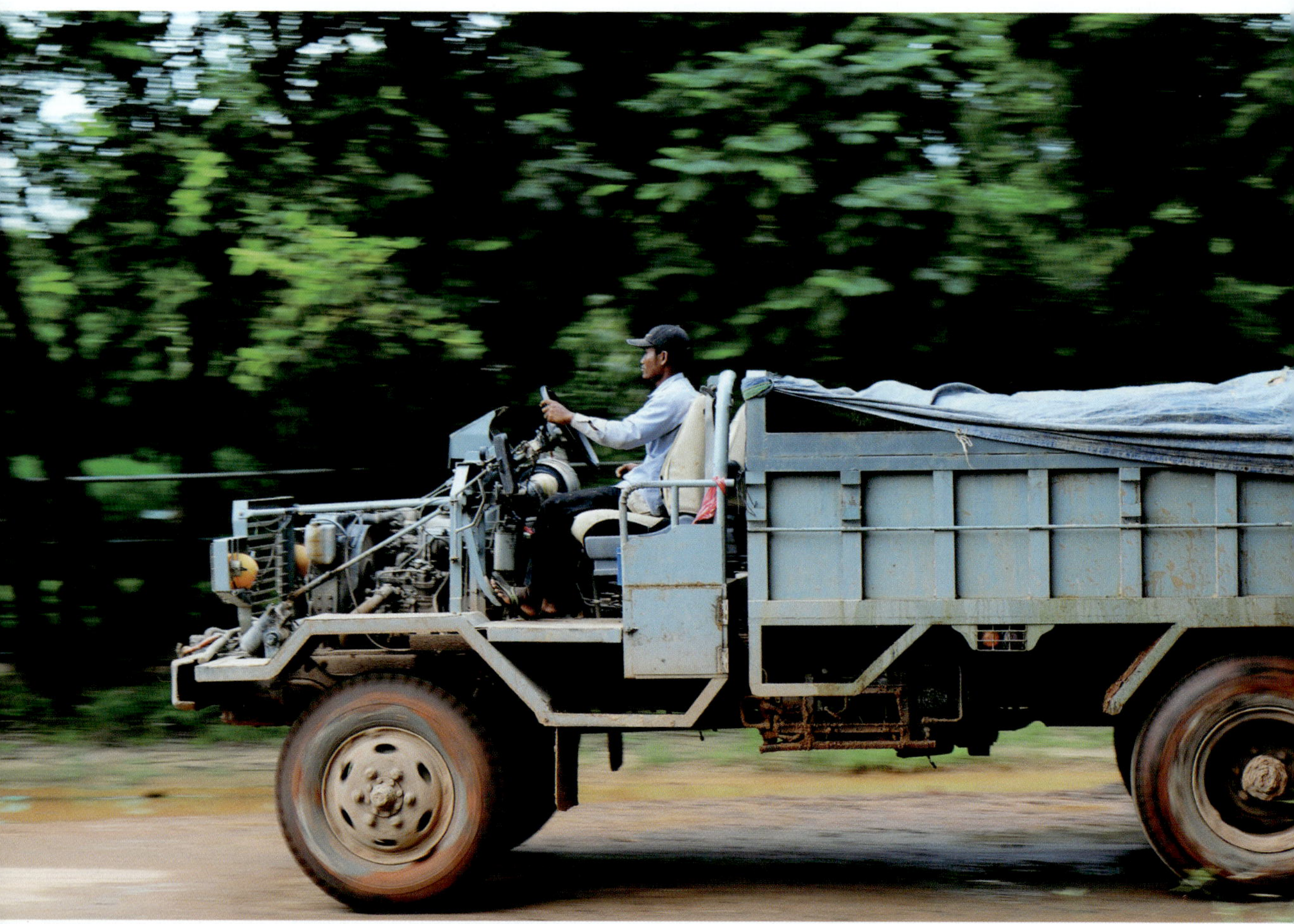

렌즈: 85mm F1.8 · 셔터속도: 1/30초 · 조리개: F8.0

해외여행의 재미 중 하나는 국내에서는 볼 수 없는 풍경을 볼 수 있다는 점입니다. 캄보디아에 갔으면 앙코르와트 같은 유적지를 보는 것이 주목적일지도 모르지만, 그 나라만의 특색 있는 모습을 보는 것도 즐거운 일입니다.

운전석 지붕이 없는 트럭이 비포장도로를 달리는 모습은 캄보디아에서도 흔히 볼 수 있는 풍경은 아닙니다. 사진가는 언제라도 사진을 찍을 준비가 되어있어야 합니다. 여행지에서 카메라를 가방에 넣고 다닌다는 것은 갑자기 만난 재미난 풍경을 담을 준비가 안 되어있는 것입니다. 카메라가 목에 걸려있지 않고

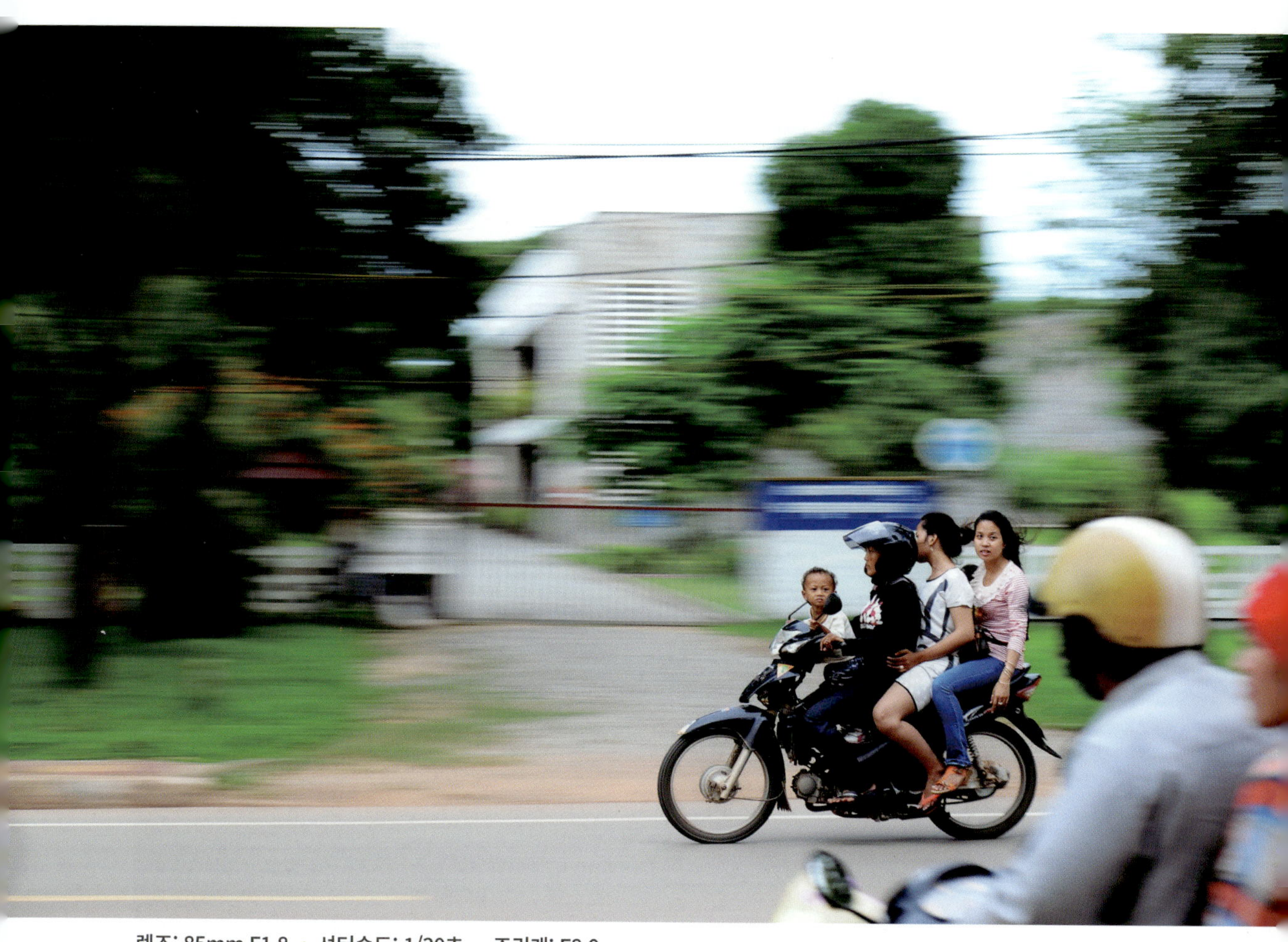

렌즈: 85mm F1.8 · 셔터속도: 1/30초 · 조리개: F8.0

가방 속에 있었다면 눈으로만 감상하고 말았을 것입니다. 렌즈를 바꿀 틈도, 조리개를 열고 셔터속도를 맞출 틈도 없이 찍은 사진이지만 오히려 자연스럽게 패닝이 되어 찍혀서 생동감 있는 사진이 되었습니다.

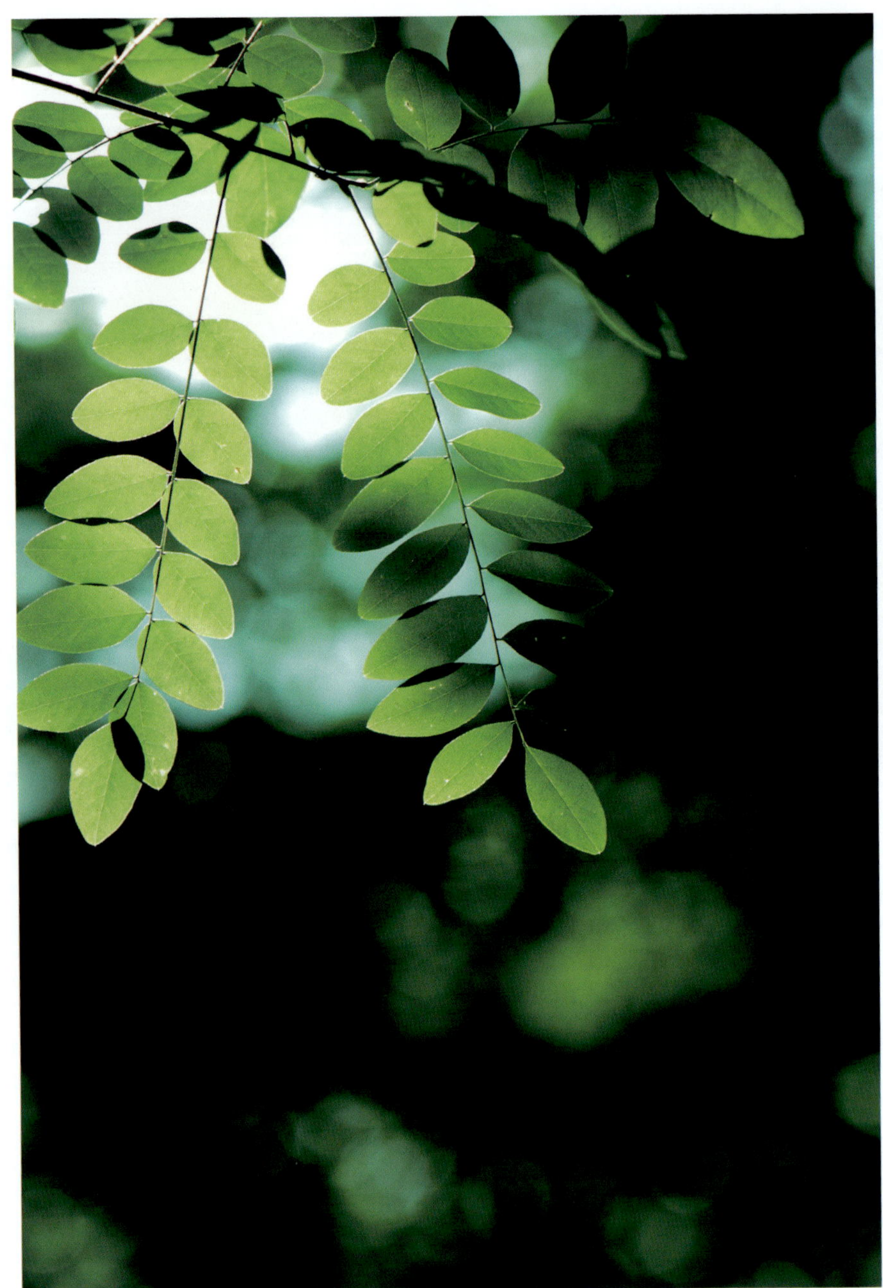

렌즈: 135mm F2.0 · 셔터속도: 1/500초 · 조리개: F3.5

카메라와 렌즈의 성능보다 중요한 것이 감성이라고들 합니다. 감성사진의 정의는 이야기하는 사람마다 다릅니다. 초점이 안 맞아 약간 흐릿한 사진을 감성사진이라고 하기도 하고, 기울어진 사진을 자신만의 감성으로 표현한 것이라고 하기도 합니다. 때론 밝거나 어둡게 나온 사진을 감성사진이라고 말하기도 합니다.

사진을 찍기 전에는 이렇게까지 예쁘다는 생각을 하지 못했는데, 사진을 찍으면서 예쁘다고 생각하게 된 것 중 하나가 오월의 나무입니다. 이제 막 새로 난 여린 잎에 들어온 햇빛을 그대로 머금은 나뭇잎들을 보면 사진은 빛을 담는 것이라는 말의 진짜 의미를 이해하게 됩니다. 감성사진을 찍기 위해서는 5월을 아름답다고 느낄 수 있을 만큼의 감성, 그 아름다운 오월을 카메라에 그대로 담고자 하는 마음이면 충분합니다.

감성이라고 말하면 거창하고 심오하게 들릴지도 모르지만 그리 대단한 것은 아닙니다. 단지 아름다운 것을 보고 아름답다고 느낄 수만 있으면 되는 것입니다. 그건 꼭 오월의 초록만이 아니라 매일 떠오르는 태양이 될 수도 있고, 계절 따라 피어나는 꽃이 될 수도 있고, 지나가는 사람들, 가족, 혹은 어느 골목 계단에 핀 이름 모를 들꽃이 될 수도 있는 것입니다.

모든 것들이 아름답게 보여야 그걸 사진 속에 담고 싶은 마음이 생기게 됩니다. 그런 마음이 없다면 길가의 낙엽을, 파란 하늘을, 사람의 뒷모습을 무슨 수로 찍을 수 있겠습니까?

POINT 01

주변과의 노출차이가 큰 경우 스팟측광으로 원하는 부분의 노출을 측정하는 것이 좋습니다. 배경과 밝기의 차이를 두어야 나뭇잎이 보다 선명하게 눈에 들어오게 됩니다.

POINT 02

같은 모양의 나뭇잎만 보여주게 되면 자칫 단순하고 밋밋한 느낌일 수 있습니다. 나뭇잎이 겹치는 부분의 밝기 차이를 보여주거나 나무사이로 빛이 비치는 부분과 그림자가 진 부분을 함께 보여주면 단순함을 피할 수 있습니다.

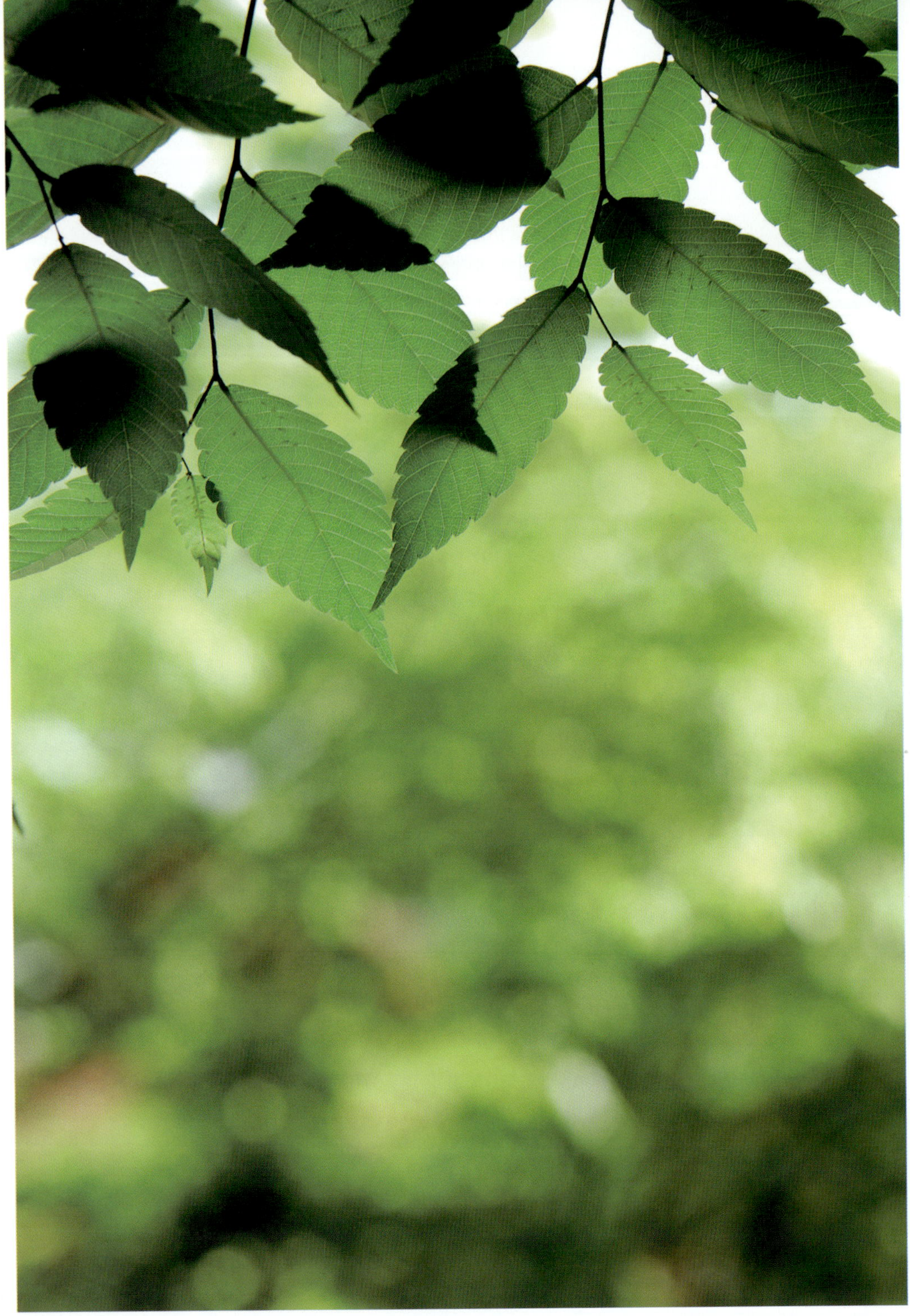

렌즈: 80-200mm F2.8 · 셔터속도: 1/200초 · 조리개: F5.6

별이 빛나는 밤에

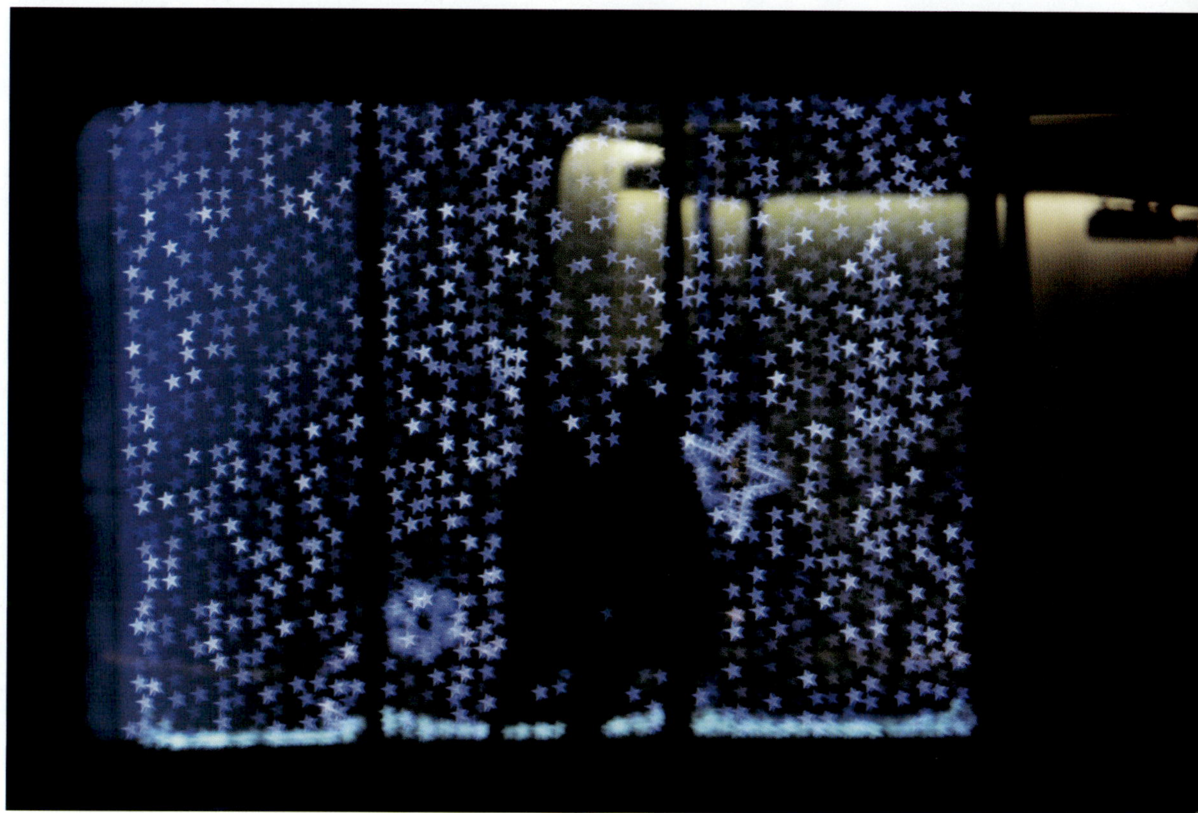

렌즈: 70-200mm F2.8 · 셔터속도: 1/125초 · 조리개: F2.8

밤이 되면 어두워지는 만큼 작은 빛도 더 빛나 보이기 마련입니다. 야경 촬영의 매력은 어둠이 아니라 어둠을 밝히는 빛을 담는 것입니다.

야경을 찍는 재미있는 방법 중 하나가 빛망울(보케)을 찍는 것입니다. 보케는 아웃포커스된 빛이 조리개 모양으로 찍히는 것입니다. 조리개를 개방하고 대물렌즈의 앞에 검은색 종이로 다양한 모양 조리개를 만들어서 사진을 찍으면, 그 모양 그대로의 모습으로 빛망울이 생기게 됩니다.

빛망울은 초점이 맞았을 때가 아니라 초점이 빗겼을 때 생기고, 초점이 벗어날수록 크기가 크게 나옵니다. 수동초점으로 조절하여 보케의 크기를 보고 적당한 빛번짐으로 담아내는 것이 필요합니다.

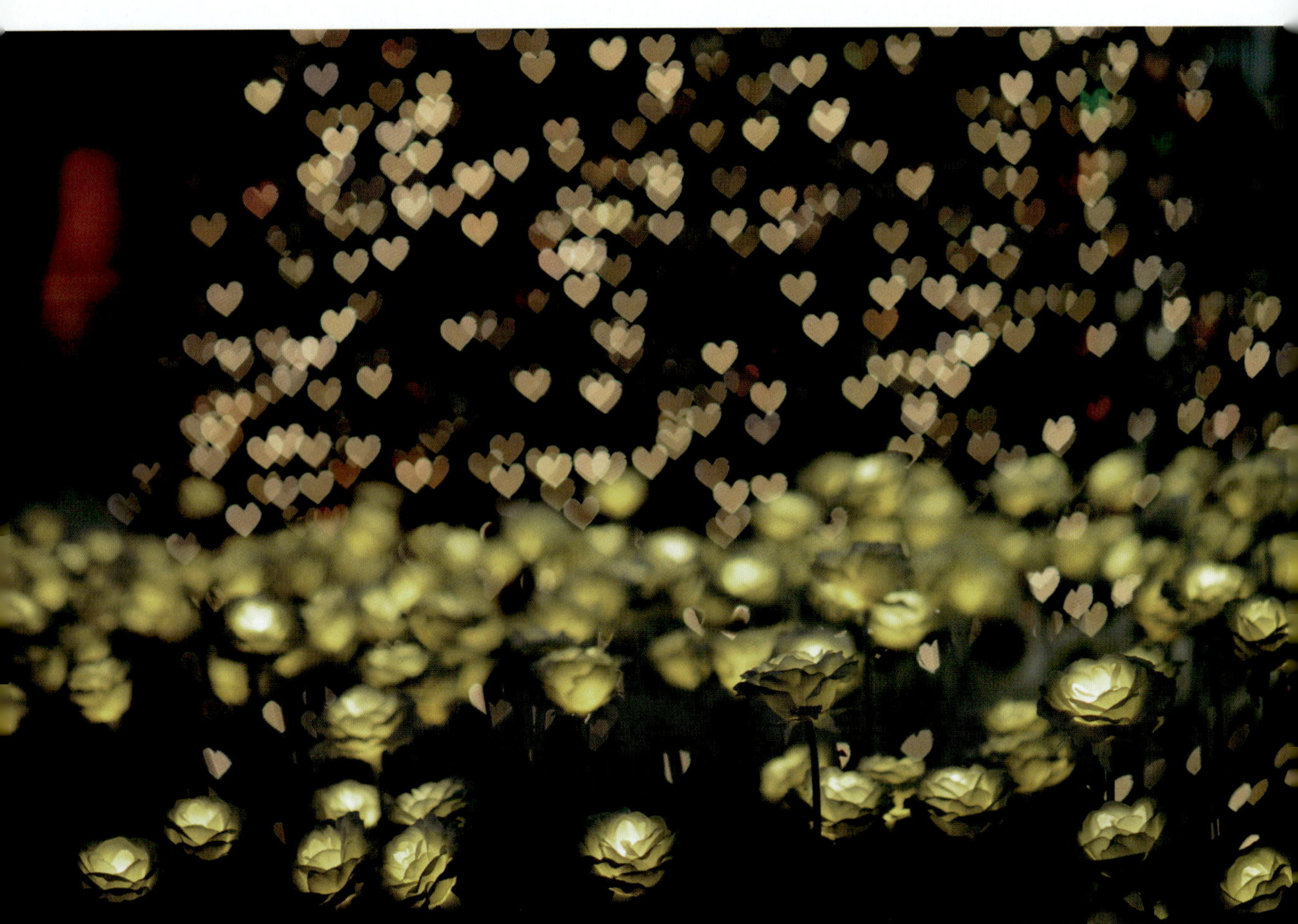

렌즈: 70-200mm F2.8 · 셔터속도: 1/200초 · 조리개: F2.8

POINT 01

빛망울은 점광원이 많은 곳에서 심도의 표현이 좋은 대구경의 망원렌즈로 촬영하는 것이 유리합니다.

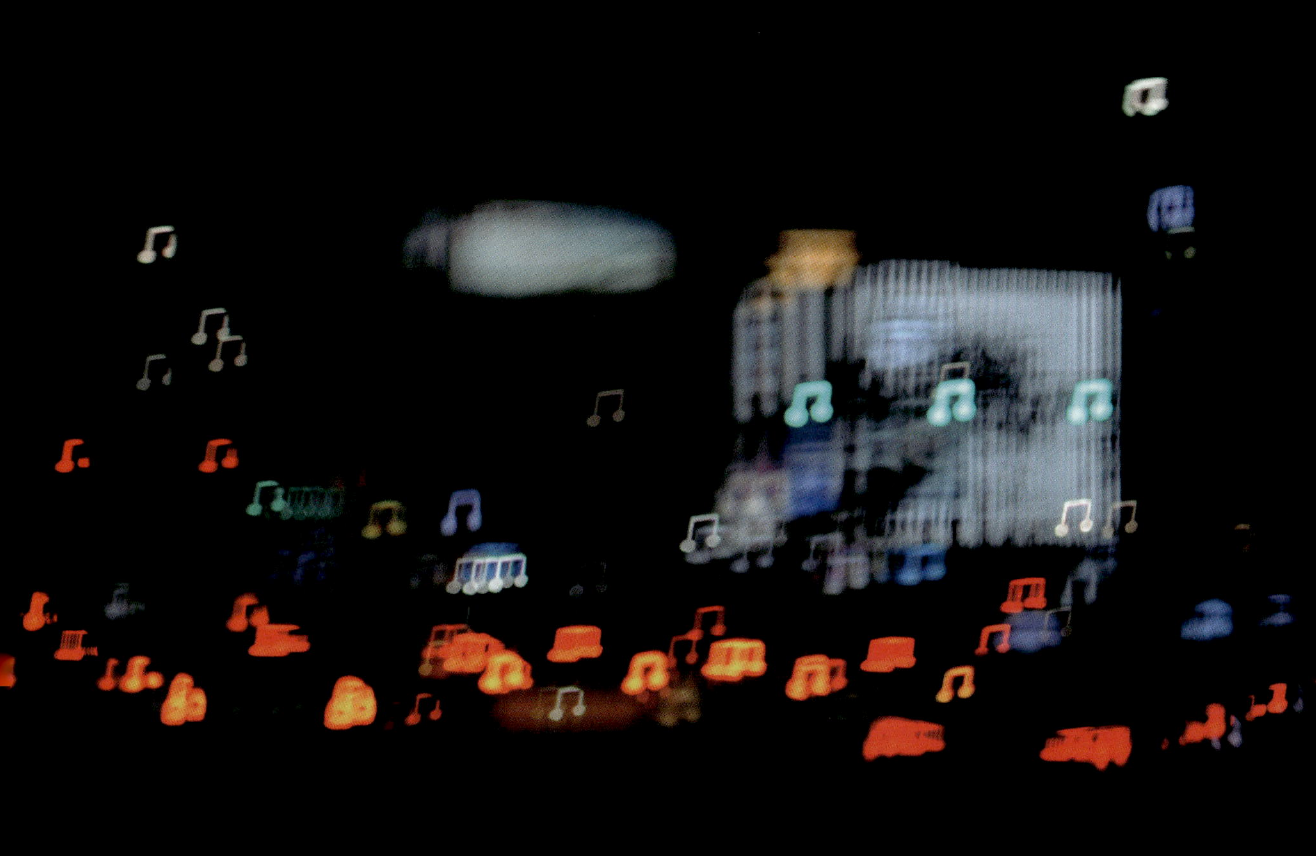

렌즈: 135mm F2.0 · 셔터속도: 1/160초 · 조리개: F2.0

POINT 02

별모양, 하트모양 심지어 음표모양 조리개를 만들면 재미있는 보케 놀이를 할 수 있습니다.

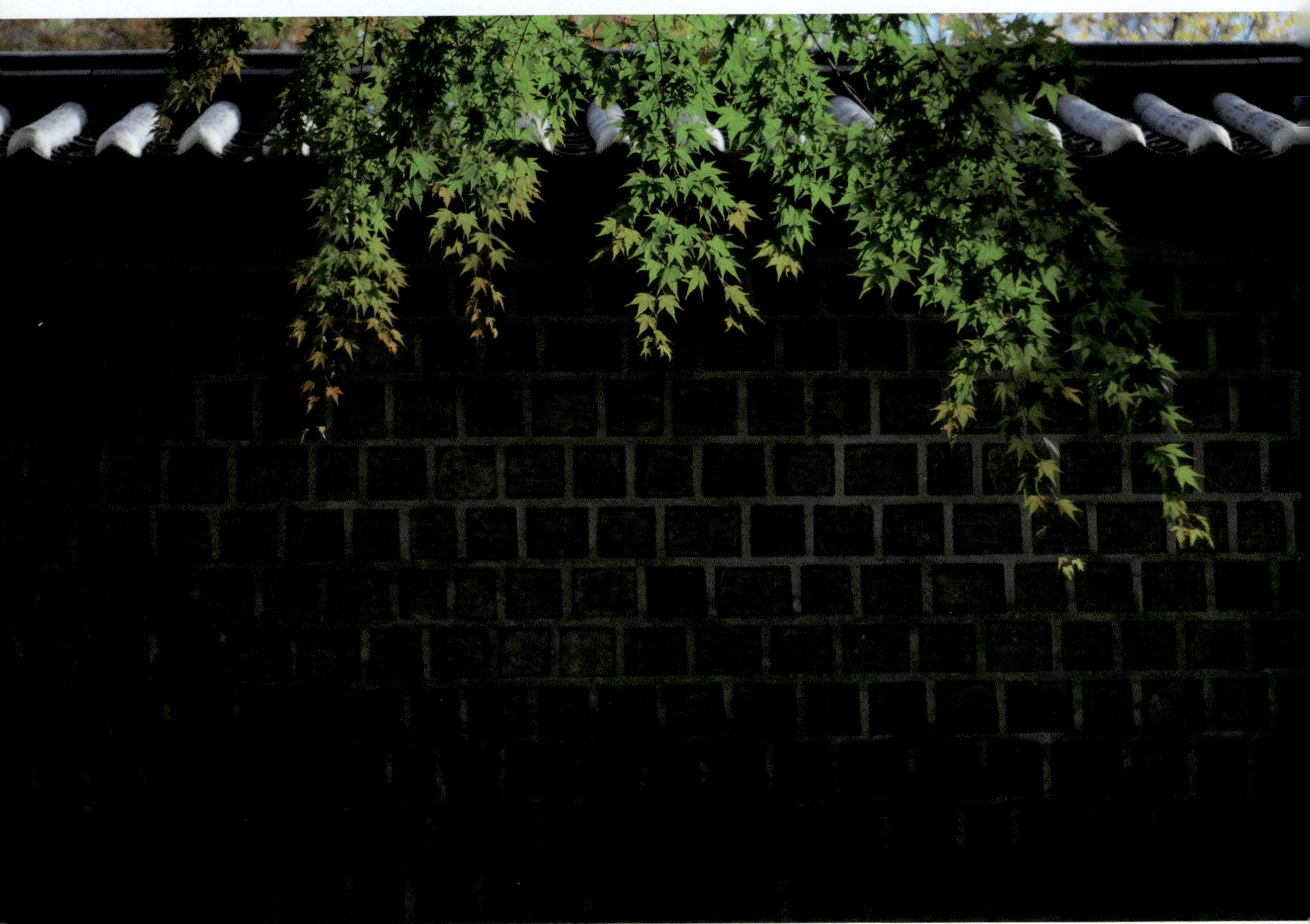

렌즈: 50mm F1.8 · 셔터속도: 1/400초 · 조리개: F2.2

사진을 찍으러 나서면 무엇을 찍을까 둘러보게 되고 찍을 거리를 찾기 마련입니다. 사진 찍기 좋은 사물이 아니라 사진 찍기 좋은 빛을 찾아야 합니다. 사진은 빛을 담는 것입니다. 이 말은 아무리 강조를 해도 부족함이 없습니다. 예쁜 빛을 찾고 그 빛이 느껴지도록 사진 속에 빛을 담아내는 작업이 사진의 매력입니다.

빛이란 늘 그 자리에서 같은 밝기로 있지 않습니다. 계절과 날씨 시간에 따라 빛은 수시로 변화하기 마련입니다. 한낮의 머리 위에 태양이 있을 때보다 이른 아침과 늦은 오후 해가 낮게 깔려 있을 때가 사진에 극적인 느낌을 주는 빛을 만들어 줍니다. 그러나 이 시간대가 아침과 저녁 식사시간과 겹치는 경우가 많아서 사진 찍기 좋은 빛을 놓치는 경우가 많습니다. 사진을 찍기 좋은 시간이 따로 있는 것은 아니겠지만, 이 시간을 놓치는 것은 퍽 아까운 일입니다.

POINT 01

밝고 어두운 것은 상대적인 것입니다. 어두운 배경에서는 보다 밝게, 밝은 배경에서는 보다 어둡게 포인트를 살려주어야 돋보이는 사진이 됩니다.

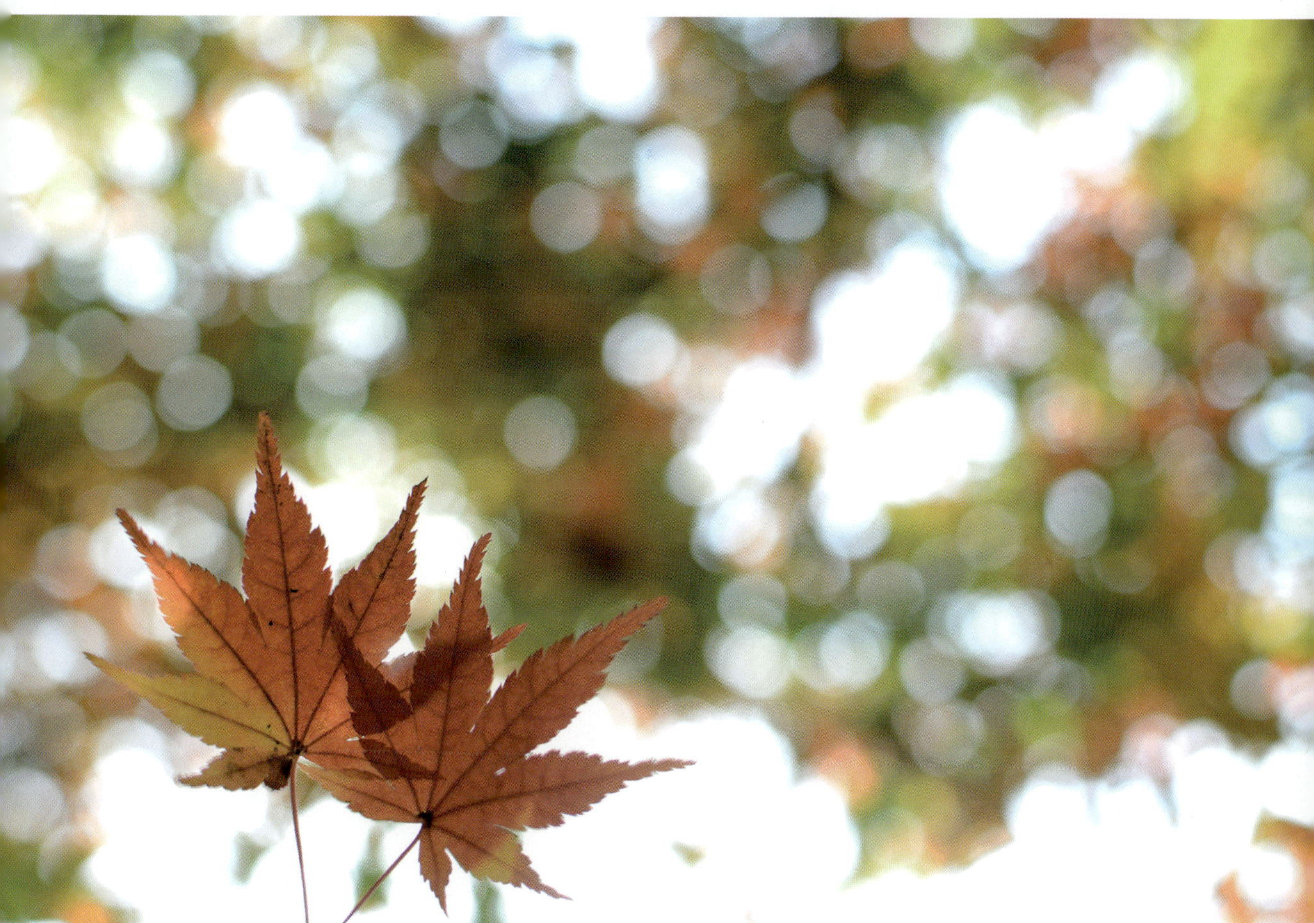

렌즈: 35mm F1.8 · 셔터속도: 1/320초 · 조리개: F2.8

CHAPTER 05

같지만 다르고 다르지만 같은

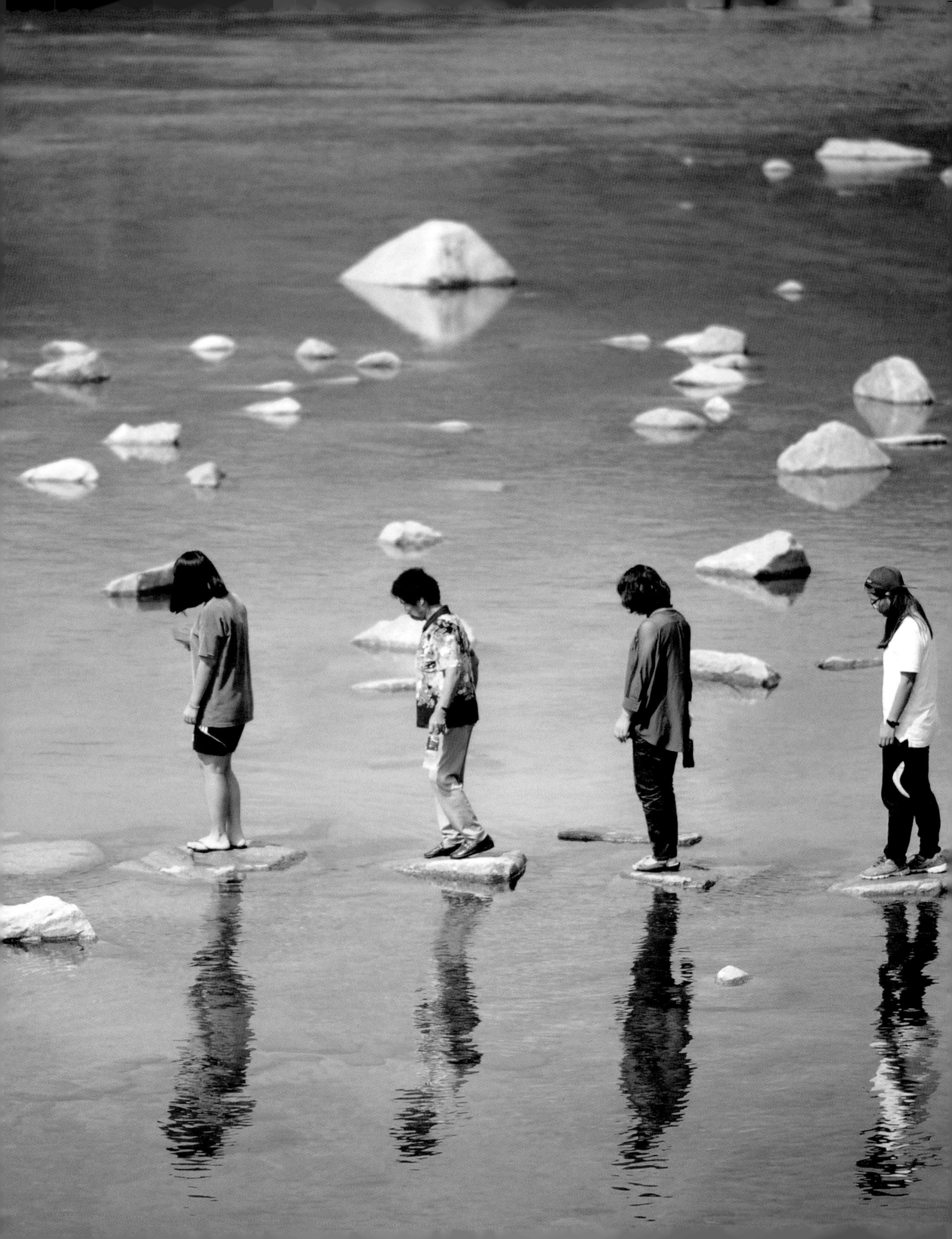

같지만 다르고 다르지만 같은 1

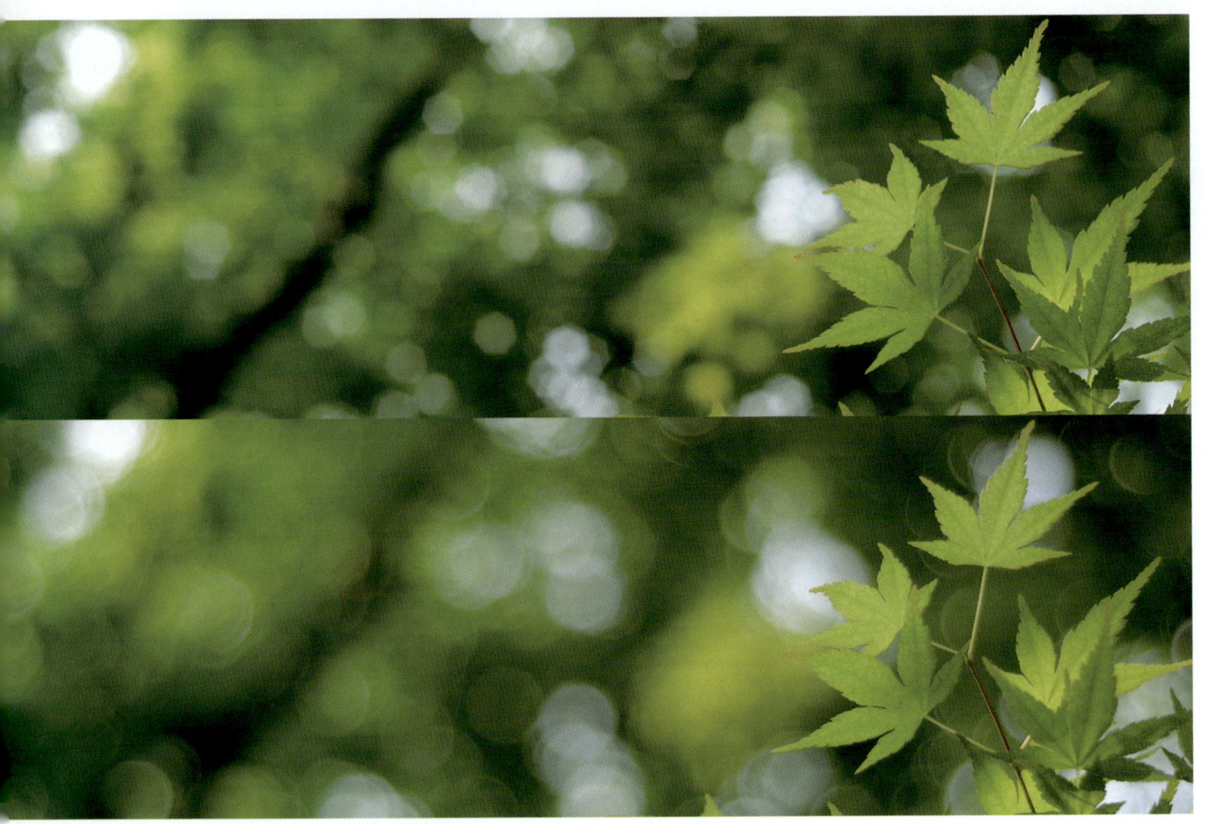

(위) 렌즈: 50mm F1.8 · 셔터속도: 1/125초 · 조리개: F4.0
(아래) 렌즈: 50mm F1.8 · 셔터속도: 1/500초 · 조리개: F2.0

사진을 찍을 때 조리개를 조이는 것이 좋을까, 여는 것이 좋을까?
사진을 찍을 때 역광이 좋을까, 순광촬영이 좋을까?
사진을 찍을 때 가로구도가 좋을까, 세로구도가 좋을까?

사진을 찍을 때 좋은 것과 그렇지 않은 것을 구분하는 것은 잘못된 습관입니다. 어느 한 쪽은 맞고 다른 쪽은 틀린 것이 아닙니다. 둘 다 좋을 수도 둘 다 틀릴 수도 있습니다. 하나의 풍경에 한 장의 사진만이 모범답안으로 있는 것이 아닙니다. 다양한 가능성을 생각해보고 다양한 시도를 해보는 것이 사진을 잘 찍을 수 있는 가장 좋은 방법입니다.

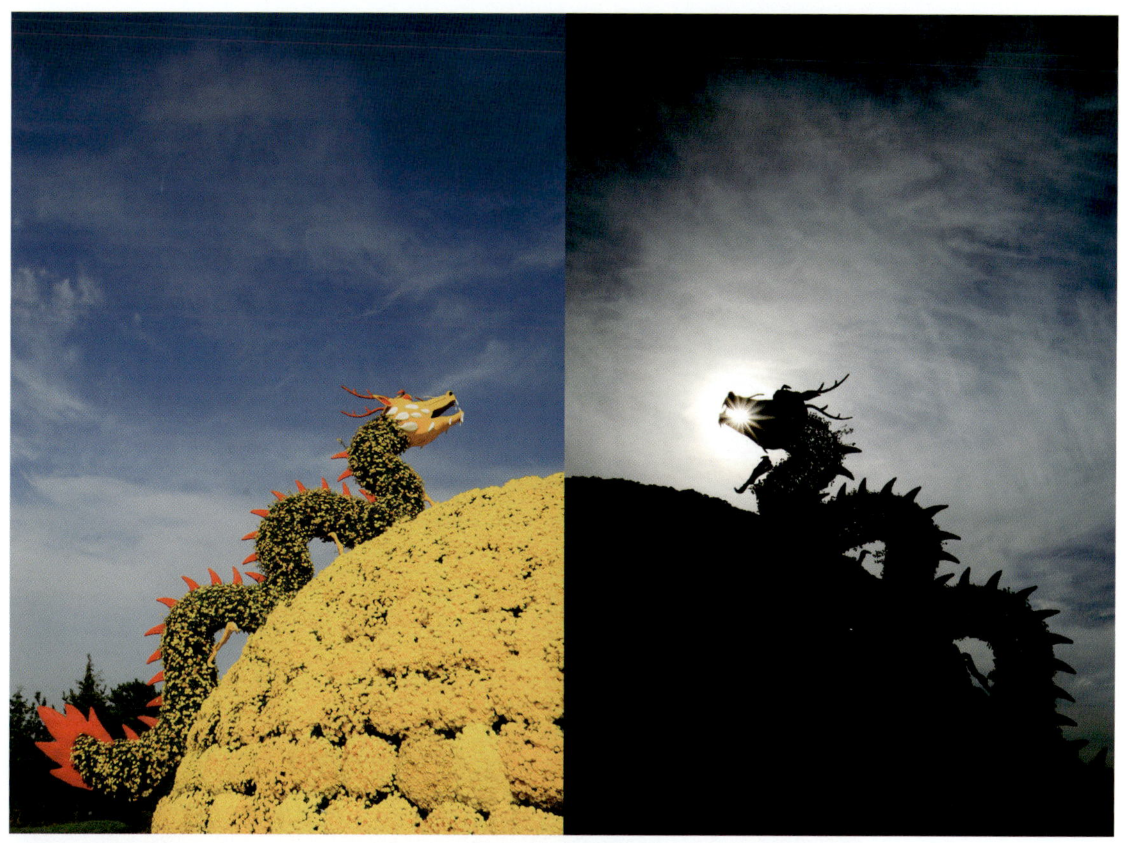

(좌) 렌즈: 28-75mm F2.8 · 셔터속도: 1/500초 · 조리개: F8.0
(우) 렌즈: 28-75mm F2.8 · 셔터속도: 1/20000초 · 조리개: F22.0

POINT 01

처음부터 2장의 사진을 하나로 보여줄 생각으로, 격자선의 위치를 참고해서 합쳤을 때 위치가 맞을 수 있도록 했습니다.

POINT 02

순광에서는 노란색 국화에 노출을 맞춰서 촬영하여 용의 모양과 색이 잘 나오도록 촬영합니다. 역광에서는 밝은 하늘에 노출을 맞추고 촬영하여 실루엣으로 나올 수 있도록 했습니다.
역광 촬영 시 태양의 위치를 용의 입에 위치시켜 마치 용이 여의주를 물고 있는 것처럼 표현했습니다.

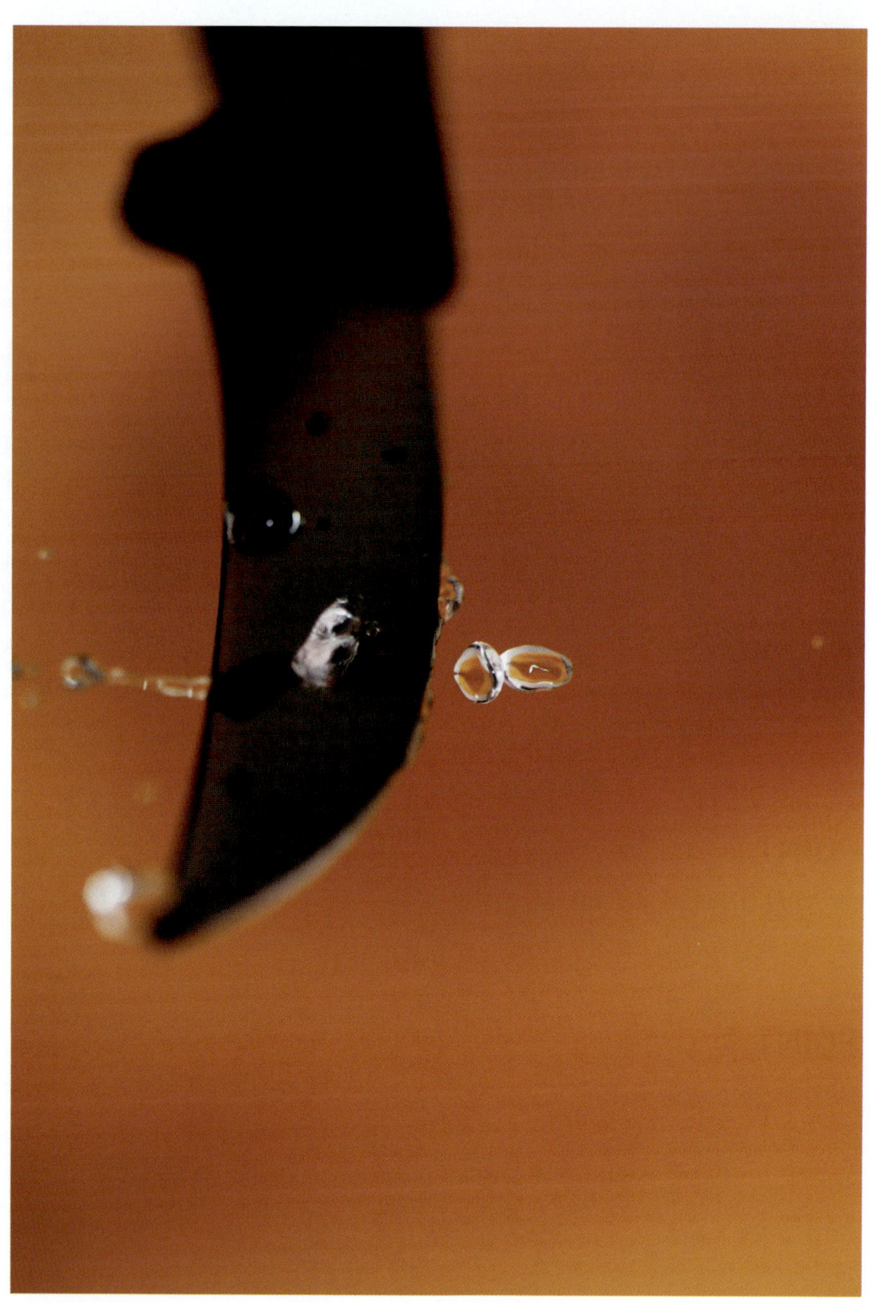

렌즈: 60mm F2.8 macro · 셔터속도: 1/500초 · 조리개: F4.0

흔히 사진을 순간의 미학이라고 말합니다. 움직이는 대상과 끊임없이 변하는 상황을 얼마나 빠르게 포착하느냐와 같은 기술적인 아름다움을 말하는 것일 수도 있지만, 그보다는 가장 아름답고 효과적으로 표현할 수 있는 한 순간을 찾아내는 감성적인 아름다움을 뜻하는 말일 것입니다.

멋진 순간포착 사진을 찍는 일은 만만한 일이 아닙니다. 많은 노력과 반복이 필요합니다. 한 장 한 장 신중을 기해서 단번에 완성된 사진을 얻는다면야 더 바랄 것이 없겠지만, 한 번으로 안 되면 두 번 세 번 반복하고, 그래도 안 되면 열 번 스무 번 다시 하고, 그것도 모자라면 백 번 이백 번 노력해야 합니다. 어떤 일이든 왕도는 없습니다. 처음부터 재능이 뛰어난 천재도 있겠지만 어떠한 분야든 명성과 성공을 이룬 사람들은 천재여서가 아니라 부단한 노력을 통해 이루어낸 것임을 알아야 합니다.

POINT 01

물방울이 칼날에 베이는 순간을 찍은 사진은 욕실의 수도꼭지를 틀어놓고 이렇게도 찍어보고 저렇게도 찍어보며 2시간동안 200여 장의 사진을 찍고서야 얻을 수 있었습니다.

POINT 02

어려운 순간을 포착한 듯싶지만 칼날이 있어 초점을 잡기가 수월했습니다. 떨어지는 물방울이 부딪치는 순간을 찍은 뒤 사진을 회전시켜서 마치 칼로 물을 베는 듯한 느낌을 표현했습니다.

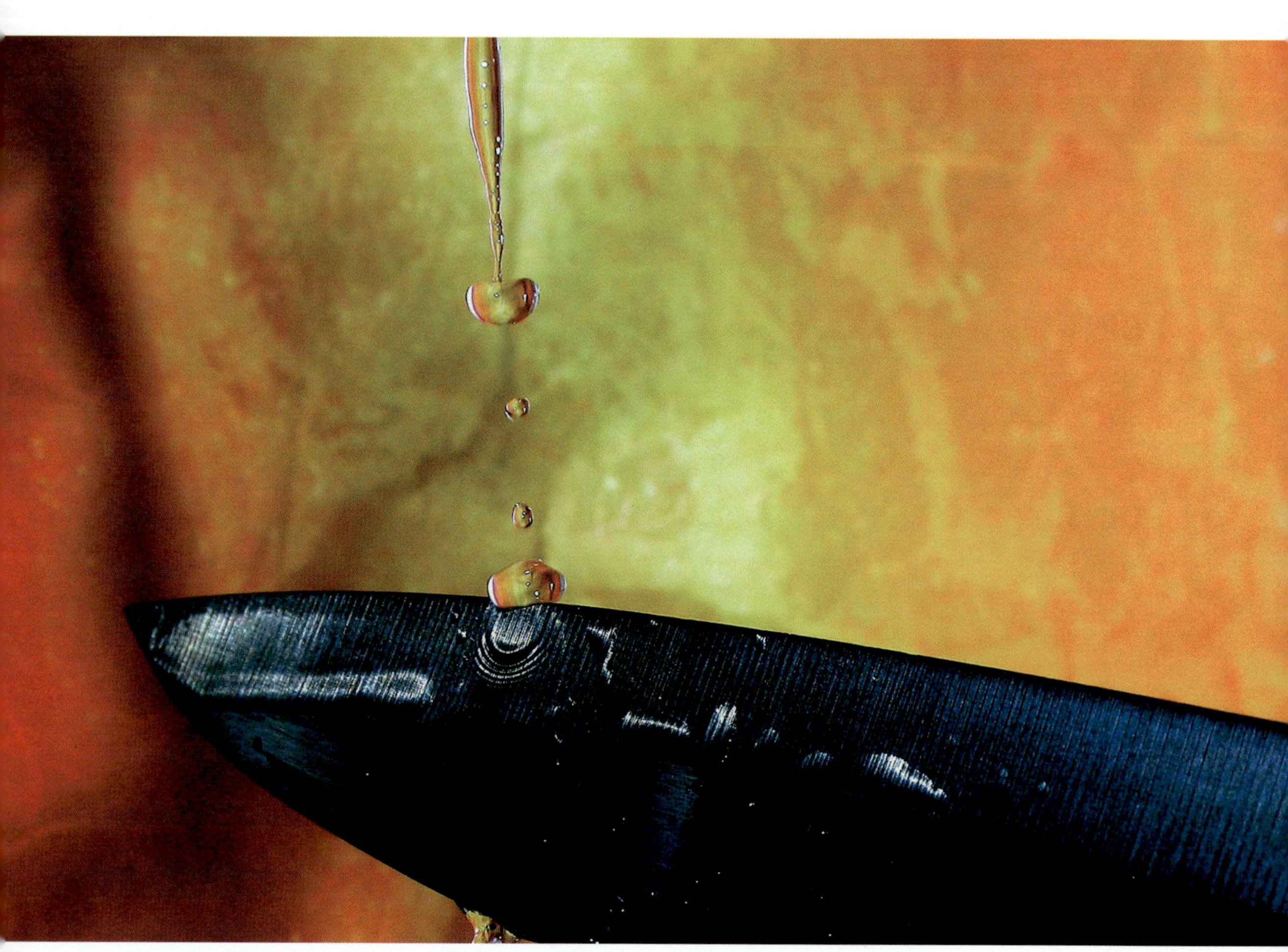

렌즈: 60mm F2.8 macro · 셔터속도: 1/2000초 · 조리개: F5.6

기다림의 미학

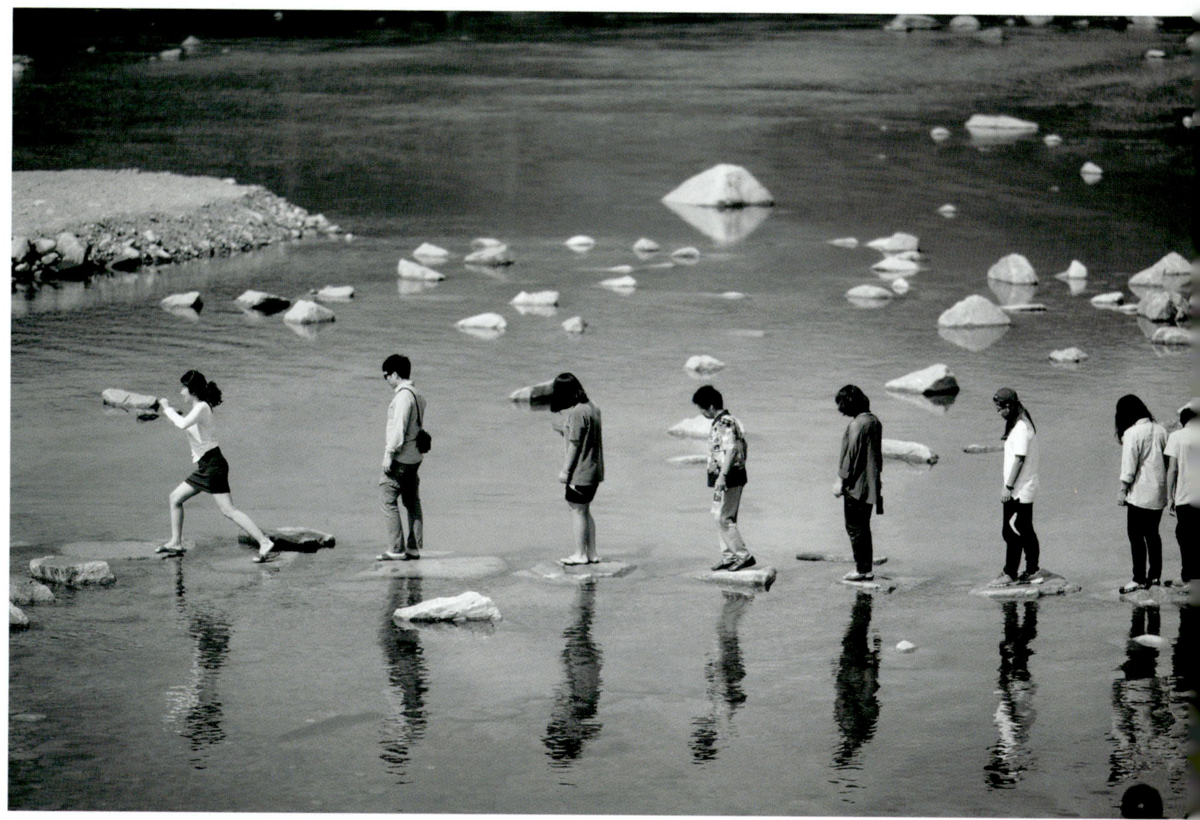

렌즈: 135mm F2.0 · 셔터속도: 1/2000초 · 조리개: F2.0

순간은 한 순간 왔다가 사라지는 것입니다. 따라서 순간을 포착하기 위해서는 기다릴 줄 알아야 합니다. 사진은 셔터를 누르는 것으로 완성되지만, 사진을 찍기 위해서는 준비가 필요합니다. 빛의 방향과 강약을 살펴보고 더 효과적인 앵글과 위치를 잡아보고 적절한 셔터속도와 조리개 값을 계산하고 배경도 살펴보고 효과적인 표현을 위한 구도를 정하고 난 뒤에서야, 비로소 셔터를 누르게 됩니다.

사진 한 장 찍는 게 뭐 그리 복잡하냐고, 그런 것들을 일일이 따지다 언제 사진을 찍느냐고 할지도 모르겠습니다. 처음에는 의식적으로 신경 써야 하는 부분이지만 익숙해지면 피아니스트가 악보 없이도 어려운 연주를 하듯이 따로 의식하지 않아도 자연스럽게 몸에 배게 됩니다.

순간에 결정되는 것이지만 그 사진을 만드는 것은 기다림이기에, 사진은 순간의 미학인 동시에 기다림의 미학이기도 합니다. 지루하고 따분한 기다림이 아닌 순간을 위해 준비하는 기다림을 즐길 줄 아는 사람만이 순간을 담을 수 있는 것입니다.

POINT 01

징검다리를 건너기 위해 나란히 기다리는 사람들의 모습이 물에 비친 풍경이 재미있었습니다. 반영과 함께 담으니 안정적인 3분할 구도의 사진이 되었습니다.

POINT 02

뒤에 선 사람들이 기다리는 모습과 맨 앞에선 사람이 대조적으로 폴짝 뛰는 순간을 기다렸다 담으면 일관적이고 안정적인 구도에서 변화를 줄 수 있는 포인트가 만들어집니다.

POINT 03

고속버스 터미널에서 재미있는 구도를 찾았습니다. 딱 이 위치로 누군가 지나가기만을 기다렸다 사진을 찍어봤습니다. 풍경에서 지나가는 사람은 사람인(人)자 형태일 때 가장 자연스러운 모습으로 담깁니다.

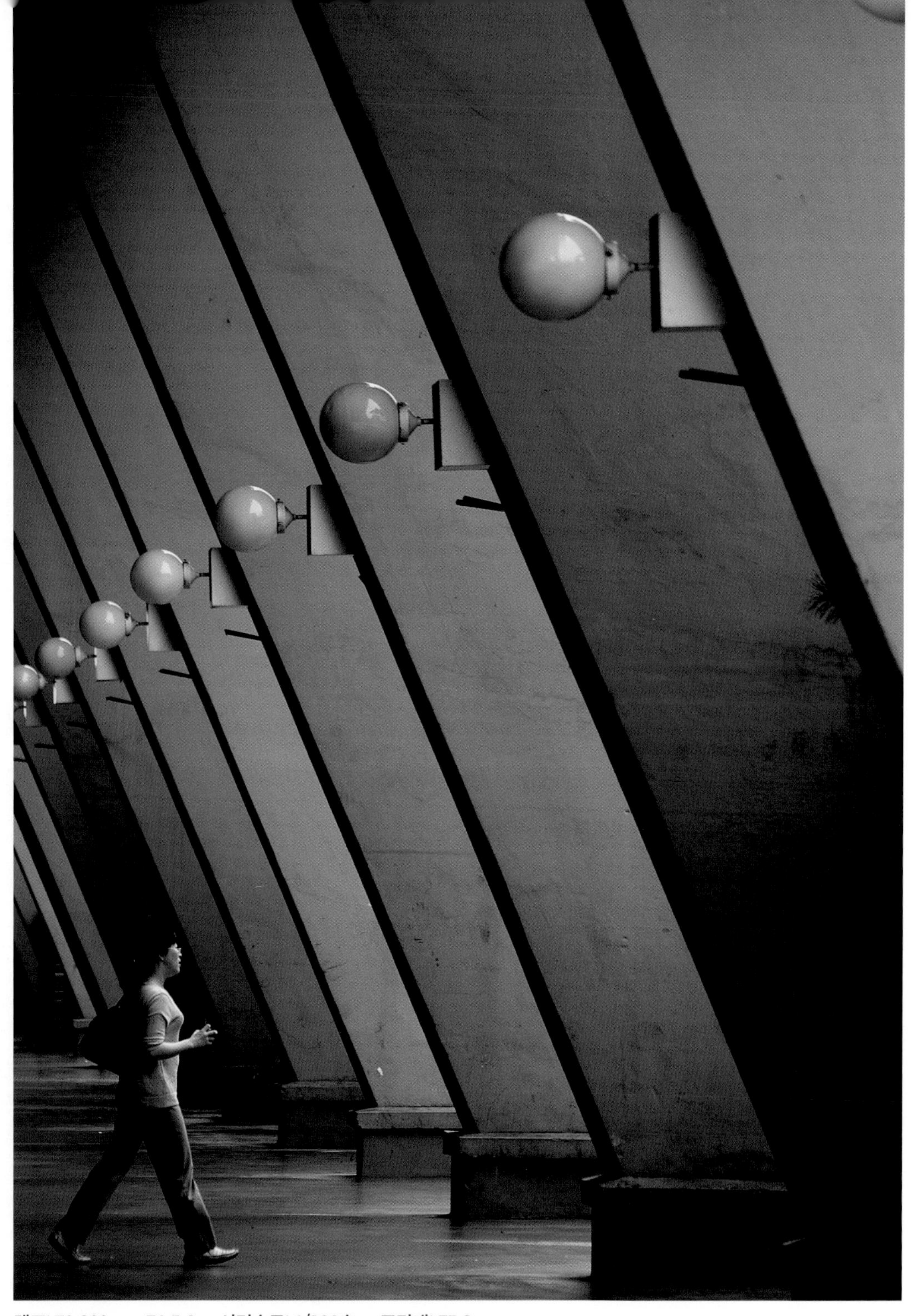

렌즈: 70-300mm F4-5.6 · 셔터속도: 1/200초 · 조리개: F5.6

같지만 다르고 다르지만 같은 2

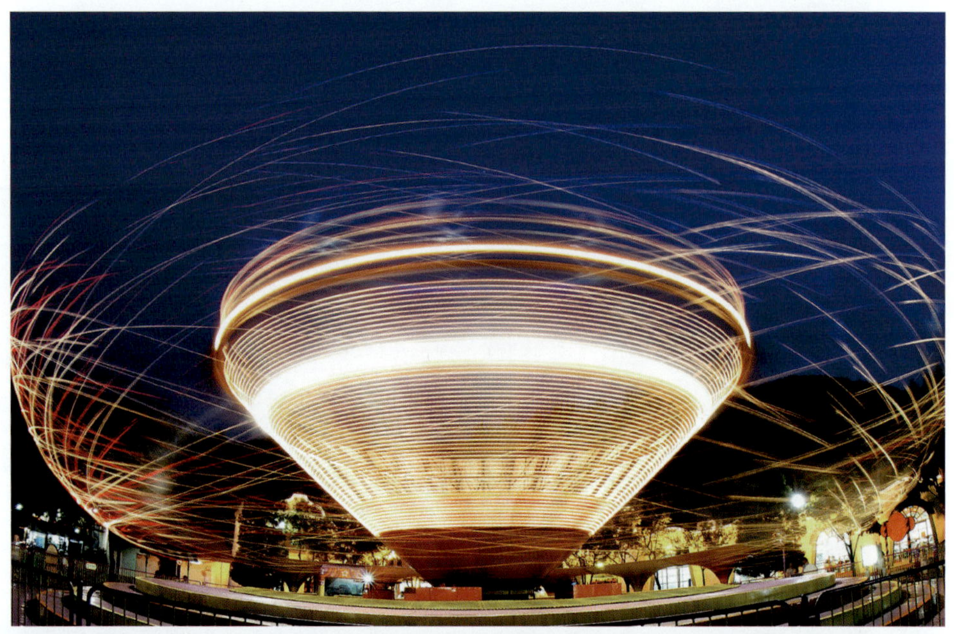

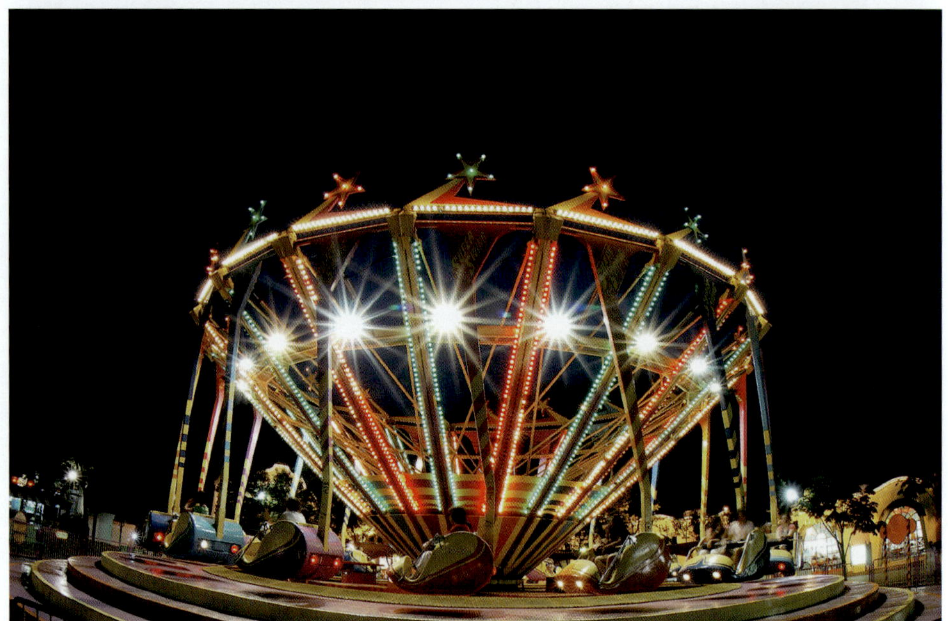

렌즈: 15mm F2.8 어안 · 셔터속도: 20초 · 조리개: F22.0

움직이는 대상을 사진에 담을 때는 움직임에 대한 고려가 사진에 반영되어야 합니다. 특히 긴 시간동안 노출을 주어 촬영하는 경우에는 더욱 그러합니다. 눈으로는 볼 수 없는 풍경이기 때문에 머릿속으로 상상을 해서 결과를 예상해볼 필요가 있습니다. 뜻한 대로 나오지 않을 때도 있지만, 의외로 생각보다 근사한 사진이 나올 수도 있습니다. 실패를 걱정하지 말고 시도해보는 의지가 중요합니다.

장노출 사진으로 담을 수 있는 사진으로 별의 일주를 담는 것도 매력적인 시도입니다. 별빛이 가장 빛나는 겨울에 밤하늘을 추위에 떨며 담아보는 추억을 하나쯤 간직해 보는 것도 나름 낭만이 있습니다.

POINT 01

장노출 사진을 찍을 때는 삼각대 외에도 30초 이상의 노출을 담을 때 필요한 릴리즈를 준비해야 합니다.

POINT 02

디지털 사진은 노출이 길어질수록 노이즈가 많이 생깁니다. 별의 일주 같은 아주 긴 노출이 필요한 사진을 담을 때는 2-3분 정도의 노출로 여러 장을 찍고 이를 하나로 만드는 방법을 쓰기도 합니다.

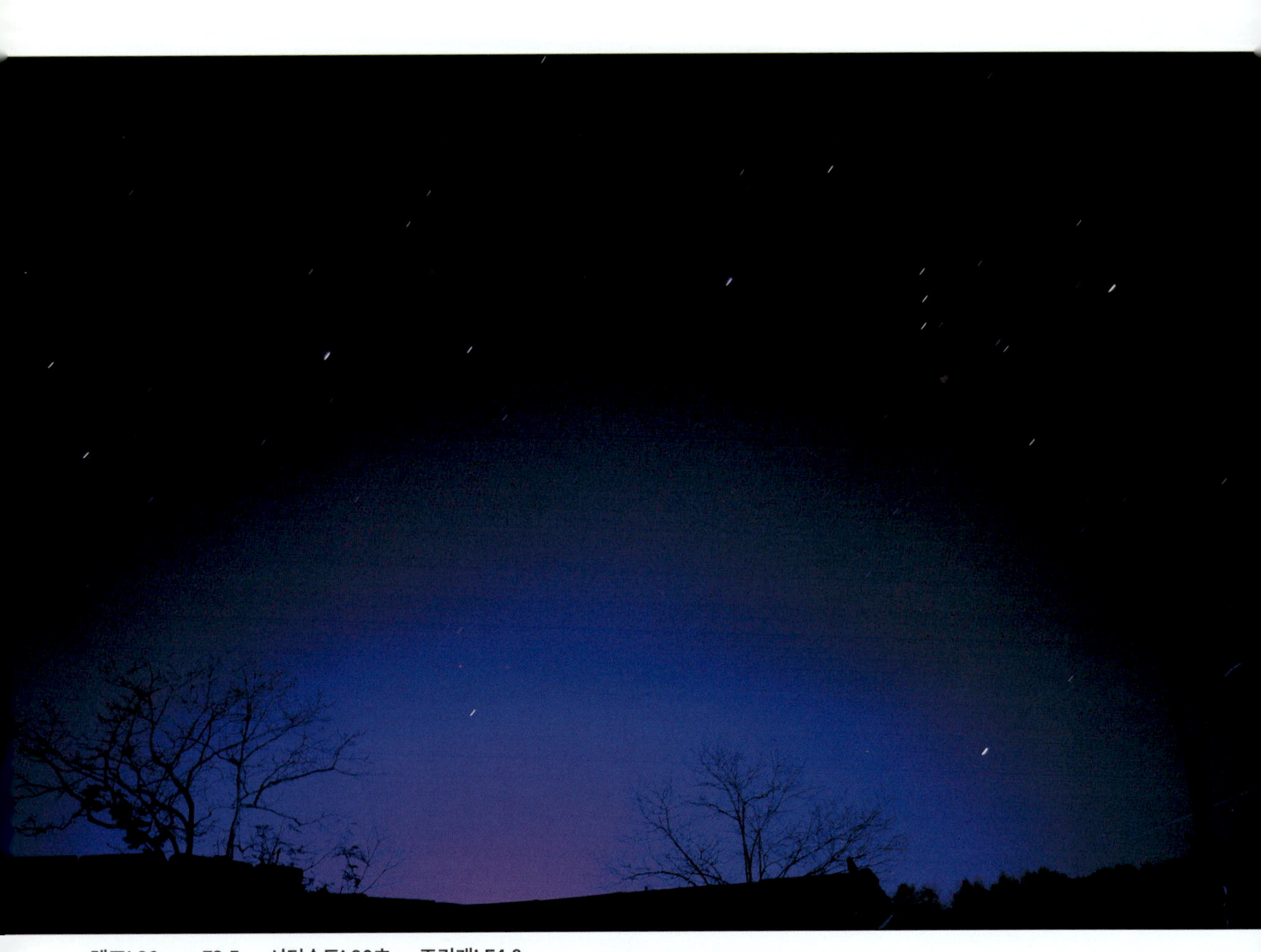

렌즈: 20mm F3.5 · 셔터속도: 90초 · 조리개: F4.0

정말 신나는 여름

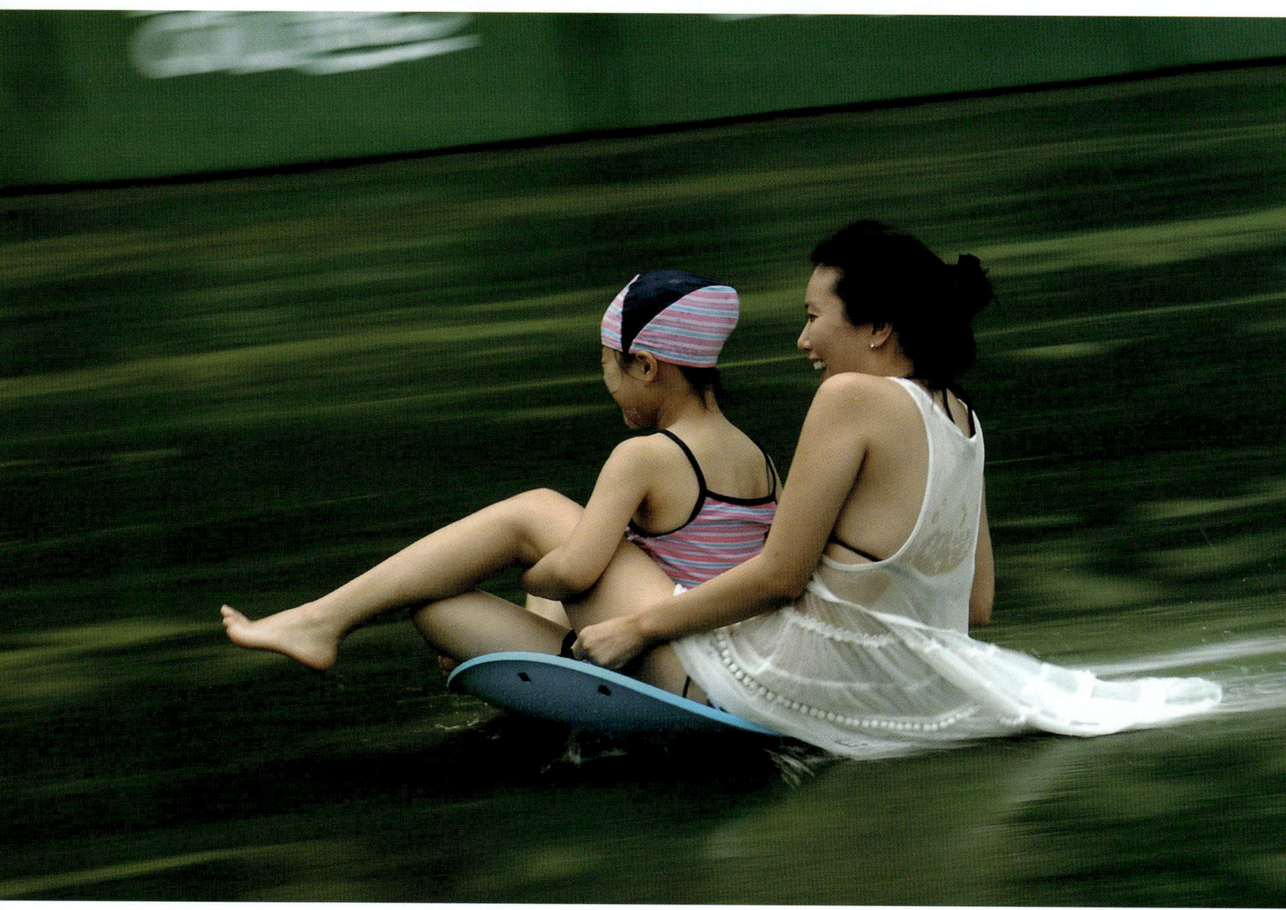

렌즈: 50mm F1.8 · 셔터속도: 1/60초 · 조리개: F11.0

패닝은 적당히 느린 셔터속도로 피사체를 따라가면서 촬영하는 기술을 말합니다. 움직이는 대상과 동일한 속도로 따라가면서 촬영하면, 대상은 정지되어 보이고 배경이 움직이는 것과 같은 효과를 주어 움직임을 강조하는 동적인 사진이 만들어집니다.

성공적인 패닝촬영의 관건은 적당한 셔터속도입니다. 셔터속도를 느리게 할수록 패닝의 효과가 크지만, 달리는 자동차처럼 빠르게 움직이는 물체의 경우에

는 1/125초로 찍어도 패닝의 효과를 줄 수 있습니다. 너무 느린 셔터속도에서
는 움직임은 크게 나타낼 수 있지만 긴 시간동안 정확하게 따라가기 어려워서
초점이 맞지 않거나 흔들림이 생기기 쉽습니다.

셔터속도는 움직이는 대상의 속도, 피사체와의 거리와 촬영하는 렌즈의 초점
거리를 생각해서 흔들려서 실패하지 않을 정도로 조정하면 됩니다. 대상의 속
도에 따라 차이는 있겠지만 보통 1/30~1/60초 정도의 셔터가 적당합니다. 처
음엔 속도를 맞추지 못해 시행착오를 거치게 되지만 몇 번 셔터속도에 변화를
주면서 촬영해보면 감이 잡힙니다.

패닝은 대상이 빨리 움직일수록 어렵다고 생각하기 쉽지만, 오히려 짧은 시간
에 많이 움직이므로 셔터속도의 여유가 있어 느리게 움직이는 대상보다 수월
한 편입니다.

또 패닝은 피사체가 움직이는 속도가 아니라 화면상에서 피사체가 움직인 거
리(상대적인 속도감)에 의해 달라집니다. 달리는 차창 밖을 볼 때처럼 가까이
에 있는 피사체일수록 더 빠르게 지나치는 느낌을 받는 것처럼, 같은 속도로
지나가는 대상이라도 거리가 가까우면 더 빠르게 지나갑니다.

패닝을 찍을 때는 순발력이 아니라 움직이는 피사체의 흐름을 읽는 리듬감이
더 중요합니다. 표적을 초점영역에 고정시키고 놓치지 않고 따라가면서 촬영
하는 것이 요령입니다. 패닝 촬영을 위해 셔터작동 시 올라간 미러에 의해 파
인더가 보이지 않게 되는 블랙아웃 상태가 되어 순간 멈칫하게 되기도 하고,
셔터를 누르는 순간 흔들림이 생기기도 합니다. 피사체의 움직임을 따라가는
속도를 놓치지 말고 리듬감을 주면서 셔터를 부드럽게 눌러주어야 합니다.

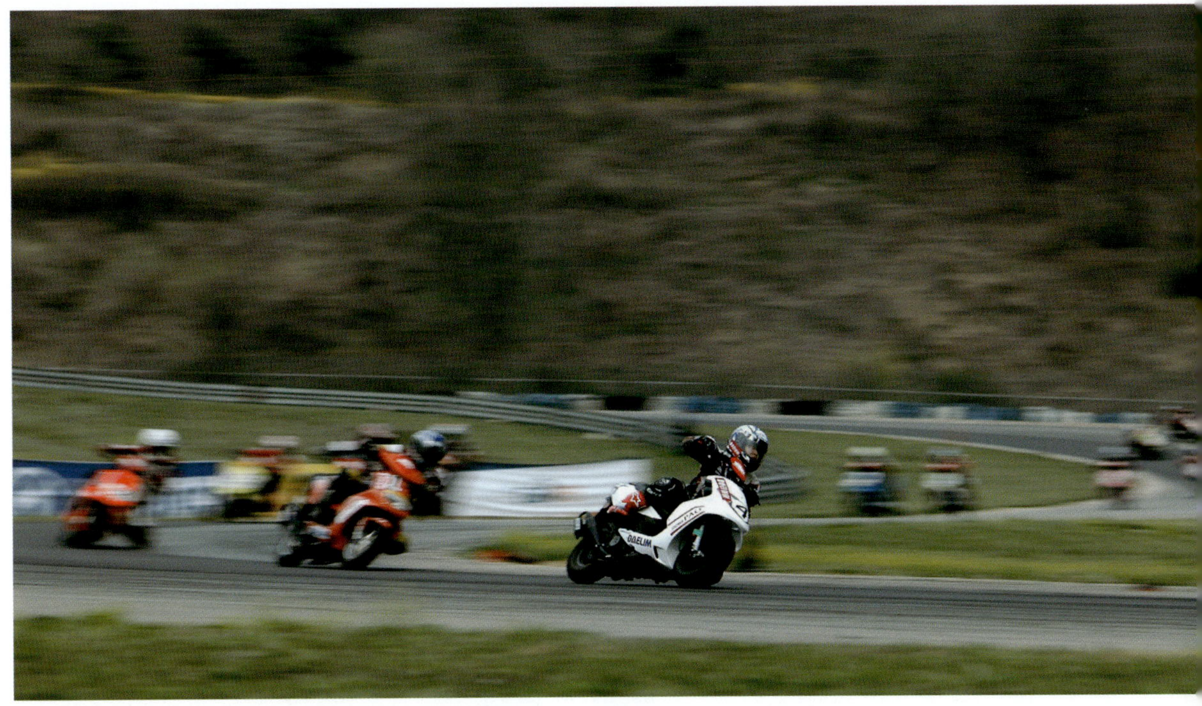

렌즈: 85mm F1.8 · 셔터속도: 1/30초 · 조리개: F5.0

POINT 01

패닝샷에서는 조리개를 개방하지 않더라도 배경 흐림을 표현할 수 있습니다. 배경은 피사체와 대비를 이룰 수 있는 밝기와 색으로 너무 단순하지 않은 곳을 선택하는 것이 좋습니다. 화창한 날씨에는 조리개를 조여주어도 패닝을 하기에 적당한 셔터속도가 나오지 않는 경우가 있는데 이 때는 색상의 변화 없이 어둡게 해주는 ND필터를 사용하면 보다 긴 셔터속도를 얻을 수 있습니다.

POINT 02

열심히 설명을 했지만, 패닝샷이란 말처럼 쉽게 찍히는 것이 아니라 많은 시도를 통해서 얻어지는 결과입니다. 몇 번 실패를 하다 보면 짜증도 나고 포기해버리고 싶어지지만 인내심을 가지고 여러 번 시도하다 보면 원하는 사진을 찍을 수 있습니다.

데칼코마니

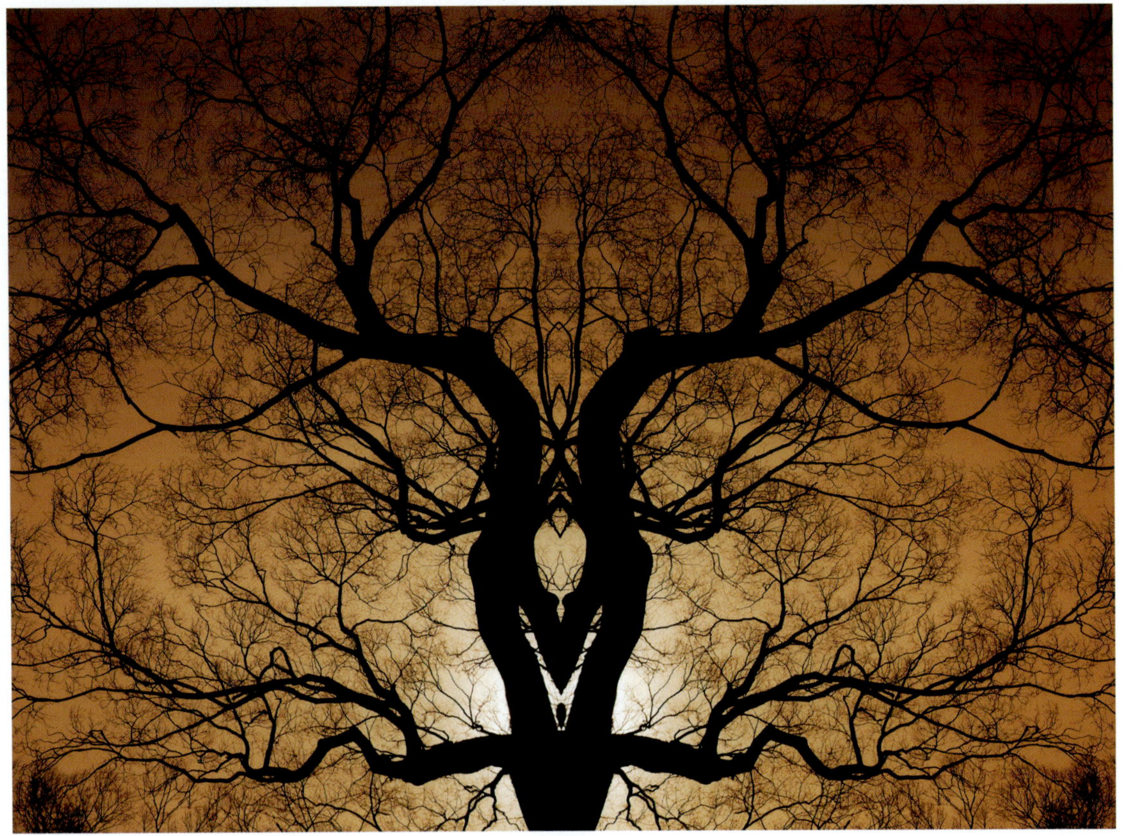

렌즈: 18-35mm F3.5-4.5 · 셔터속도: 1/1000초 · 조리개: F13.0

어린 시절 미술시간에 물감을 종이에 뿌리고 반으로 접어서 그림을 만드는 데칼코마니를 해봤을 겁니다. 대충대충 물감을 묻혔을 뿐인데, 어떻게 보면 나비 같고 어떻게 보면 곤충 얼굴 같아 보이기도 하는 그림이 만들어지는 것을 보고 참 신기해했던 것 같습니다.

푸른 하늘에 마른 나뭇가지가 마치 혈관처럼 보이는 풍경을 담았는데, 막상 보정을 하려고 보니 처음 의도와는 다르게 실망스러운 사진이 되었습니다. 보정을 하면서 여러 가지 시도를 하다 데칼코마니를 하듯 사진을 합했더니 기묘한 사진이 나왔는데, 이게 꽤나 그럴듯해 보였습니다. 파랗던 하늘을 오렌지색으로 바꿔주자 나무가 반지의 제왕에서 나올 법한 캐릭터가 되었습니다.

기하학적인 형태를 만드는 것도 가능합니다.

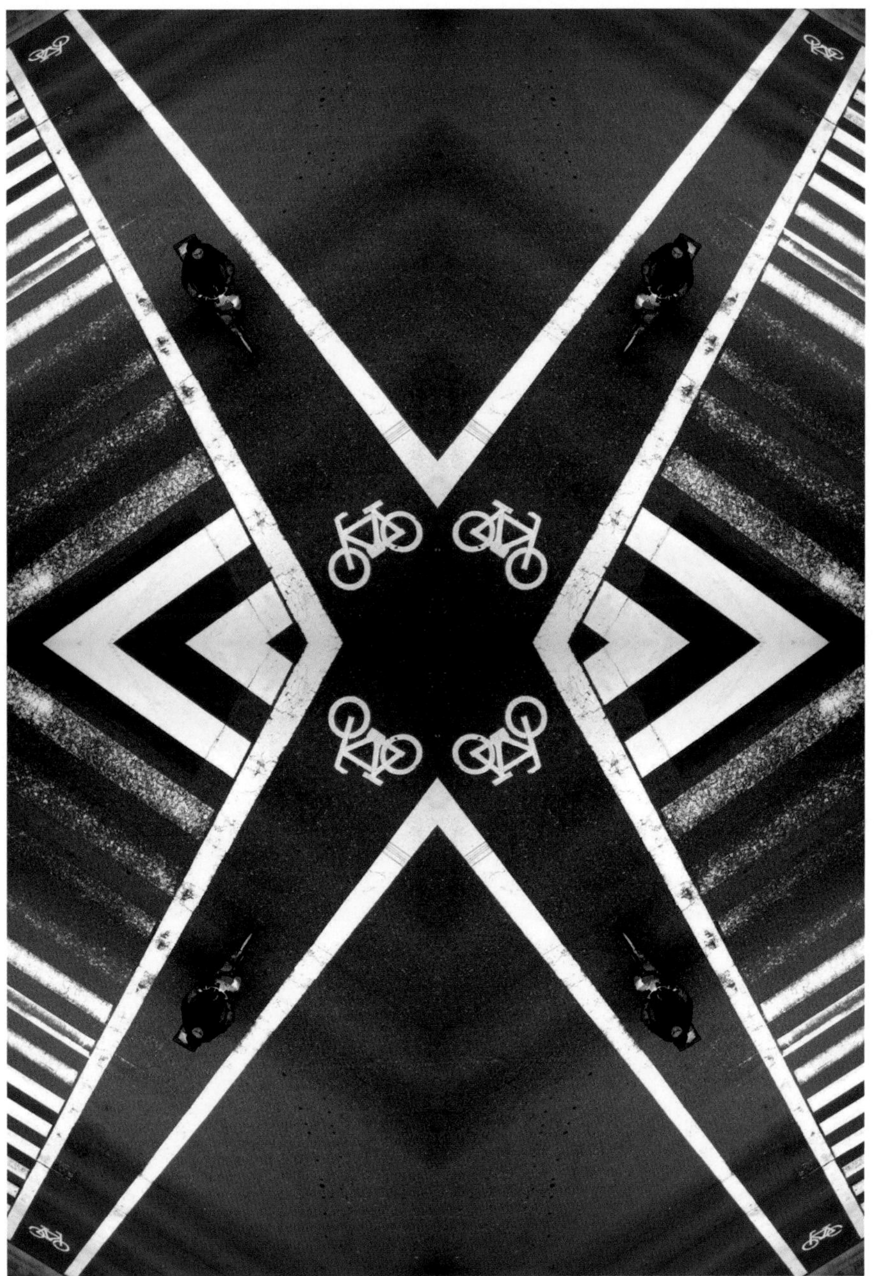

렌즈: 28-75mm F2.8 · 셔터속도: 1/250초 · 조리개: F2.8

바람이 남긴 풍경

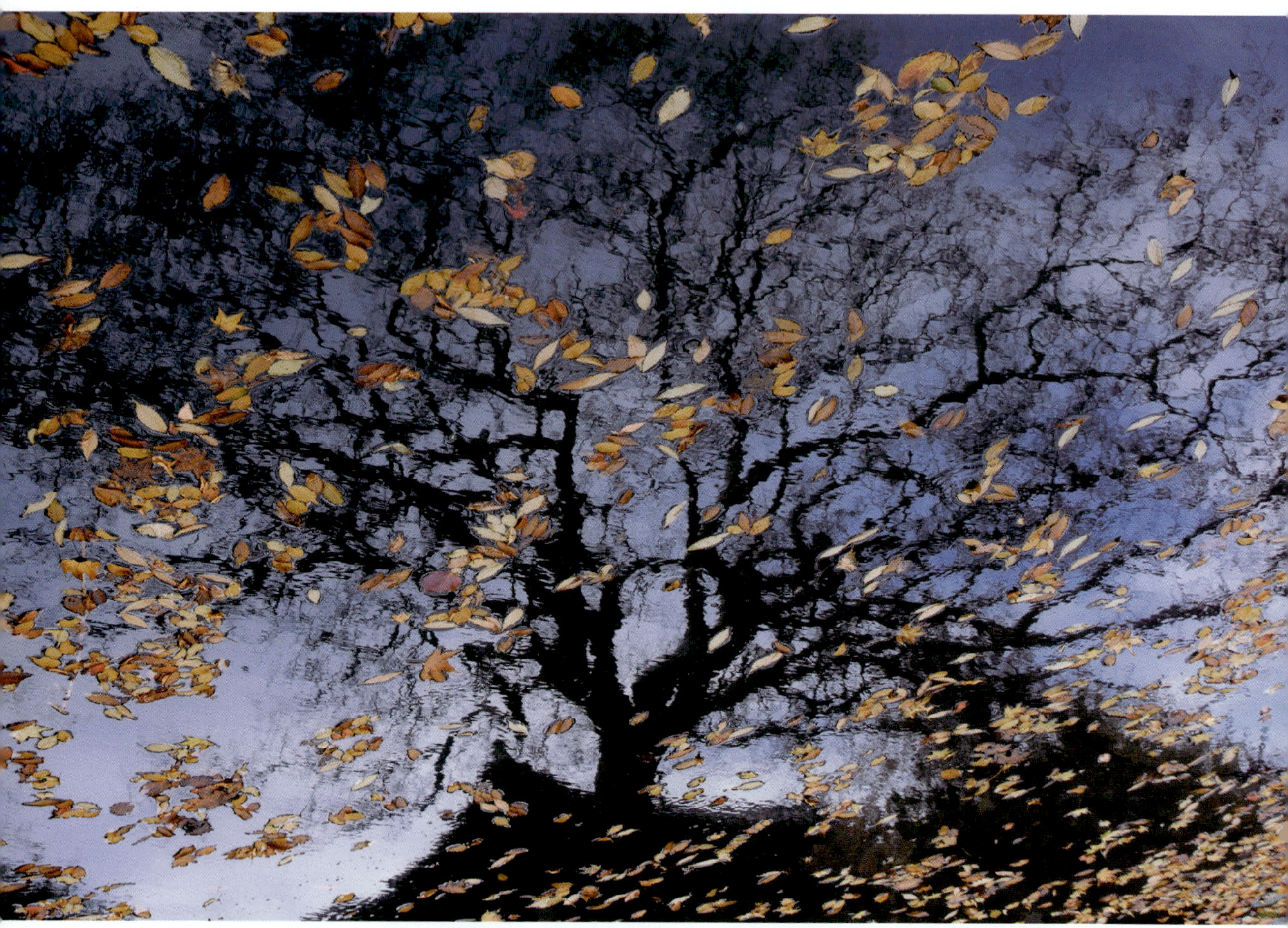

렌즈: 28mm F2.8 · 셔터속도: 1/60초 · 조리개: F11.0

물에 비친 풍경은 필자가 무척 좋아하는 촬영 소재입니다. 반영은 상하가 반전되어 보이는데, 사진을 뒤집으면 마치 반영이 원래의 형태인 것처럼 보여서 보는 이로 하여금 낯설게 하는 효과가 있습니다. 물에 비친 나무와 바람에 떨어진 낙엽이 서로 연관성이 있는 느낌을 주면서도 물빛과 나뭇잎의 색상대비가 대조를 이루어 강한 인상을 남기는 사진이 되었습니다.

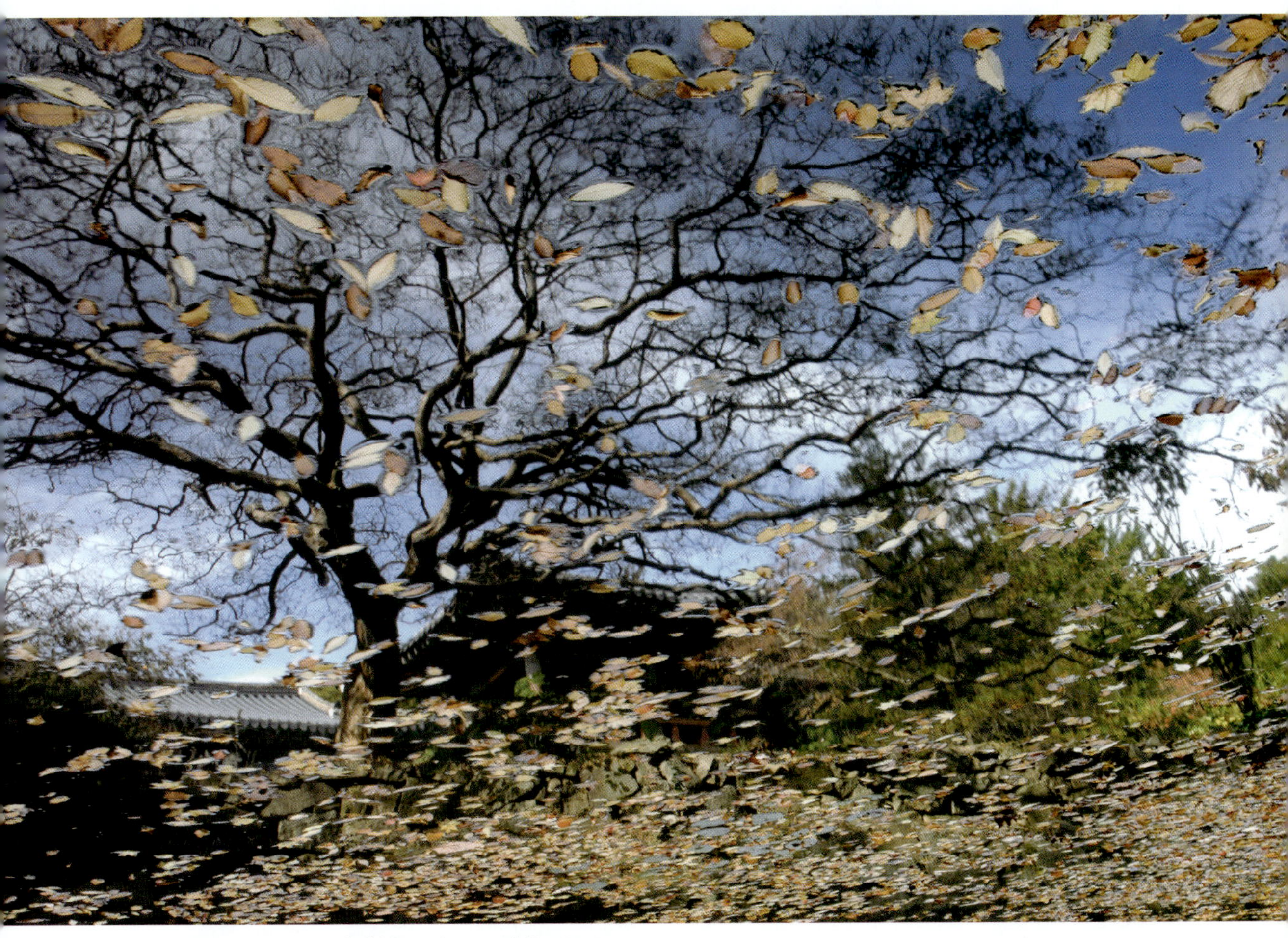

렌즈: 24-70mm F2.8 · 셔터속도: 1초 · 조리개: F32.0

POINT 01

심도를 깊게 해서 담아야 물에 비친 나무의 그림자와 물위의 나뭇잎을 모두 표현할 수 있으므로 조리개를 조여서 촬영했습니다. 조리개를 조이면 셔터속도가 길어지므로 흔들리지 않을 정도의 셔터속도를 확보할 정도까지만 조이는 것이 좋습니다.

POINT 02

광각렌즈로 촬영하여 나무의 그림자가 화면 가득 담기도록 하여 깊은 심도 표현을 할 수 있었습니다.

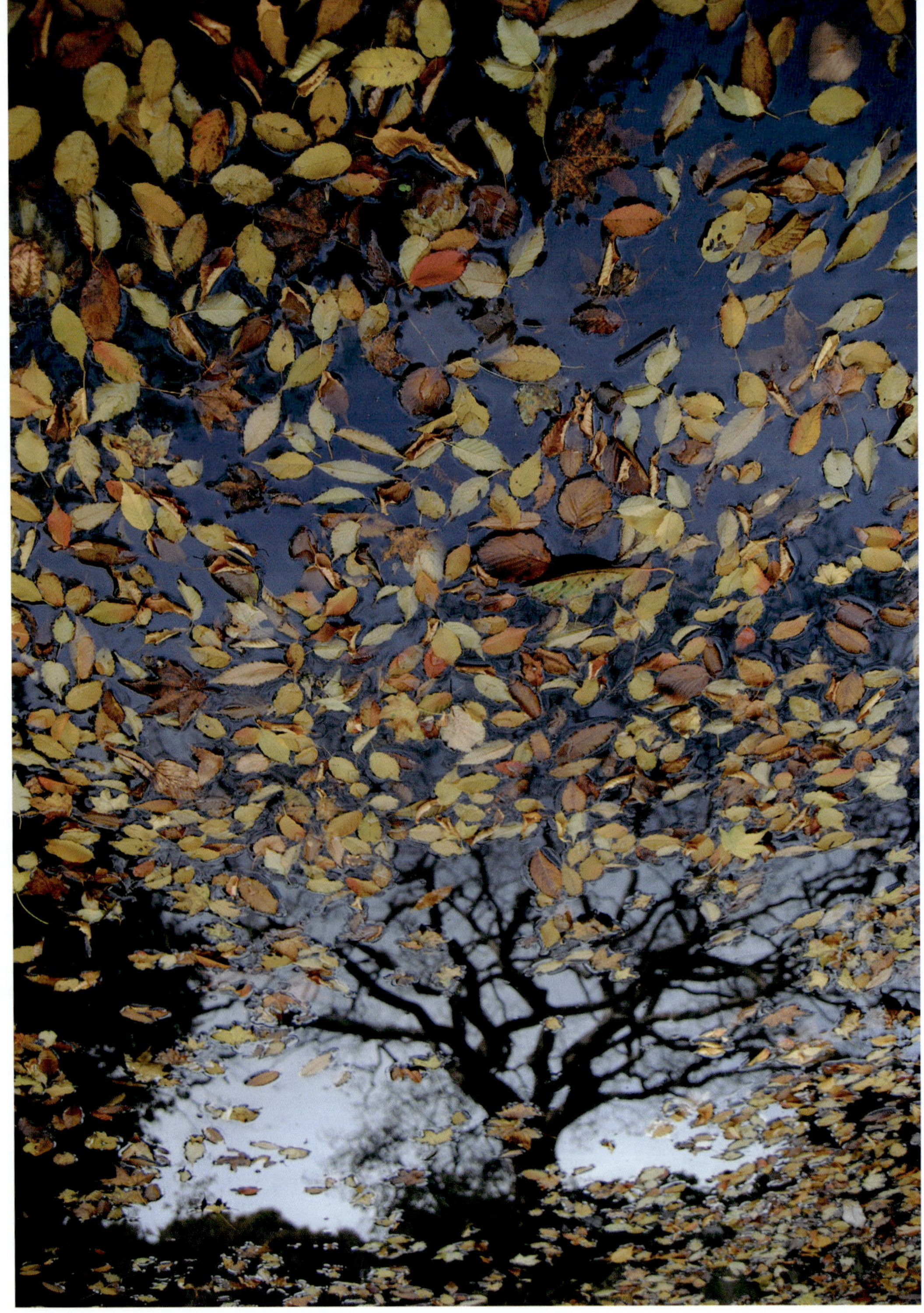

렌즈: 17-35mm F2.8 · 셔터속도: 1/125초 · 조리개: F2.8

사진 찍기 좋은 날

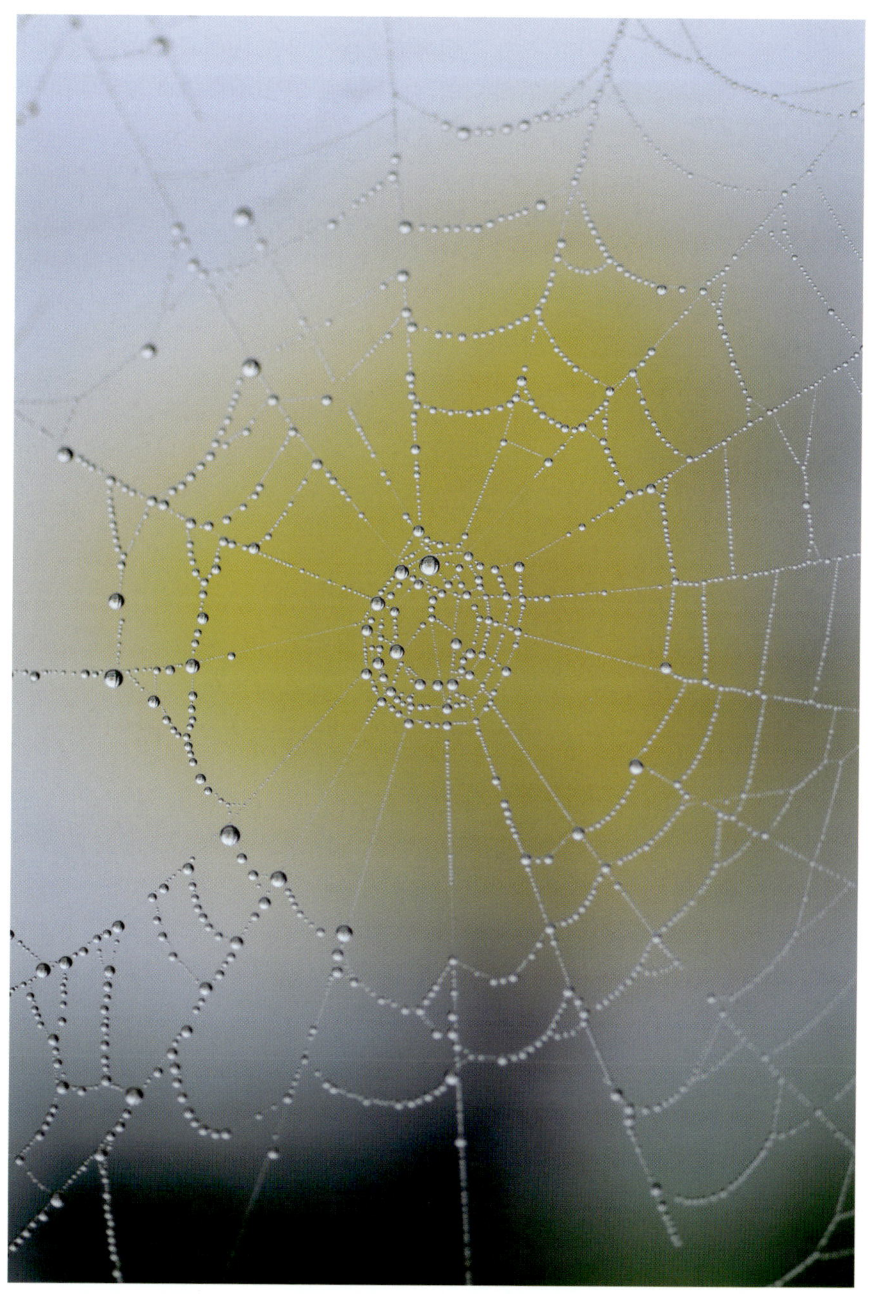

렌즈: 70mm F2.8 macro · 셔터속도: 1/250초 · 조리개: F2.8

살다보면 내 의지대로 되지 않는 일들이 많이 있습니다. 사진을 찍을 때도 마찬가지가 아닌가 생각됩니다. 이런 장면은 이렇게 찍으면 이렇게 나오겠구나 싶지만, 막상 찍고 보면 생각처럼 만족스럽지 않은 경우가 허다합니다.

하지만 이 의외라는 것이 부정적인 결과만 있지는 않습니다. 생각지도 못한 근사한 결과가 얻어걸리는 경우도 있습니다. 거미줄에 이슬이 맺힌 모습이 예뻐서 사진에 담았는데, 뒤편 건물에 그려진 꽃 그림이 이렇게 훌륭한 배경이 될 줄 누가 알았겠습니까.

사진을 찍기 좋은 날씨, 사진을 찍기 좋은 계절, 사진을 찍기 좋은 시간, 사진을 찍기 좋은 장소. 그런 건 어디에도 없고 어디에나 있습니다.

POINT 01

사진을 찍고 결과물을 모니터로 크게 보면 아쉬움이 남는 경우가 많습니다. 이 사진 역시 촬영 직후 카메라 LCD로 봤을 때는 몰랐는데 컴퓨터 화면으로 보니 심도가 너무 낮아 거미줄의 물방울이 선명하지 않아 아쉬웠습니다. 접사 촬영에서는 심도가 극단적으로 얕기 때문에 조리개를 어느 정도 조여서 찍는 것이 좋습니다.

렌즈: 28-75mm F2.8 · 셔터속도: 1/4000초 · 조리개: F4.0

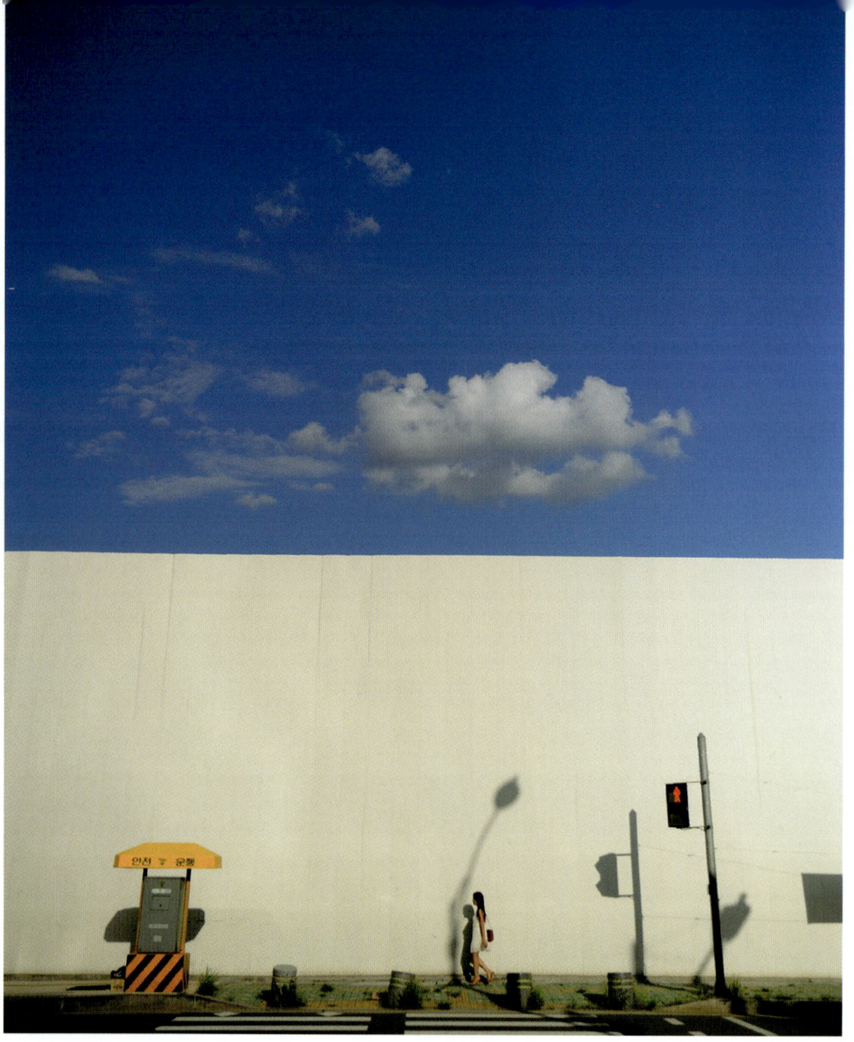

렌즈: 28-75mm F2.8 · 셔터속도: 1/8000초 · 조리개: F2.8

어느 여름날 공사장 가림벽이 파란 하늘과 대비를 이루는 풍경이 눈에 띄었습니다. 모델이 하늘색 원피스를 입었더라면 더 좋았겠지만, 양산을 들고 걸어가는 모습에서 피부색과 그림자가 포인트가 되어 구도의 공식에 충실한 사진이 되었습니다.

사각형의 틀 안에서 어떻게 나누고 어떻게 위치하는가가 사진 구도의 관건입니다. 파란색과 흰색의 대비, 아주 작은 부분이지만 인도의 녹색과 노란색이 그 단조로움에 변화를 주고, 걸어가는 사람과 날리는 치맛자락이 움직임을 만들어 정적이면서도 동적인 느낌을 함께 주고 있습니다. 더 넣을 것도 없고 더 뺄 것도 없이 최소한의 요소들로 구성하면서 진행하여 여백을 주는 것 또한 잊지 않고 정석을 따랐습니다.

구도엔 정답이 없다

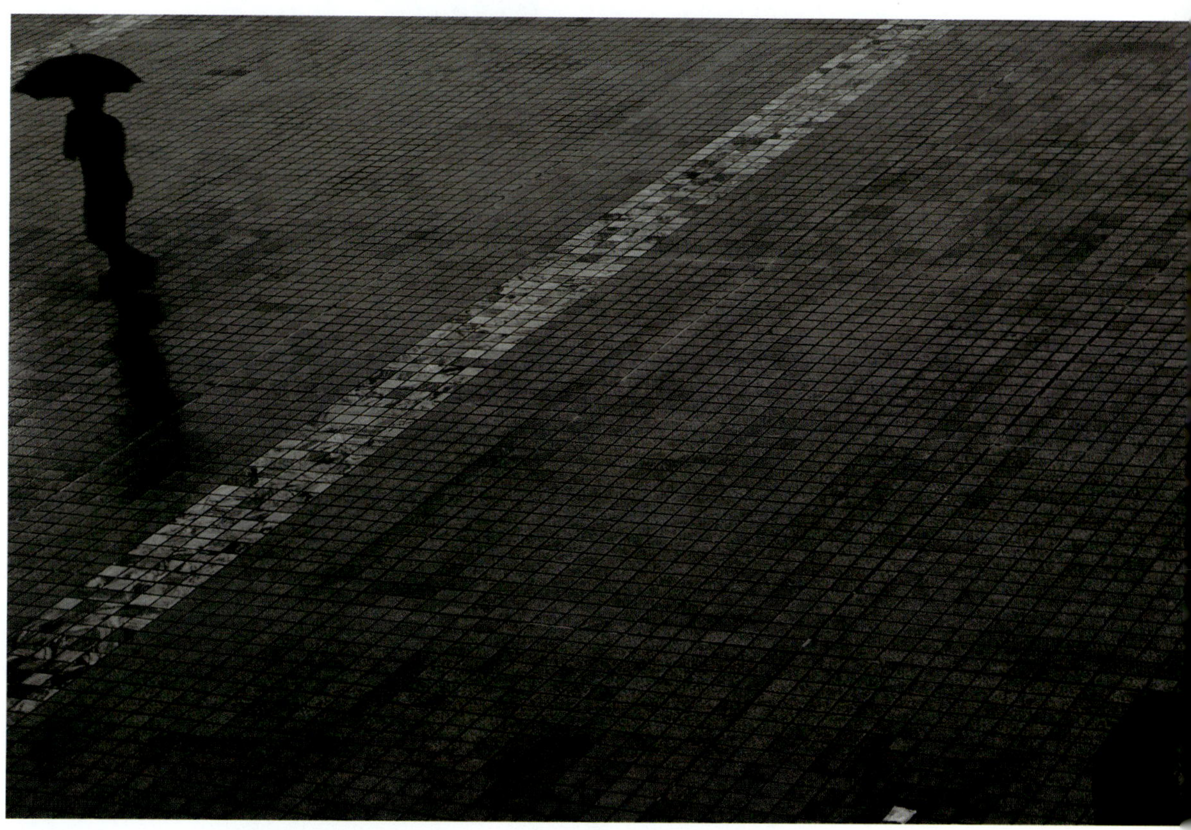

렌즈: 45mm F1.8 · 셔터속도: 1/20초 · 조리개: F3.2

구도의 중요성을 이야기하는 사진가가 있는 반면, 전혀 중요하지 않다고 말하는 사진가도 있습니다. 구도가 필요하지 않다는 것이 아니라 너무 얽매이지 않아야 한다고 풀이하는 것이 바람직할 것입니다. 정답이 정해진 것이 아니니 다양한 시도를 해보아야 합니다.

구도의 공식과는 전혀 무관한 사진입니다. 진행방향으로 여백을 두지도 않았고, 대상 중 한 명은 화면에 일부만 겨우 나왔으며 3분할과도 거리가 멀어 보입니다. 그럼에도 구도가 나쁜 사진이라는 생각이 들지 않는 것은, 사진 속에 무언가 이야기가 들어있기 때문이 아닐까요?

사진은 보여주는 것이면서 동시에 들려주는 것입니다. 사진에는 이야기가 들어있어야 합니다.

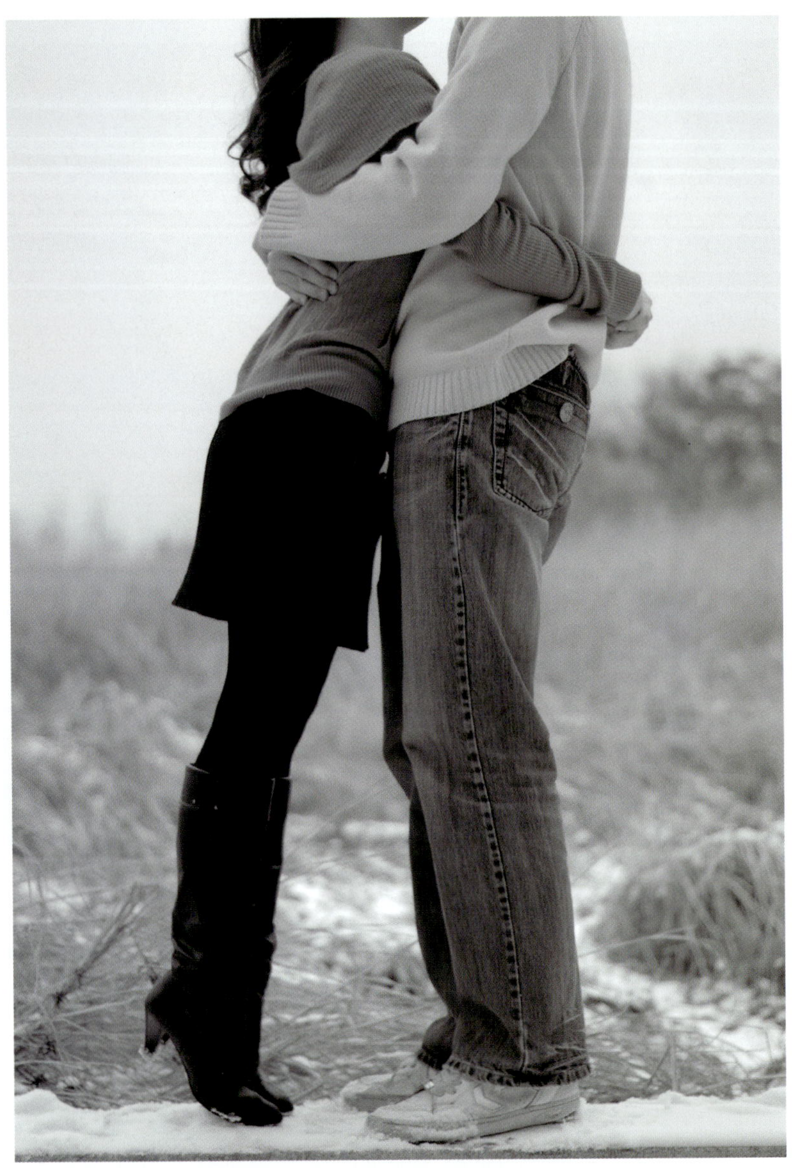

렌즈: 50mm F1.8 · 셔터속도: 1/250초 · 조리개: F2.0

POINT 01

얼굴이 보이지 않아 상상력을 불러일으키는 사진으로 이야깃거리를 만들면 얼굴이 나올 때보다 더 강한 인상을 줄 수 있습니다.

1장을 찍든, 100장을 찍든 한 장만 건지면 돼!

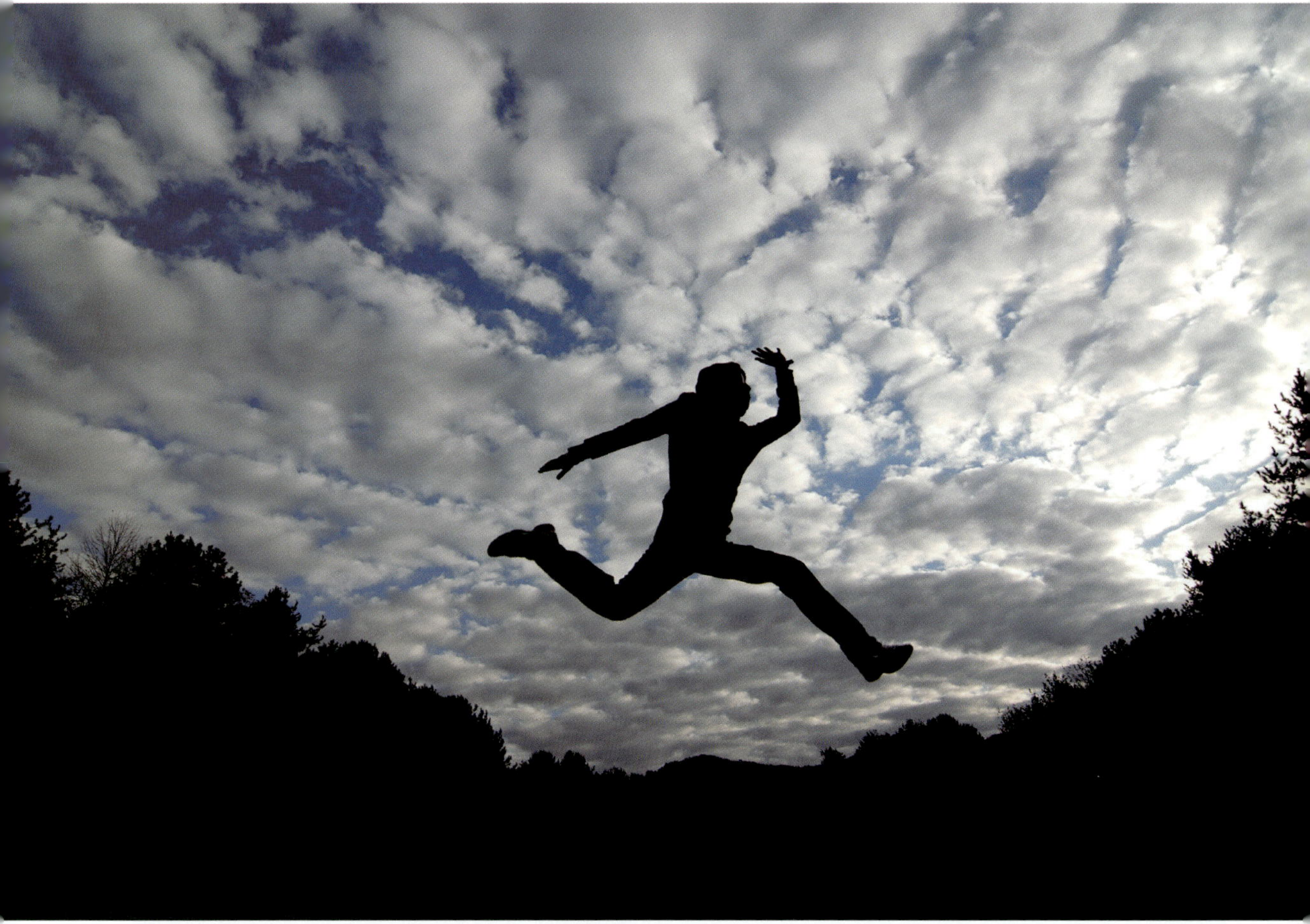

렌즈: 12-24mm F4.0 · 셔터속도: 1/500초 · 조리개: F5.6

카메라를 들고 출사를 나서면서 정하는 목표가 있습니다. 오늘 하루 찍은 사진에서 딱 한 장만 건지면 된다는 생각이 그것입니다. 무엇을 찍든 어디서 찍든, 10장을 찍든 1000장을 찍든 내 마음에 드는 사진이 단 한 장만 있으면 그날의 출사는 성공한 출사라고 생각하고 사진을 찍습니다.

이 말은 곧 괜찮은 풍경을 만나고 재미있는 피사체를 발견하면 한 장만 찍는 것이 아니라는 뜻입니다. 마음에 드는 사진 한 장이 나올 때까지 10장이든 1000장이든 찍습니다. 가로로도 찍고 세로로도 찍고, 앉아서도 찍어보고 누워서도

찍어보고 밝게도 찍고 어둡게도 찍고 원하는 구도에 누군가가 지나가길 기다
렸다 찍기도 하고……. 스스로 '이 정도면 괜찮은데?'라는 생각이 드는 한 장
이 나올 때까지 찍습니다.

종종 '이런 사진은 어떻게 찍어요?'라고 하시는데, 마음에 드는 사진을 찍는 저
만의 노하우입니다.

POINT 01

순간포착이 중요하다고 해서 점프사진을 찍을 때 연사로 무작정 찍는 경우가 많은데, 오히려 가장 높
이 오른 순간 한 장을 사진으로 담는 것이 보다 만족스러운 결과를 얻을 확률이 높습니다. 하나, 둘,
셋…… 하고 신호를 주고, 뛰는 순간이 아닌 하나, 둘, 셋, '넷'에 사진을 찍는다면 원하던 사진을 얻을
수 있을 것입니다.

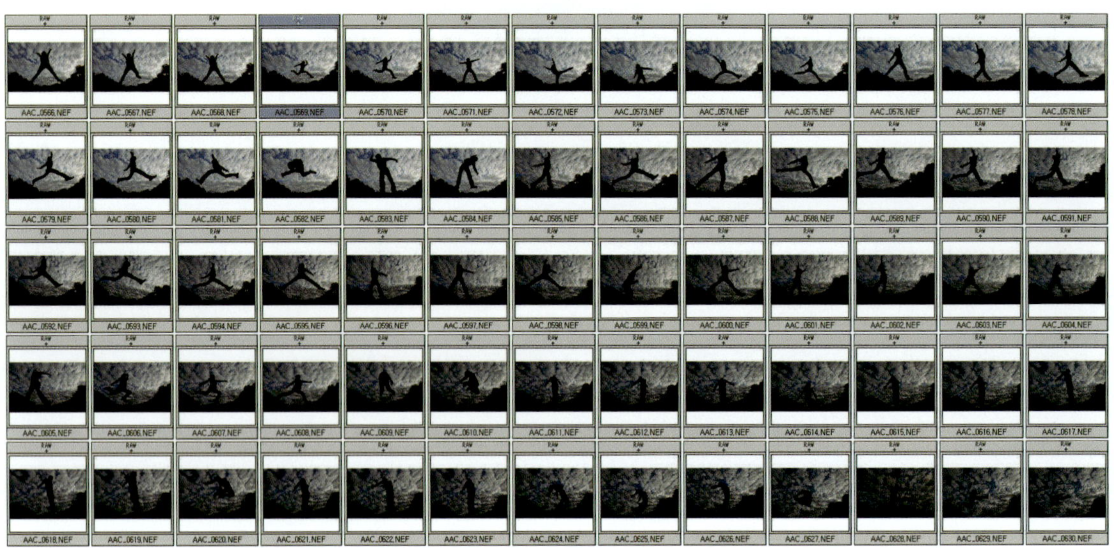

퐁당퐁당 돌을 던지자

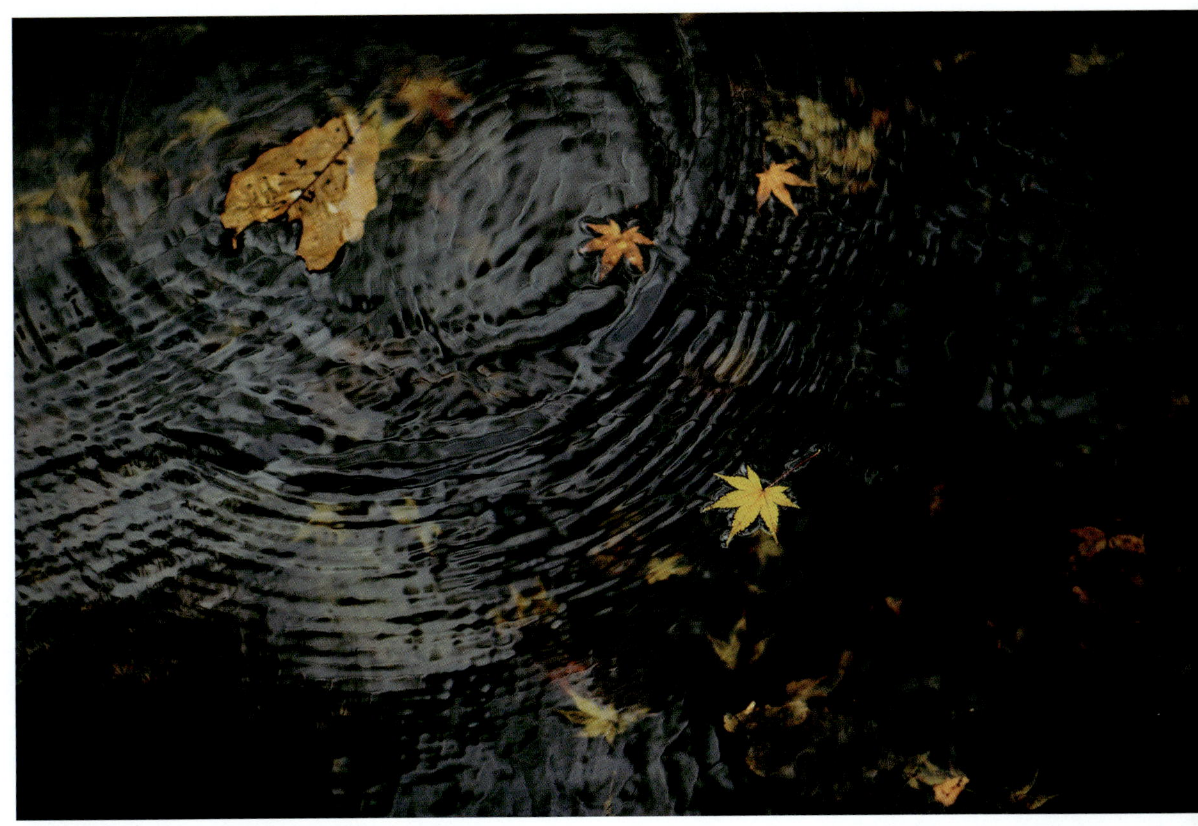

렌즈: 135mm F2.0 · 셔터속도: 1/400초 · 조리개: F2.0

선운사 가는 길에 있는 선운사 계곡은 상수리나무에서 떨어진 도토리의 탄닌 성분으로 인해 계곡물이 검어 보이는 특징이 있습니다. 검은 계곡물에 떨어져 있는 단풍은 눈에 띄는 촬영 소재였습니다. 너무 멀리 떨어져있는 단풍보다는 주변에 떨어져있는 단풍을 가까운 곳에 옮겨놓고 찍는 것이 수월하였고, 사진에 생동감을 주기 위해 작을 돌을 던져서 물결을 일으켜 함께 찍어 봤습니다. 영화촬영에서 비 오는 장면을 꼭 비 오는 날에만 찍는 것이 아니라 비가 오지 않으면 강우기로 비를 만들기도 하고 바람이 필요하면 강풍기로 바람을 일으키기도 하듯이, 사진을 찍을 때도 필요하다면 연출을 통해 원하는 사진을 얻을 수 있습니다.

POINT 01

검은 계곡물을 배경으로 밝은 노란색의 단풍을 담아야 하므로 −노출 보정으로 노출계가 알려주는 값보다 조금 더 어둡게 찍어주어야 합니다.

POINT 02

연출이 필요하다고 해서 출입이 금지된 곳에 무단으로 들어가거나 함께 감상하여야 할 꽃을 꺾는 등 타인에게 불편함을 주는 행위는 하지 말아야 합니다.

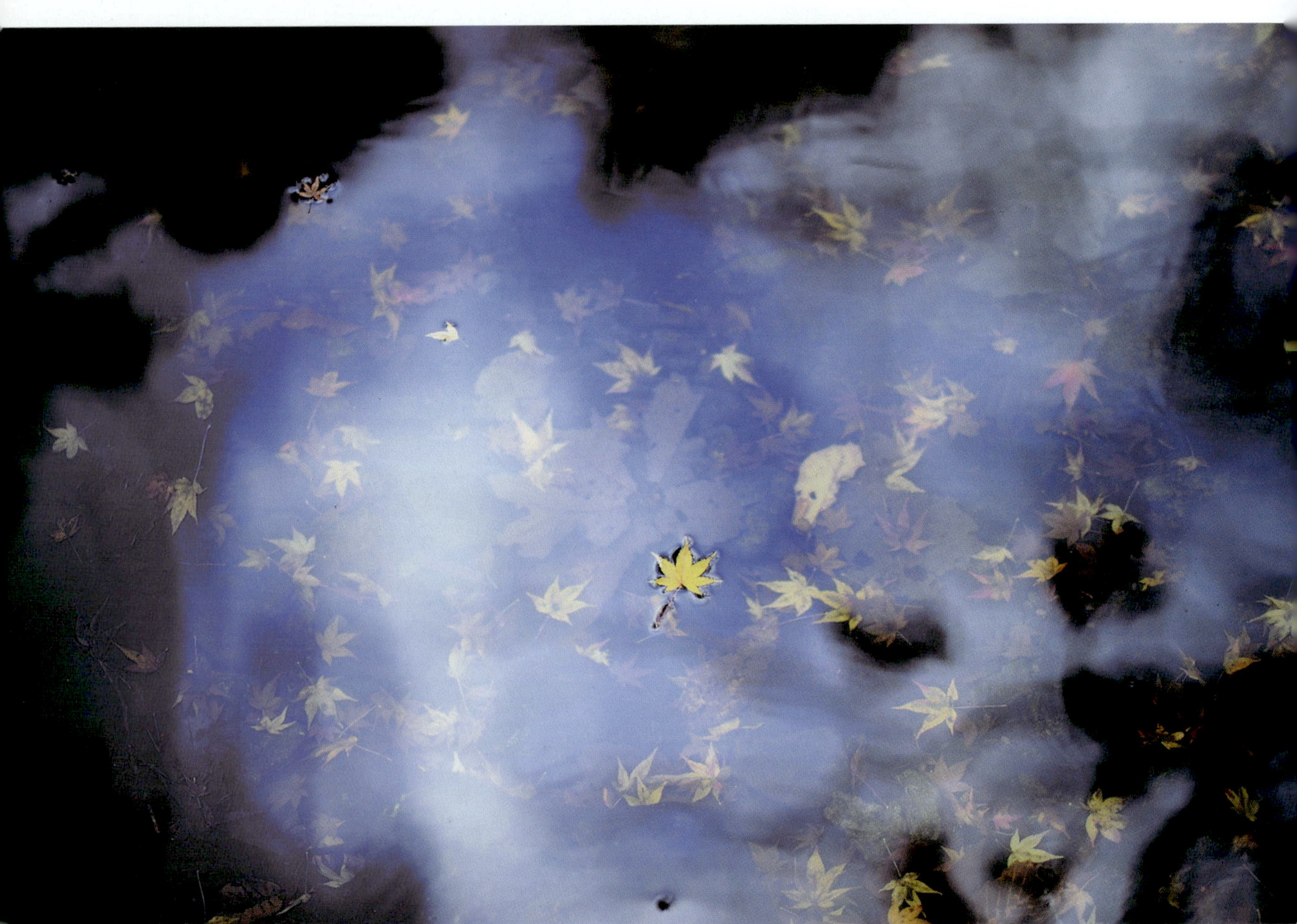

렌즈: 135mm F2.0 · 셔터속도: 1/400초 · 조리개: F2.0

이야기가 있는 사진

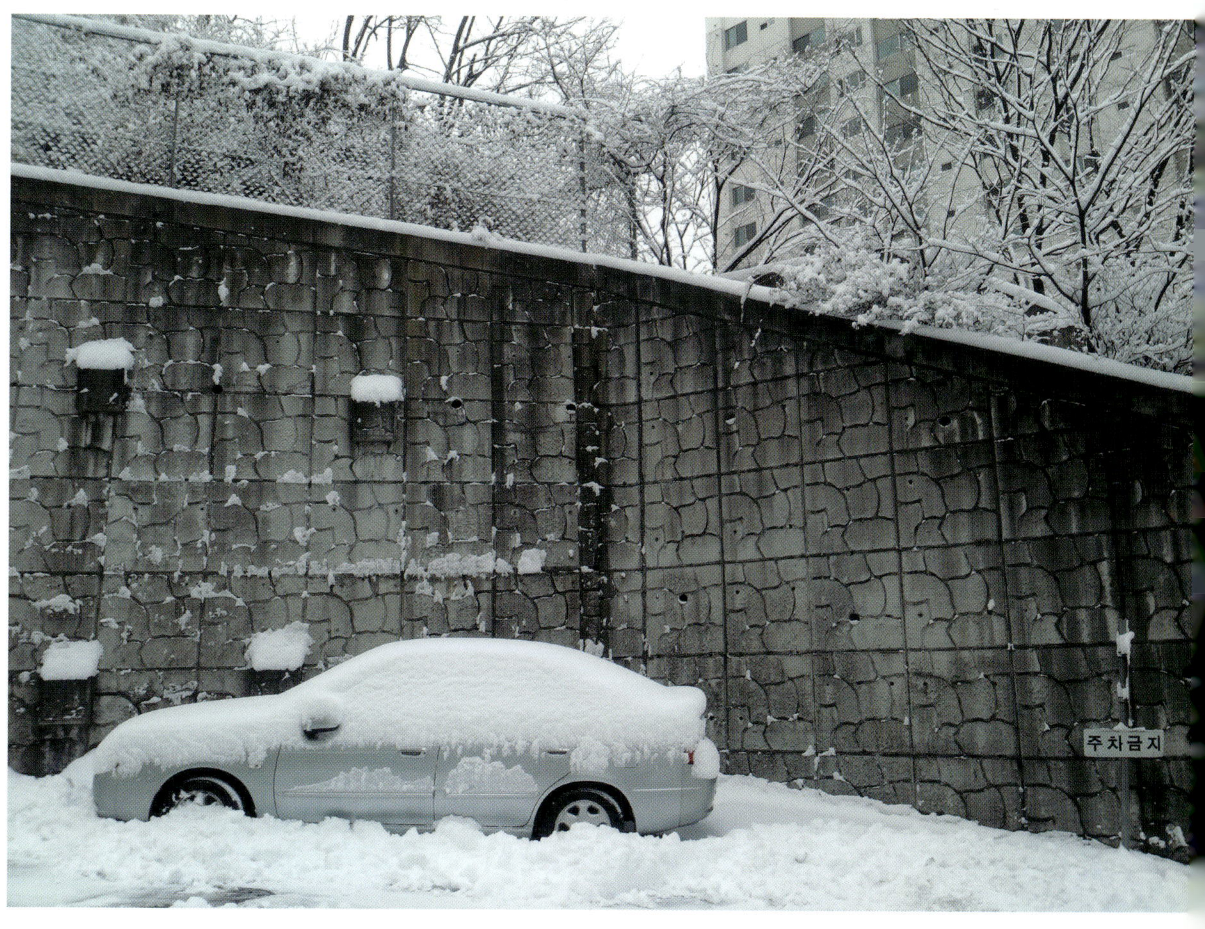

사진은 무엇이다. 라고 사진을 한마디로 정의한 말들이 여럿 있습니다.
"사진은 결정적 순간이다."
"사진은 뺄셈이다."
"사진은 빛으로 그리는 그림이다."

그리고
"사진은 언어다."
라는 말이 있습니다.

사람과 사람은 서로 언어(말)로 소통할 수 있습니다. 언어의 종류에는 활자언어만 있는 것이 아닙니다. 그림도 언어고, 음악도 언어입니다. 그리고 사진도 언어입니다. 백 마디 말로 한 장황한 설명보다 한 장의 사진이 보다 명쾌하게 상황을 보여줍니다.

사진을 찍을 때는 그래서 사진 속에 이야기가 담겨있어야 합니다. 사진 속에 이야기가 들어 있을 때 비로소 사진으로 소통할 수 있습니다.

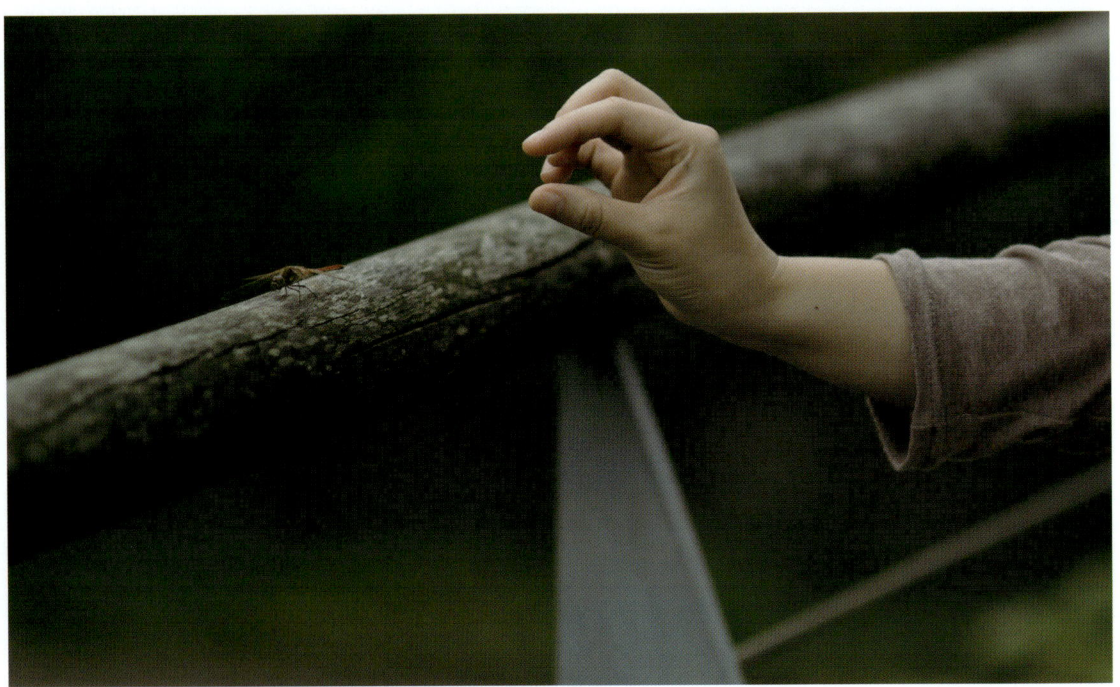

렌즈: 135mm F2.0 · 셔터속도: 1/1000초 · 조리개: F2.2

POINT 01

밤사이 함박눈이 내린 날. 출근길에 보게 된 자동차 위에 눈이 쌓인 풍경이 재미있어 스마트 폰으로 찍었습니다. 단순히 '눈이 많이 왔구나'정도로만 해석될 수 있는 사진이었지만, 차 옆에 있는 '주차금지'문구를 함께 담음으로써 더 많은 이야기를 담을 수 있었습니다.

POINT 02

과감하게 손만을 담음으로서 사진의 긴장감을 더했습니다. 인물을 더 많이 담았다면 잠자리가 잘 보이지 않았을 겁니다. 말을 할 때도 상대방이 알아듣기 쉽도록 논리정연하게 해야 하듯이, 사진도 보여주고자 하는 부분을 명확하게 보여줄 필요가 있습니다.

한 편의 시를 찍다

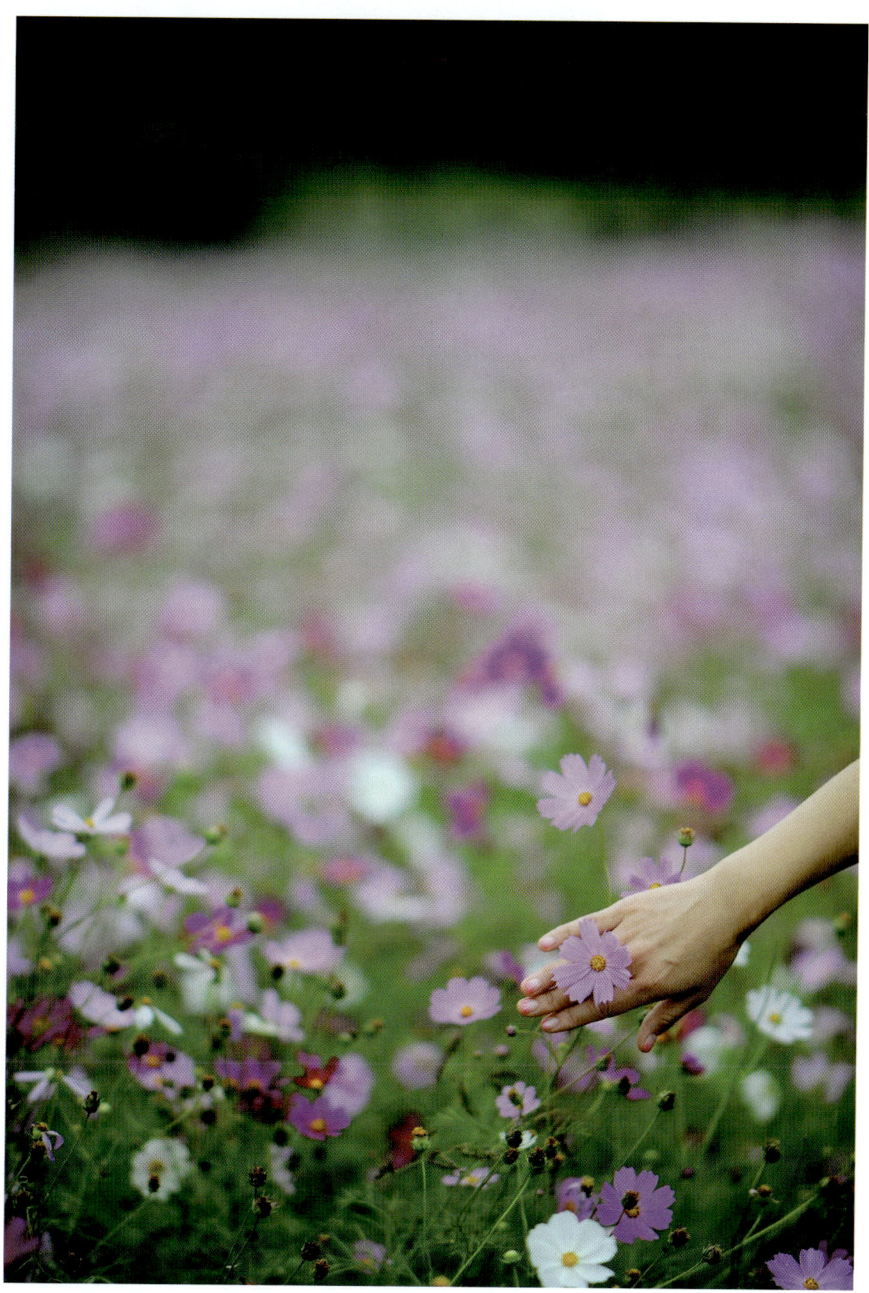

렌즈: 135mm F2.0 · 셔터속도: 1/640초 · 조리개: F2.0

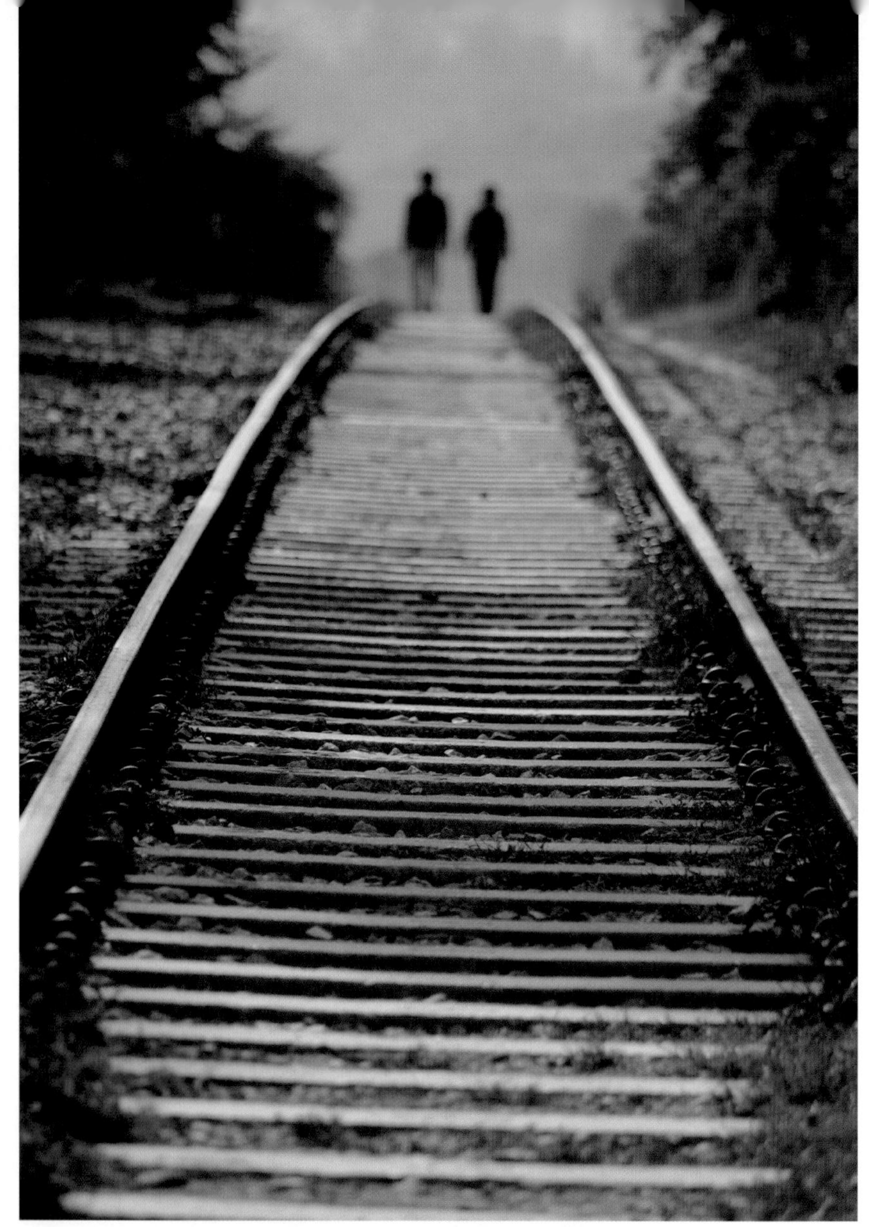

렌즈: 70-300mm F4-5.6 · 셔터속도: 1/640초 · 조리개: F5.6

기계도 중요하고, 기술도 중요하지만 무엇보다 사진을 찍는 사람이 가지는 감성이 중요합니다. 사진이 언어라면 감성이 담긴 언어일 때 가장 아름다운 결과물이 나오게 됩니다.

사진을 찍을 때, 그저 사진을 찍는 것이 아니라 한 편의 시를 쓴다는 감수성으로 담습니다. 시인은 글로 시를 쓰고 사진가는 카메라로 시를 찍습니다.

콘테스트에 도전해보자

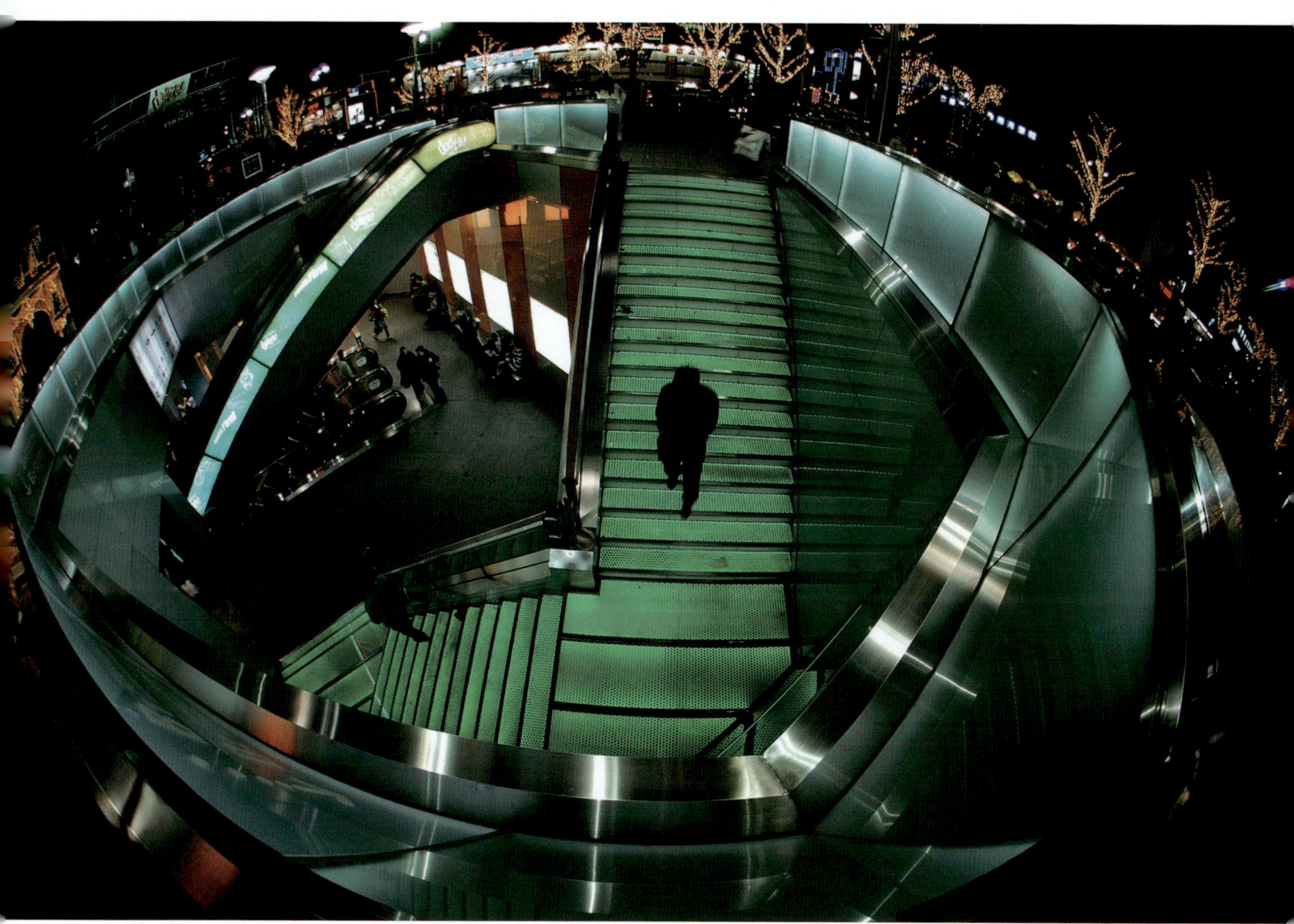

렌즈: 8mm F4.0 어안 · 셔터속도: 1/20초 · 조리개: F4.0

취미로 사진을 찍는다는 것은 즐거움입니다.

새로운 장비를 구입하고, 사진을 찍기 위해 먼 혹은 가까운 촬영지를 찾아 여행을 하고, 동호회를 통해 같은 취미를 즐기는 다양한 사람들을 만나는 것 역시 즐거움입니다. 파인더를 통해 세상을 바라보고 그저 셔터를 누르는 것만으로도 마냥 즐겁기만 한 필자에게 사진에 관한 무엇인들 즐겁지 않은 것이 있을까요.

이런 필자에게 사진을 찍는 또 하나의 즐거움이 있으니, 그간 심심찮게 입상했던 사진콘테스트에 참여하는 것입니다.

사진을 찍다보면 자신의 실력이 어느 정도인지 평가받고 싶기도 하고, 스스로 생각하기에 잘 찍은 사진을 자랑하고 싶은 마음이 들게 됩니다. 이때 아마추어 디카 사용자들을 대상으로 하는 사진콘테스트는 한 번 도전해 볼 만한 좋은 기회입니다.

사진 콘테스트에서 가장 중요한 것은 물론 '사진을 잘 찍었느냐'겠지요. 하지만 요즘 들어 부쩍 많아진 아마추어를 대상으로 한 인터넷상의 콘테스트는 사진을 잘 찍었는가보다 주제를 정확하게 파악하고 독창성이 있는가를 중점으로 둡니다. 실력도 없는데 내가 당선이 될까, 하는 생각에 시작도 하기 전에 포기하지 말고 자신감을 갖고 도전해보세요. 뜻하지 않게 좋은 결과를 얻게 될 것입니다.

콘테스트 당선자 명단에 이름을 올리기 위해서는 무엇보다 사진을 찍는 법을 알아야 하고 적당히 운도 따라주어야 하겠지요. 그간 콘테스트에 응모하면서 느낀 몇 가지 요령이 있습니다.

1. 가장 중요한 것은 주제를 정확히 파악하는 것입니다.
아무리 좋은 사진이라도 콘테스트의 성격과 맞지 않는 사진은 뽑히지 않습니다. 콘테스트의 제목과 주어진 주제에 충실한 사진으로 응모해야 합니다.
2. 이미 많은 사람들이 찍은 사진을 모방한 것이나 단조로운 사진보다 창의적이고 개성 있는 사진을, 그리고 촬영자의 노력이 담긴 사진을 찍어야 합니다.
3. 가끔은 콘테스트를 주관하는 회사를 간접적으로라도 광고할 수 있는 사진에 후한 점수가 주어지는 경우도 있습니다. 그러므로 주최사 혹은 후원사가 어디인지 살펴볼 필요가 있습니다.
4. 응모요강을 꼼꼼히 살펴봐야합니다. 장소와 시간 소재의 제약이 있는지 보고 출품 가능한 기간과 작품의 수를 지켜야 합니다. 출품작의 수에 제한이 없다면 가능한 많은 작품을 출품하는 것이 유리합니다.
5. 모든 콘테스트에서 출품작의 저작권과 초상권에 대한 책임은 응모자에게 있습니다. 당선이 되고 싶은 욕심에 다른 사람의 작품을 출품하거나 초상권을 침해하는 행위는 하지 말아야합니다.
6. 당선이 되면 원본을 제출해야 하는 경우가 많으므로 사진의 원본을 잘 보관해야합니다.

그동안 콘테스트를 통해서 받은 상품과 상금이 어림잡아 1000만 원 정도 되는 것 같습니다. 만약 이런 필자가 부럽다면 그저 부러워만 하지 말고 직접 도전해보시길…….

실패를 두려워하지 않고 시도하다 보면, 당선자 명단에 오른 자신의 이름을 찾는 것은 그리 어려운 일이 아닙니다.

당선작 모음

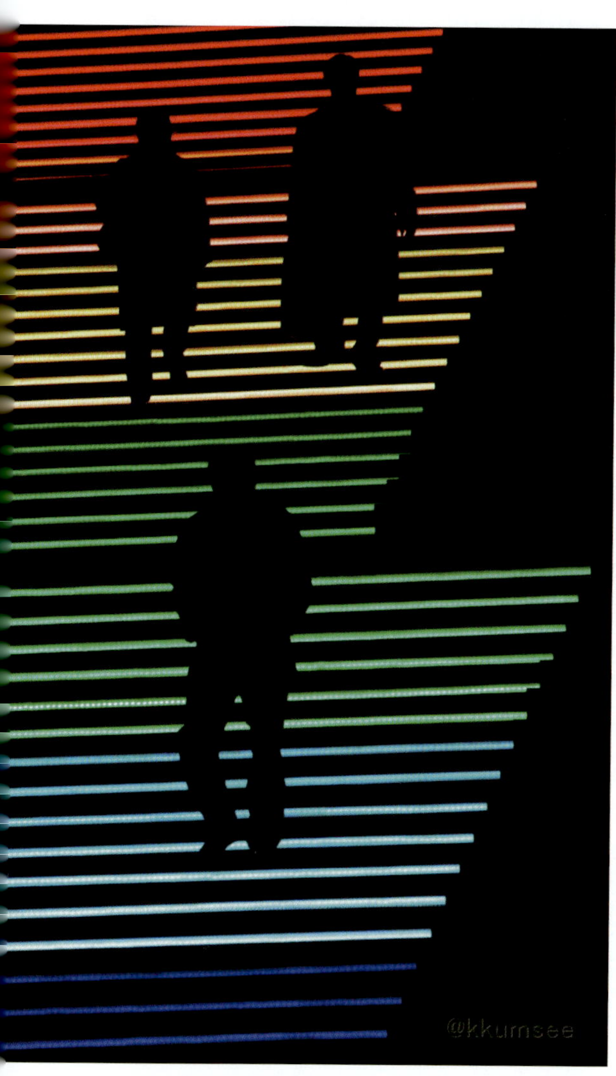

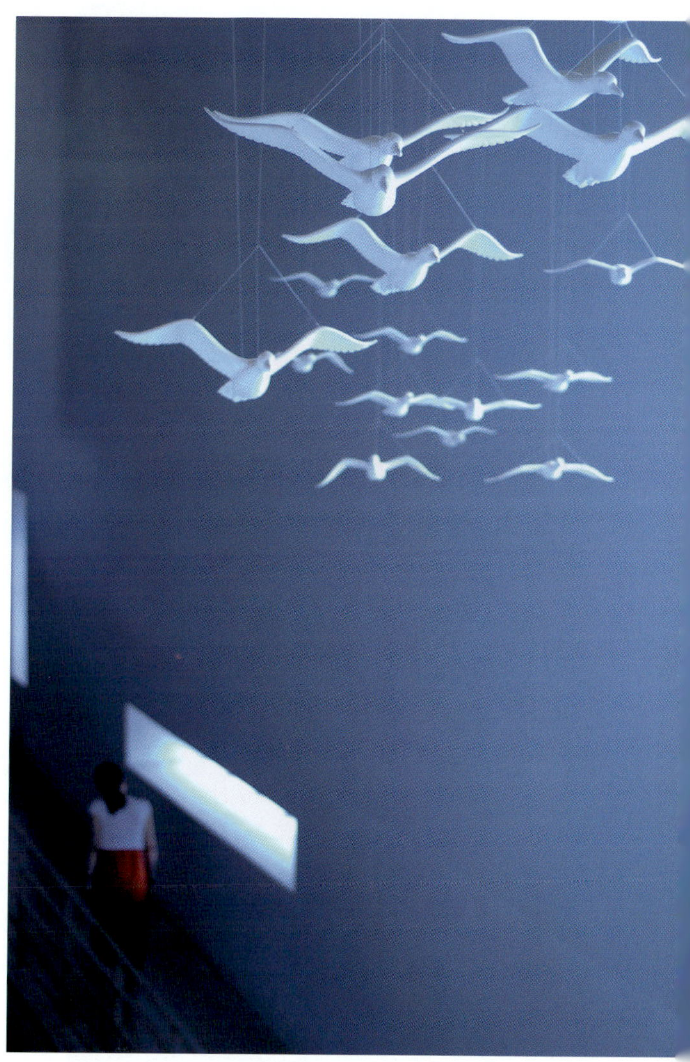

포토리그 사진 공모전

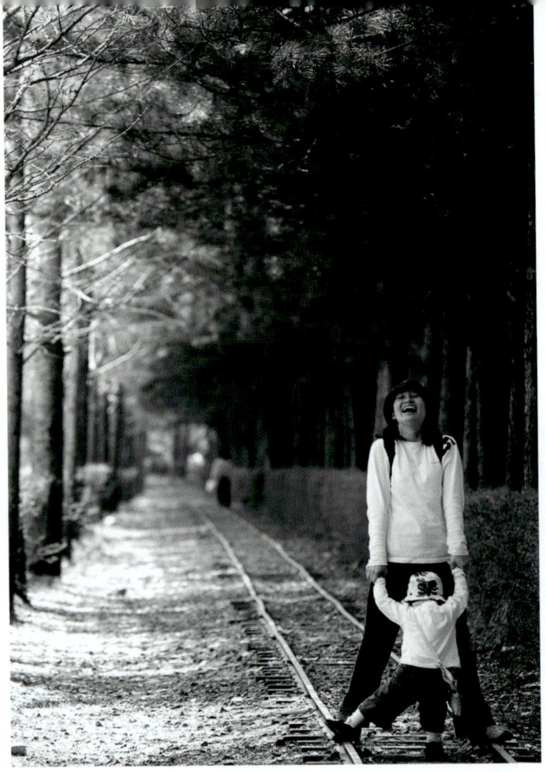

여행사진 공모전

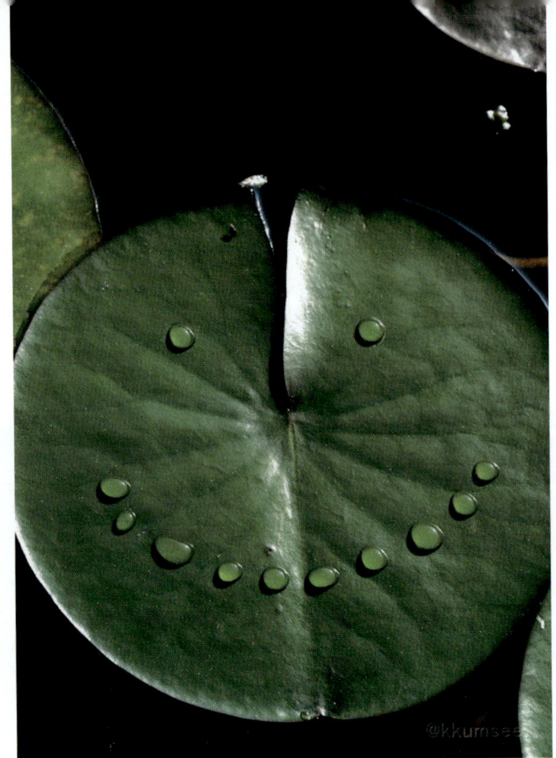

iMBC 사진 공모전

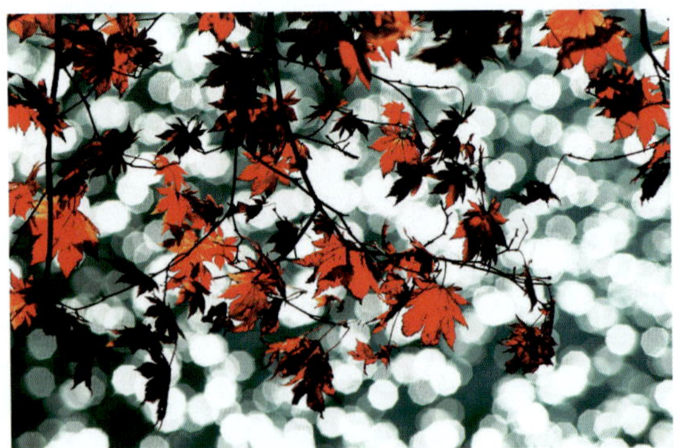

하이텔 공모전

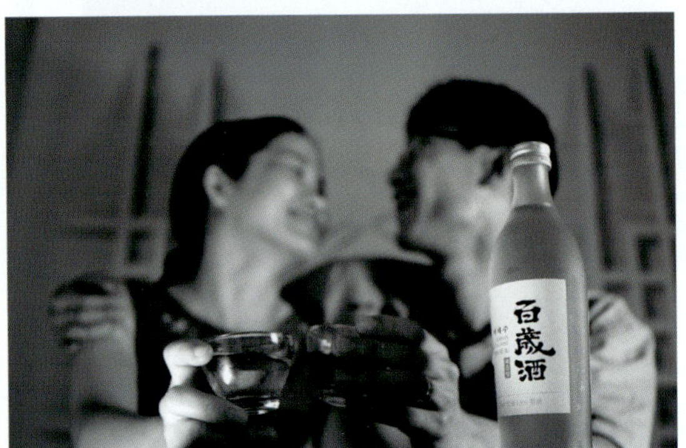

백세주 사진 공모전

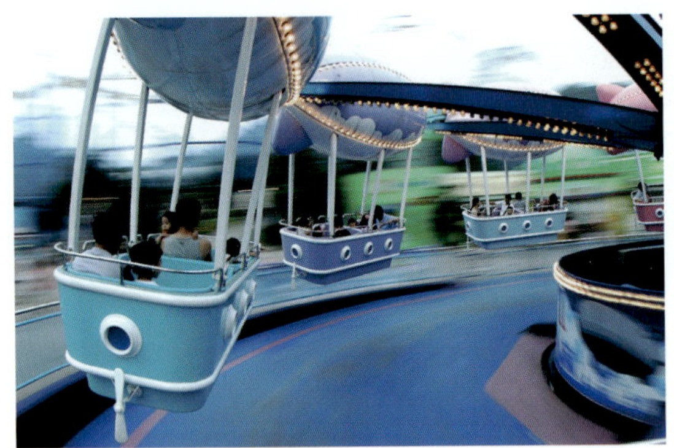

여행사진 공모전

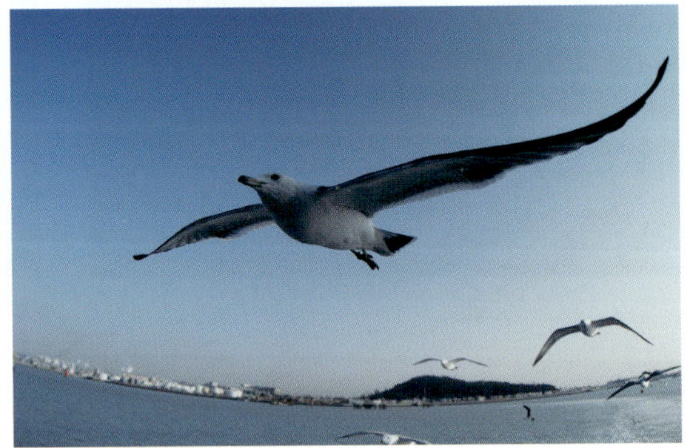

동아일보 사진 공모전

작은 것이 아름답다

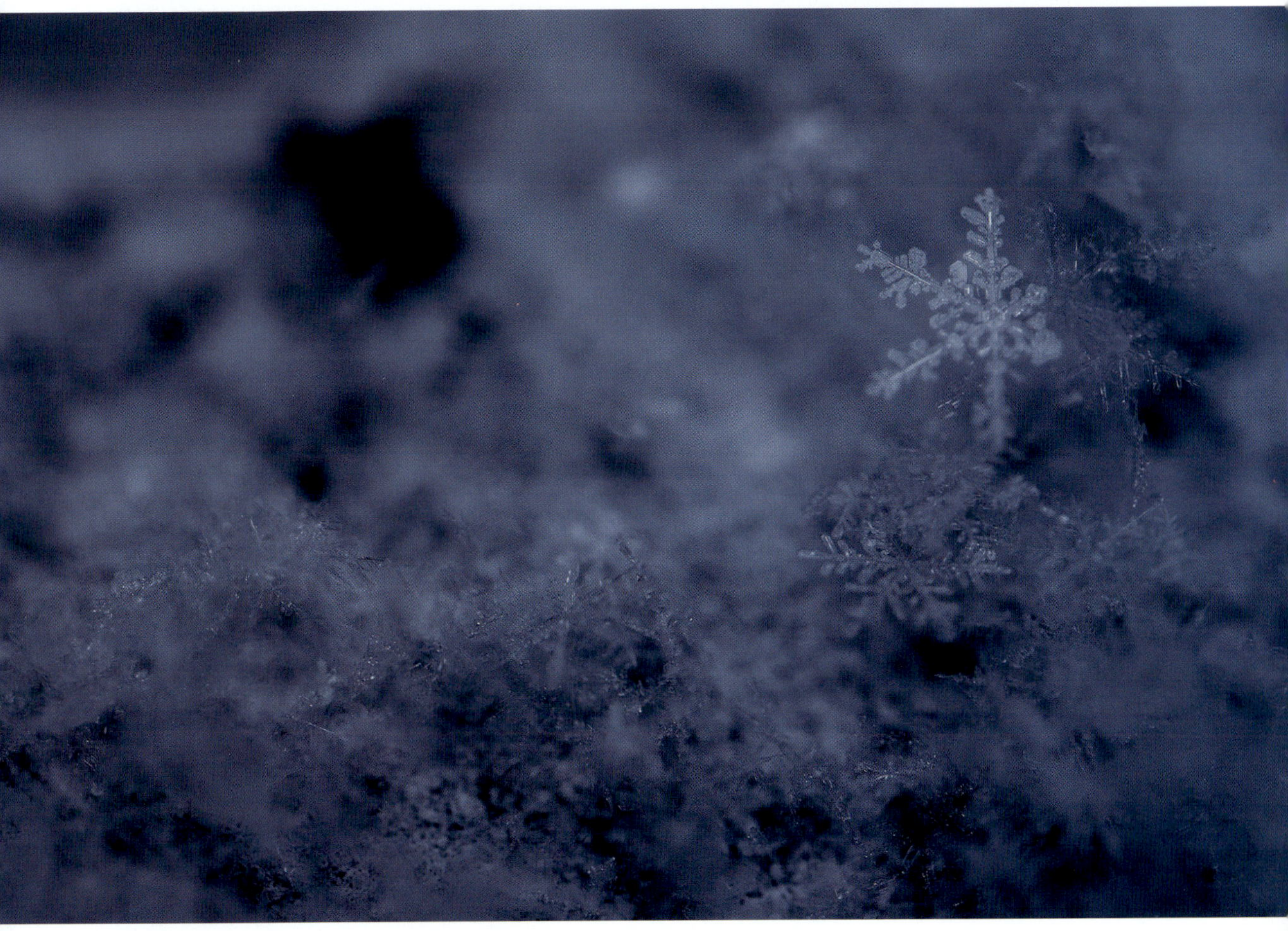

렌즈: 70mm F2.8 macro · 셔터속도: 1/60초

접사사진은 불과 2-3cm 정도 되는 대상을 화면 가득 보여줌으로써 우리가 사는 세상의 아주 작은 부분들이 얼마나 정교하게 만들어져 있는지를 보여줍니다. 마크로렌즈를 이용해서 근접 촬영한 사진들은 대충 찍어도 제법 그럴싸한 경우가 많아서 많은 사람들이 접사사진의 매력에 빠지게 됩니다.

마크로렌즈는 현미경처럼 사물을 확대해서 보여주는 것이 아닙니다. 아주 가까이까지 초점을 맞출 수 있도록 만들어져서 좁은 영역을 담을 수 있는 것입니다.

작은 것이 아름답다는 말이 있습니다. 작은 것이 아름답게 보이려면 그만큼 가까이 다가가서 자세히 들여다봐야 그 아름다움을 제대로 볼 수 있게 됩니다.

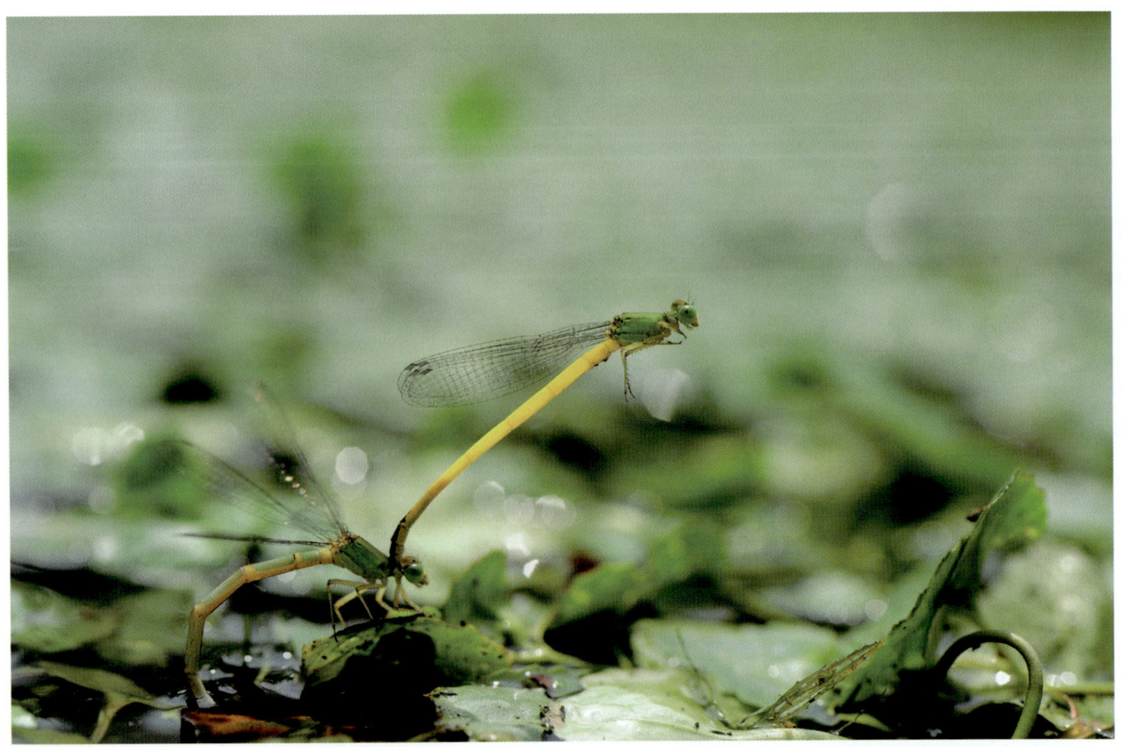

렌즈: 70mm F5.6 macro · 셔터속도: 1/800초

POINT 01

피사체와 카메라의 거리가 가까울수록 심도가 얕아집니다. 심도의 깊이(초점이 맞는 영역)가 불과 몇 mm 정도이므로 접사촬영에서는 초점이 매우 중요합니다. 오토포커스를 이용하기 보다는 수동초점으로 거리를 정하고, 초점 링을 움직여서 초점을 맞추기보다 몸을 움직여서 초점거리를 맞추는 것이 좋습니다.

POINT 02

접사 하면 빼놓을 수 없는 소재가 곤충입니다. 하지만 곤충은 사람이 다가가면 달아나고, 늘 움직임이 많아 촬영하기 까다로운 대상입니다. 이런 곤충의 경계심이 풀어질 때가 있는데, 교미중이거나 먹이를 먹는 순간입니다. 또 날개가 마르기 전 움직임이 둔한 이른 새벽 시간을 노리는 것도 좋은 방법입니다.

세상 참 넓구나!

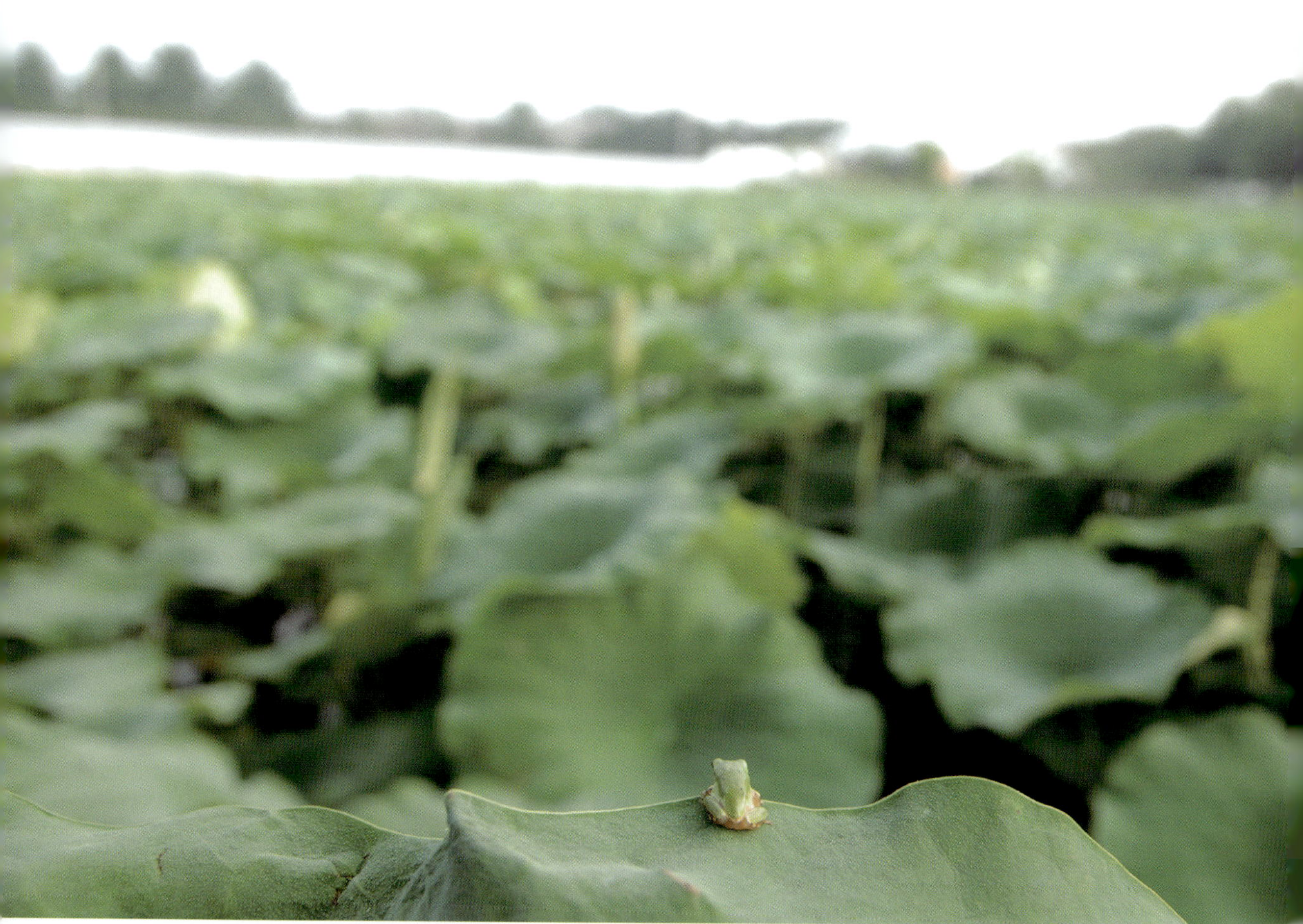

렌즈: 18-50mm F2.8 · 셔터속도: 1/100초 · 조리개: F5.6

사진으로 세상을 바라보는 방법에는 크게 두 가지가 있습니다. 넓은 안목으로 전체를 바라보는 것과 작은 부분을 자세히 들여다보는 것인데, 사진은 그 중에서 필요한 부분만 적당히 잘라서 보는 것입니다. 넓게 본다는 것은 시야가 넓다는 것과 함께 상상력과 이야기를 담아내는 것, 자세히 들여다본다는 것은 관찰력과 집중을 필요로 하는 것이라 할 수 있습니다.
세상물정을 잘 모르는 사람을 두고 우물 안 개구리라고 말합니다. 아마 연못에 사는 개구리는 자기가 살고 있는 연못의 크기도 몰랐을 것입니다. 연잎 위에서 연못의 크기를 처음 보았을 때 이렇게 생각했을지도 모르겠습니다.
'세상 참 넓구나!'
하지만 연못 밖의 세상이 자신이 본 것보다 더 넓다는 것까지는 아직 알 수 없겠지요.

사진 속에 이야기를 만들고 재미와 웃음을 담는 것은 촬영자의 몫입니다. 개구리의 점잖은 뒷모습과 연못을 함께 담을 생각을 못하고 연잎 위의 청개구리를 만났다고 신나게 접사만 찍었다면 개구리나 필자나 그저 우물 안 개구리일 뿐인 것입니다.

작은 것을 놓치지 않고 볼 줄 아는 관찰력도 필요합니다. 비가 온 뒤 물이 고인 보잘 것 없는 물웅덩이의 소금쟁이였기에 넓게만 보고 다니고 보잘 것 없고 사소한 것들은 무시했다면 이 사진은 찍을 수 없었을 것입니다. 동심원을 만들며 물위를 미끄러지듯 돌아다니는 소금쟁이에게 관심을 주었기 때문에 손바닥 크기 정도의 물이 파도가 넘실대는 망망대해처럼 보이도록 찍을 수 있었습니다. 별것 아닌 것처럼 보이는 것들도 자세히 들여다보면 또 다른 세상을 볼 수 있습니다.

숲을 보려면 숲에서 나와야 합니다. 반면 나무를 보려면 숲으로 들어가서 보아야 나뭇잎 하나하나 자세히 들여다볼 수 있게 됩니다. 보다 넓은 세상을 바라보고 또 그 안의 작고 사소한 것들도 놓치지 않기 위해서는 성능 좋은 줌렌즈가 아니라 부지런히 발품을 파는 것이 필요합니다.

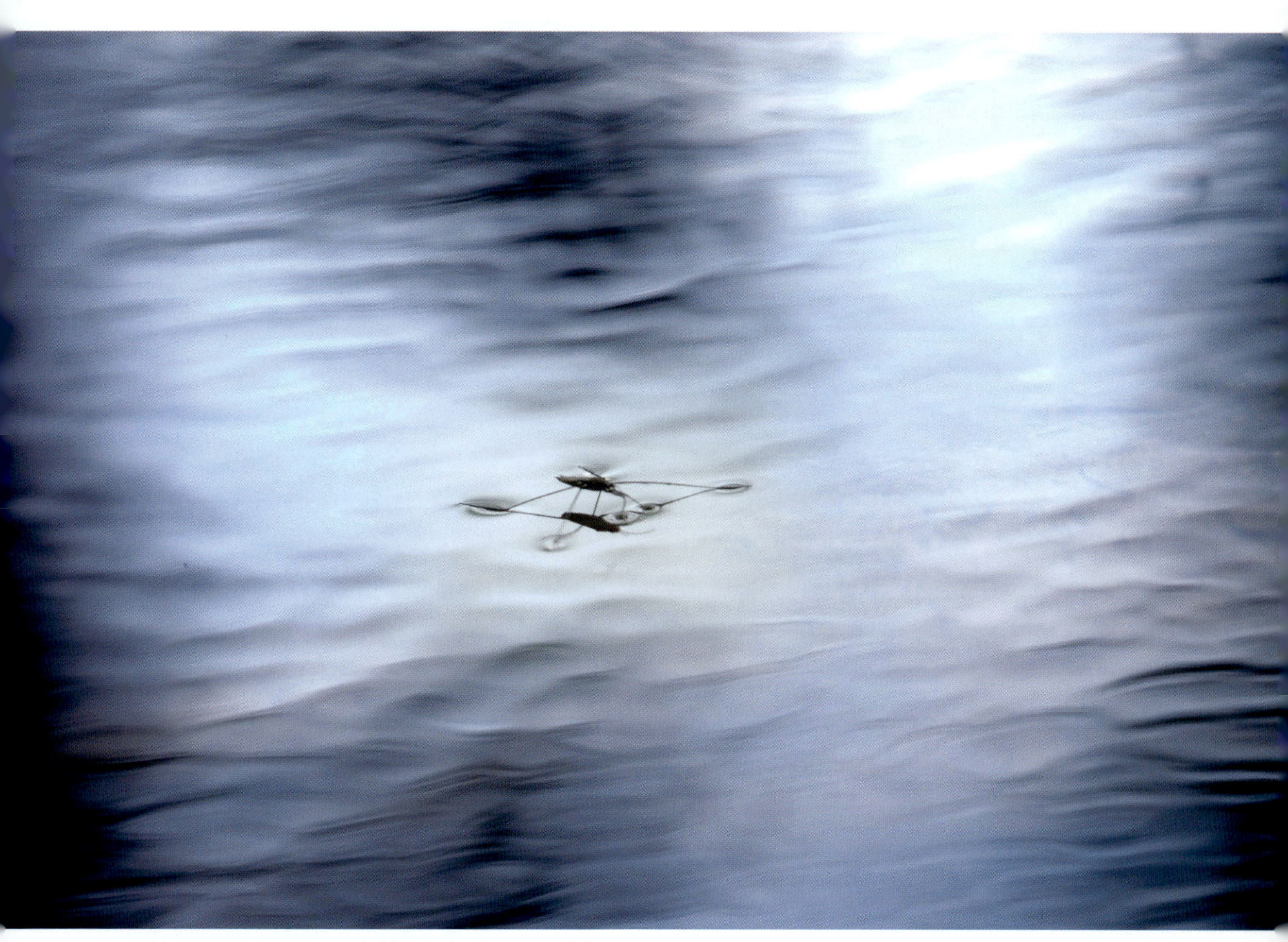

렌즈: 80-200mm F2.8 · 셔터속도: 1/800초 · 조리개: F2.8

CHAPTER 06

사진 보정의 기초

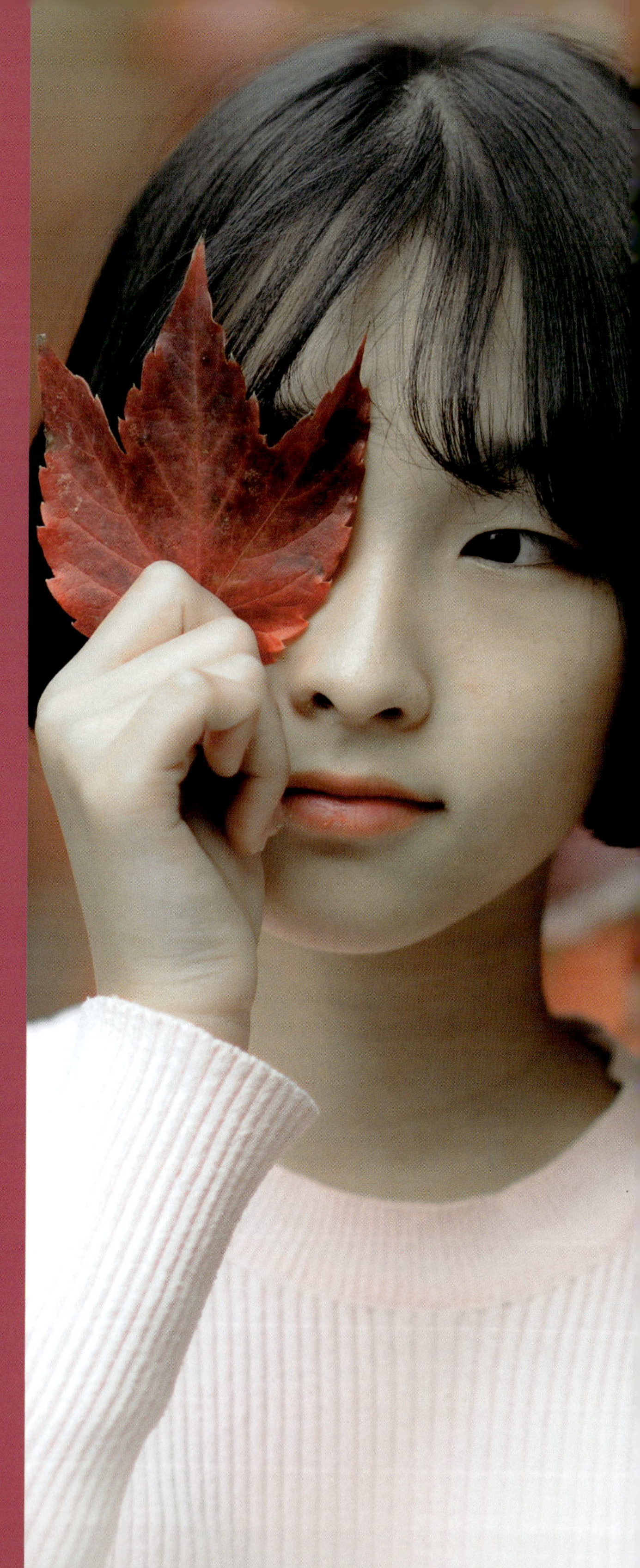

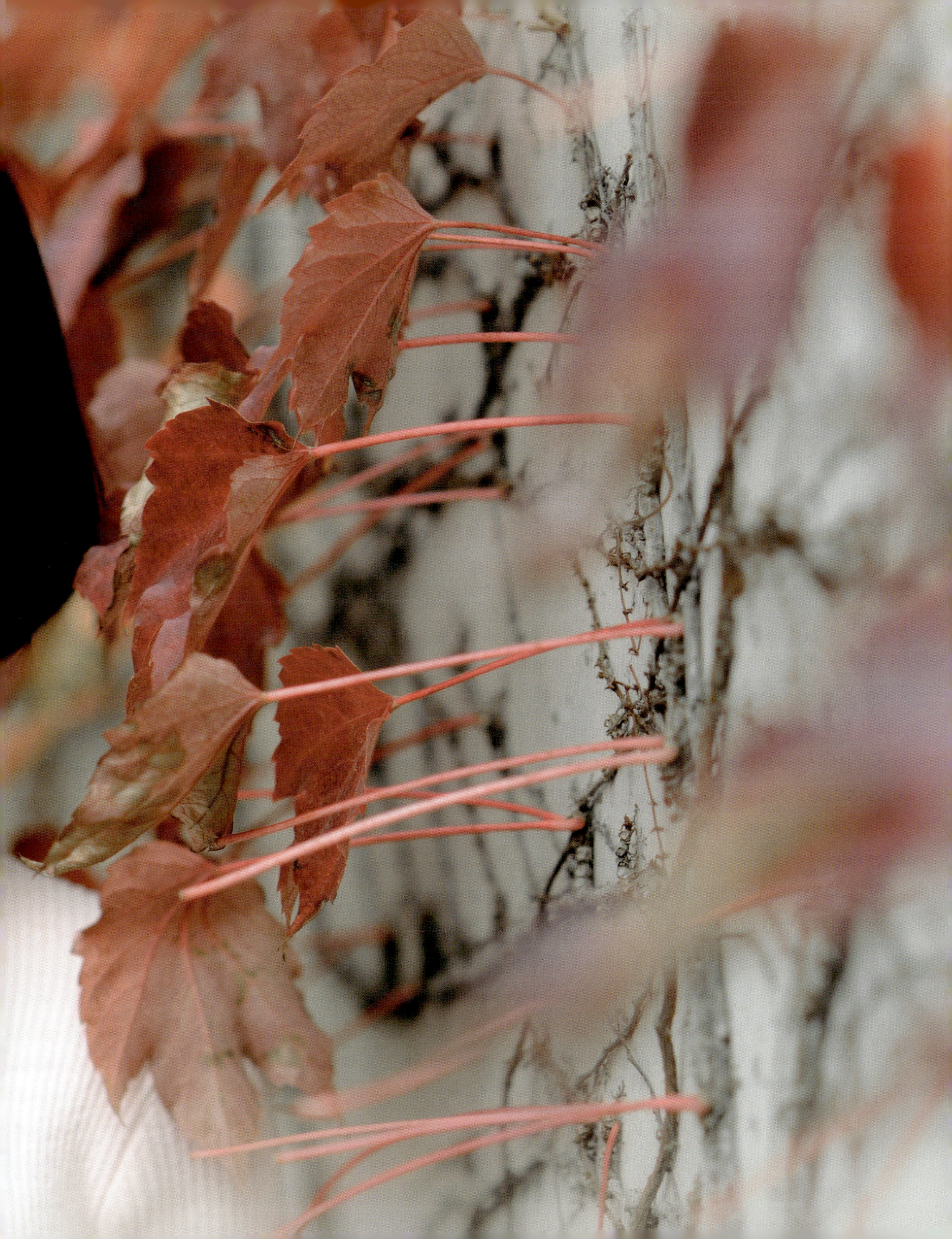

사진 보정의 기준

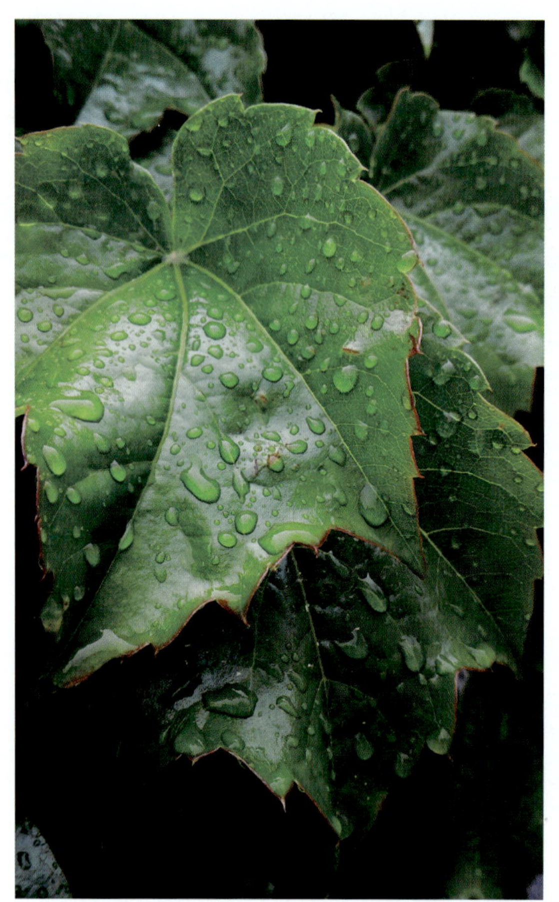 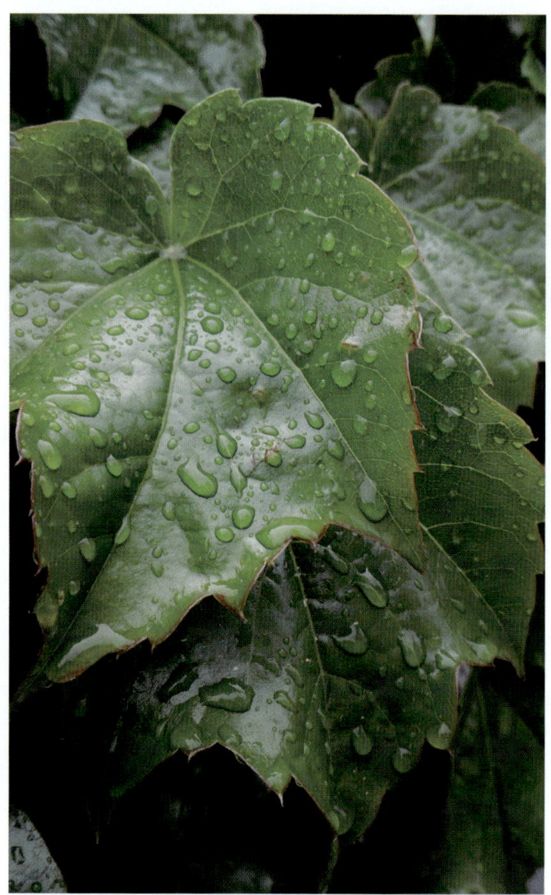

사진을 찍다 보면 카메라 LCD로 보았을 때는 만족스러웠던 사진이 모니터로
보니 쨍한 느낌 없이 물 빠진 듯 보일 때가 있습니다. 어두운 실내에서 찍은
사진은 실제로는 더 어둡게 찍히고, 맑은 날 야외에서 찍은 사진은 카메라에
서 본 것보다 더 밝게 찍힌 경우가 많습니다. 디지털 사진의 장점은 찍은 뒤
바로 확인이 가능하다는 점과 포토샵 등 프로그램을 통해 후보정을 마음껏 할
수 있다는 점입니다.

사진을 보정할 때의 기준은 촬영당시 카메라의 LCD로 보았을 때의 느낌을 컴퓨터 모니터로 봤을 때도 비슷하게 느낄 수 있도록 하는 것입니다. 카메라 LCD의 특성상 채도가 높고 콘트라스트가 강하게 보이므로 사진을 보정할 때도 채도와 콘트라스트를 높여주면 대략 비슷한 느낌이 듭니다.

포토샵에서 이미지 → 조정 → 곡선 창을 켜서 곡선이 S자가 되게 조정하면 밝은 부분을 밝게, 어두운 부분을 어둡게 보정할 수 있습니다.

POINT 01

원본이 좋을수록 후보정도 좋은 결과가 나옵니다. 기본적으로 원본이 좋아야 합니다.

POINT 02

보정이 과하면 화질이 많이 떨어집니다. 보정을 생각한다면 JPEG 파일보다 노출과 화이트밸런스 등을 조절하기 좋은 RAW 파일로 저장을 하는 것이 좋습니다.

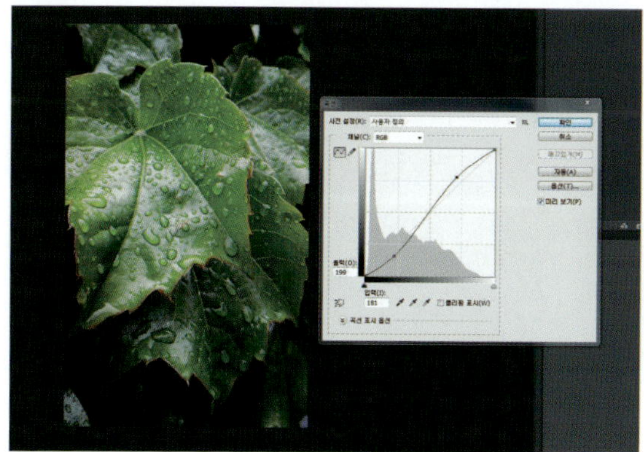
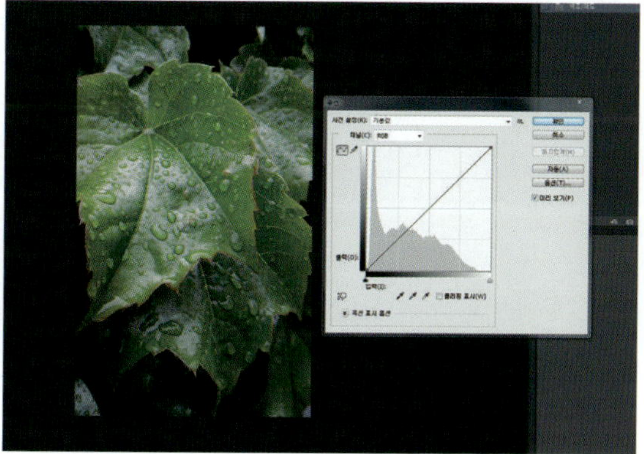

흑백사진 만들기

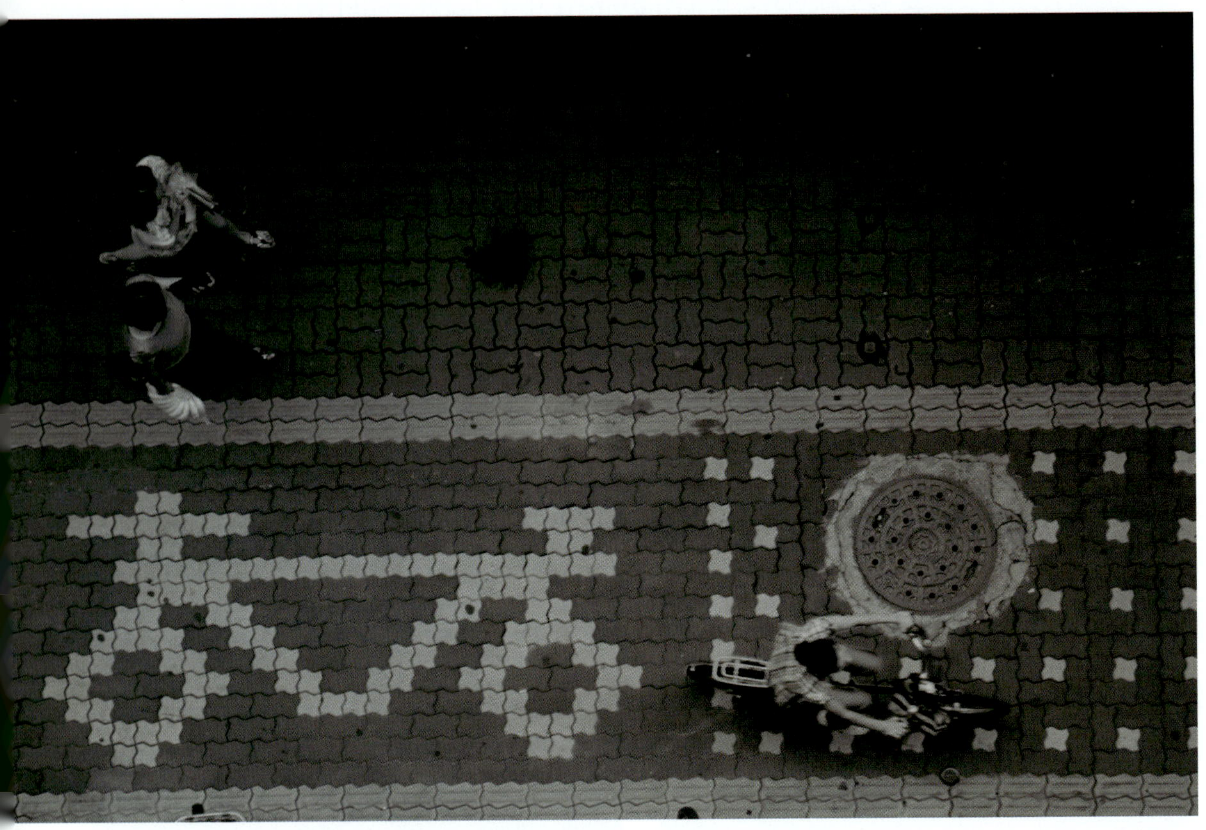

렌즈: 70mm F2.8 · 셔터속도: 1/1250초 · 조리개: F2.8

흑백의 단순함보다 화려한 컬러가 더 익숙한 시대입니다. 하지만 처음부터 생각하고 찍은 사진이 아니더라도 가끔은 흑백으로 바꿔서 바라보는 것도 좋습니다. 어떤 이유라도 좋습니다. 예스러운 느낌을 주기 위해서, 그냥 왠지 멋있어 보여서, 그것도 아니면 색감을 망쳐서여도 좋습니다.

흑백TV를 보는 사람은 더 이상 없지만, 사람들은 아직도 흑백사진을 통해 어느 화려한 컬러사진과 비교해도 손색없는 아니 오히려 더 크고 진한 감동을 받습니다. 흑백사진은 밝은 곳에서 어두운 곳으로 퍼지는 회색의 그라데이션을 통해 부산스런 색들의 시끄러움 없이 조용하고 차분한 분위기에서 사진속의 이야기에 귀 기울이게 해주는 매력이 있습니다.

DSLR을 이용해서 흑백사진을 촬영할 때, 처음부터 카메라의 촬영모드를 흑백으로 촬영하기도 하지만 컬러로 촬영한 사진이라도 후보정을 통해 흑백으로 전환할 수 있습니다.

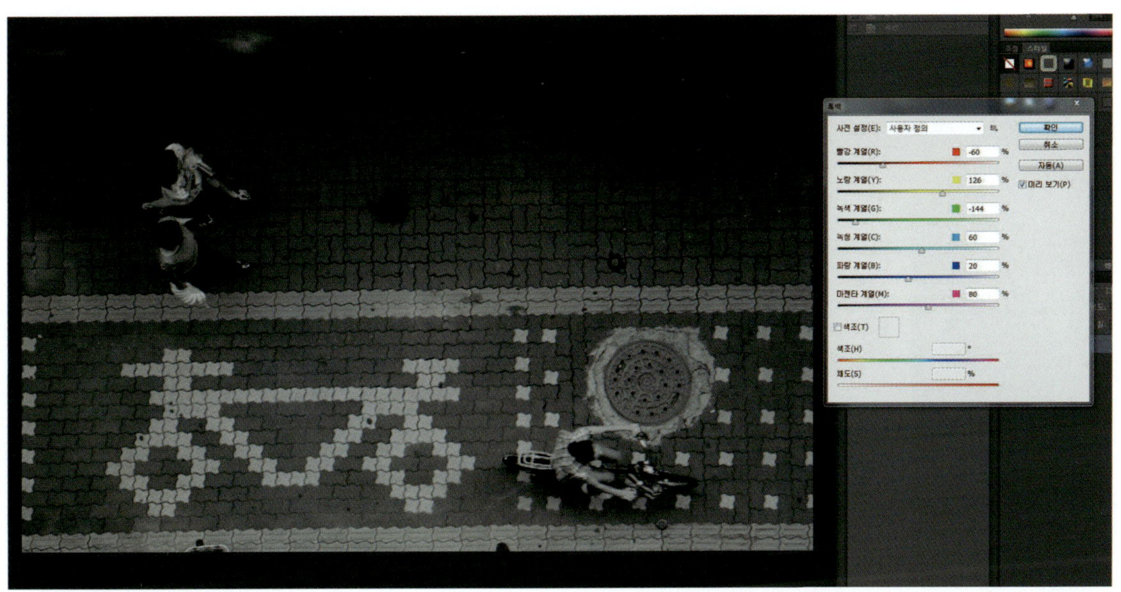

1. Grayscale

이미지 모드를 Grayscale로 바꾸면 흑백사진을 얻을 수 있습니다. 흑백필름으로 촬영한 것과 비슷한 느낌을 얻을 수 있지만 모든 색상정보가 지워지므로 RGB 채널별 보정을 할 수 없고 다시 원래의 색으로 되돌릴 수 없습니다.

2. Desaturate

색 정보를 잃지 않고 채도를 0으로 낮추는 방법으로 사진을 흑백으로 전환시킵니다. 실제 흑백사진과 다르게 흑백으로 전환했을 때 색상에 따른 밝기의 차이가 없어 다양한 색감을 가진 사진의 경우 흑백 특유의 강렬함 대신 밋밋한 느낌이 들 수 있습니다.

3. Gradient Map

Gradient Map의 전경색과 배경색을 검정과 흰색으로 지정하면 흑백사진을 얻을 수 있습니다. 명부와 암부의 톤 조정이 가능합니다.

4. Channel Mixer

Channel Mixer에서 Monochrome을 체크하면 흑백의 이미지가 만들어지는데 RGB 각각의 채널의 톤 조절이 가능하여 원본에서 원하는 부분의 명암을 조정할 수 있다는 장점이 있습니다.

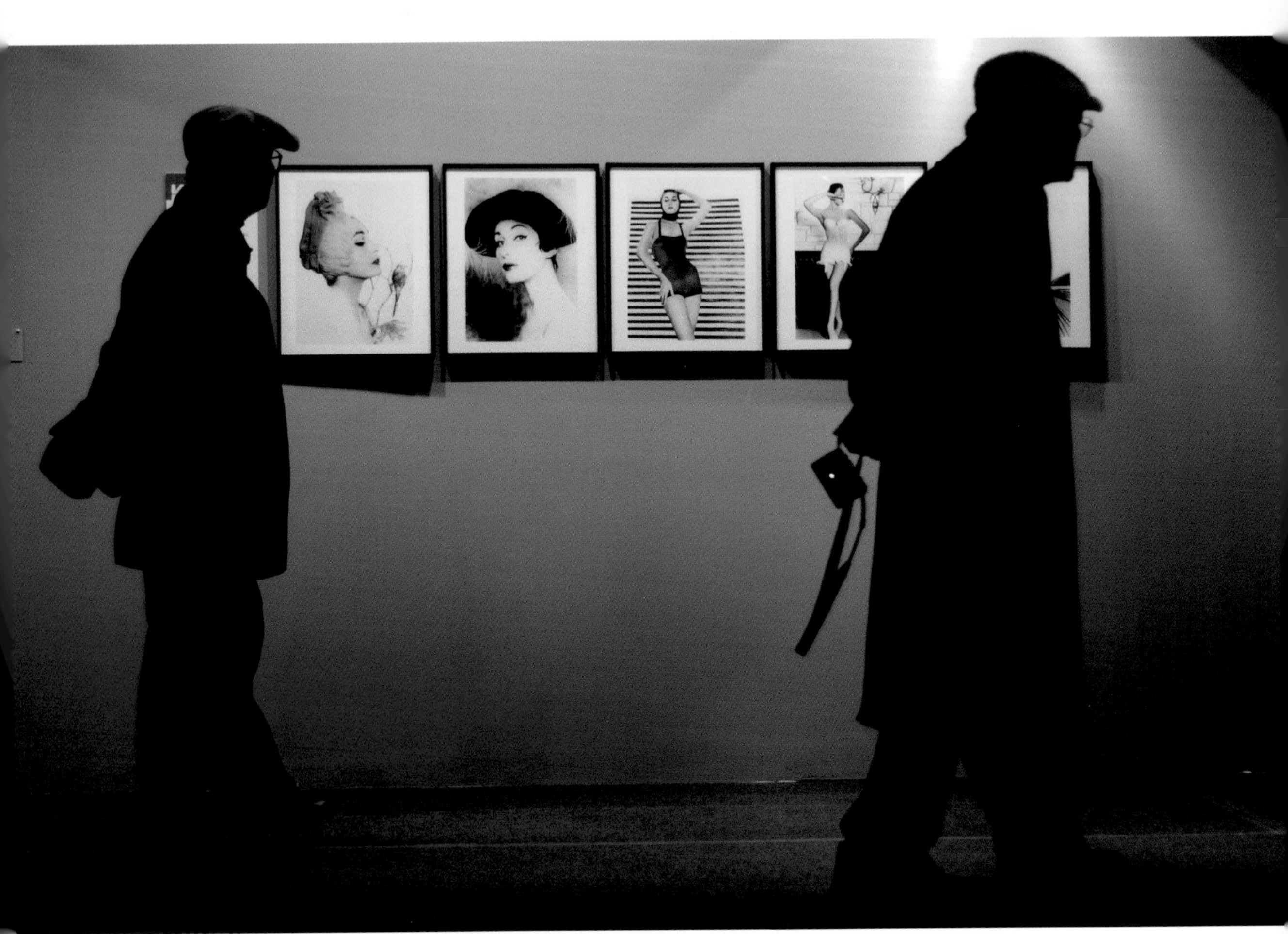

렌즈: 50mm F1.8 · 셔터속도: 1/125초 · 조리개: F2.0

사진의 일부만 컬러로 남기기

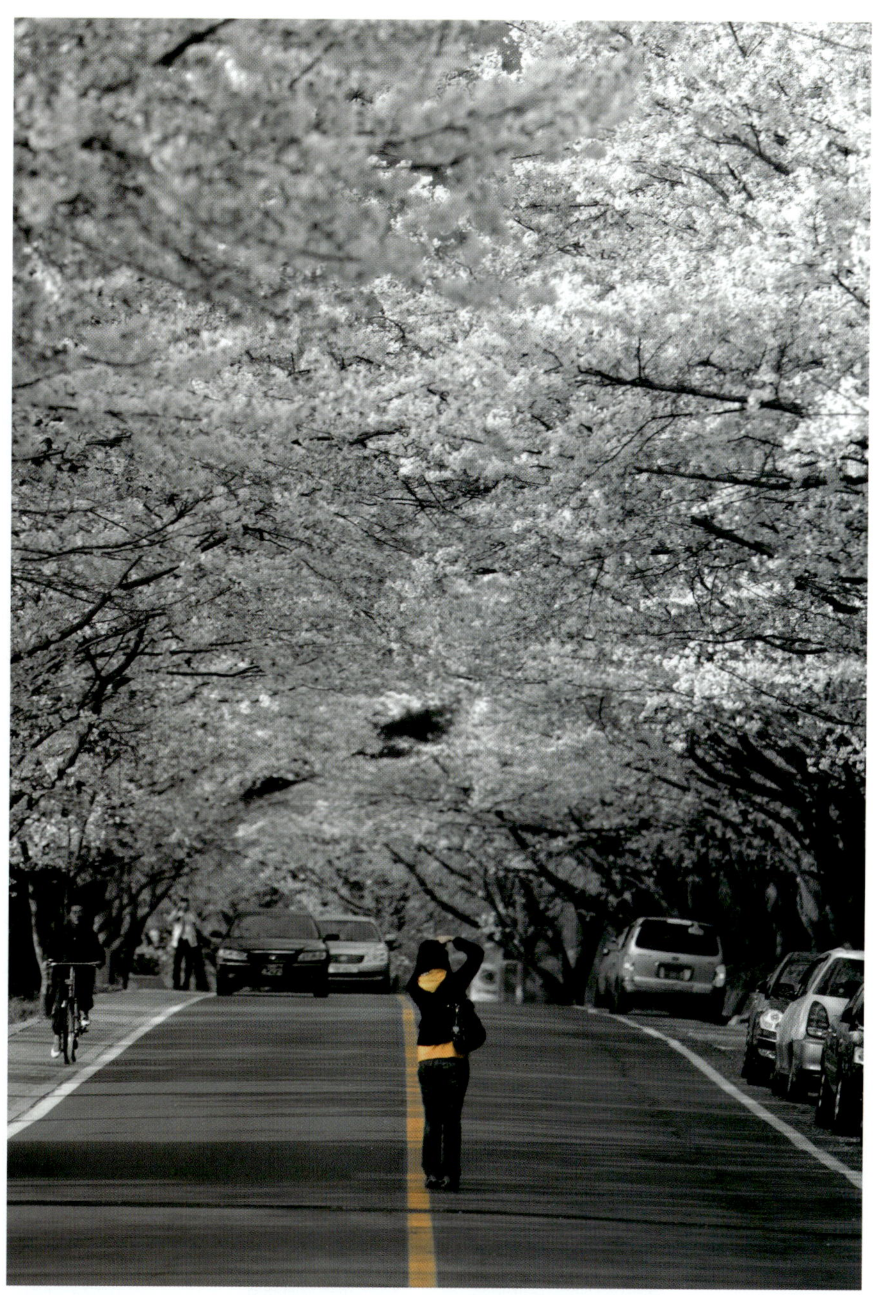

렌즈: 80-200mm F2.8 · 셔터속도: 1/200초 · 조리개: F4.0

어느 한 곳에 시선을 집중시키기 좋은 방법 중 하나가 사진 속의 특정 부분만 컬러로 남기고 나머지를 흑백으로 바꾸는 것입니다. 흑백과 컬러가 함께 하므로 보는 이로 하여금 낯섦을 느끼게 하기 좋은 방법입니다.

가장 간단한 방법이 있습니다. 우선 채도를 0으로 만들어 흑백사진으로 만듭니다. 그다음에 사진을 보정 전 상태로 되돌려주는 히스토리 브러쉬를 이용해서 컬러로 바꾸고 싶은 부분을 터치해주면 내가 원하는 부분만 원래의 색으로 바꿉니다.

POINT 01

노란 후드티를 입고 사진을 찍고 있는 여성의 옷과 중앙선의 색이 시선을 사로잡았습니다. 다른 모든 부분의 색을 제거하고 나니 비로소 원하던 느낌을 얻을 수 있었습니다.

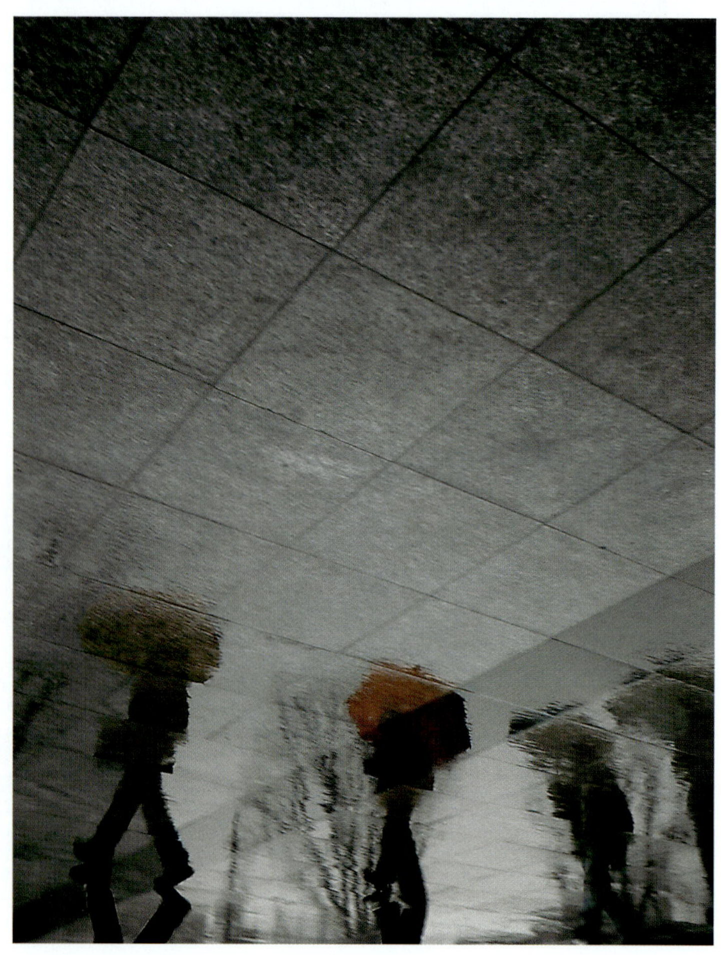

세피아 사진 만들기

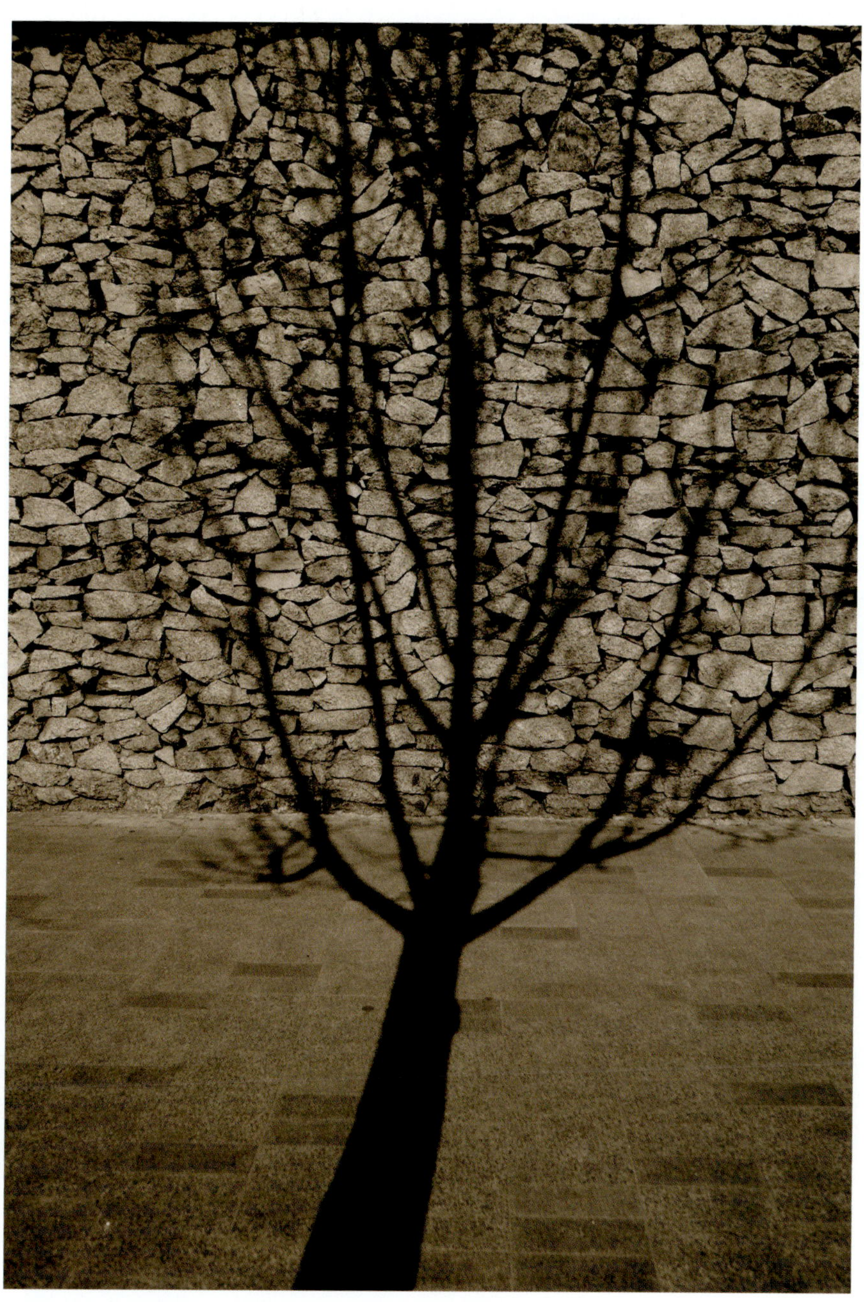

렌즈: 14-24mm F4.0 · 셔터속도: 1/2000초 · 조리개: F4.0

세피아는 오징어를 뜻하는 고대 그리스어에서 온 말이라고 합니다. 오래전 오징어 먹물을 물감으로 쓰던 것에서 유래된 것이지요. 그래서 흑백도 아니고 컬러도 아닌, 갈색의 모노톤 사진을 세피아 사진이라고 합니다.

세피아 톤으로 사진을 보정하려면 사진의 채도를 0으로 만들어서 흑백사진으로 만들어줍니다. 그 다음 컬러 밸런스에서 빨강과 노랑을 적당히 더해주면 간단하게 만들 수 있습니다. 이때 컬러 밸런스에서 조합을 어떻게 하느냐에 따라 갈색 톤뿐만 아니라 푸르스름한 새벽의 느낌부터 화사한 보라색 톤까지 다양한 모노톤의 사진을 얻을 수 있습니다.

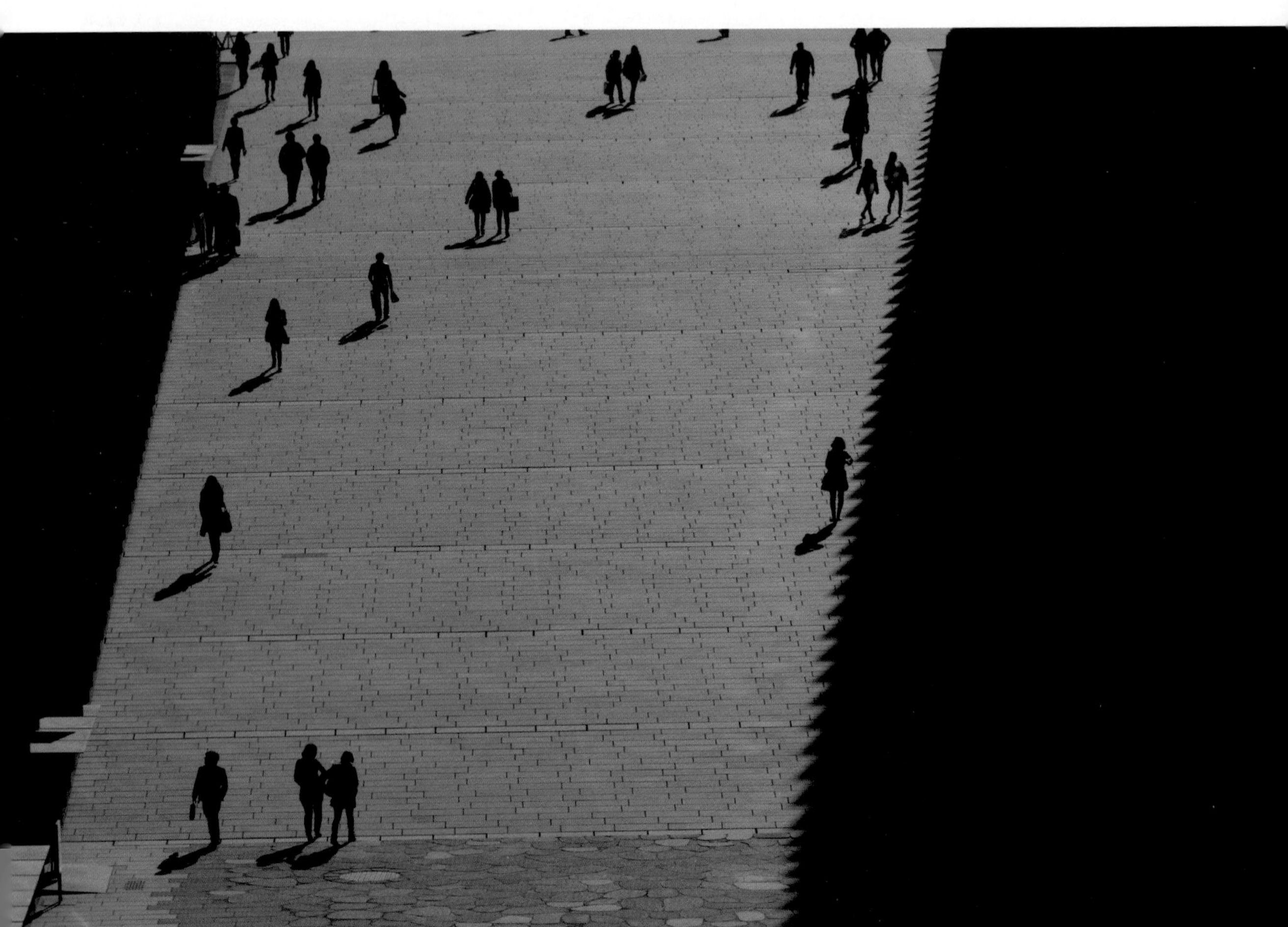

렌즈: 135mm F2.0 · 셔터속도: 1/5000초 · 조리개: F3.2

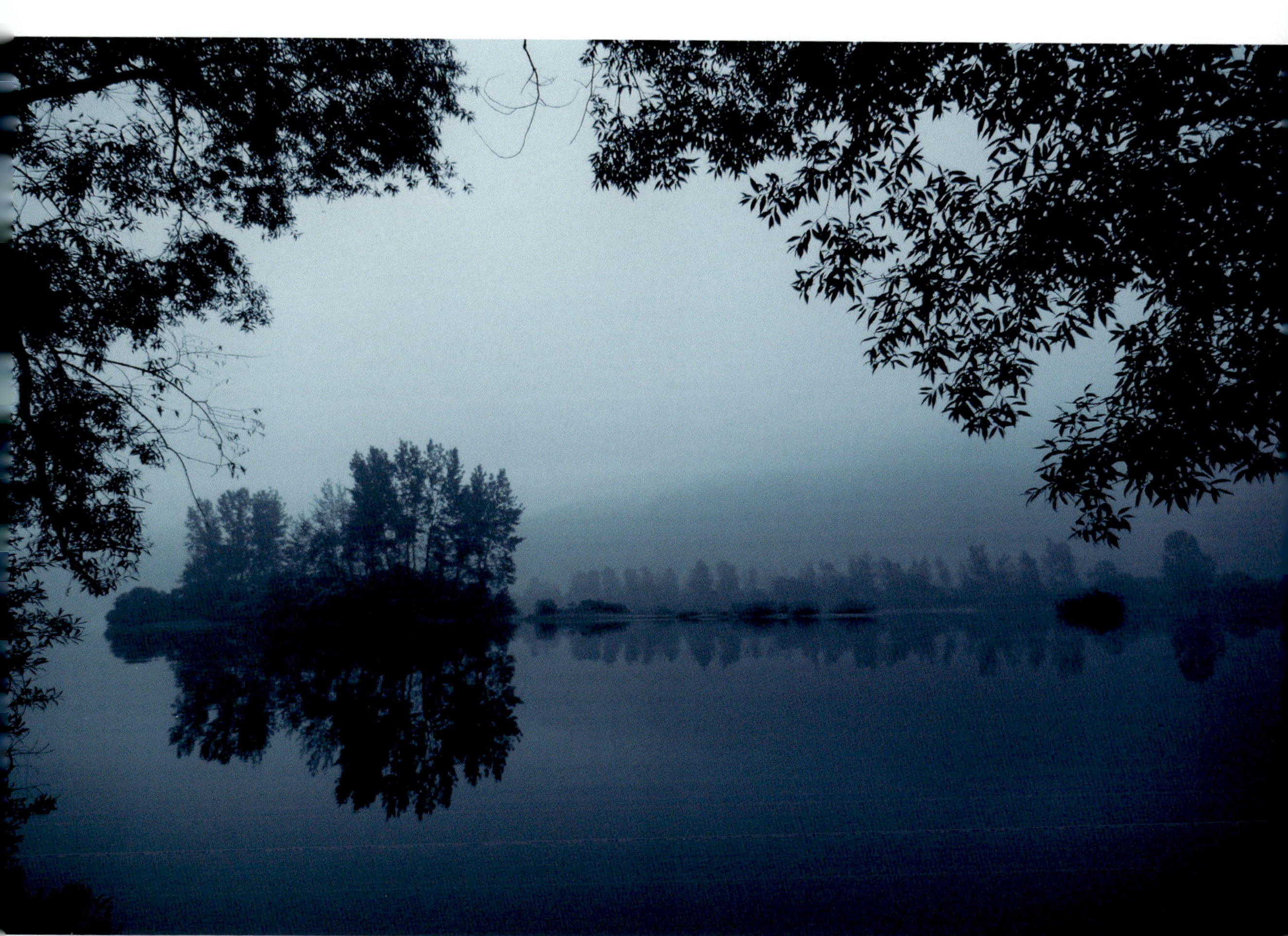

렌즈: 12-24mm · 셔터속도: 1/320초 · 조리개: F4.0

다중노출 효과

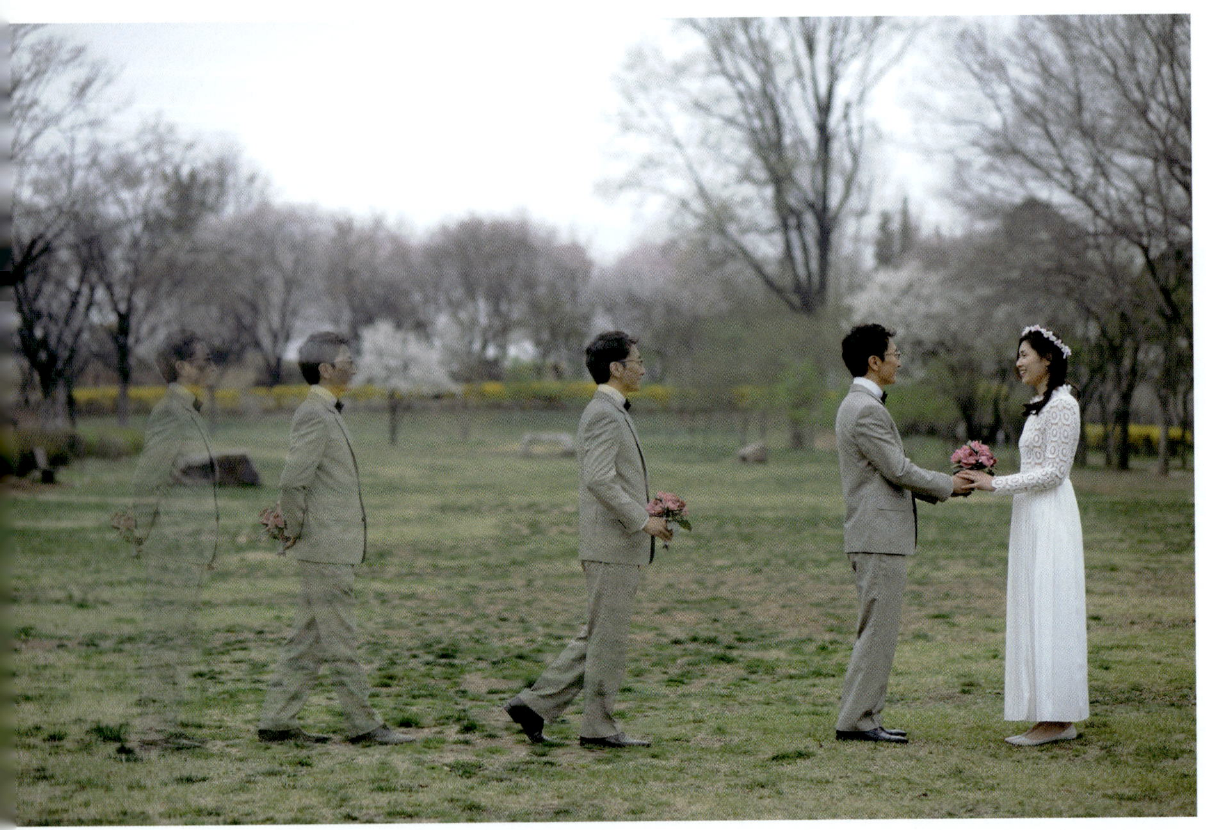

렌즈: 85mm F1.8 · 셔터속도: 1/400초 · 조리개: F2.2

여러 장의 사진을 하나로 합하는 것은 재미있는 작업입니다. 필름카메라 시절에도 다중노출이라는 방법이 있었지만, 노출계산이 복잡하고 조금만 움직여도 겹쳐 보이는 문제가 생기기 쉬웠습니다. 하지만 디지털로 작업을 하면 감쪽같이 만들 수 있습니다.

깔끔하게 다중노출을 찍기 위해서는 몇 가지 고려해야할 것들이 있습니다. 대상을 서로 겹치게 할 것인가? 아니면 겹치지 않게 할 것인가? 손오공이 분신술을 한 것처럼 표현할 것인가? 한사람이 점차 변하는 것처럼 표현할 것인가? 본인의 의도에 따라 각각 사진의 투명도를 조정해 줄 필요가 있습니다.

POINT 01

무엇보다 중요한 것은 삼각대로 카메라를 견고하게 고정시키는 것입니다. 가능하다면 릴리즈 셔터를 사용해서 셔터를 누를 때에 생기는 움직임까지 최소화하는 것이 좋습니다.

POINT 02

카메라만 고정하는 것이 아니라 노출과 화이트밸런스도 동일해야합니다. 자동 모드는 촬영 컷마다 달라질 수 있으니 수동모드로 전환해서 촬영하면 자연스러운 사진을 만들 수 있습니다.

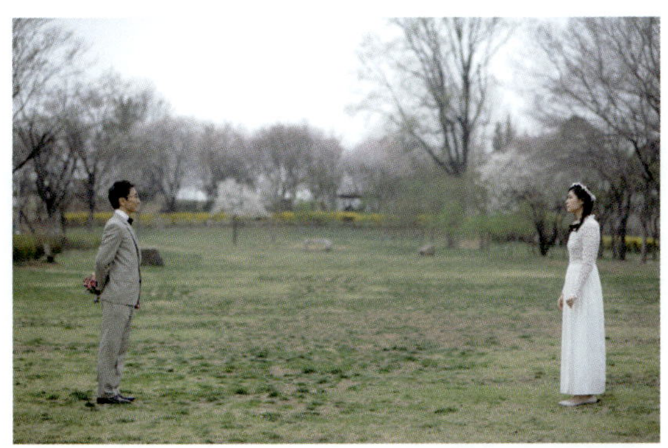
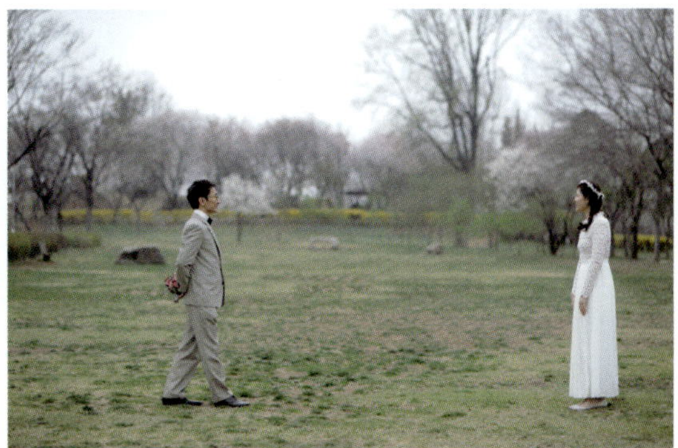
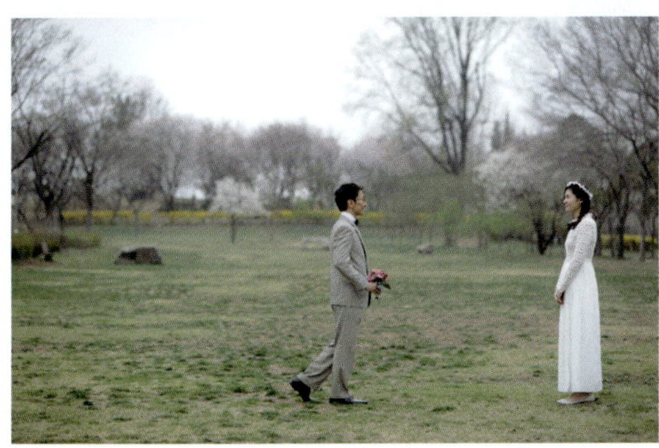
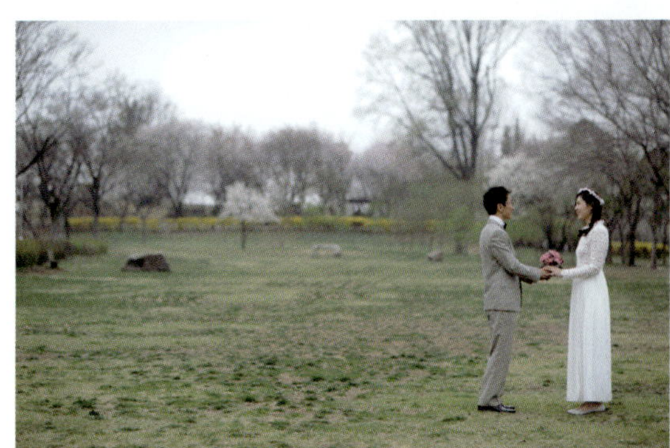

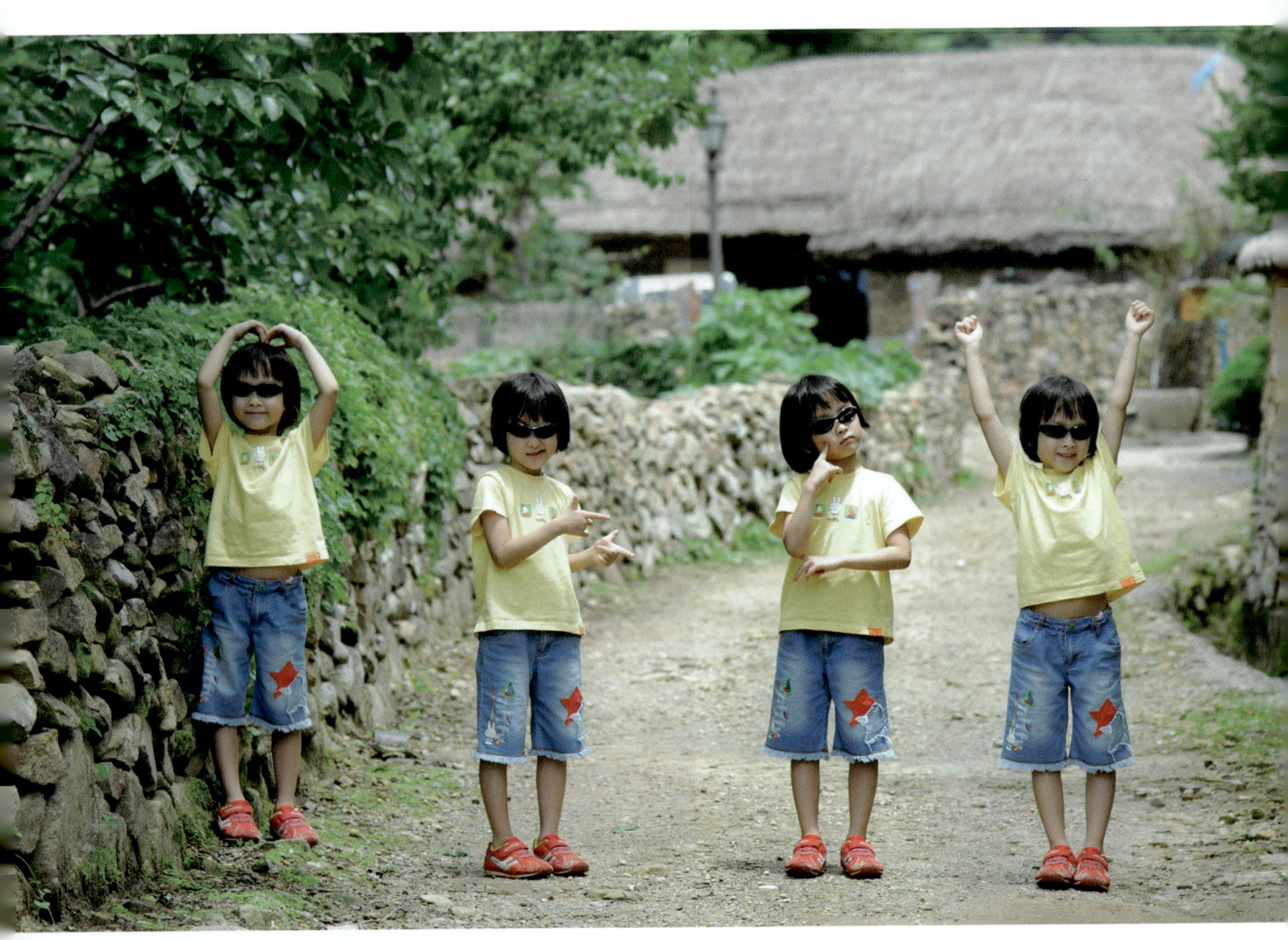

렌즈: 50mm F1.8 · 셔터속도: 1/250초 · 조리개: F2.8

양갈래 머리 소녀

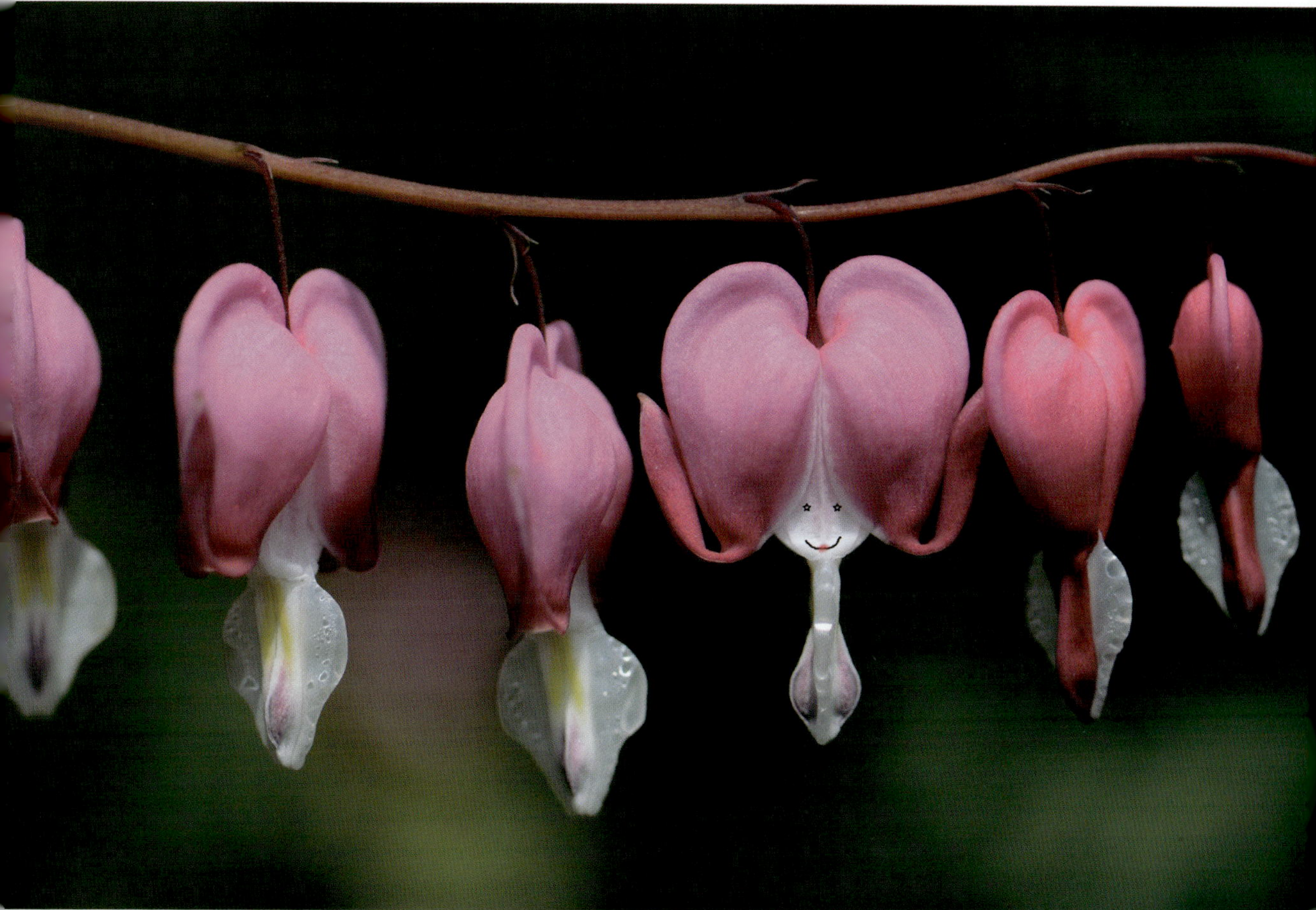

렌즈: 70mm F2.8 · 셔터속도: 1/1250초 · 조리개: F2.8

금낭화는 하트모양의 꽃이 점점 양갈래 머리를 한 소녀의 모습처럼 피어납니다. 하트모양일 때도 예쁘지만 눈과 입을 그려넣으니 아주 귀여운 소녀가 되었습니다.

꽃에서 소녀의 얼굴을 상상해내는 간단한 아이디어로 참으로 기발한 사진을 얻을 수 있습니다. 5월 어느 날 금낭화가 피어있는 모습을 보거든 꽃 속에 숨어있는 어여쁜 소녀를 찾아보시기 바랍니다.

별모양의 눈은 도장 툴을 이용해서 만들고, 입은 선 그리기로 만들었습니다.
분홍색의 꽃과 보색대비를 만드는 짙은 초록의 숲을 배경으로 하여 꽃이 보다 돋보일 수 있게 했습니다.

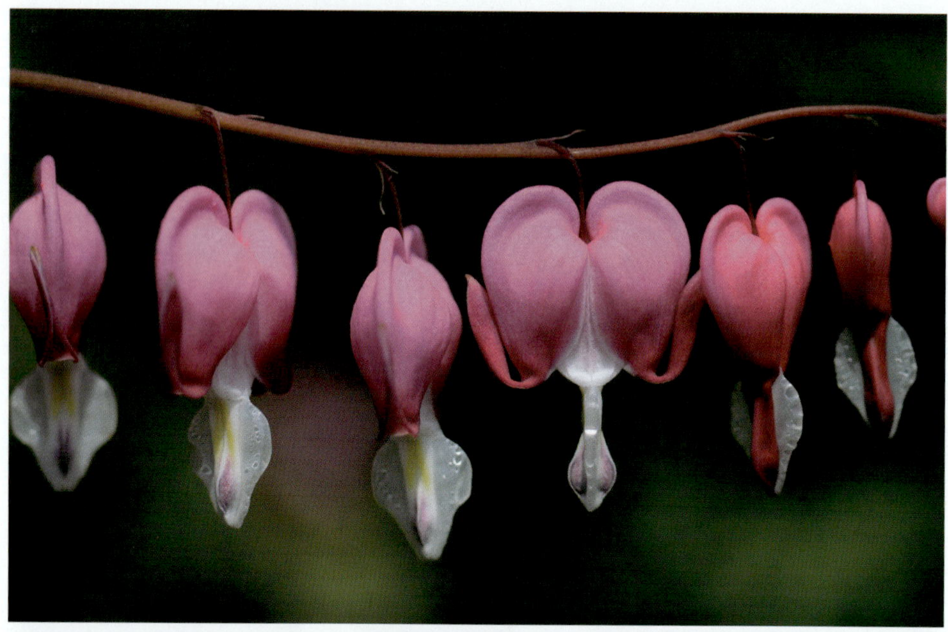

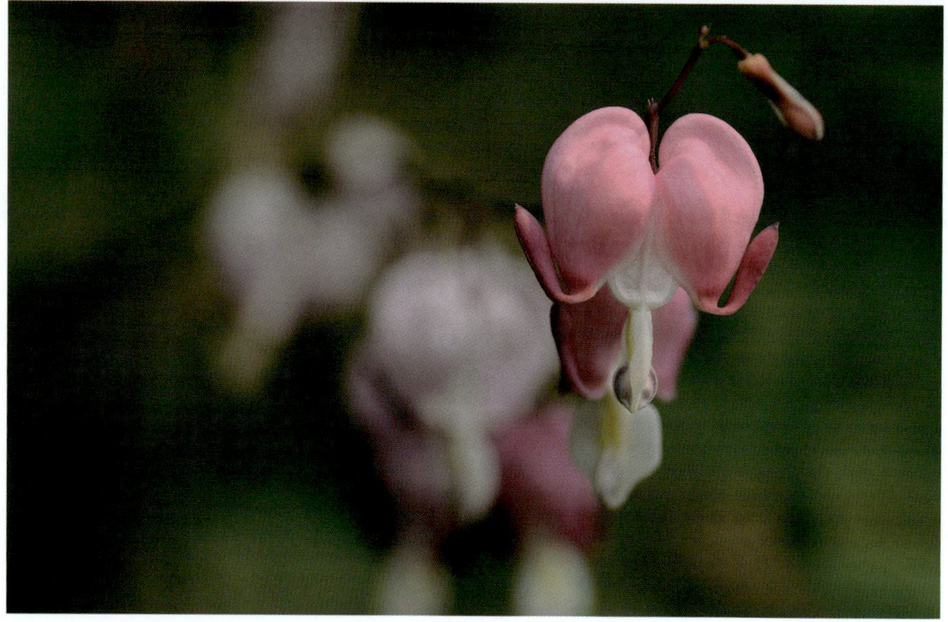

사진 속 사진

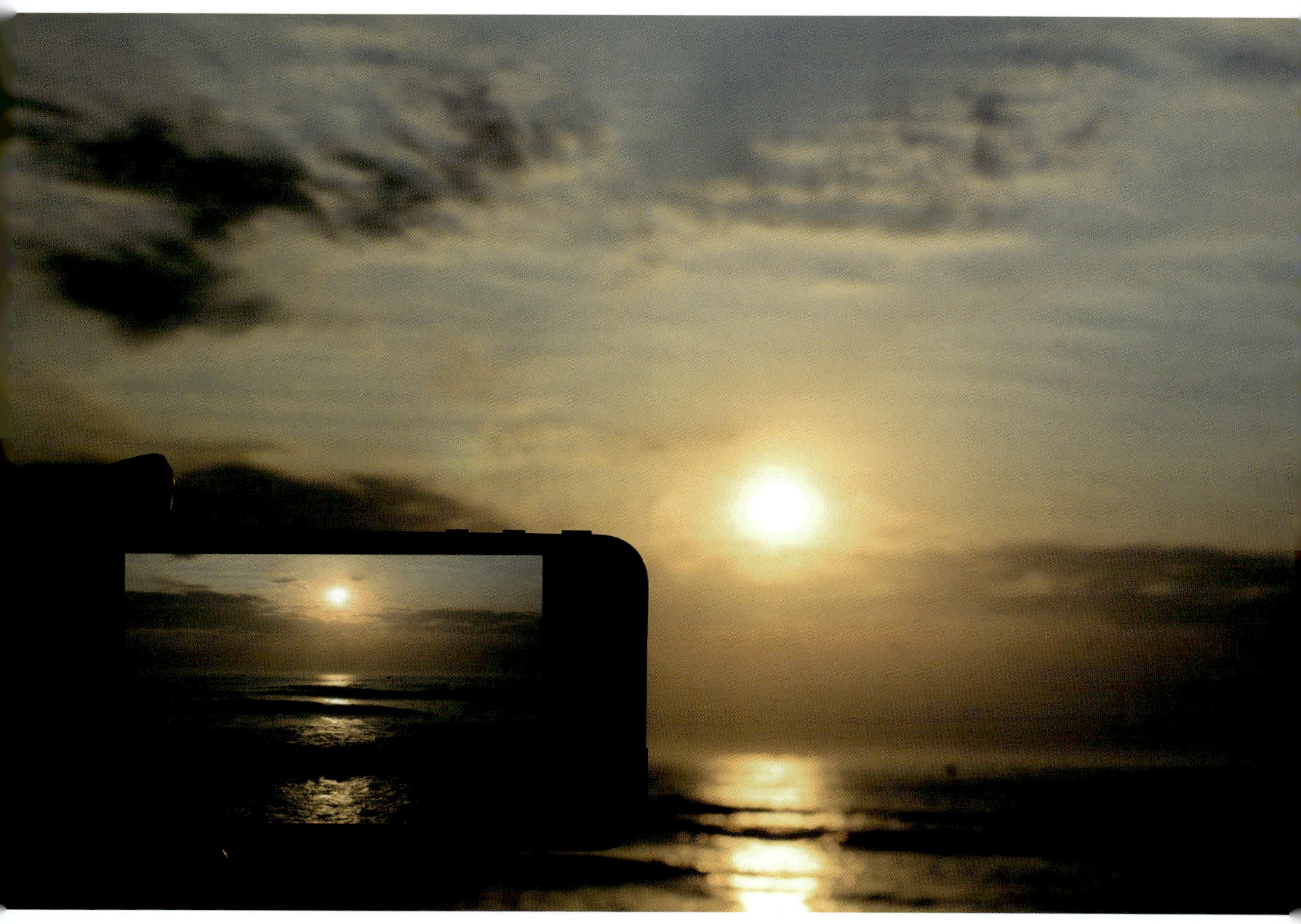

일출을 담으러 동해로 갔습니다. 바다에서 솟아나는 일출은 못 봤지만 구름사
이로 떠오르는 태양의 모습 또한 장관이었습니다.

일출명소에 가면 DSLR부터 스마트폰까지 다양한 카메라를 꺼내 열심히 찍는
사람들의 모습을 볼 수 있습니다. 스마트폰에 담긴 모습과 함께 담고자 했는데
스마트폰 속의 풍경이 생각처럼 나오지 않았습니다. 아예 스마트폰을 실루엣
으로 찍어 보정을 하는 과정에서 스마트폰에 다른 일출 사진을 넣어서 마치 원
래 스마트폰으로 찍고 있었던 것처럼 만들어보니 제법 그럴듯해 보였습니다.

POINT 01

두 장의 사진의 노출값을 같게 하고 아이폰의 액정 사이즈와 최대한 유사하게 비율을 맞춰서 자연스럽게 보이도록 했습니다.

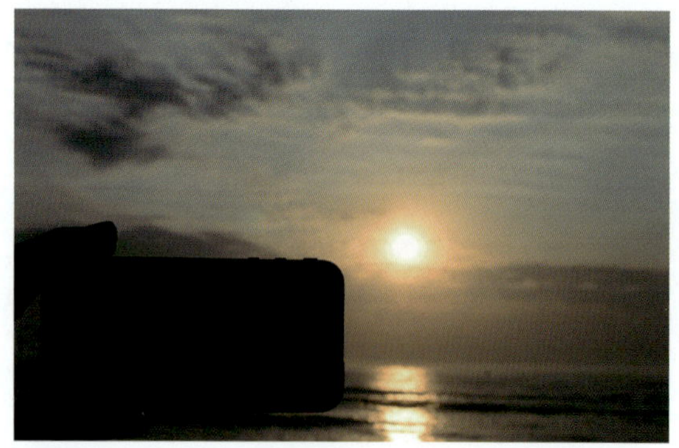

렌즈: 35mm F1.8 · 셔터속도: 1/320초 · 조리개: F11.0

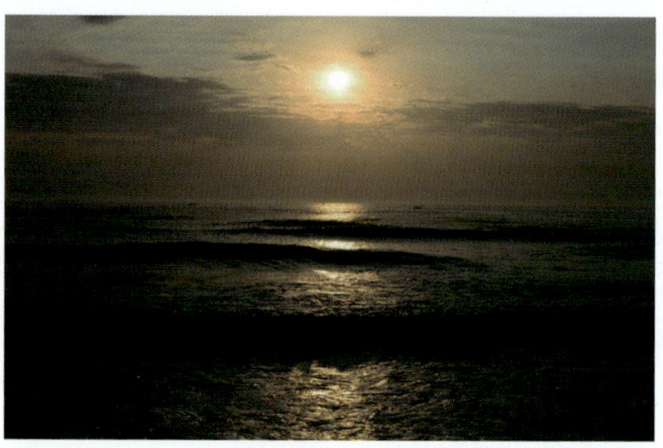

렌즈: 35mm F1.8 · 셔터속도: 1/320초 · 조리개: F11.0

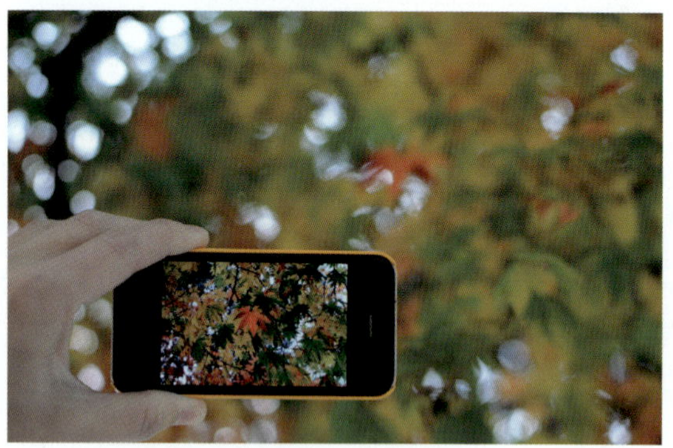

렌즈: 50mm F1.8 · 셔터속도: 1/250초 · 조리개: F2.8

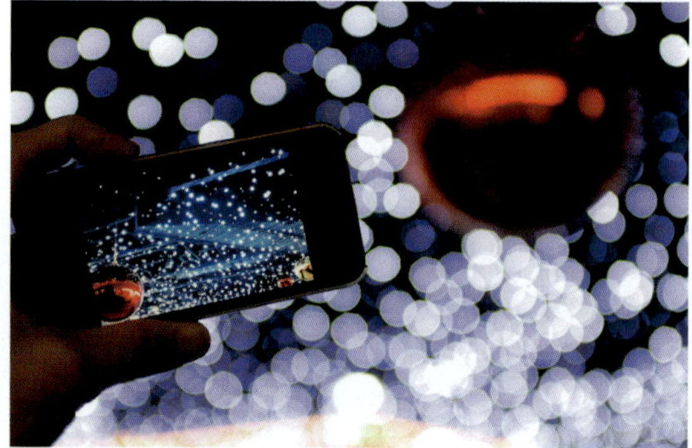

렌즈: 28-70mm F2.8 · 셔터속도: 1/30초 · 조리개: F2.8

POINT 02

합성을 하지 않고 실제 스마트폰에 담긴 풍경과 배경을 함께 찍는 것도 가능합니다. 자신의 셀프사진을 폰으로 찍고 스마트폰의 자신의 모습을 배경과 찍어도 재밌는 셀프사진이 될 것입니다.

저채도 사진

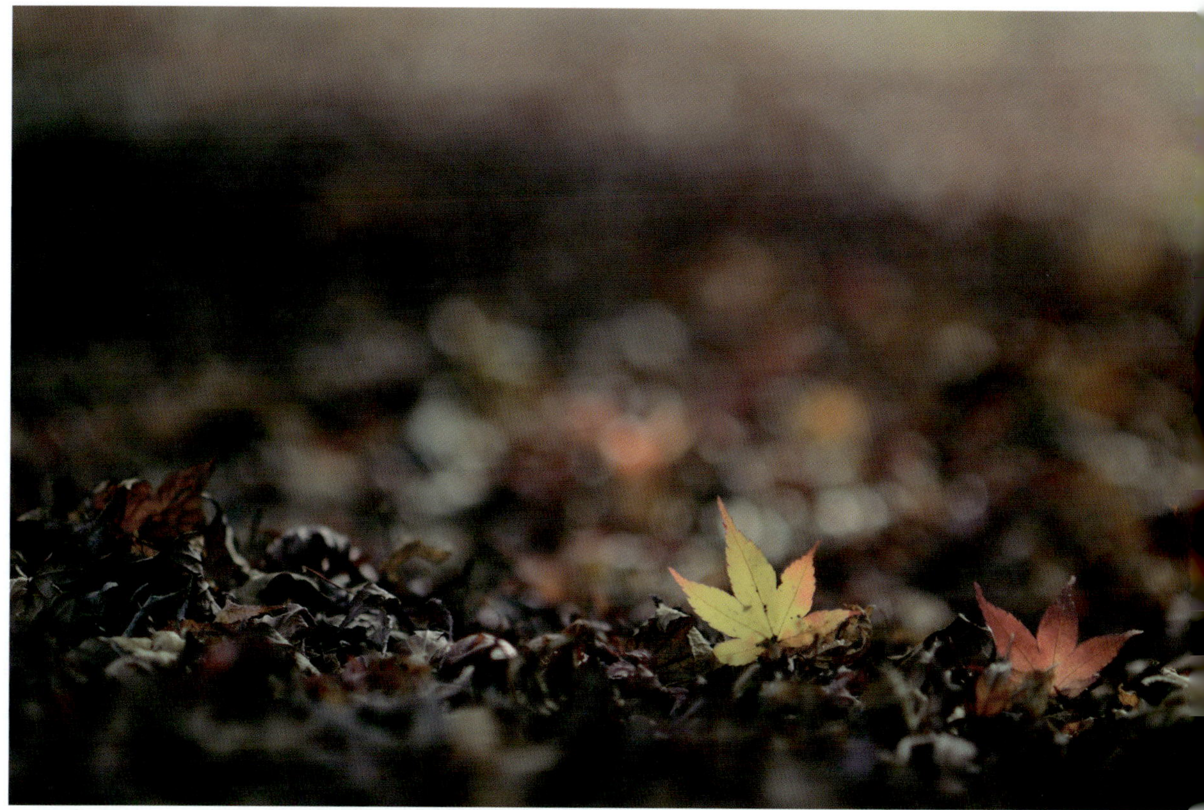

렌즈: 135mm F2.0 · 셔터속도: 1/500초 · 조리개: F2.2

색상, 명도와 함께 색의 세 가지 속성 중 하나인 채도는 색의 순수한 정도를 말합니다. 채도는 빛의 스펙트럼에 해당하는 순색에 가까울수록 높고, 그 색에 흰색이나 검정색이 섞일수록 낮아집니다. 빨강, 파랑, 초록이 순색이라면 검정이 섞여 어두워지거나 분홍, 하늘, 연두색처럼 흰색이 섞이면 채도가 낮아지게 됩니다.

채도가 높은 사진은 마치 화재예방 포스터처럼 원색의 느낌이 강해 선명한 느낌을 주고 단순하면서도 의미전달이 빠릅니다. 반면 채도가 낮으면 파스텔로 그린 그림처럼 부드러운 느낌을 주는데 밝은 흰색이 많은 밝은 분위기에서는 화사한 느낌이, 어두운 분위기에서는 탁하고 음침한 분위기가 느껴집니다.

선명하고 쨍한 느낌이 아닌 옛 생각을 떠올리는 아련한 기억 같은 부드러운 이

미지가 어울리는 사진이라면 채도를 낮추어 빛바래고 오래된 사진을 보는 듯
한 분위기를 연출할 수 있습니다.

POINT 01

채도를 조정할 때 R, G, B, C, M, Y의 6가지 색상별로 그 정도의 차이를 달리하면 보다 다양한 변화를
주면서 전체적으로 저채도의 화면 속에서 특정 색으로 된 부분만 선명하게 하여 강조할 수 있습니다.

POINT 02

채도가 낮은 사진은 자칫 힘이 빠진 느낌이 들기 쉬우므로 보정을 마치고 콘트라스트를 조금 높여주면
부드러움 속에서도 선명한 느낌을 잃지 않을 수 있습니다.

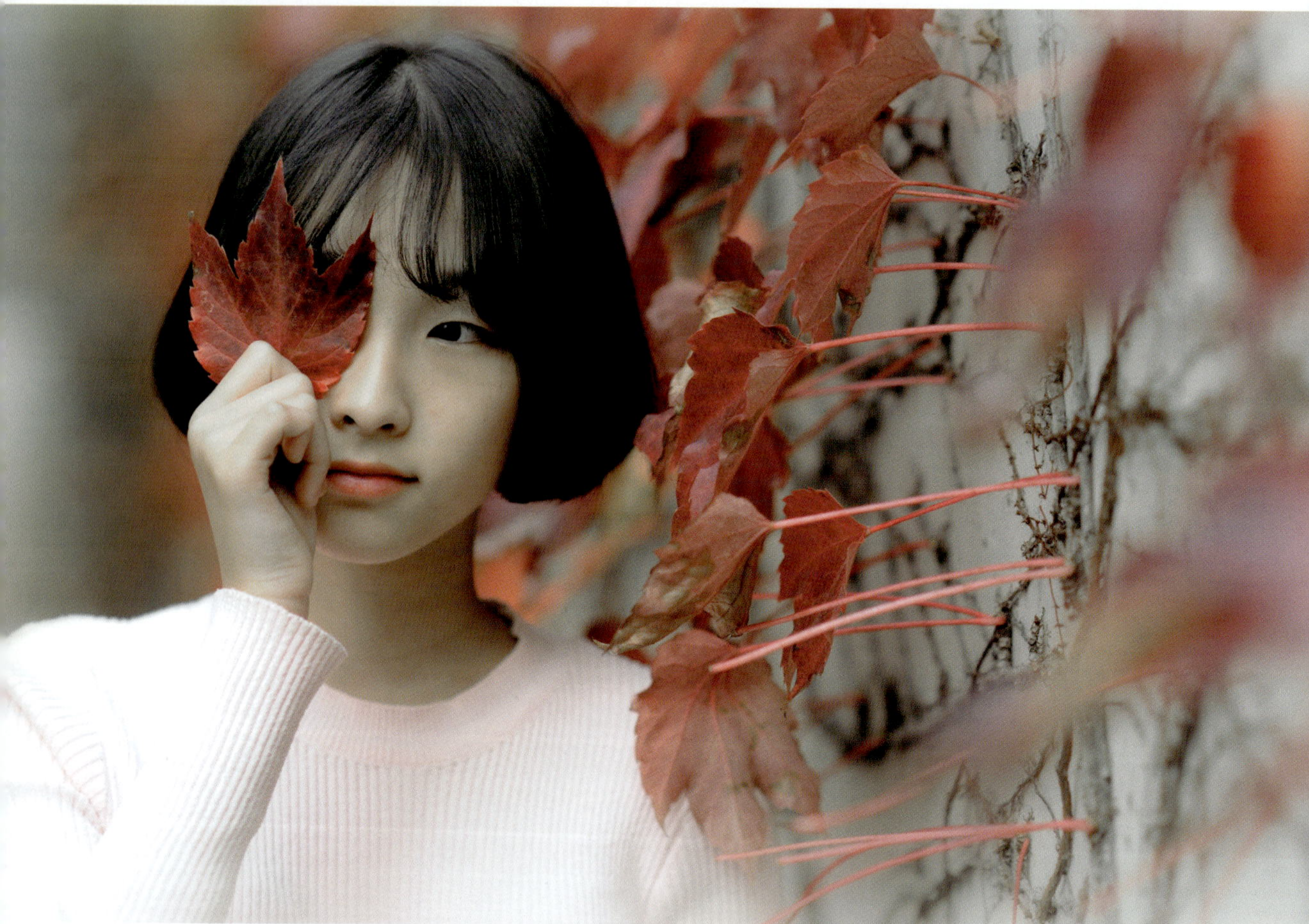

렌즈: 135mm F2.0 · 셔터속도: 1/250초 · 조리개: F3.2

노이즈

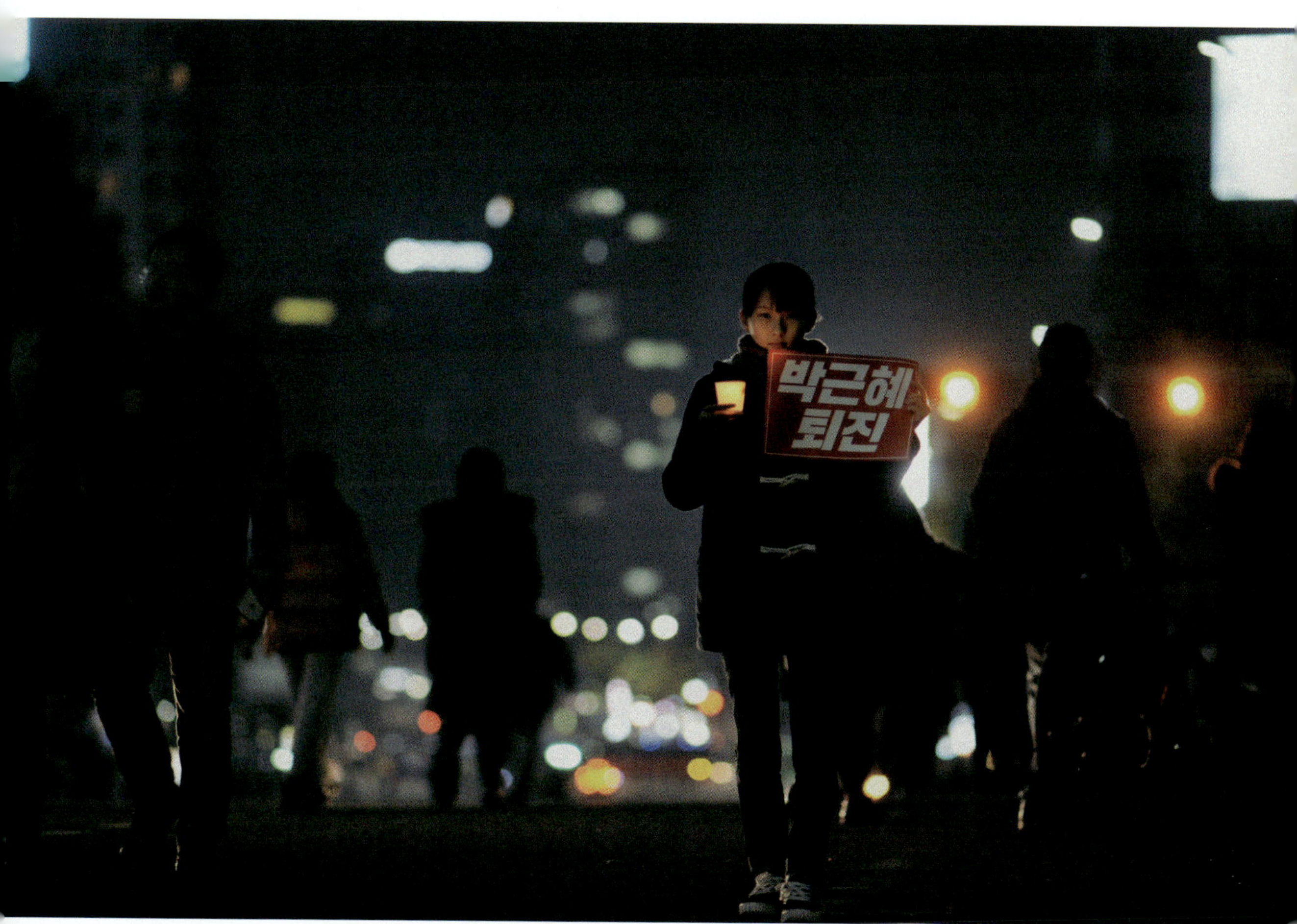

렌즈: 135mm F2.0 · 셔터속도: 1/125초 · 조리개: F2.0

노이즈(Noise)는 잡음을 뜻하는 말로, 주로 전자기기의 오작동을 의미합니다. 디지털 카메라에서는 주로 고감도에서 촬영 시 CCD의 열화현상에 의해 나타나는 화질저하를 말합니다.

최근의 DSLR은 노이즈 제어 기술이 좋아져서 ISO 1600 정도까지는 상용하는데 큰 지장이 없을 정도로 발전하였습니다. 그 결과 야간 촛불 집회에서 고감도로 촬영하였는데도 노이즈가 많지 않은 사진이 나왔습니다.
최첨단의 디지털 카메라를 사용한다고 해도 사진을 찍는 사람들의 가슴속에는 아날로그 감성이 숨어있기 마련입니다. 그래서일까요? 모든 카메라가 고감도에서 최대한 노이즈를 없애는 기술에 치중하고 있지만, 사람들에게는 고감도 필름에서 느끼던 은염입자의 거칠고 빈티지한 느낌에 대한 향수가 남아있습니다. 이 사진 역시 그런 고감도의 노이즈가 섞인 사진이 잘 어울릴 것 같았습니다.
이런 빈티지한 느낌은 포토샵 필터 중 노이즈 추가를 통해서 간단하게 만들 수 있습니다. 노이즈 추가 후 기존에 적용된 보정을 원본의 상태로 되돌리는 기능을 가진 히스토리 브러쉬를 이용해서 인물의 얼굴부분과 글자부분의 노이즈를 줄여주어 전달하고자 하는 이야기를 좀 더 명확하게 보여주고자 했습니다.

POINT 01

뭐든 과하면 안 하느니만 못한 결과가 나옵니다. 노이즈로 인해 오히려 사진을 망치는 일이 없도록 적당한 효과를 주어야합니다.

POINT 02

채도를 낮추거나 아예 흑백으로 표현하는 것도 괜찮습니다. 이때 흑백사진에 후보정으로 노이즈를 추가하면 컬러노이즈가 생기게 되므로 흑백전환을 노이즈 추가 이후에 해야 흑백의 느낌을 살릴 수 있습니다.

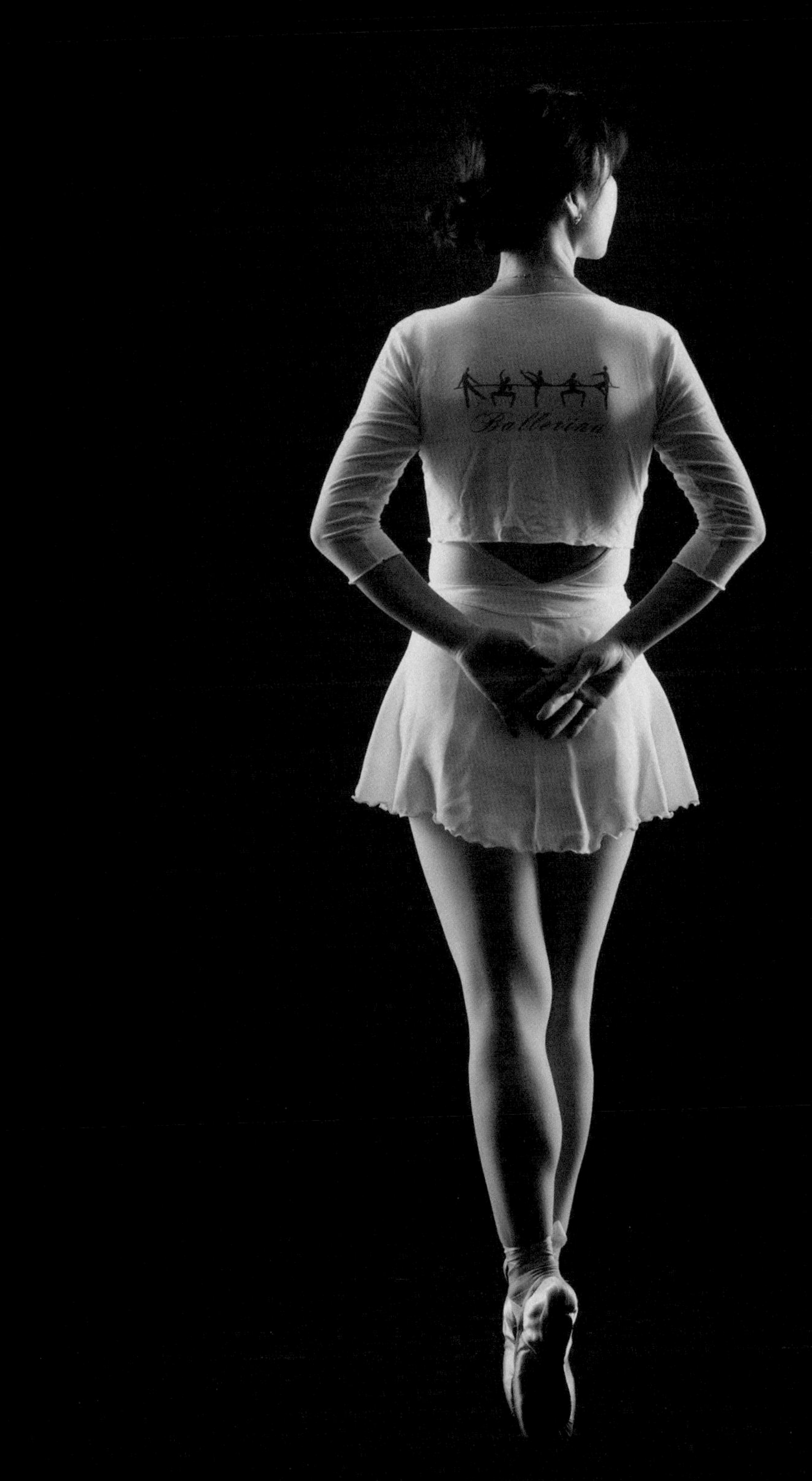
Ballerina

CHAPTER 07

내 눈엔 너만 보여

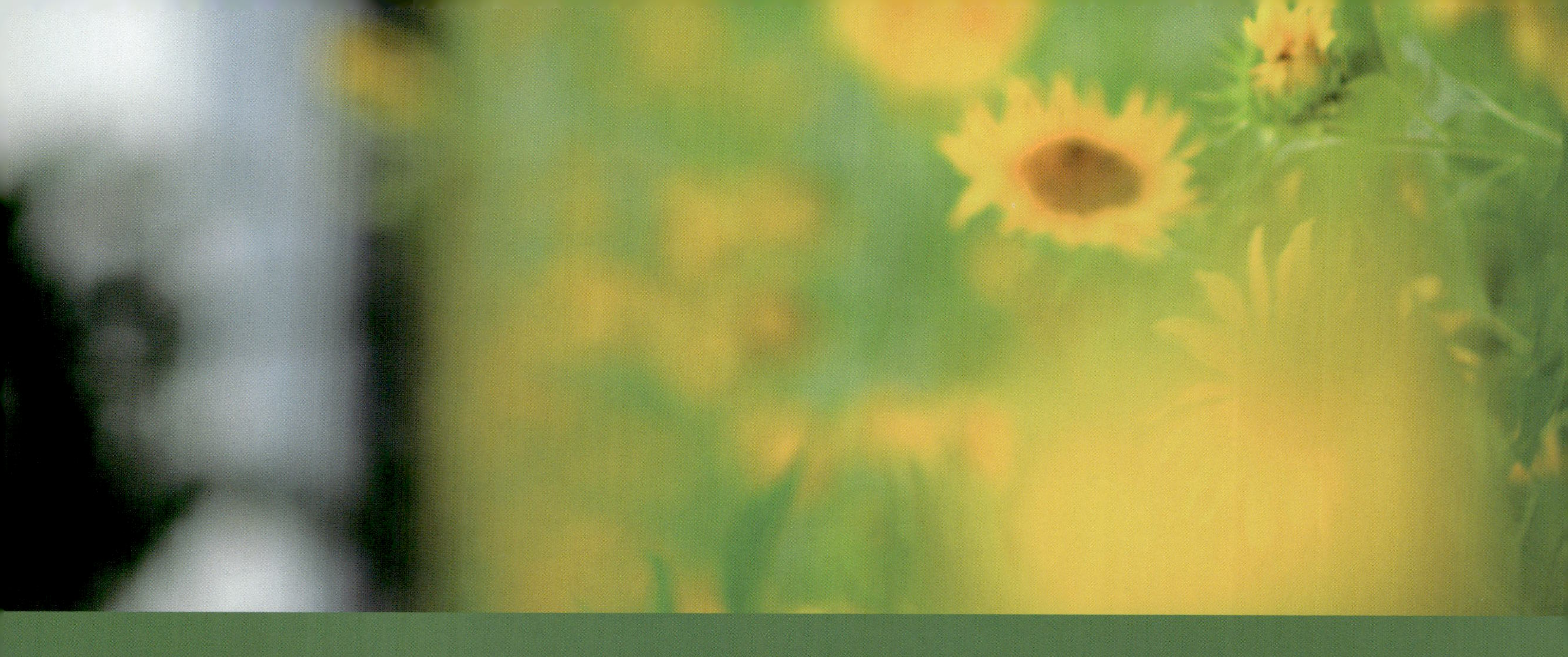

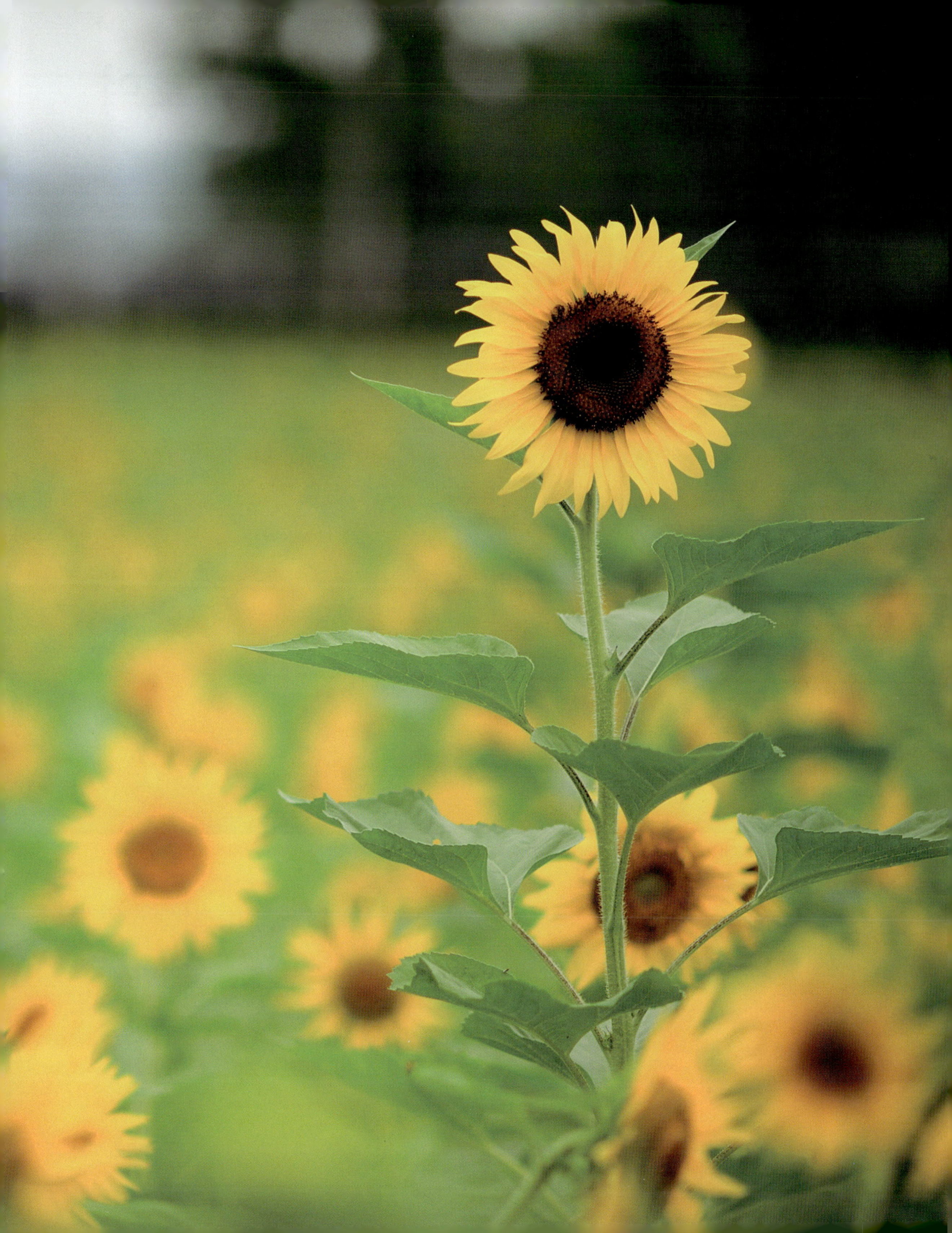

내 눈엔 너만 보여

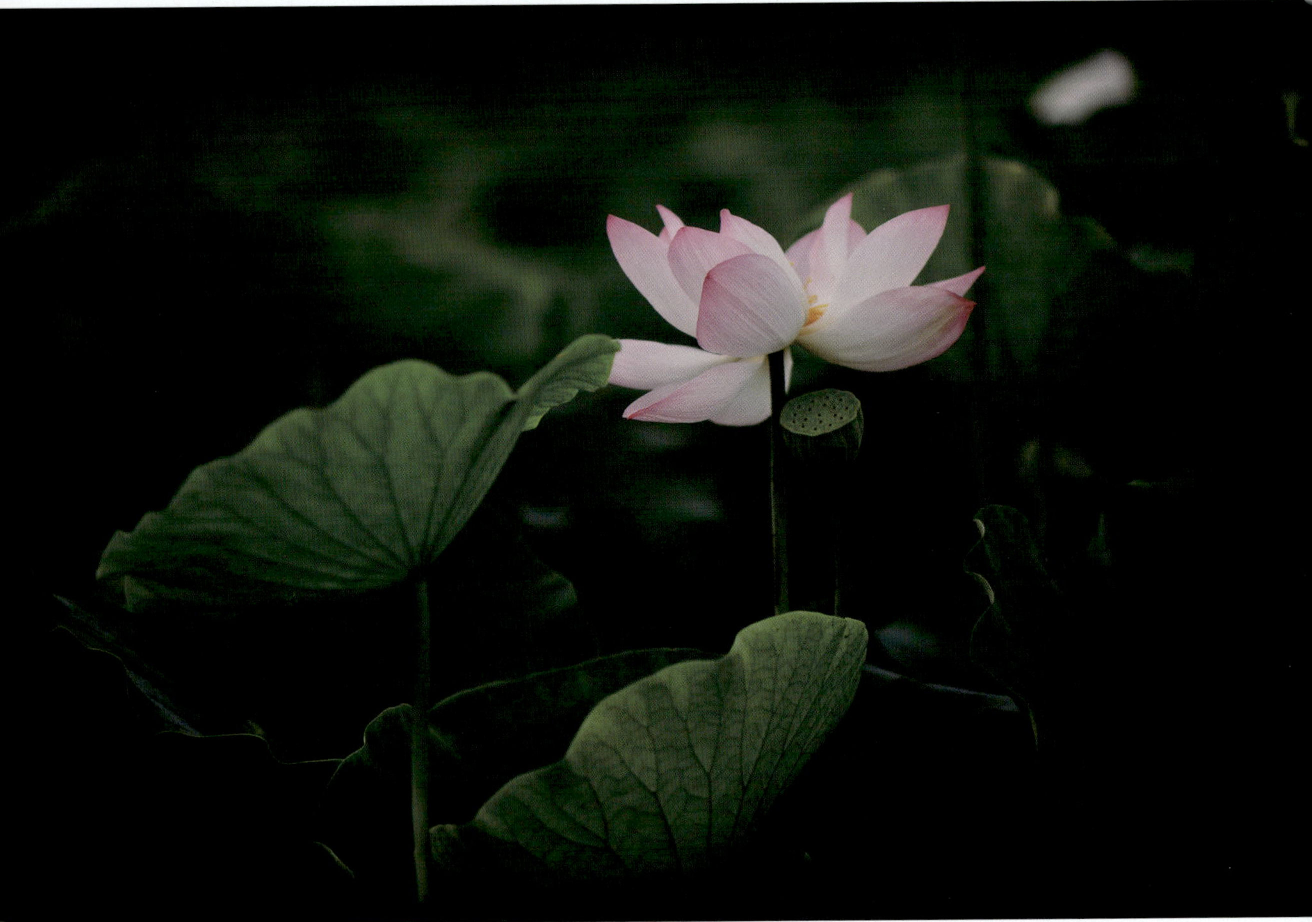

렌즈: 135mm F2.0 · 셔터속도: 1/8000초 · 조리개: F2.0

꽃을 보는 것을 즐기고 그 꽃을 예쁘게 담고 싶어하는 마음은 사진이 취미가 아닌 사람이라도, 그 누구라도 같은 것입니다.

꽃을 사진에 담을 때 가장 먼저 해야 할 일은 가장 예쁜 꽃을 찾는 것입니다. 예쁘지 않은 꽃이 없고, 모든 꽃이 다 비슷해 보일지 모르지만 그 중에서도 사진에 담기 좋은 구도와 사진 찍기 적당한 거리에 있는 꽃이 있습니다. 그중에서 모양이 예쁘고 색이 고운 꽃을 찾아야 합니다.

그렇게 내 눈에 들어온 꽃은 다른 모든 꽃과는 다른 나만의 특별한 꽃이 됩니다. 연꽃은 꽃이 크고 화려하여 한 송이를 화면 가득 사진으로 담기에 좋지만, 연못 속에서 피어나기에 접근하기 어렵다는 단점도 있습니다. 마크로렌즈와 함께 망원렌즈를 준비하는 것이 좋습니다.

연꽃의 개화 시기는 7-8월입니다. 충남 부여의 궁남지, 경기도 시흥의 관곡지, 경기도 양평의 세미원, 전남 무안 회산백련지, 경북 경주 안압지 등 전국적으로 연꽃축제가 열립니다.

POINT 01

각양각색의 꽃이 있지만 꽃은 대부분 흰색과 노랑이 가장 많고, 꽃잎은 잎사귀에 비해 밝습니다. 이런 밝기의 차이로 노출이 정확하지 않으면 꽃잎은 노출과다로 나오기 쉽습니다. 꽃잎을 스팟측광하여 노출을 잡거나 −측으로 노출보정을 해주어야 꽃이 제대로 나오게 됩니다.

POINT 02

꽃잎에 노출을 맞추면 녹색의 잎사귀가 자연스럽게 어둡게 나와 꽃을 보다 돋보이게 해줍니다.

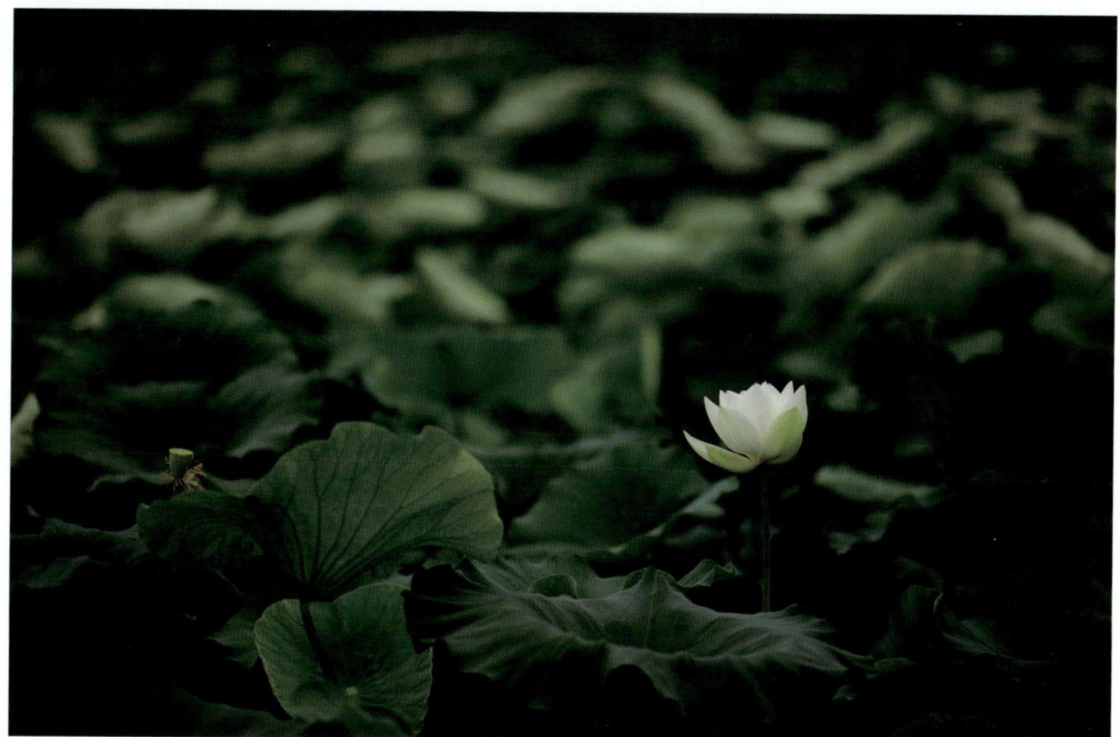

렌즈: 135mm F2.0 · 셔터속도: 1/8000초 · 조리개: F2.0

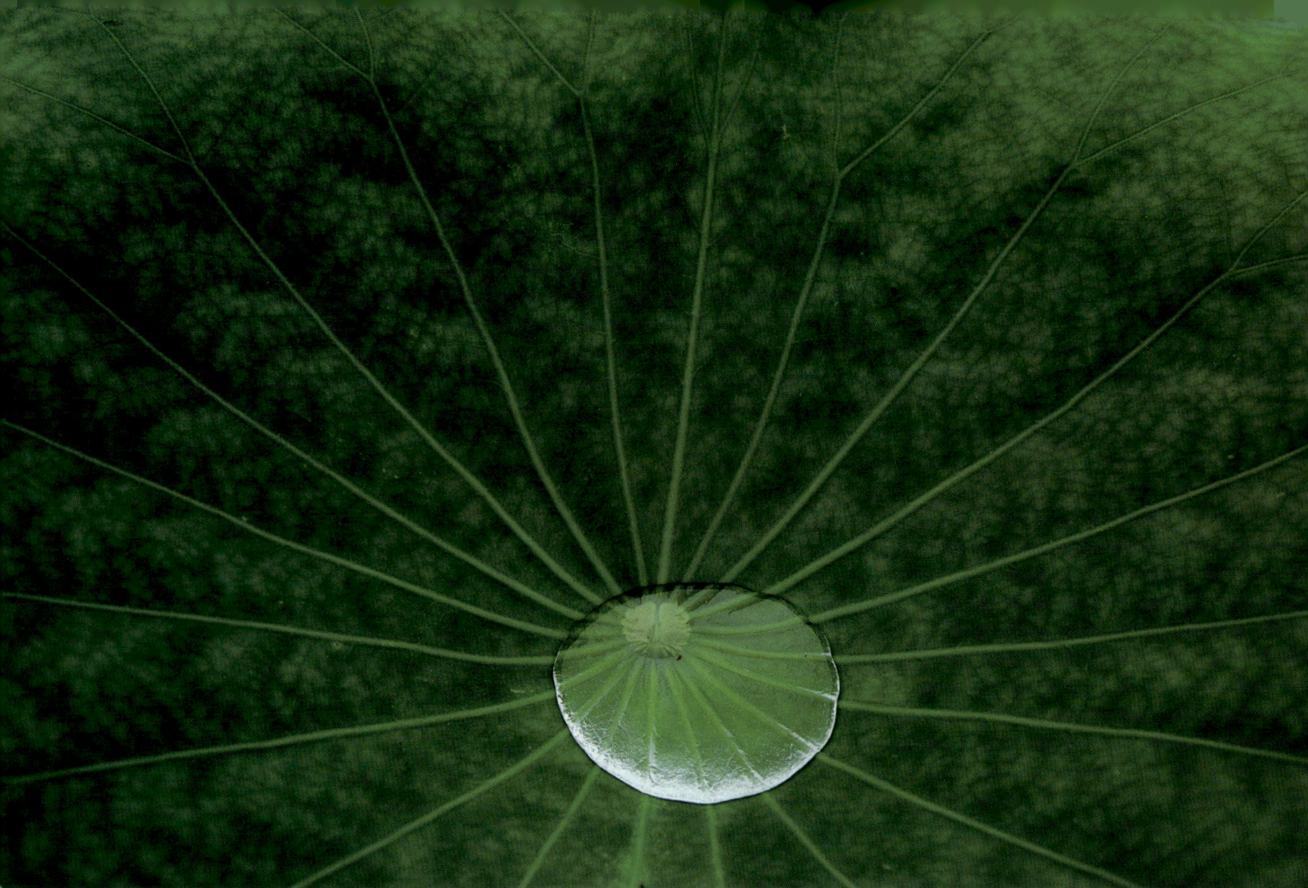

렌즈: 50mm F1.8 · 셔터속도: 1/500초 · 조리개: F6.3

연꽃은 커다란 꽃잎도 예쁜 꽃만큼이나 훌륭한 소재입니다. 연잎의 매끄러운 표면에는 뛰어난 방수처리가 되어있습니다. 잎의 표면에 비해 물의 표면장력이 약해서 물이 잎에 스며들지 않고 방울방울 굴러다닙니다. 이른 아침 이슬이 맺혀있을 때나 비온 뒤에 가면 연잎에 영롱하게 맺혀있는 물방울을 사진에 담을 수 있습니다.

해바라기

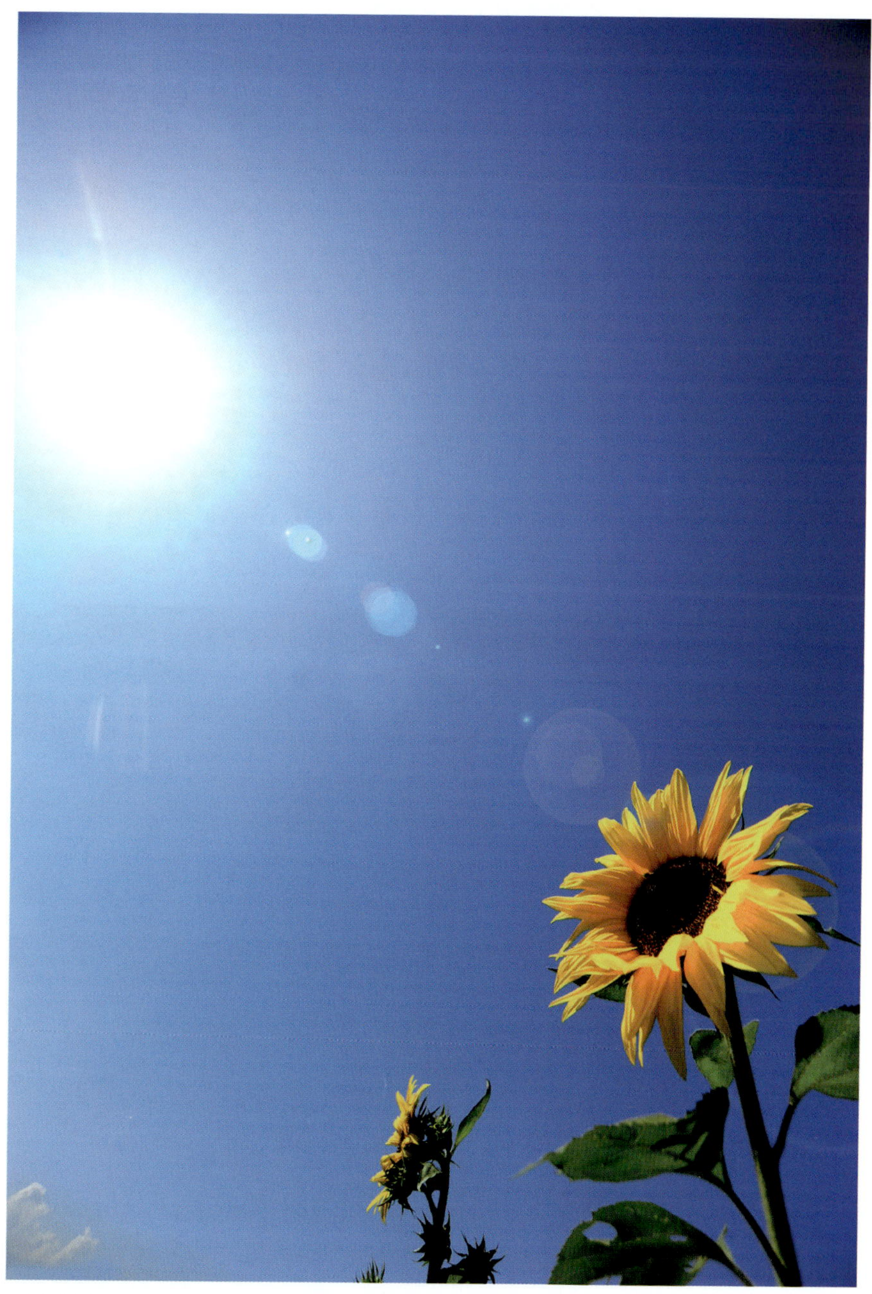

렌즈: 18-35mm F3.5-5.6 · 셔터속도: 1/800초 · 조리개: F3.5

햇살이 가장 강렬할 때 피는 해바라기는 생김새도 태양을 닮았지만 이름처럼 해를 바라보고 있어 한 사람만을 바라보는 사랑의 대명사이기도 합니다. 큰 키에 커다랗고 샛노란 꽃은 파란 하늘과 강렬한 보색대비를 이루어 사진에 담으면 색채감이 좋습니다.

여름에 흔히 볼 수 있는 꽃 중 하나인 해바라기는 대규모 꽃밭을 이루는 모습이 장관입니다. 고창의 학원농장이나 태백의 해바라기 축제 같은 곳에 가면 끝없이 펼쳐진 해바라기를 담을 수 있습니다.

POINT 01

태양이 화면 속에 들어가면 플레어가 생기게 됩니다. 이는 렌즈가 가진 단점이지만 이 단점을 이용하면 오히려 사진이 보다 극적으로 보일 수도 있습니다. 기존의 플레어에 포토샵에 들어있는 플레어 필터를 더해 태양과 해바라기 사이의 연결고리를 만들어 주었습니다.

POINT 02

태양을 파인더를 통해서 직접 보게 되면 눈에 좋지 않습니다. 짙은 선글라스로 눈을 보호해줄 필요가 있습니다.

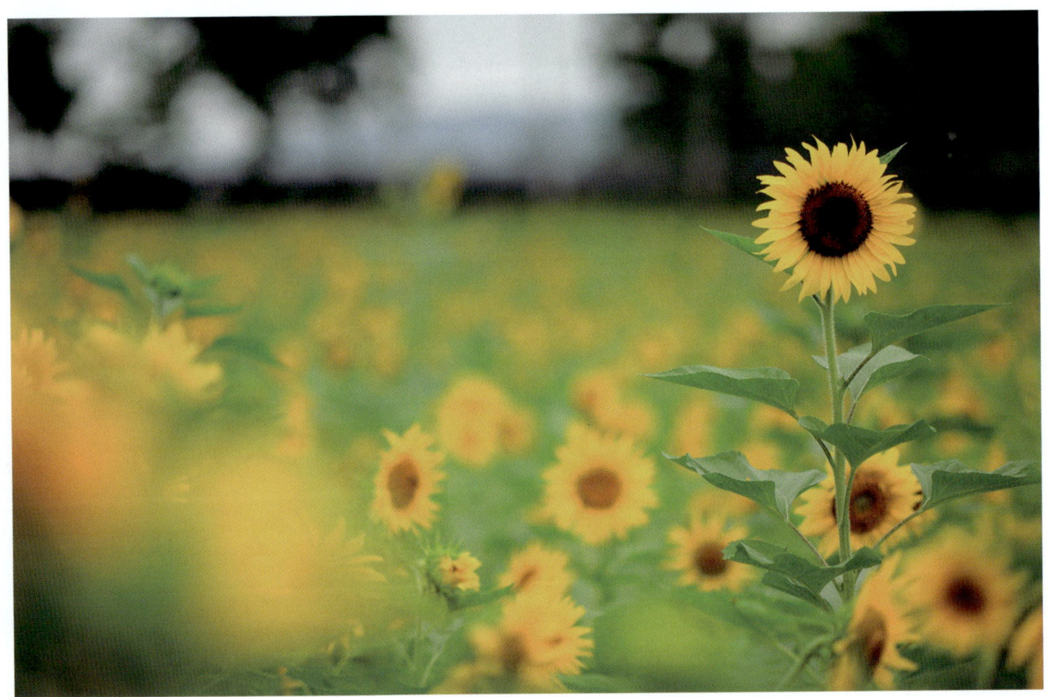

렌즈: 135mm F2.0 · 셔터속도: 1/3200초 · 조리개: F2.0

꽃 속에 별이 있다

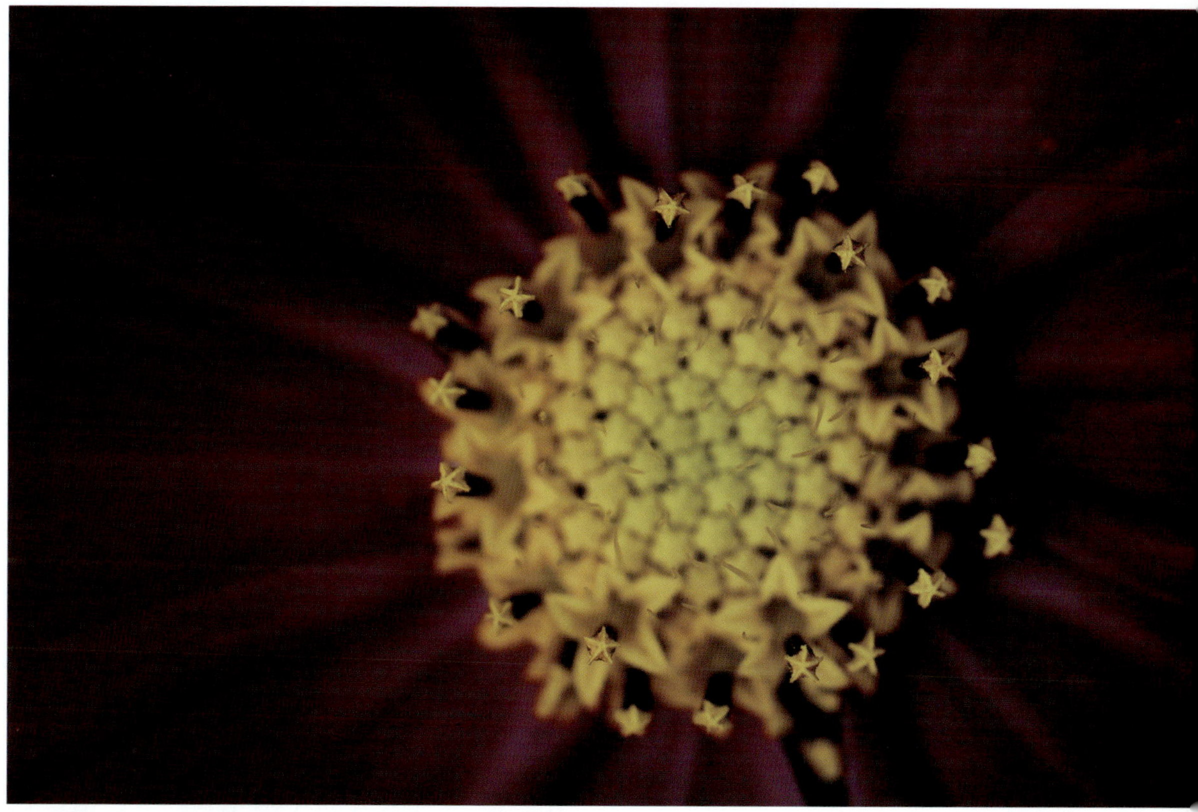

렌즈: 70mm F2.8 macro · 셔터속도: 1/400초 · 조리개: F4.5

여름의 끝자락부터 피는 코스모스는 국화와 더불어 대표적인 가을꽃입니다. 조금만 바람이 불어도 흔들리는 여린 줄기 위 분홍빛 고운 꽃은 청순함의 대명사로 손색이 없습니다. 코스모스를 군락으로 심어 놓은 곳 중 가장 유명한 곳은 5만평 규모의 공간에 코스모스가 가득한 구리 한강시민 공원입니다.

마크로 렌즈는 피사체에 가까이 다가가 찍어야 하므로 작은 부분만을 담을 수 있습니다. 세밀한 부분까지 정밀하게 담아내는 해상력이 좋아 꽃이나 곤충처럼 작은 대상을 찍을 때 아주 유용합니다. 초근접 촬영은 일반적으로 눈으로 보는 것보다 확대된 모습을 담아내기에 무엇을 찍어도 신비로운 모습으로 담기는 경우가 많습니다.

코스모스는 연분홍의 고운 색에 하늘하늘하게 바람에 날리는 모습만 생각하기 쉽지만 마크로렌즈를 통해 그 안의 미시세계를 들여다보면 새로운 모습을 보게 됩니다.

꽃 사진에 좋은 렌즈가 꼭 마크로렌즈뿐인 것은 아닙니다. 접사를 통해 꽃의 세밀한 부분을 보여주는 것 외에도 망원렌즈로 화면 가득 꽃들로 채우거나 광각렌즈로 꽃과 함께 배경을 담아내는 것이 필요할 때도 있습니다. 모든 종류의 렌즈를 가지고 있지 않다고 렌즈가 없어서 못 찍는 사진을 생각하지 말고, 내가 가진 렌즈로 찍을 수 있는 사진이 어떤 것이 있는지를 생각해야 합니다. 그리고 다양한 시도들을 통해서 새로운 느낌의 사진을 담는 연습이 필요합니다.

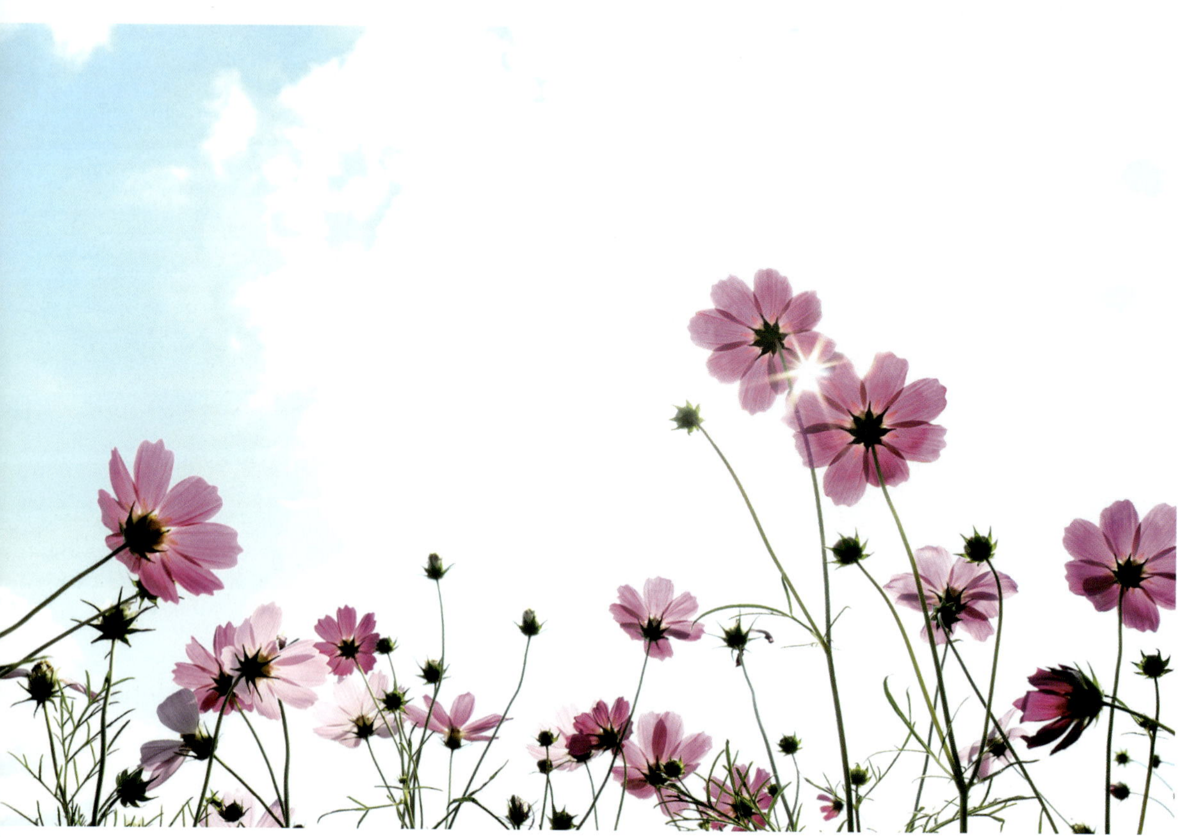

렌즈: 24mm F2.8 · 셔터속도: 1/100초 · 조리개: F11.0

POINT 01

초근접 촬영에서는 심도가 극단적으로 얕아서 몇mm만 움직여도 초점이 맞지 않은 사진이 되어버립니다. 꽃이 움직이지 않도록 한손으로 잡은 상태에서 조심스럽게 초점을 맞춰서 촬영하고, 수동초점으로 초점을 고정시키고 파인더 안에 꽃술이 선명해지는 순간에 셔터를 눌러 촬영했습니다.

POINT 02

광각보다는 망원으로 좁은 범위를 집중해서 담으면 촬영하는 높이(앵글)에 따라 실제로 보이는 것보다 화면에 꽃이 더 가득 차 보이도록 담을 수 있습니다.

POINT 03

노출을 꽃잎에 맞추면 하늘이 노출과다로 하얗게 나옵니다. 해가 직접 화면에 들어가지 않도록 꽃잎으로 가리고 역광으로 찍으면 꽃잎이 투명한 느낌이 납니다.

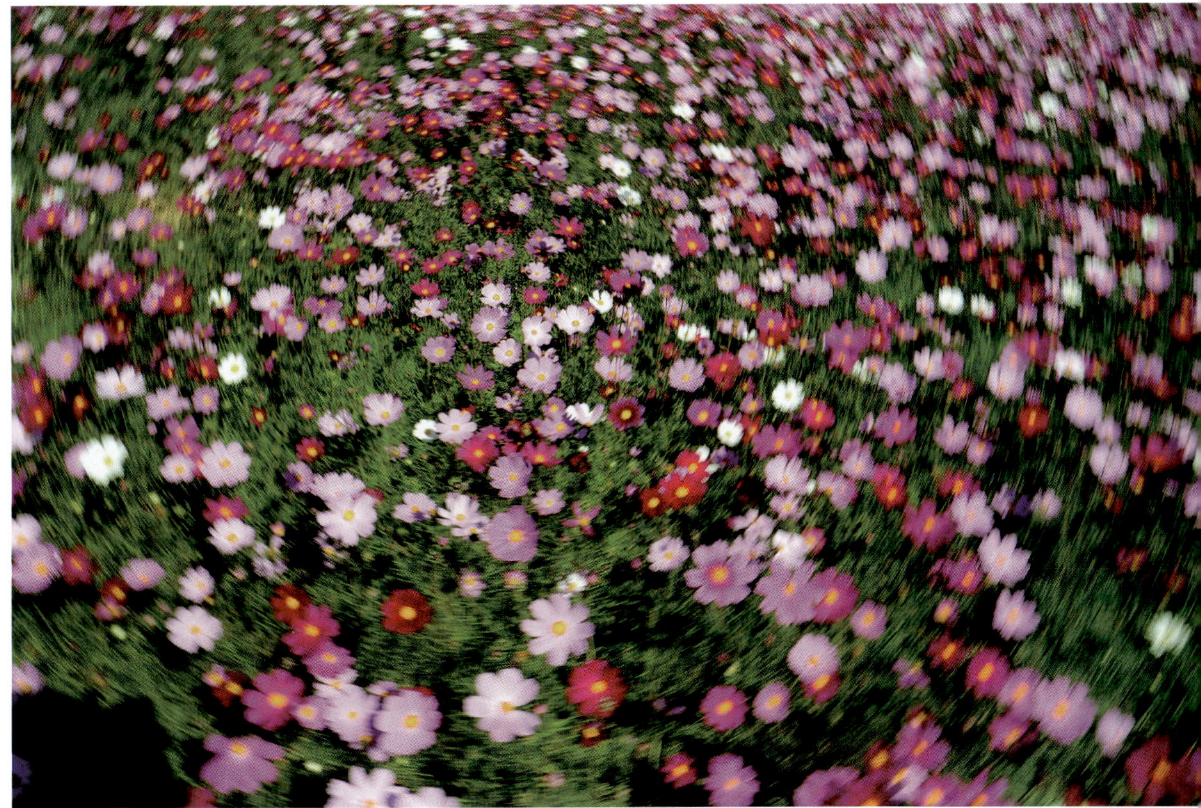

렌즈: 24-70mm F2.8 · 셔터속도: 1/30초 · 조리개: F32.0

여백의 미

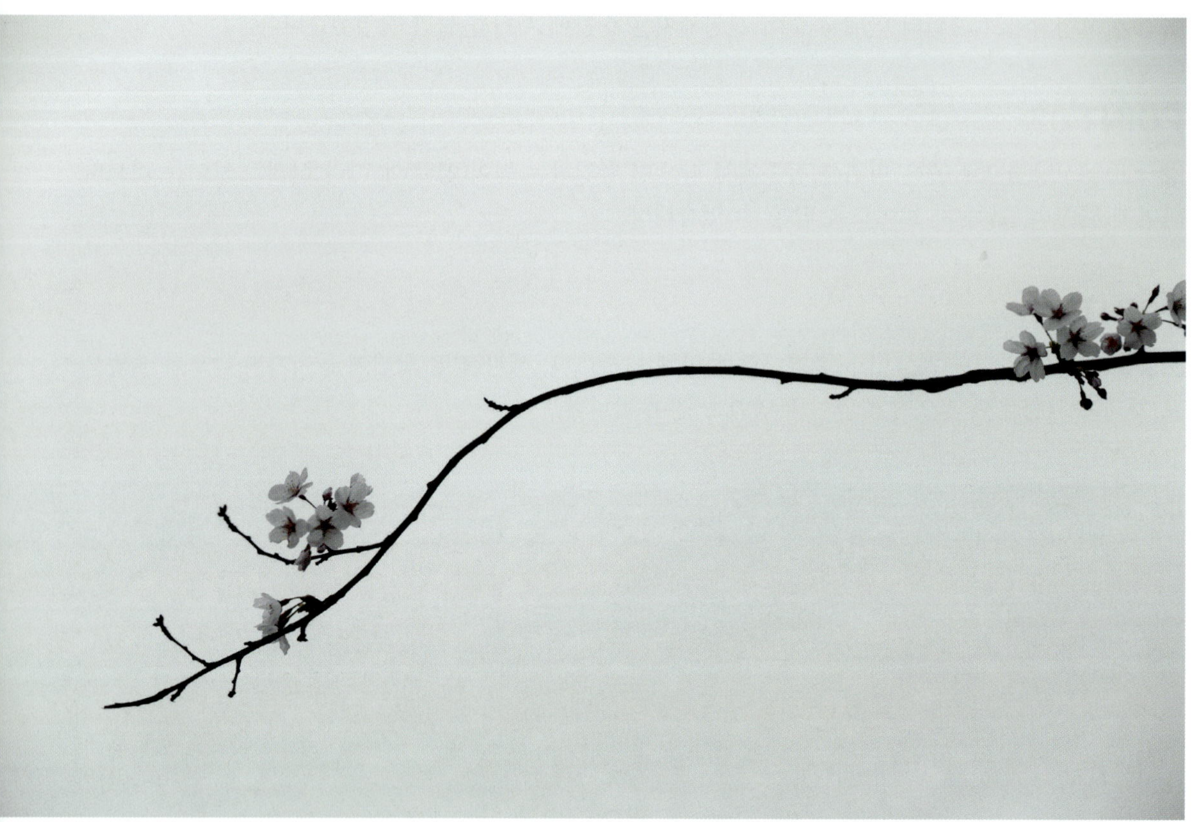

렌즈: 28-75mm F2.8 · 셔터속도: 1/60초 · 조리개: F4.0

봄에 피는 꽃 중에서 전국적으로 꽃 축제가 가장 많은 꽃이 벚꽃일 것입니다. 그러나 벚꽃은 며칠 만에 화려하게 피었다 한꺼번에 떨어지므로 꽃구경 할 시기를 놓치기 쉽습니다.

그림 솜씨가 형편없는 필자에게, 카메라는 그림을 그릴 수 있게 해준 고마운 도구입니다. 사진은 그림과 같습니다. 그림에도 수채화, 포스터, 추상화, 동양화와 같은 다양한 종류가 있듯이 사진으로 표현하는 방법에도 다양한 방법이 있을 수 있습니다. 길게 늘어진 가지에 듬성듬성 핀 벚꽃은 여백의 미를 표현하는 한 폭의 수묵화 같은 분위기로 그리기에 좋아 보였습니다.

붓으로 그리는 그림은 구도의 제약이 없지만 사진으로 표현하는 경우에는 그러한 구도를 가진 대상을 찾는 것이 관건입니다.

POINT 01

밝은 배경에서는 +노출 보정을 해주어야 사진이 어둡게 나오는 것을 피할 수 있습니다.

POINT 02

3차원의 풍경을 2차원의 평면에 담는 것입니다. 그래서 같은 대상이라도 바라보는 각도에 따라서 그 모습이 다르게 찍힙니다. 어느 방향에서 찍어야 내가 원하는 느낌에 가까운 모습일지를 생각해야 합니다.

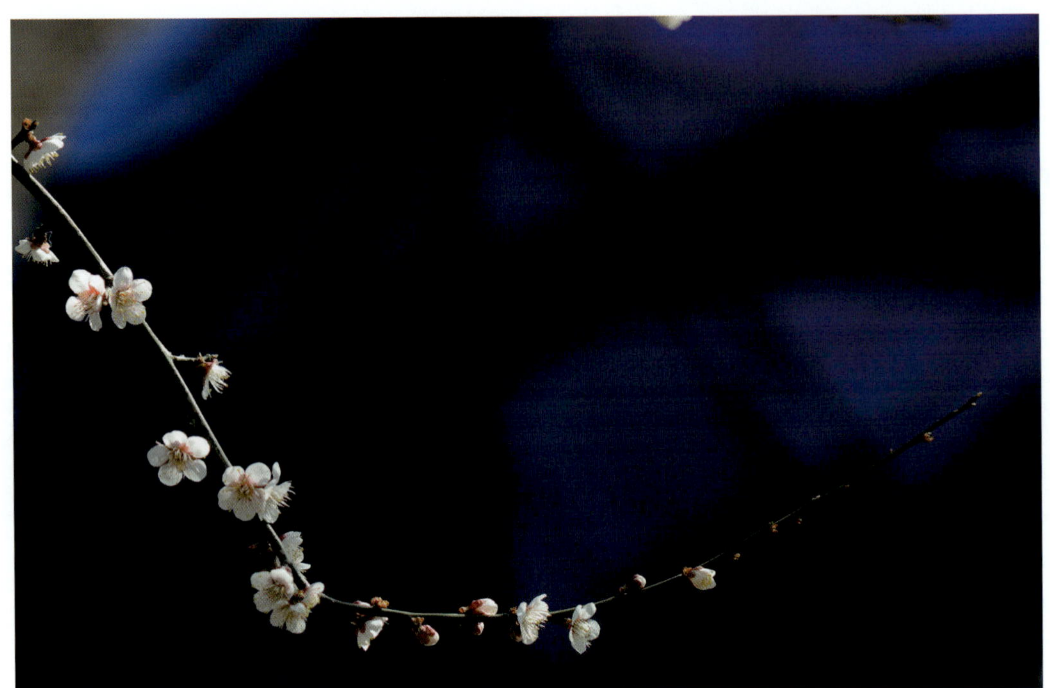

렌즈: 135mm F2.0 · 셔터속도: 1/640초 · 조리개: F4.5

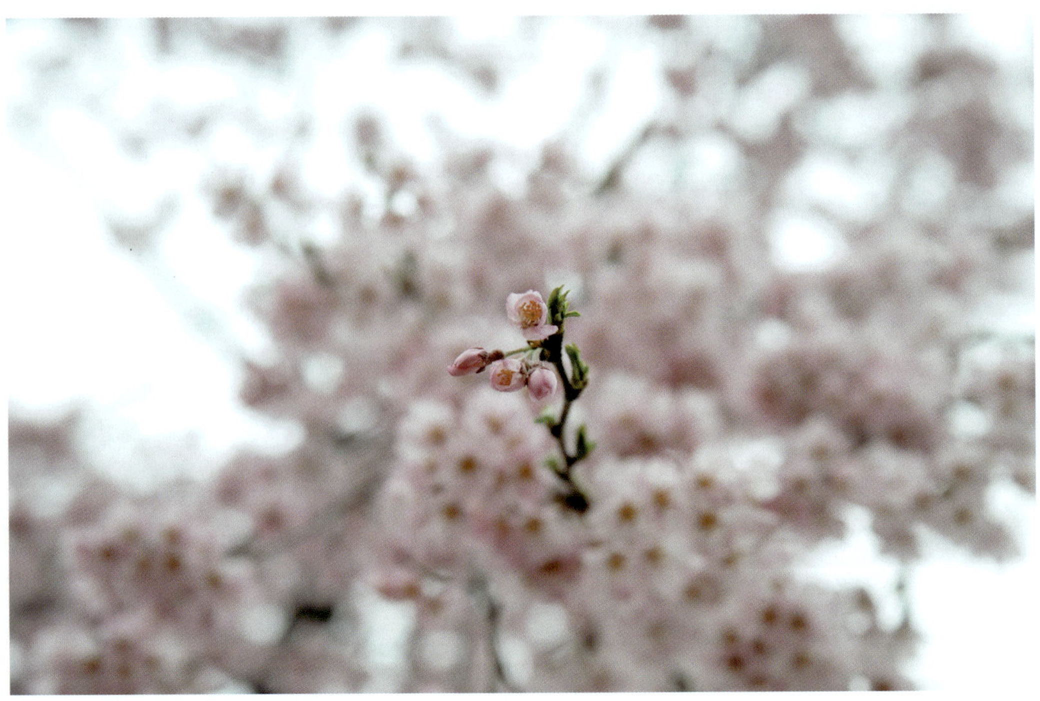

렌즈: 28-75mm F2.8 · 셔터속도: 1/160초 · 조리개: F8.0

발상의 전환

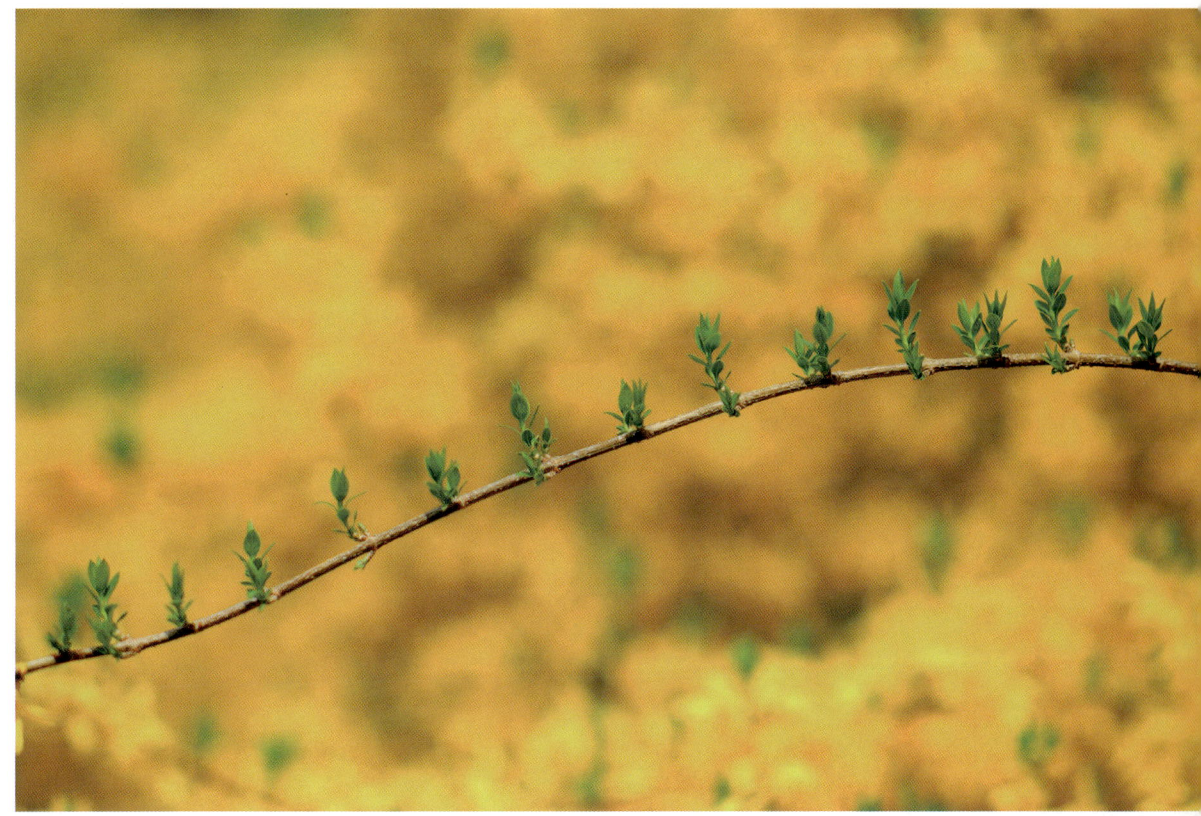

렌즈: 135mm F2.0 · 셔터속도: 1/4000초 · 조리개: F2.8

고정관념은 쉽게 바뀌지 않지만, 이 고정관념을 버리고 생각의 영역을 넓히면 사물을 바라보는 시선이 다양해집니다.

우리는 대부분 초록잎 상태의 개나리를 더 오랫동안 보고 삽니다. 그런데도 개나리라고 하면 노랗고 앙증맞은 꽃을 가장 먼저 떠올리는 것은 꽃이 피는 시기에 받는 강한 인상 때문일 것입니다. 그러다 보니 개나리를 찍을 때는 노란 꽃을 주로 담게 되지 잎에 대해서는 신경을 잘 안 쓰게 됩니다.

또 꽃은 피면 지기 마련인데, 떨어진 꽃잎 역시 잘 찍지 않게 되는 것 중 하나입니다. 누구나 다 찍는 것을 찍으면 나만의 사진을 만들기 어렵습니다. 남들이 보지 않는 것에 관심을 기울이다보면 남들과 다른 사진을 얻을 수 있습니다.

나란히 돋아난 새순들에 모두 초점을 맞추려면 나뭇가지와 카메라의 위치가 수평을 이루어야 합니다.

POINT 02

조리개를 개방해 심도를 얕게 촬영해서 배경이 되는 꽃이 흐릿하게 하고 노랑과 초록의 색상대비를 통해 녹색의 잎들이 돋보일 수 있도록 했습니다.

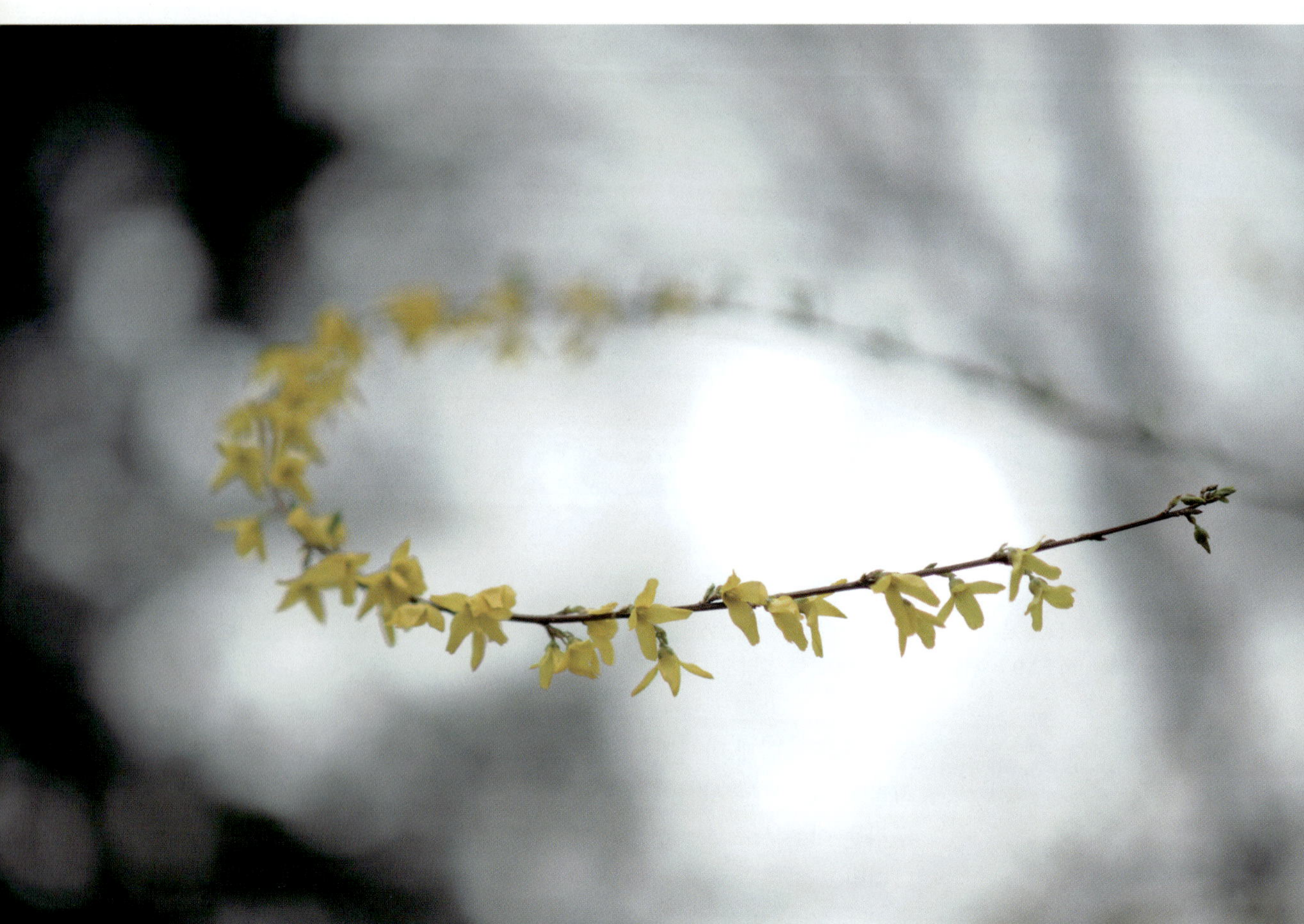

렌즈: 135mm F2.0 · 셔터속도: 1/200초 · 조리개: F2.0

내 눈엔 너만 보여 2

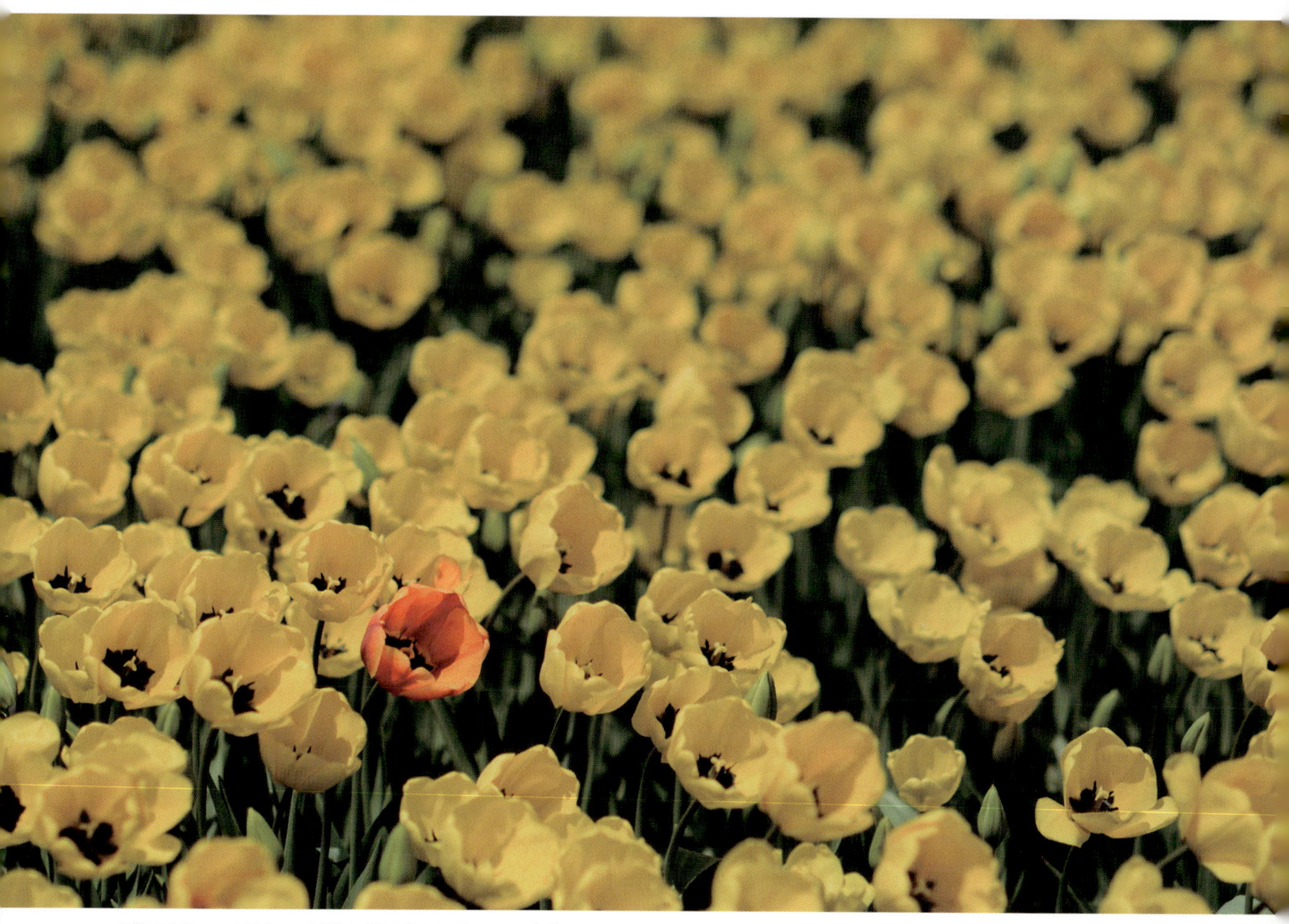

렌즈: 85mm F1.8 · 셔터속도: 1/4000초 · 조리개: F2.0

같은 모양이 반복적으로 있는 패턴은 사진으로 찍기에 좋은 소재 중 하나입니다. 그 중에 눈에 띄는 하나가 섞여있다면 반복 속에 숨어있는 반전이 시선을 사로잡는 포인트 역할을 합니다.

무리 속 하나의 색다른 포인트를 담을 때의 고민은 '과연 어디에 포인트를 위치시킬 것인가'입니다. 한 가운데에 놓을 것인가? 아니면 삼분할 구도를 생각해서 담을 것인가? 정답은 없습니다. 이런 고민을 하느냐, 하지 않고 찍느냐가 더 중요합니다.

사진을 찍으면서 얻는 것 중 하나가 사진을 통해서 배우게 되는 것들입니다. 튤립 사진을 올렸을 때, 튤립 하면 먼저 떠오르는 것은 풍차의 나라 네덜란드이지만 사실 튤립은 터키가 원산지이고, 터키 사람들이 머리에 한 터번에서 그 이름이 유래한 것이라는 댓글을 통해서 새로운 사실을 알게 되었습니다.

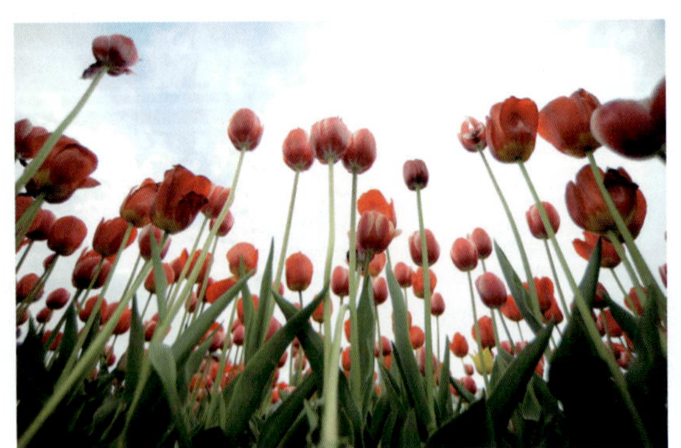

렌즈: 18-35mm F3.5-4.5 · 셔터속도: 1/4000초
조리개: F3.5

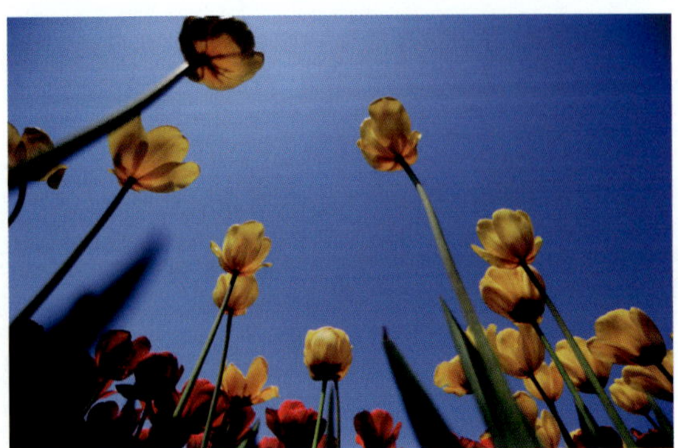

렌즈: 18-35mm F3.5-4.5 · 셔터속도: 1/320초
조리개: F3.5

POINT 01

3분할 구도로 촬영한 것은 구도를 의식했기 때문이라기보다는 꽃의 위치가 정중앙 혹은 다른 곳에 위치하기에 적당하지 않은 위치에 있었기 때문인 이유가 가장 컸습니다. 구도의 제약이 있는 경우에는 그 상황에서 가장 적절한 구도를 선택할 필요가 있습니다.

POINT 02

낮은 앵글로 촬영하면 대상의 키가 커 보이는 효과를 줄 수 있습니다. 극단적인 로우앵글로 담아서 마치 거대한 튤립의 숲에 들어가 있는 느낌을 주었습니다.

이름 모를 들꽃

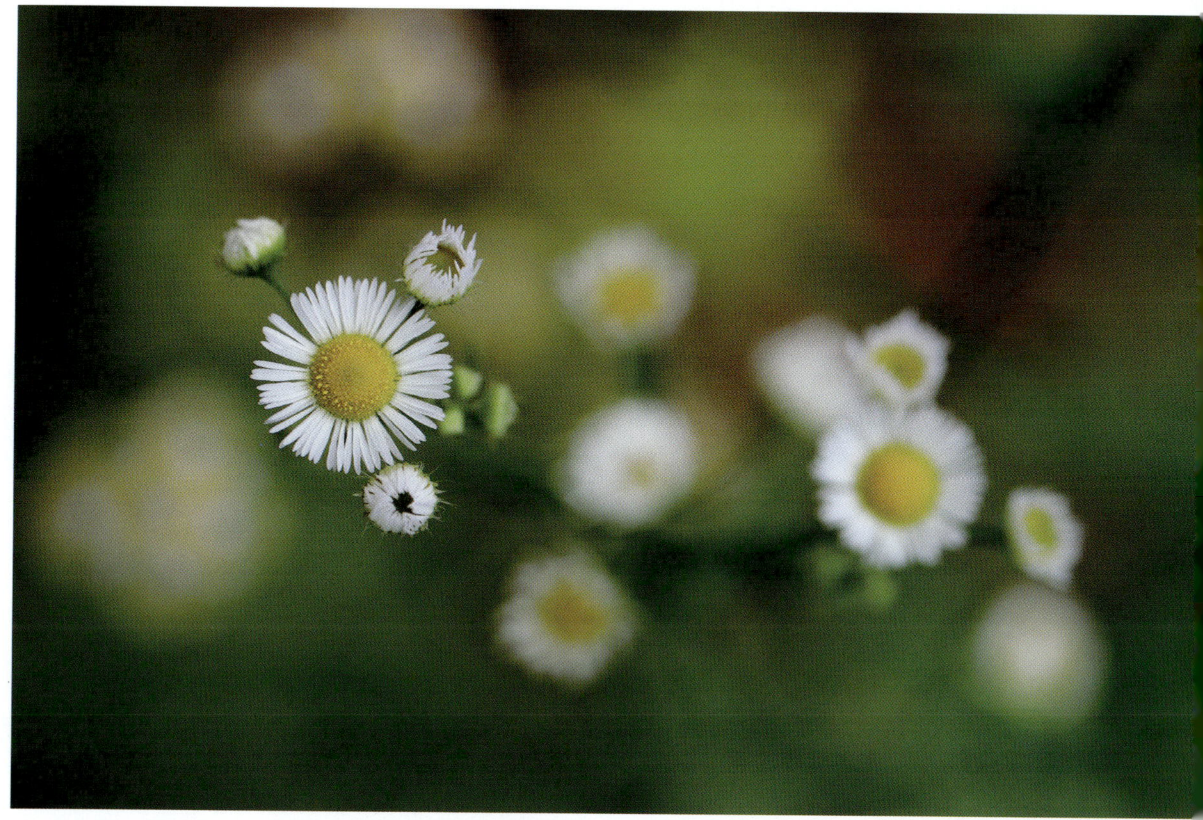

렌즈: 70mm F2.8 macro · 셔터속도: 1/400초 · 조리개: F3.5

장미를 좋아하는 사람도 있고, 백합을 좋아하는 사람도 있습니다. 그리고 간혹. "좋아하는 꽃이 뭐예요?"라는 질문에 "저는 화려한 꽃보다 길가에 핀 이름 모를 들꽃을 좋아해요." 라는 답을 하는 사람들이 있습니다.

가장 좋아하는 꽃인데 이름을 모른다? 이름도 모르면서 가장 좋아한다고 말할 수 있을까요?

"좋아하는 가수가 누구예요?" 라는 질문에 "저는 톱스타나 아이돌 그룹보다 이름 모를 언더그라운드 가수를 좋아해요."라고 답한다면 뭔가 이상하지 않을까요? 오히려 마니아라면 언더그라운드 가수에 대해 더 상세히 알고 있는 경우가 많은데 말입니다.

모든 꽃의 이름을 다 외우기란 쉽지 않습니다. 꽃들은 그 종류도 많고, 외래종은 이름이 어렵기도 하고, 자세히 보지 않으면 비슷하게 생긴 것들이 많다보니 필자 역시 이름을 아는 꽃보다 모르는 꽃이 더 많습니다.

계란 프라이를 닮았다고 해서 계란꽃이라고 불리는 이 꽃은 개망초입니다. 여름부터 길가에서 흔히 볼 수 있는 꽃 중 하나입니다. 정말로 길가에 핀 들꽃을 좋아한다면 그 꽃의 이름정도는 알아두는 것이 어떨까요?

POINT 01

사진으로 찍은 꽃이나 곤충의 이름이 궁금하다면 사진 사이트의 갤러리나 SNS에 올려서 이름을 물어보면 답을 얻을 수 있습니다.

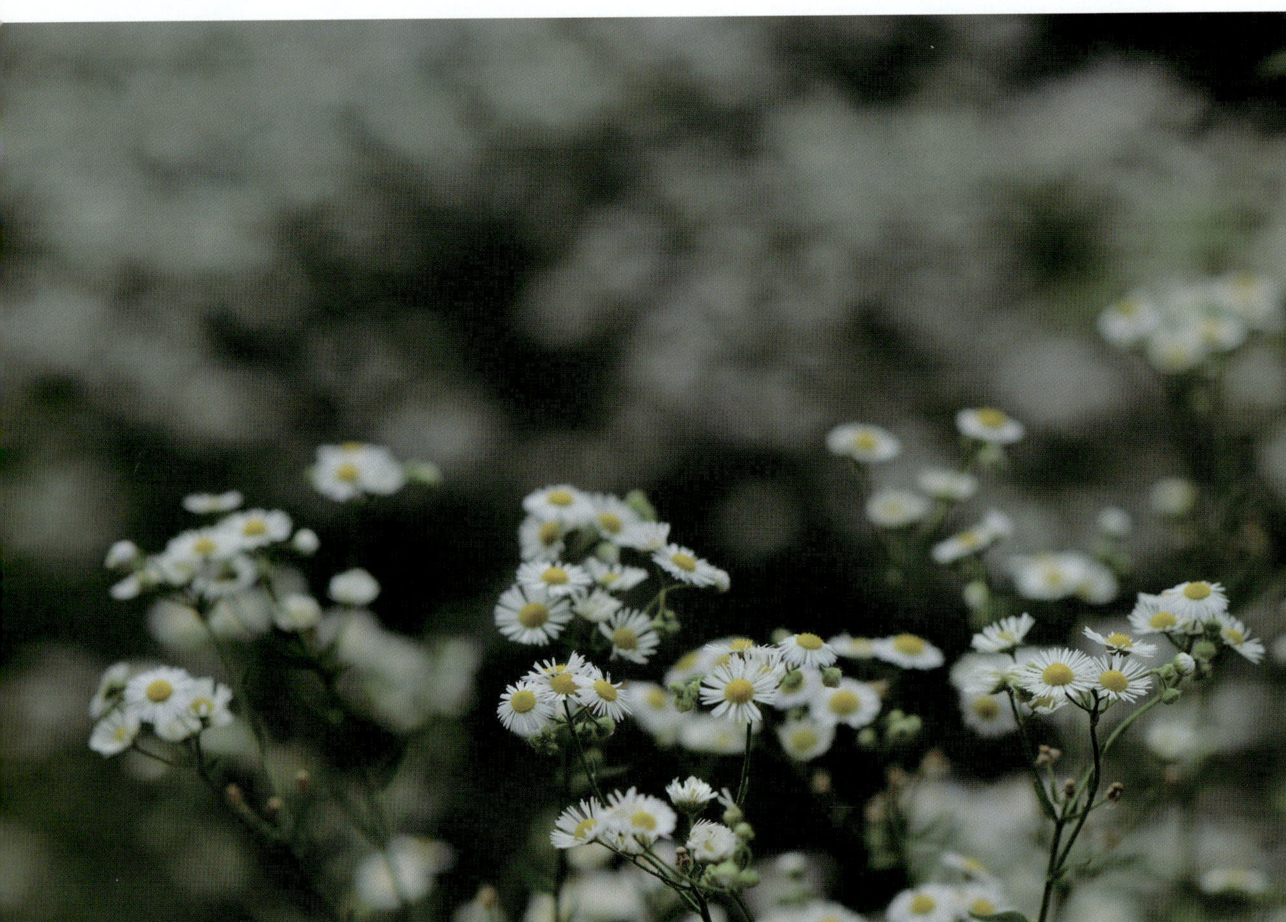

렌즈: 70mm F2.8 macro · 셔터속도: 1/2000초 · 조리개: F4.5

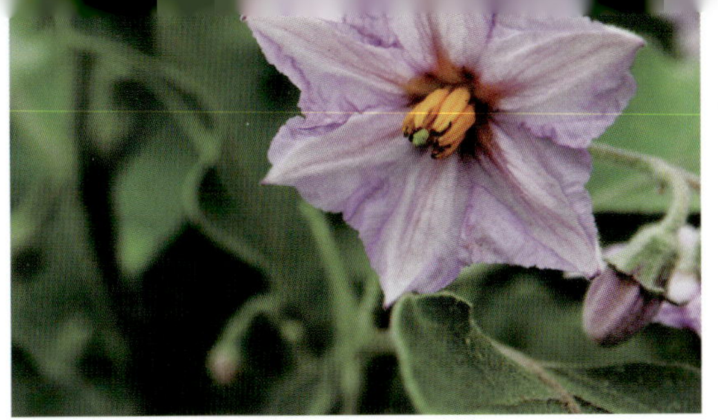

가지꽃

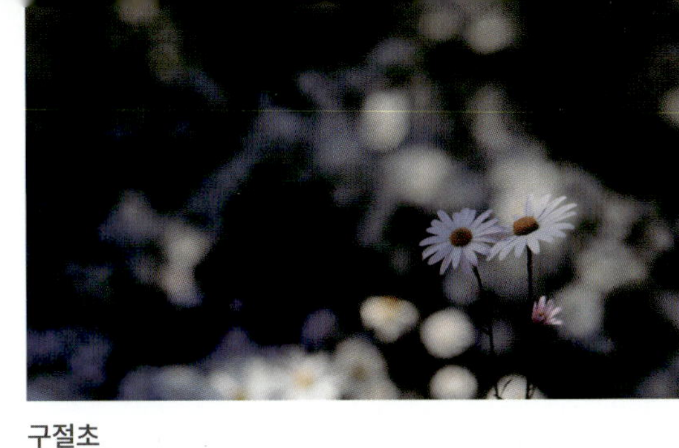

구절초

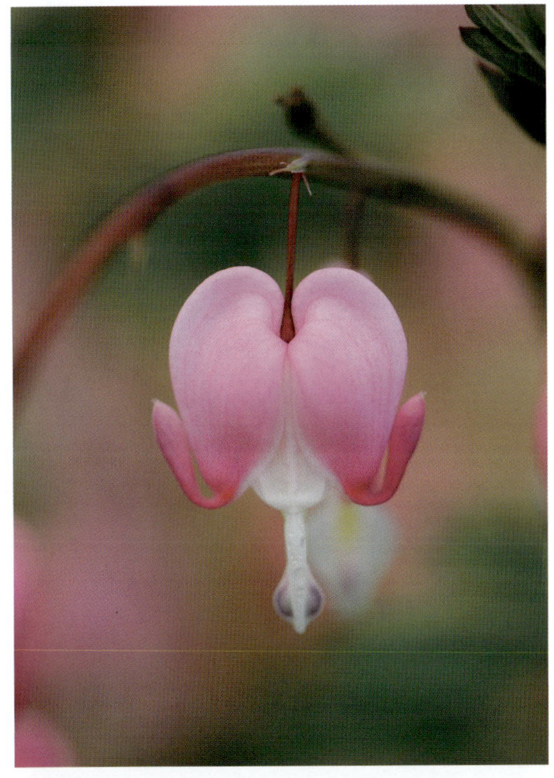

금낭화

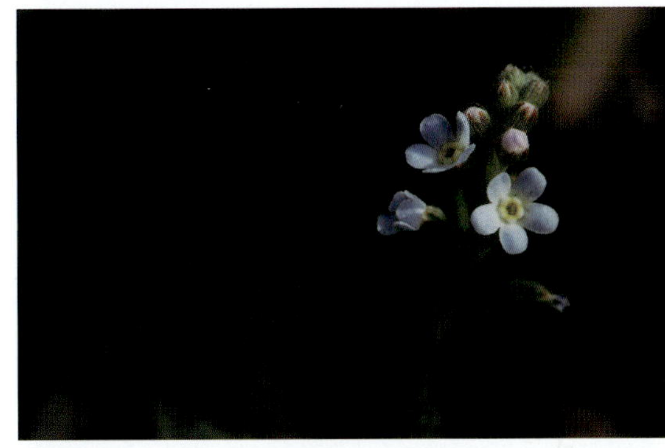

꽃마리

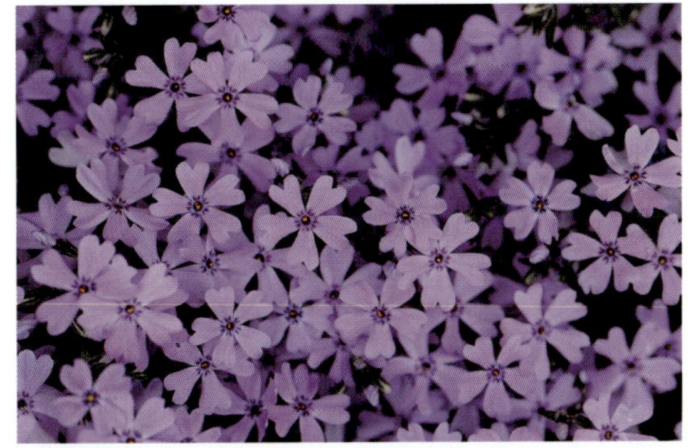

꽃잔디

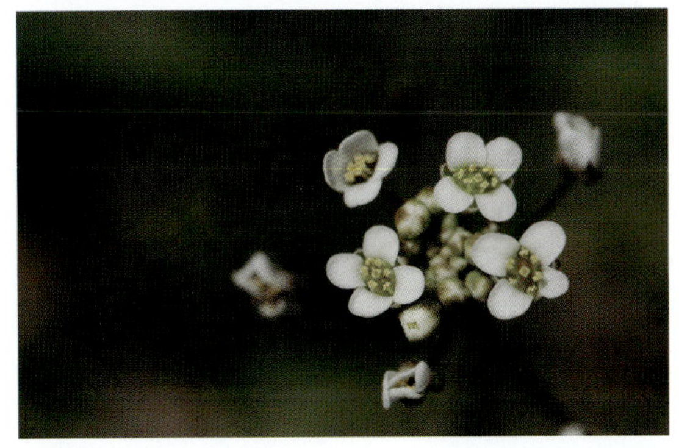

냉이

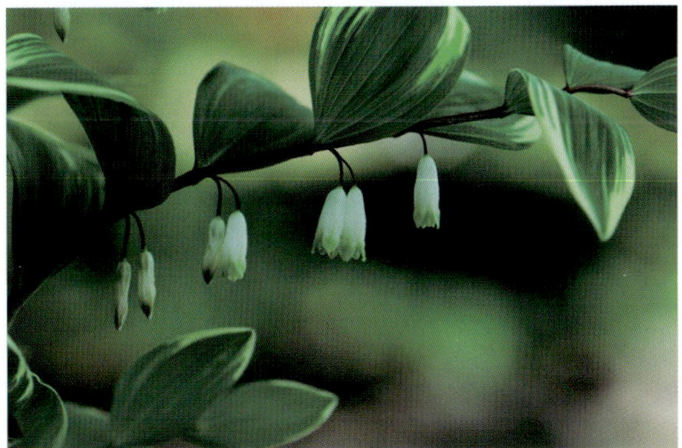

무늬둥글레

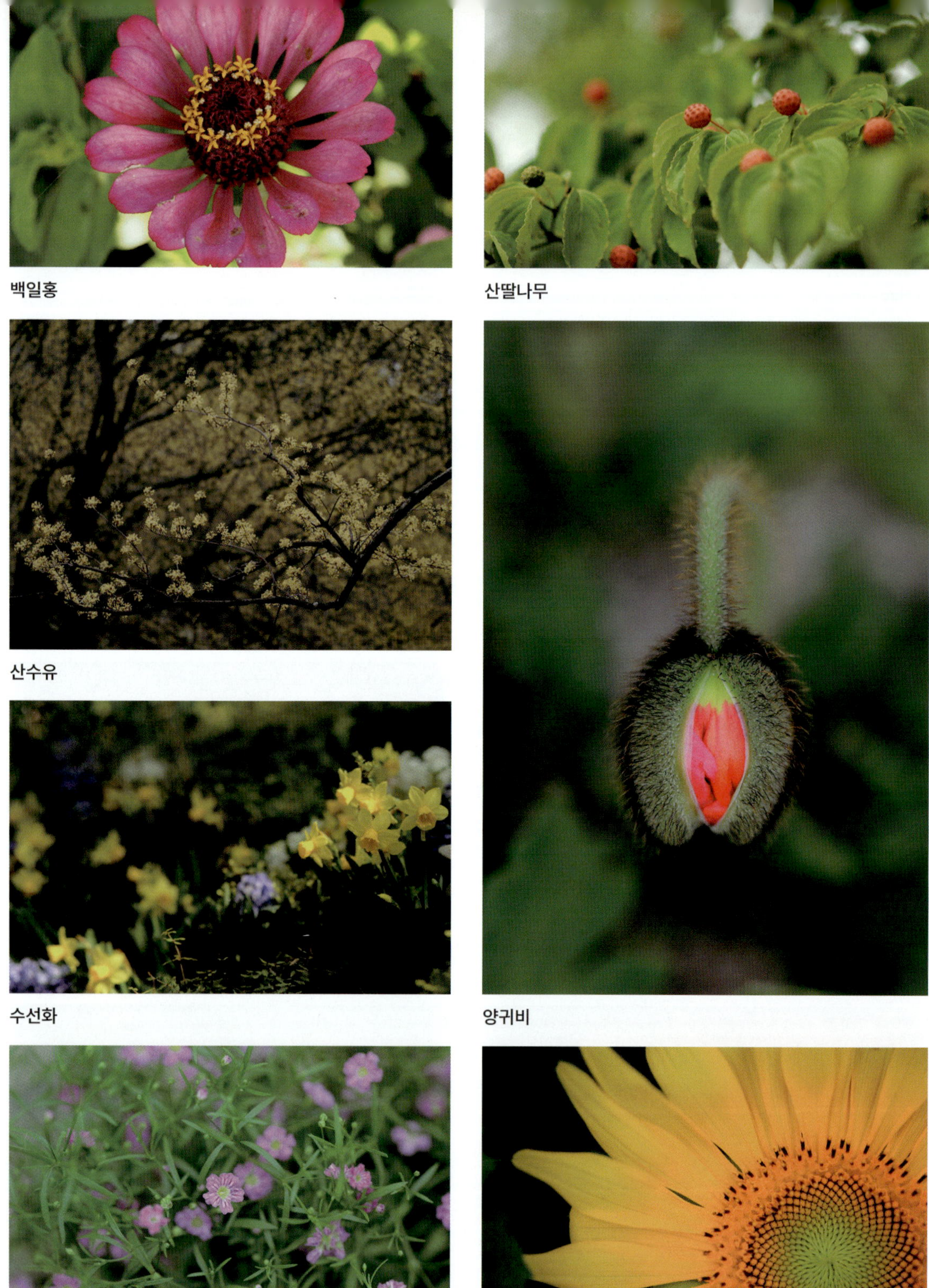

백일홍

산딸나무

산수유

양귀비

수선화

해바라기

안개꽃

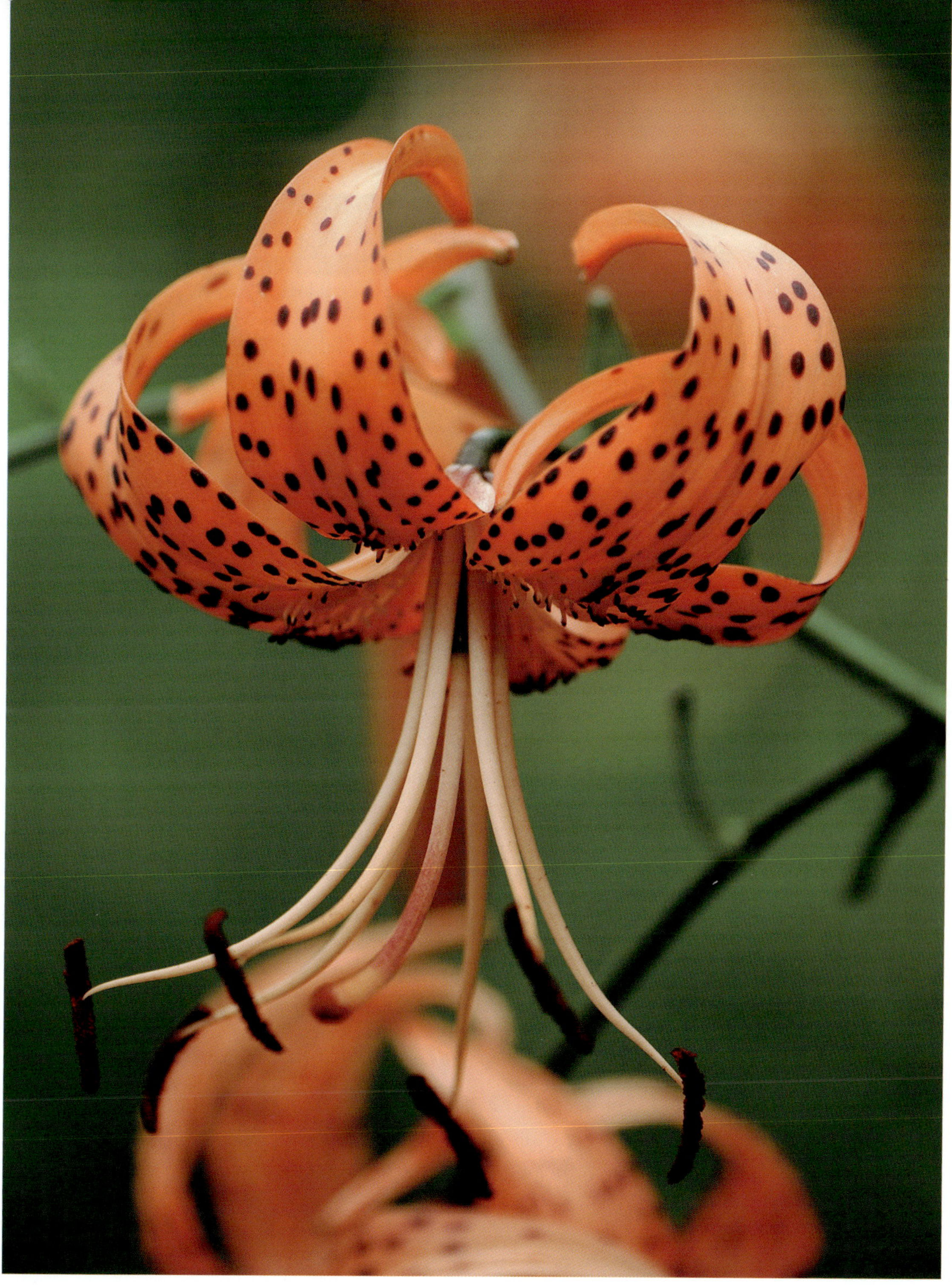

원추리

바람 불어 좋은 날

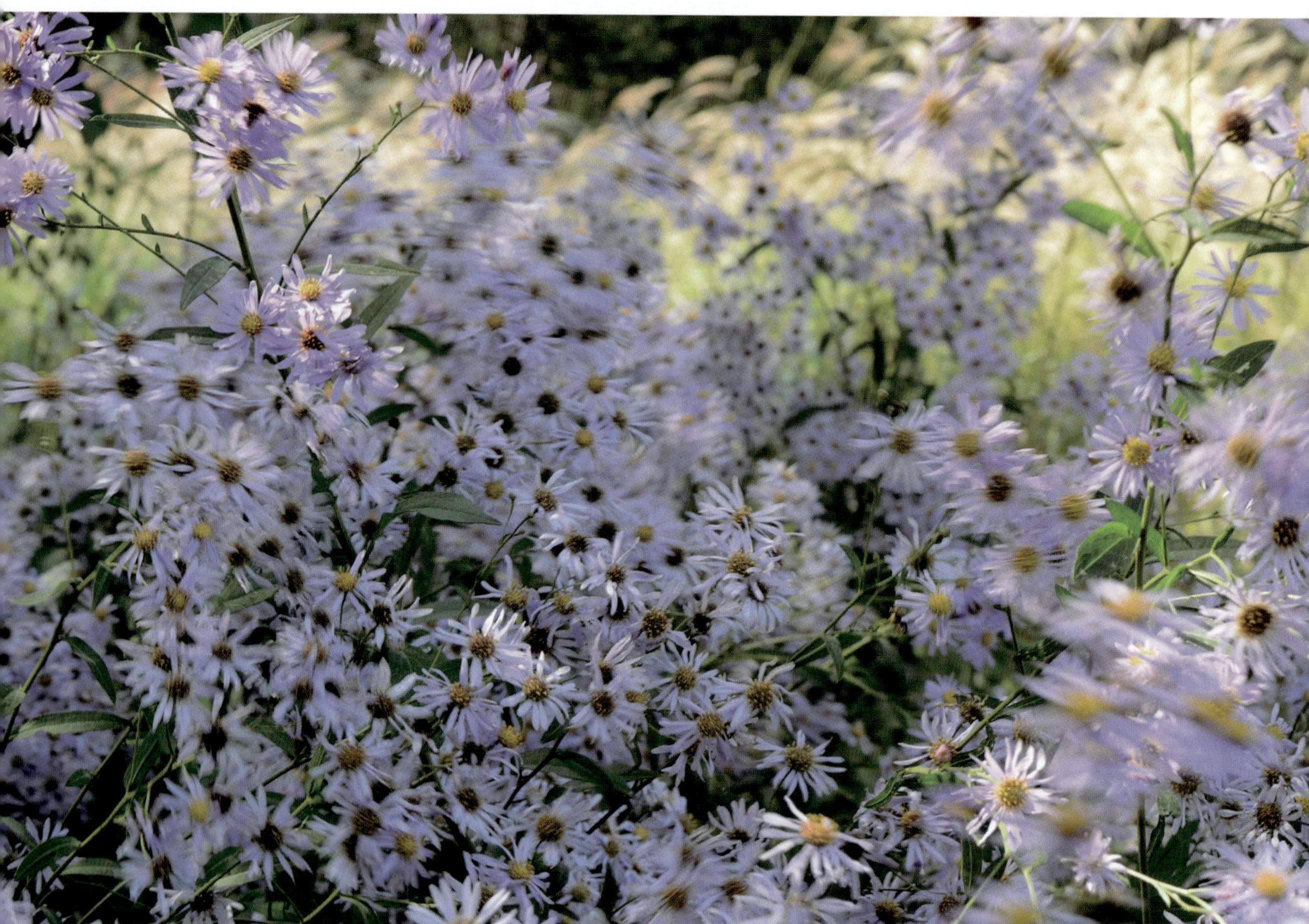

렌즈: 70mm F2.8 macro · 셔터속도: 1/20초 · 조리개: F11.0

바람이 부는 날은 꽃 사진을 찍기 어려운 날입니다. 꽃 사진은 근접촬영이 많은데 조금만 움직여도 초점이 맞지 않기 때문입니다. 그렇다고 사진을 못 찍는 것은 아닙니다. 비 오는 풍경은 비 오는 날에만 찍을 수 있듯이 바람에 흔들리는 꽃은 바람이 불어야만 찍을 수 있습니다. 바람을 탓하지 말고 이용할 줄 알아야 합니다.

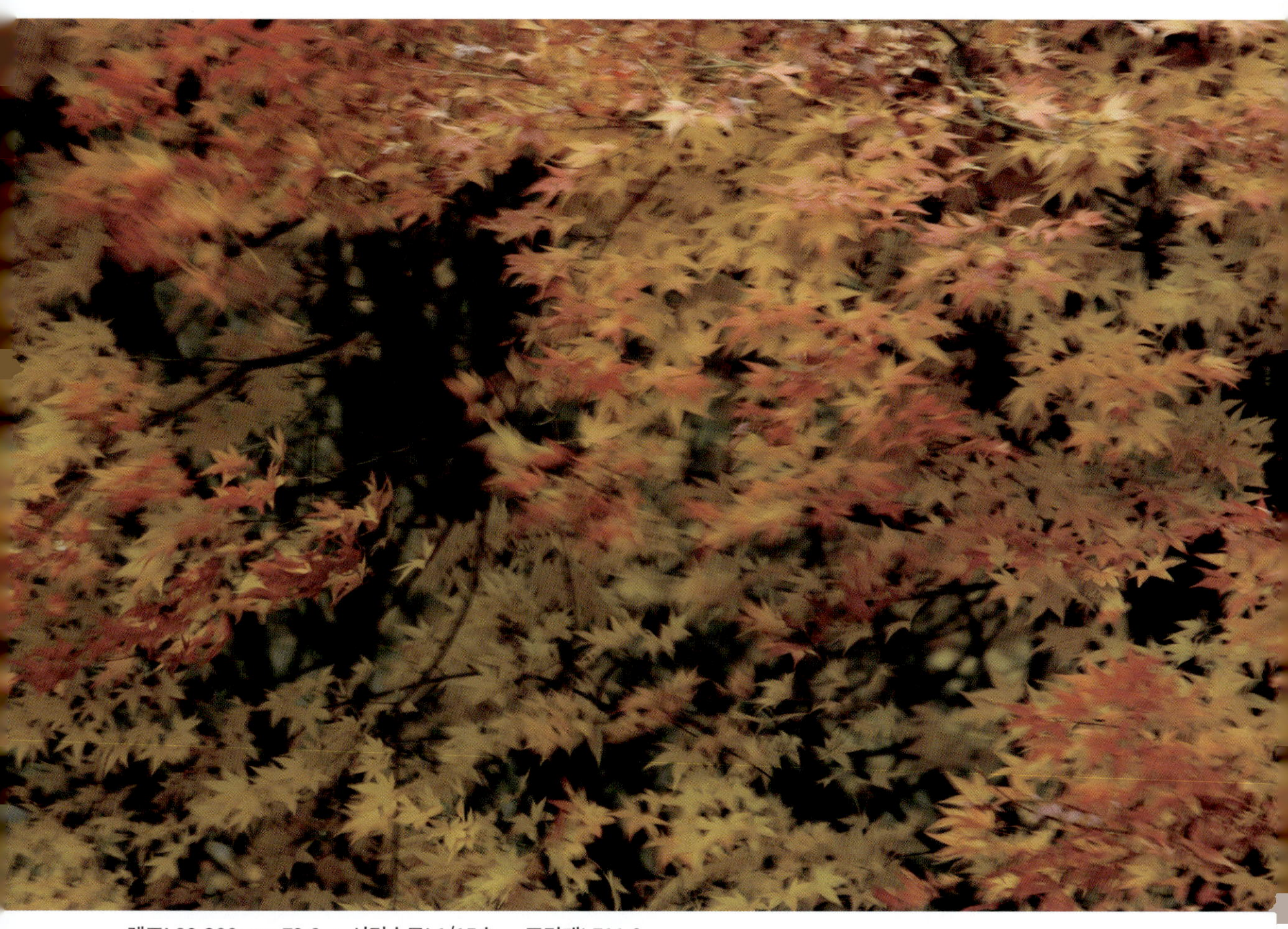

렌즈: 80-200mm F2.8 · 셔터속도: 1/15초 · 조리개: F11.0

POINT 01

움직임을 담으려면 조리개를 조이고 셔터속도를 길게 해주어야 합니다. 꽃은 흔들리지만 카메라는 흔들리지 않도록 삼각대를 사용하는 것이 좋습니다.

POINT 02

바람의 세기에 따라 움직임의 크기가 달라집니다. 셔터속도별로 여러 장을 촬영해 적당한 셔터속도를 찾아내야합니다.

역광에서 살아나는 디테일

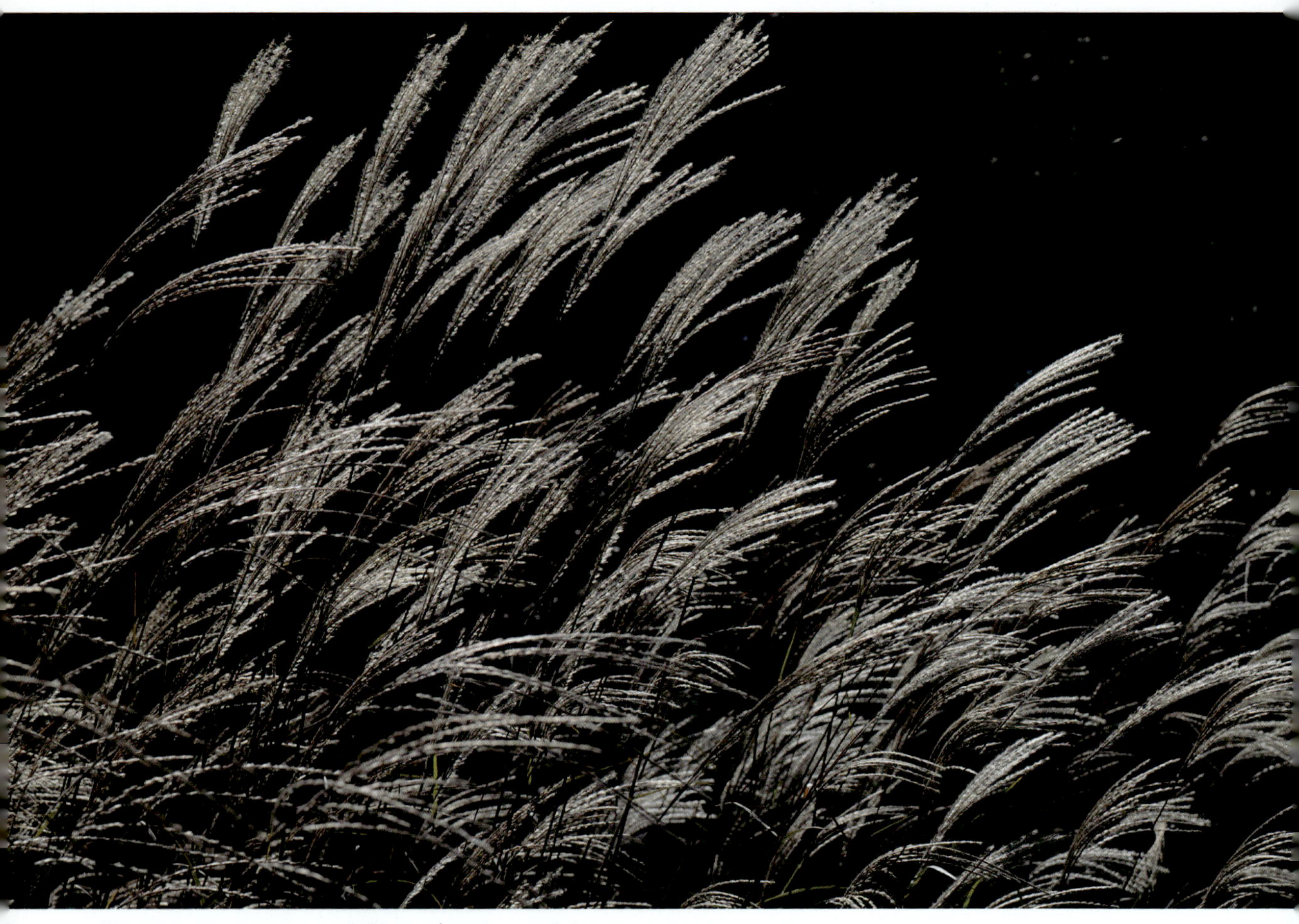

렌즈: 70mm F2.8 macro · 셔터속도: 1/820초 · 조리개: F10.0

억새를 찍기에 가장 좋은 빛은 역광입니다.
역광은 그늘진 배경을 어둡게 만들어 돋보이는 사진을 만들어주고, 강한 빛
으로 마치 억새가 스스로 빛을 내고 있는 것처럼 보여줍니다. 무엇보다 억새
의 미세한 솜털 하나하나 세밀한 부분까지 보여줄 수 있는 것이 역광이 가진
매력입니다.

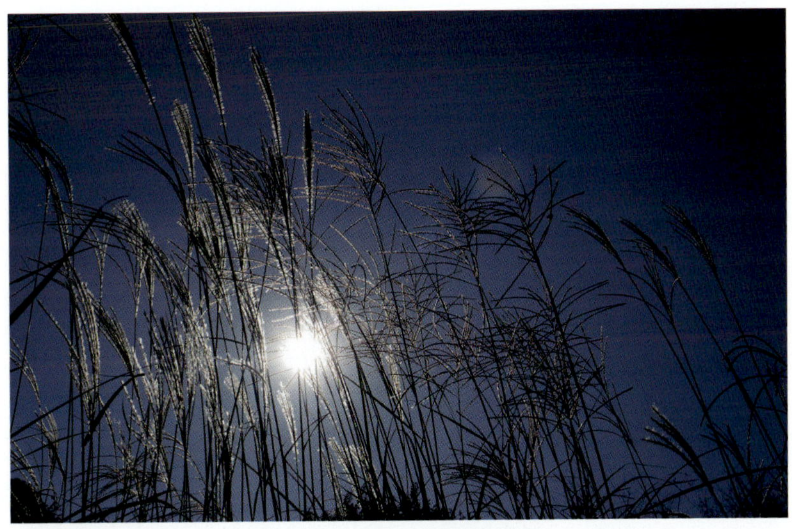

렌즈: 24-70mm F2.8 · 셔터속도: 1/1600초 · 조리개: F10.0

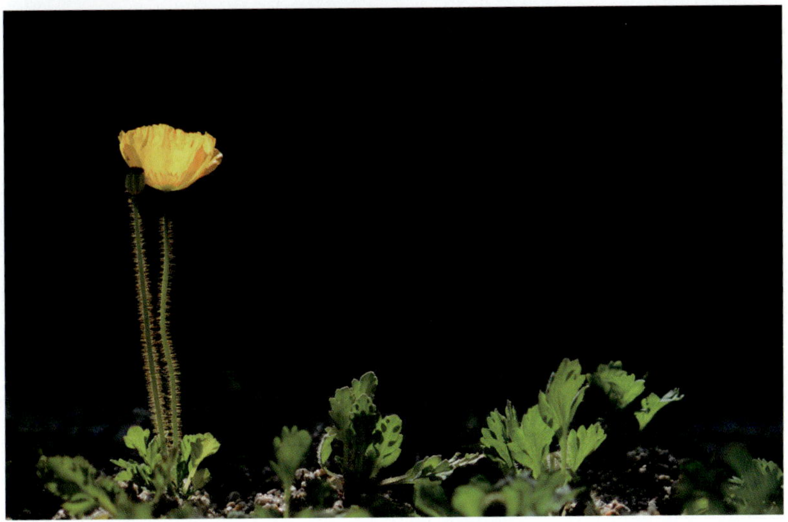

렌즈: 135mm F2.0 · 셔터속도: 1/2500초 · 조리개: F2.0

POINT 01

역광은 노출을 정하기에 까다로운 촬영조건 중 하나입니다. −노출 보정을 통해 보다 어둡게 담아야 역광에서 억새의 디테일을 보여줄 수 있습니다.

POINT 02

강한 역광은 꽃잎이나 잎사귀가 마치 스테인드글라스처럼 반투명하게 빛나게 합니다.

그대 이름은 장미

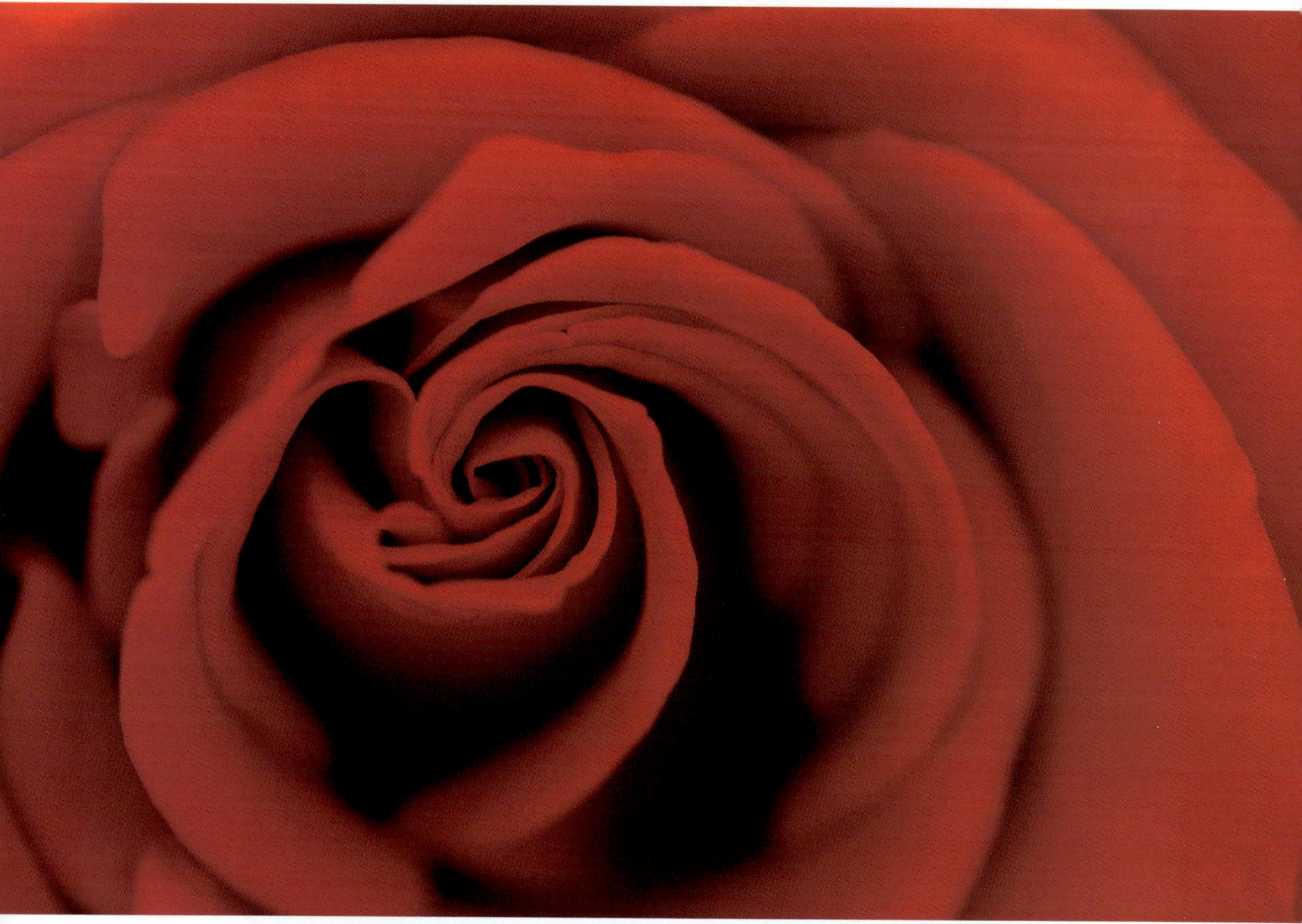

렌즈: 60mm F2.8 macro · 셔터속도: 1/125초 · 조리개: F5.6

장미라는 이름을 들으면 정열적인 빨강이 떠오르기 마련입니다. 사진을 찍을 때 고정관념을 버리고 새로운 모습을 찾으려는 시도도 필요하지만 피사체가 가진 그 본연의 모습을 온전히 담아내는 것도 중요합니다.

'고정관념을 버려야 한다'는 고정관념을 버려야 합니다.
장미를 가장 장미답게 찍는 일은 어찌 보면 가장 어려운 일일지도 모릅니다.

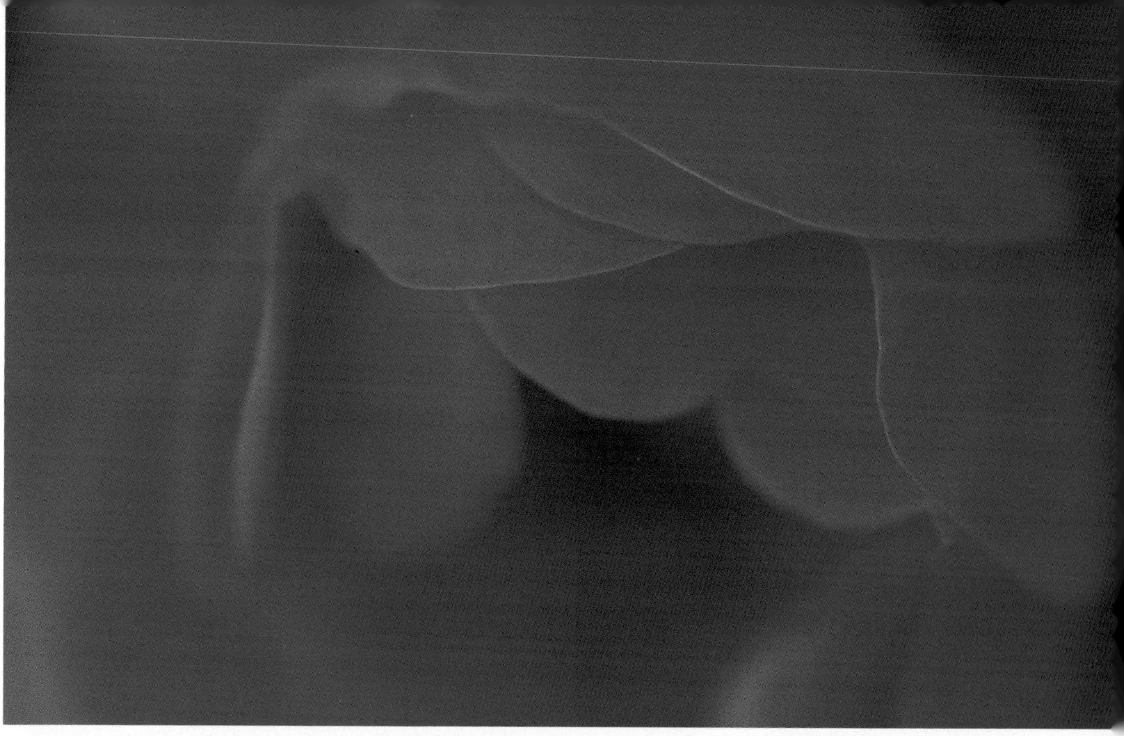

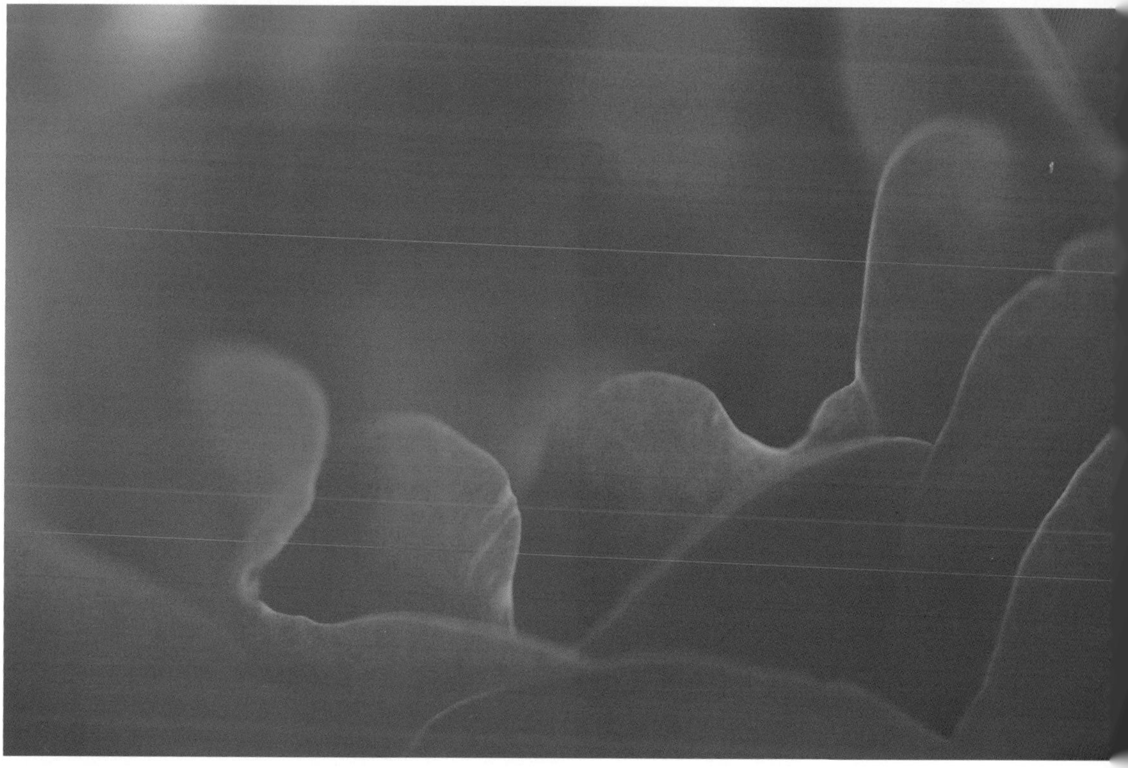

렌즈: 60mm F2.8 macro · 셔터속도: 1/250초 · 조리개: F5.6

전국 유명 꽃 축제

축제	시기	장소
광양 매화 축제	3월경	전라남도 광양시 다압면
구례 산수유 축제	3월경	전라남도 구례군 산동면 지리산온천관광단지
이천 백사 산수유 축제	3월경	경기 이천시 백사면 도립리/송말리/경사리
제주 유채꽃 축제	3~4월경	제주도 서귀포시 표선면
쌍계사 십리벚꽃길 축제	3~4월경	경상남도 하동군 화개면 삼신리
진해 군항제	3~4월경	경상남도 창원시 진해구 일대
여의도 벚꽃 축제	3~4월경	서울특별시 영등포구 국회대로
에버랜드 튤립 축제	3~4월경	경기도 용인시 처인구 포곡읍 에버랜드
영취산 진달래 축제	4월경	전라남도 여수시 상암동
강화 고려산 진달래 축제	4월경	인천광역시 강화군 하점면 고려산로
벽초지 수목원 철쭉 축제	4~5월경	경기도 군포시 산본동
태백 해바라기 축제	7~8월경	강원도 태백시 구와우마을
무안 연꽃 축제	8월경	전라남도 회산백련지 일원
구리 한강코스모스 축제	9월경	경기도 구리시 구리시민한강공원
김포 드림파크 국화 축제	9~10월경	인천광역시 서구 녹색바이오단지
하늘공원 억새 축제	10월경	서울특별시 마포구 상암동 하늘공원
백양사 애기단풍 축제	10월경	전라남도 장성군 백암산 백양사 일원
민둥산 억새 축제	10~11월경	강원도 정선군 남면 민둥산 일원
함평 대한민국 국화대전	10~11월경	전라남도 함평군 함평엑스포공원
보성 차밭 빛축제	12~1월경	전라남도 보성군 한국차문화공원
아침고요 수목원 빛축제	12~3월경	경기 가평군 아침고요수목원 내 주요정원

날씨 변화에 따라 해마다 개화시기가 다르므로 축제 일정이 매년 다릅니다. 축제 당일에 가면 인파가 몰리므로 축제일을 전후로 가는 것이 여유로운 관람과 촬영을 할 수 있습니다.

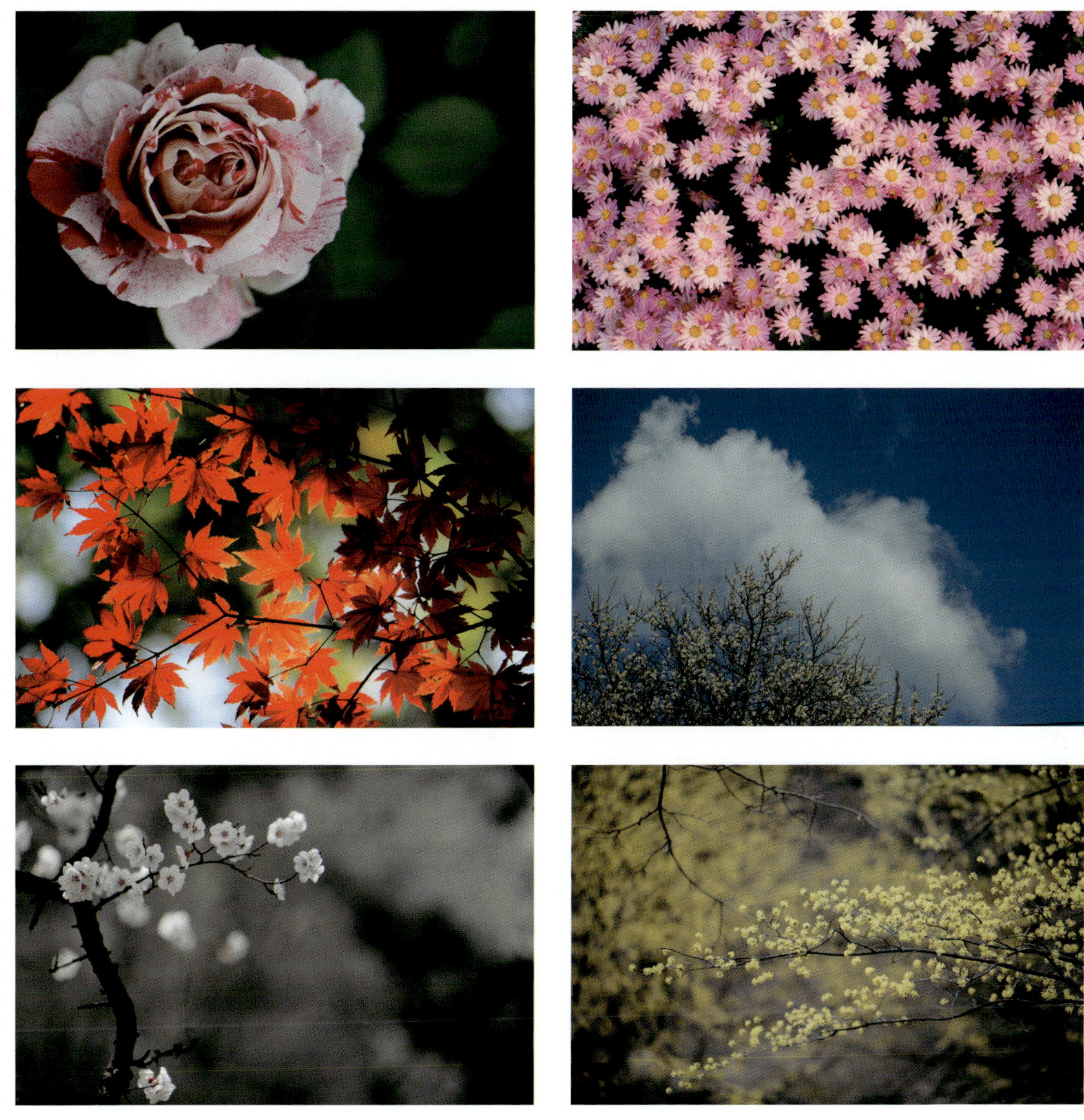

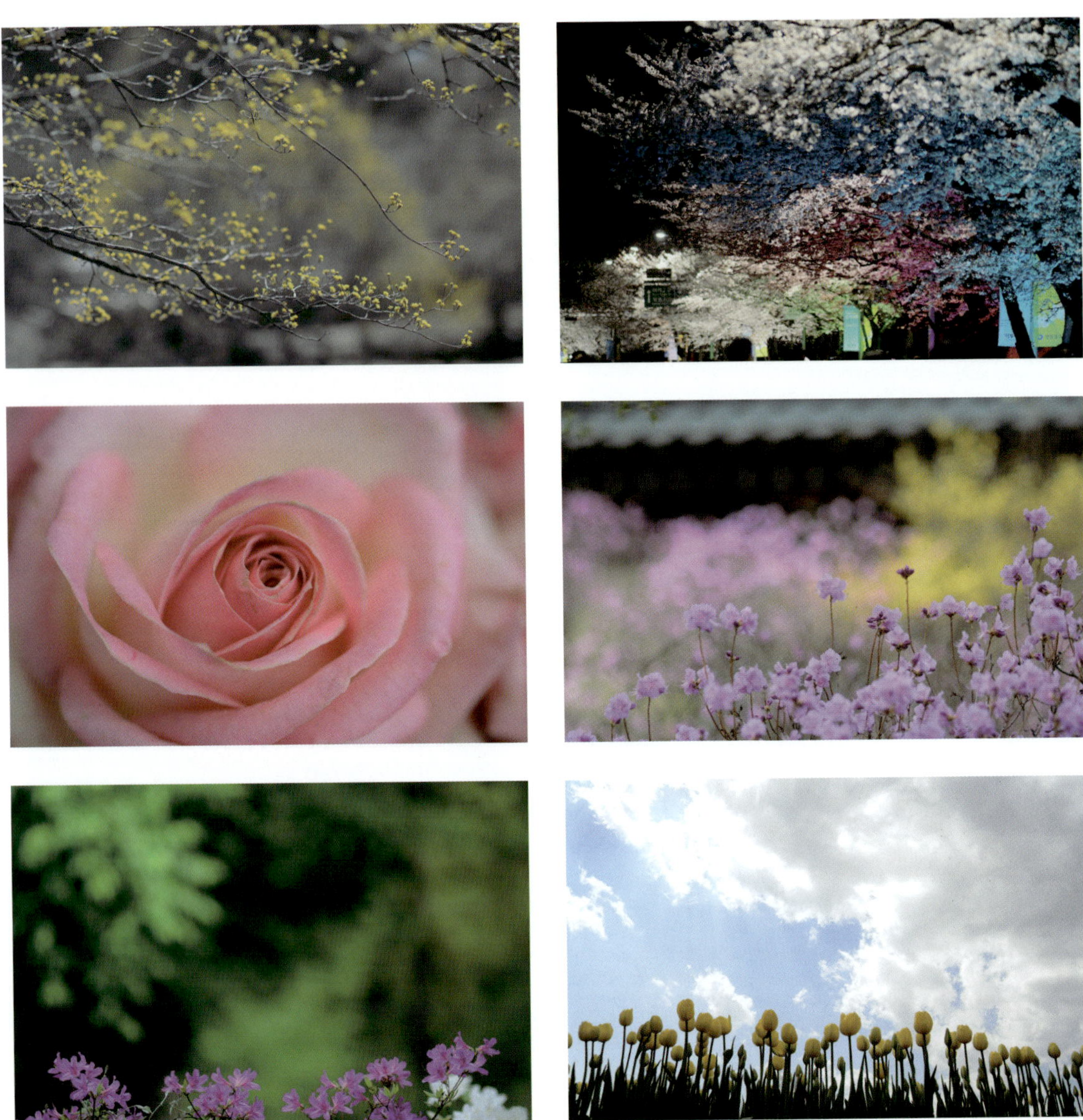

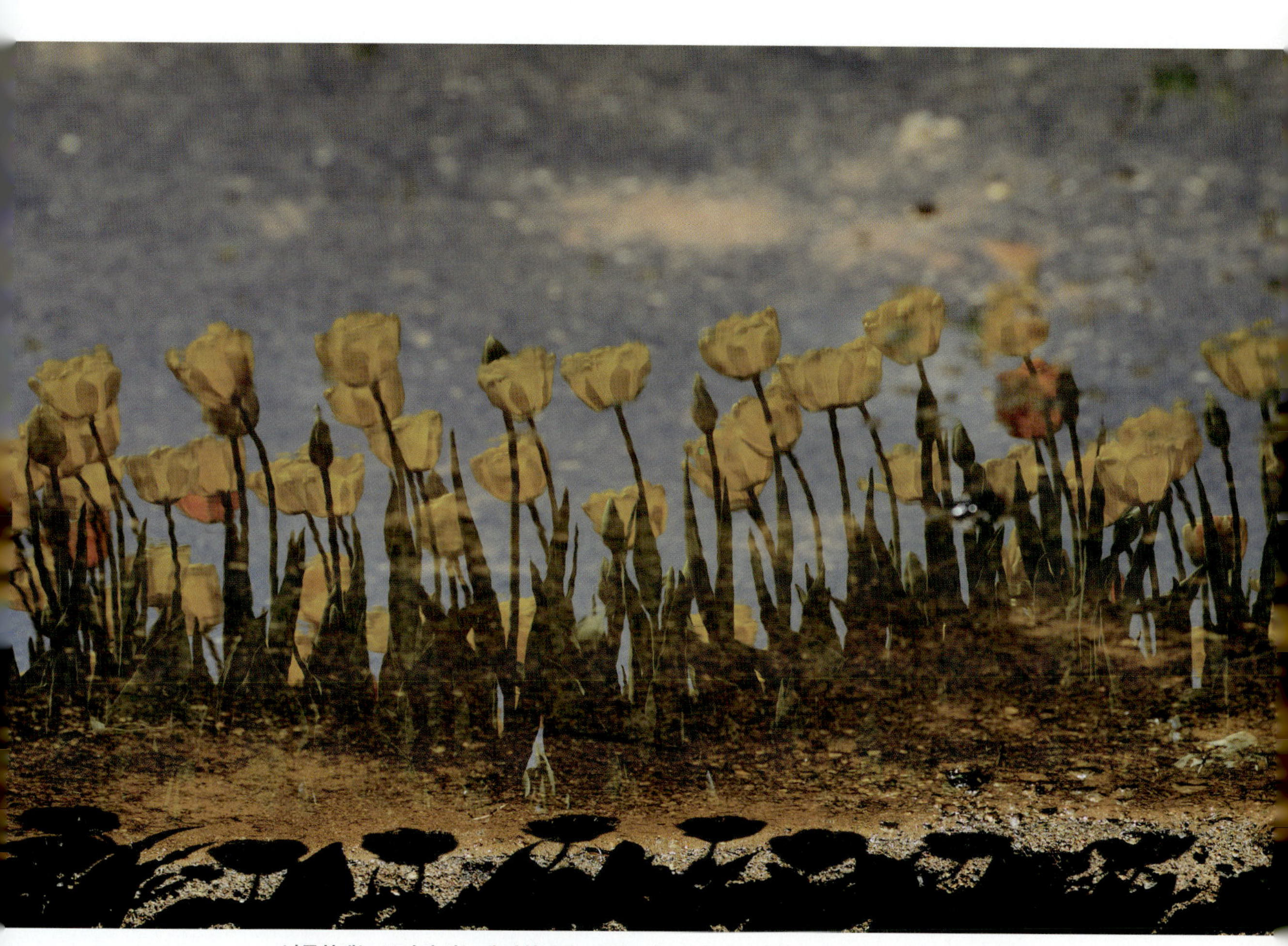

남들한테는 보이지 않는데 나한테만 보이는 것, 그게 사진가의 시각이다. - 보리스 미하일로프

CHAPTER 8

스마트폰으로 찍은 사진

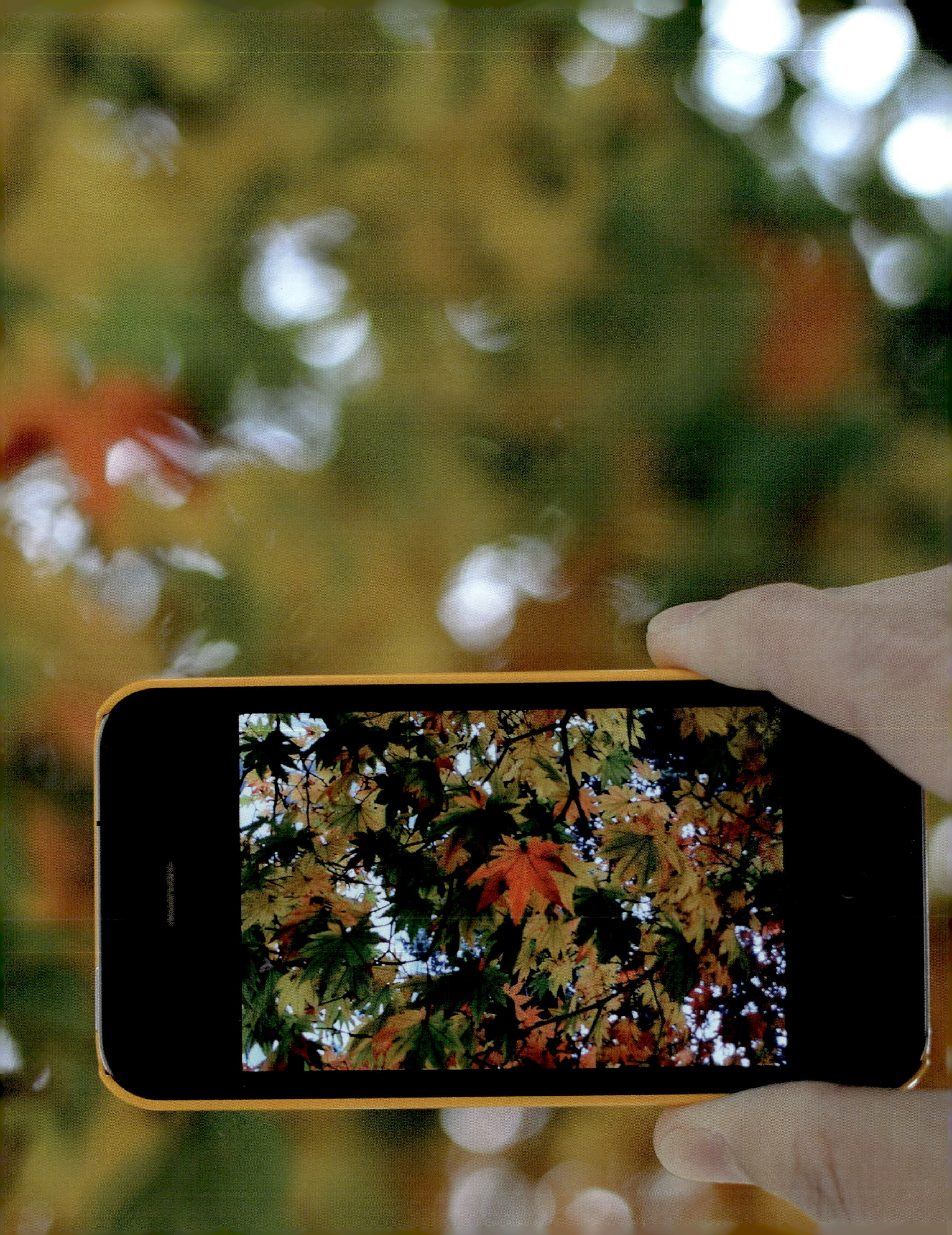

스마트폰의 시대

스마트폰의 용도는 무궁무진합니다. 전화는 물론이고 인터넷 검색을 하고, 메일을 주고 받고, 게임도 하고……. 그리고 우리는 스마트폰으로 사진을 찍습니다.

사진기를 따로 챙기지 않아도 되고, 찍는 순간 바로 확인하고 메시지나 SNS를 통해서 공유할 수 있다는 장점에다 화소로만 놓고 본다면 어지간한 DSLR보다 높은 천만 화소대의 카메라를 가진 스마트폰이 보급되면서 스마트폰에 달린 카메라를 활용하는 경우가 많아졌습니다. 하지만 스마트폰으로 찍은 사진은 폰카라는 인식 때문인지 다른 카메라(예를 들면 DSLR이나 미러리스 카메라)에 비해 뭔가 부족하다고들 생각합니다.

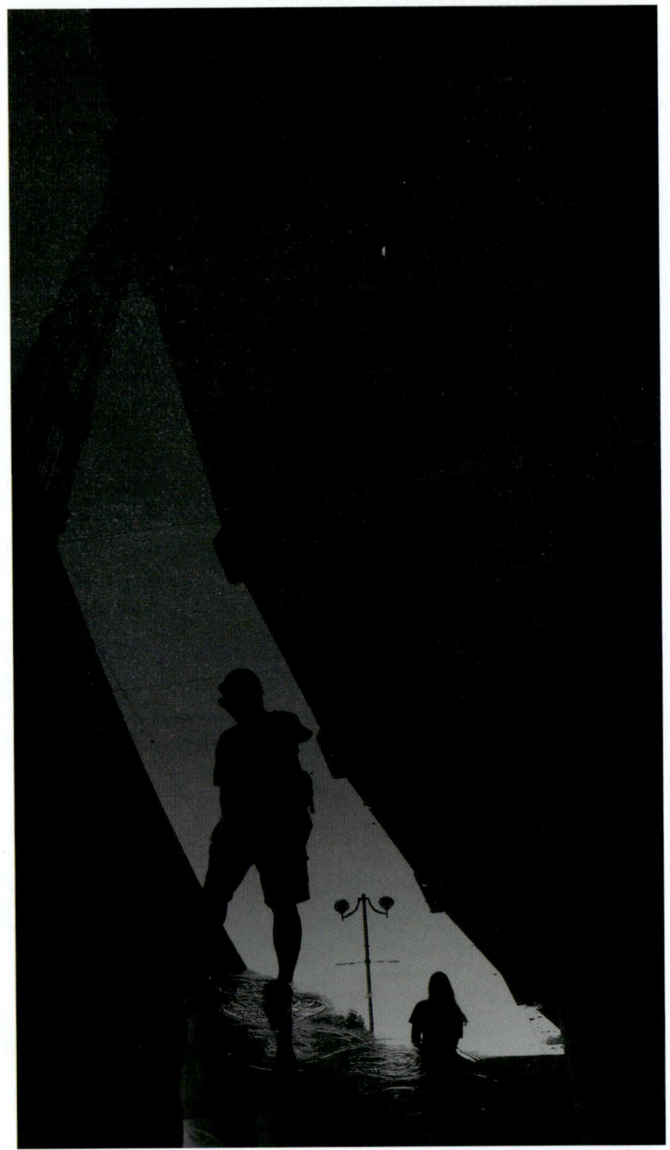

LG G4

스마트폰 카메라로 멋진 사진 찍기

여행지에서 멋진 풍경을 만나면 저마다 스마트폰을 꺼내 사진을 담는 모습은 이제는 너무나 자연스럽고 흔한 광경입니다. 같은 풍경을 보고 사진을 찍어도 누가 찍었느냐에 따라 평범한 사진이 되기도 하고, 멋진 작품이 나오기도 하는 것은 '스마트폰이 찍어주는 사진을 찍느냐?' 아니면 '내가 스마트폰을 이용해서 찍느냐?'의 차이 때문입니다. 사용자가 스마트할 때 스마트폰이 비로소 스마트해지는 것처럼, 사진을 잘 찍고 못 찍고의 차이는 여기서 시작되는 것입니다.

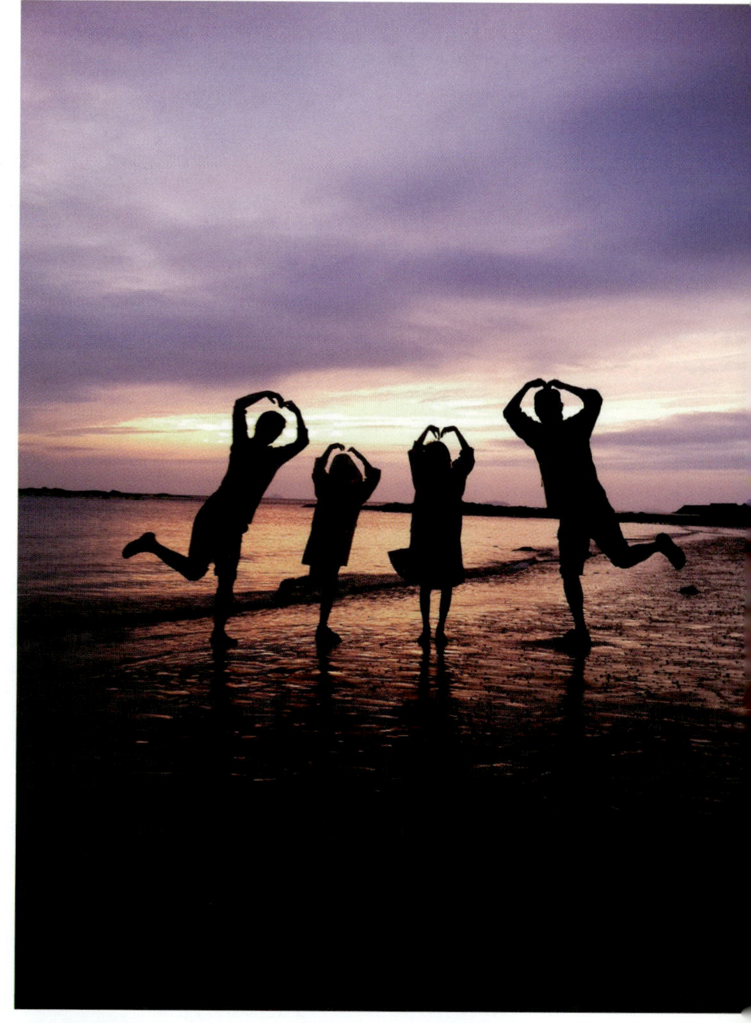

애플 아이폰4

선명한 사진을 위한 노하우

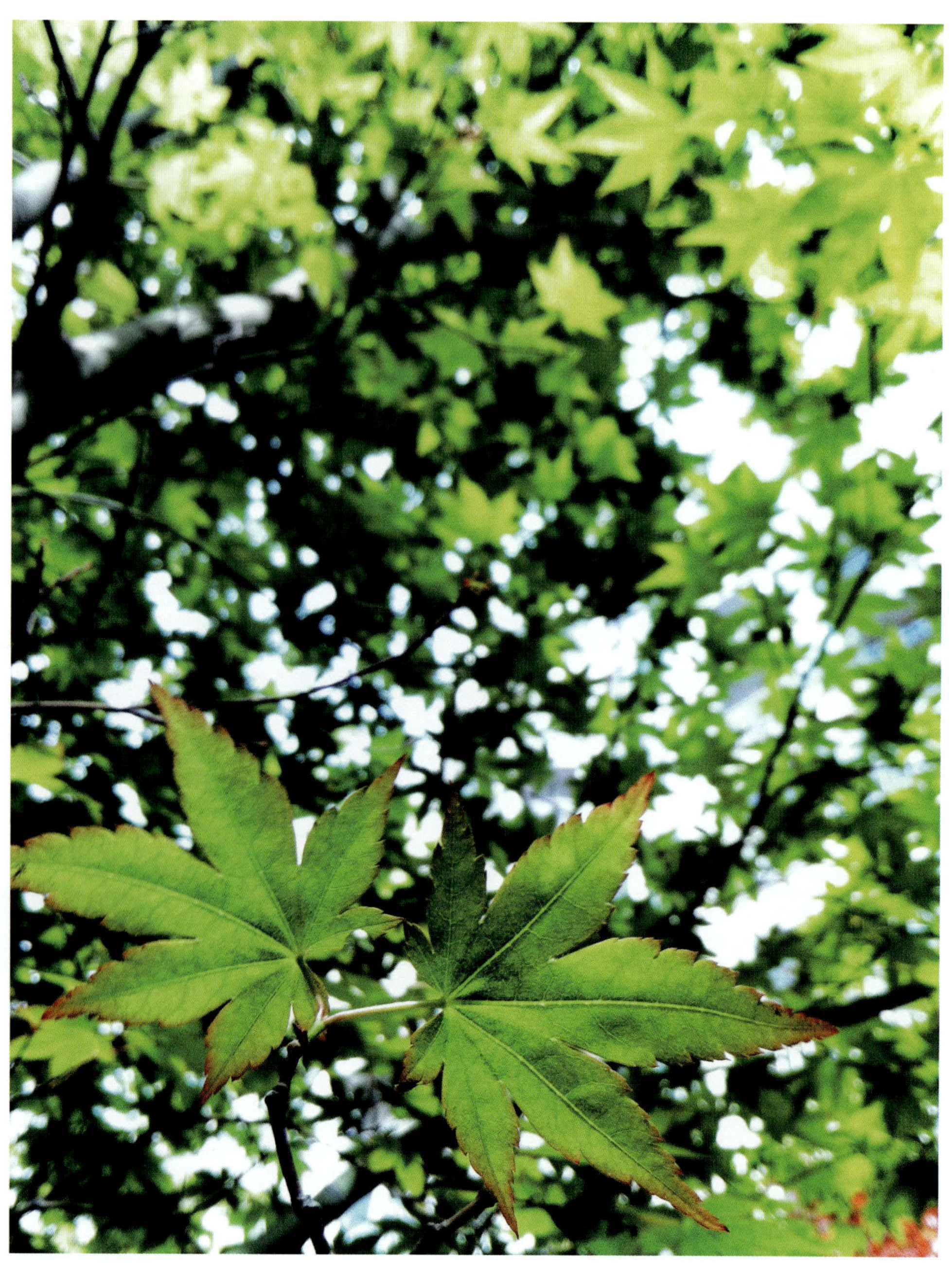

애플 아이폰4

누구나 선명한 사진을 원합니다. 선명한 사진의 가장 기본은 정확한 초점입니다. 스마트폰 카메라가 자동으로 초점을 맞춰서 사진을 찍어주는데도 불구하고 어떤 때는 초점이 맞지 않았거나, 내가 원한 곳이 아닌 다른 곳에 초점이 맞은 사진이 나오기도 합니다. 아무리 스마트한 카메라라고 해도 어디에 초점을 맞추고 찍을 것인가를 결정하는 것은 카메라가 아닌 촬영자의 몫이기 때문입니다.

그러니 카메라가 자동으로 맞춰주는 초점에만 의지하지 말고 내가 원하는 곳에 초점을 맞춰서 사진을 찍을 줄 알아야 합니다. 방법은 의외로 간단합니다. 카메라를 켜고 화면에서 내가 초점을 맞추고 싶은 위치를 손으로 터치해 주기만 하면 됩니다. 그러면 한 가운데가 아닌 내가 터치한 곳에 초점을 맞춰줄 것입니다.
이 때 터치를 길게 해주면 내가 원한 곳에 초점이 고정되어 초점 고정의 효과도 있습니다.

*일부 스마트폰은 초점고정을 지원하지 않기도 합니다.

밝고 어두움을 조절하는 노하우

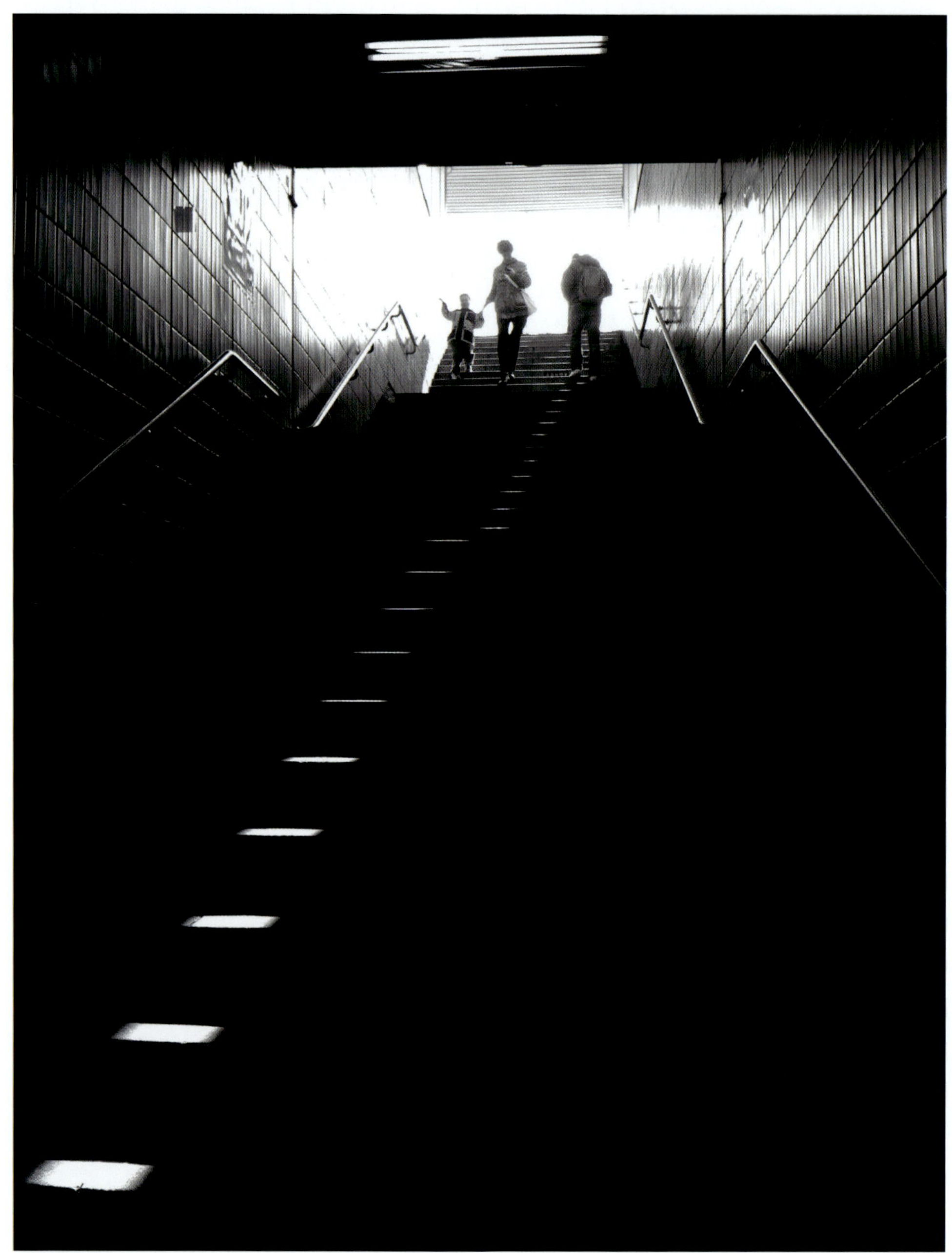

애플 아이폰4

많은 사람들이 눈으로 봤을 때 멋진 풍경을 보고도 막상 사진으로 찍으면 실망하는 이유는 사진을 '눈으로' 찍기 때문입니다. 사진은 눈으로 본 것을 담는 것이 아니라 머리로 생각한 것을 표현하는 것입니다. 예를 들면 '지금 내가 보고 있는 풍경이 내가 본 것보다 더 어둡다면 어떨까?'라는 생각을 카메라로 담으면 위의 사진과 같이 나오게 됩니다.

사진의 밝기를 조절하는 방법은 스마트폰마다 조금씩 다릅니다.
우선 아이폰의 경우, 〈초점 맞추는 노하우 00page〉에서 설명한 것처럼 화면을 터치하면 그 지점에 노출을 맞춰줍니다. 화면을 고정시켜둔 상태에서 액정화면에서 밝은 곳과 어두운 곳을 각각 터치해보면 밝은 곳을 터치하면 화면이 어두워지고, 어두운 곳을 터치하면 화면이 더 밝아집니다. 따라서 사진을 화면보다 더 밝게 찍고 싶다면 어두운 곳을 터치해주면 되고 더 어둡게 찍고 싶다면 밝은 부분을 터치해서 노출을 맞춰서 사진을 찍으면 됩니다.
안드로이드 폰의 경우는 카메라 설정에서 노출보정을 해주면 되는데, 사진을 화면보다 더 밝게 찍고 싶으면 +노출보정을 해주고, 더 어둡게 찍고 싶다면 −노출보정을 해주면 됩니다.

구도를 활용하는 노하우

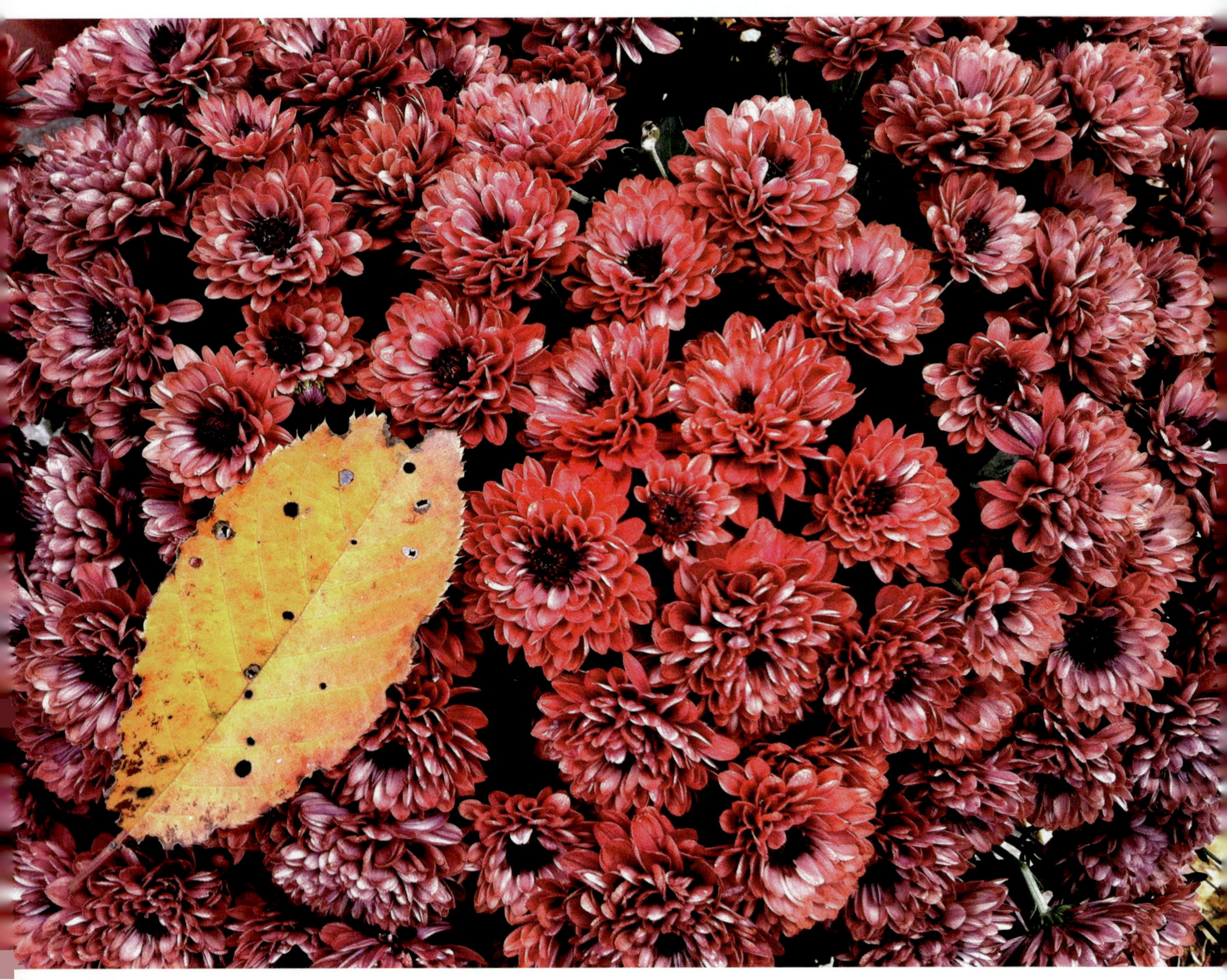

애플 아이폰4

보기 좋게 차려진 음식이 더 맛있어 보이듯이 정갈한 구도로 찍은 사진이 보다 보기 좋은 사진이 됩니다. 그래서 사진에서 구도는 중요한 요소입니다.
사진의 구도에는 정답이 없지만 몇 가지 공식을 알면 보기 좋게 사진을 찍을 수 있습니다.

첫 번째, 기울어진 사진은 보기 좋지 않으므로 수평과 수직을 맞춰줄 것.
두 번째, 사진속의 주요 피사체를 너무 한가운데에 놓지 말 것. 카메라의 격자선 기능을 활용하여 화면을 가로와 세로로 삼등분한 교차점에 피사체를 위치시켜 줍니다.
세 번째, '사진은 뺄셈이다'라는 말을 기억할 것. 최대한 간결하게, 보여주고자 하는 부분만 보여주는 위치를 선택하는 것이 좋습니다.
네 번째, 대비(보색대비, 색상대비, 명암대비)를 통해서 피사체를 부각시켜줄 것.

순간포착의 노하우

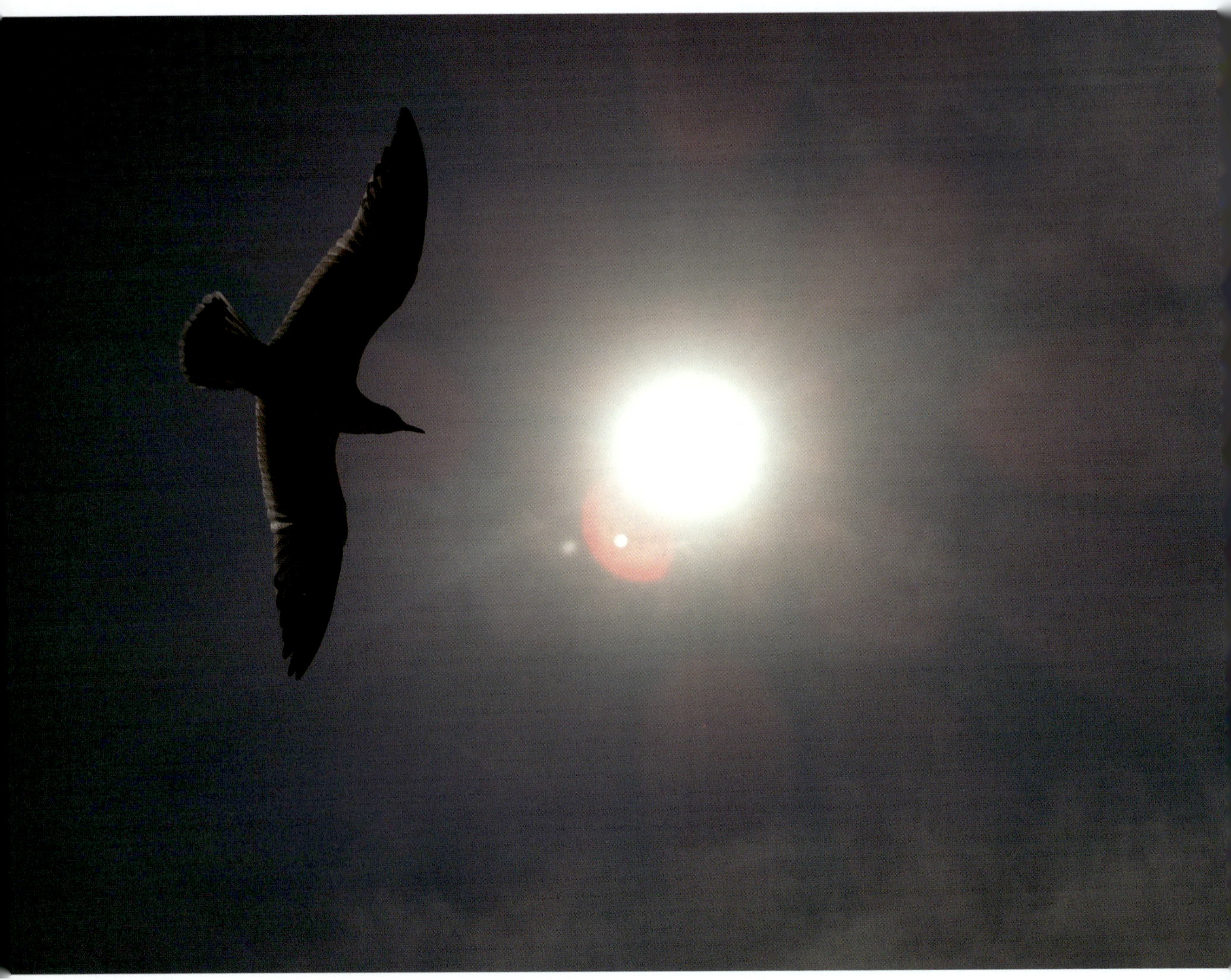

사진은 '순간의 미학'입니다.

결정적 순간을 담기 위해서는 순간포착을 잘 해야 합니다. 하지만 스마트폰은 스마트하긴 해도 아직까지 스피디하진 못해서 내가 원하는 순간을 내 마음처럼 잘 잡아주지 못하는 경우가 많습니다. 그렇다고 순간포착을 포기할 수는 없겠죠?
스마트폰 카메라가 순간포착에 약한 것은 사진을 찍을 때 셔터버튼을 누르는 순간이 아닌 눌렀다 떼는 순간에 사진이 찍힌다는 점 때문입니다. 이는 촬영버튼을 오래 눌렀다 떼어보면 알 수 있습니다. 한 장의 사진으로 하나의 순간을 담고자 할 때는 촬영버튼을 누르고 있다가 내가 원하는 순간에 손을 떼면 시차가 가장 적은 사진을 얻을 수 있습니다.
가장 확실한 방법은 카메라의 연사기능을 이용하는 것입니다. 내가 원하는 순간의 앞뒤로 빠르게 여러 장을 찍어 그 가운데 원하는 순간을 선택하면 됩니다.

사진은 기다림의 미학이기도 합니다. 결정적 순간은 그 순간을 잡아내는 것이 아니라 그 순간이 오기까지 숨죽이고 기다리는 것입니다.

스마트한 스마트폰 노하우

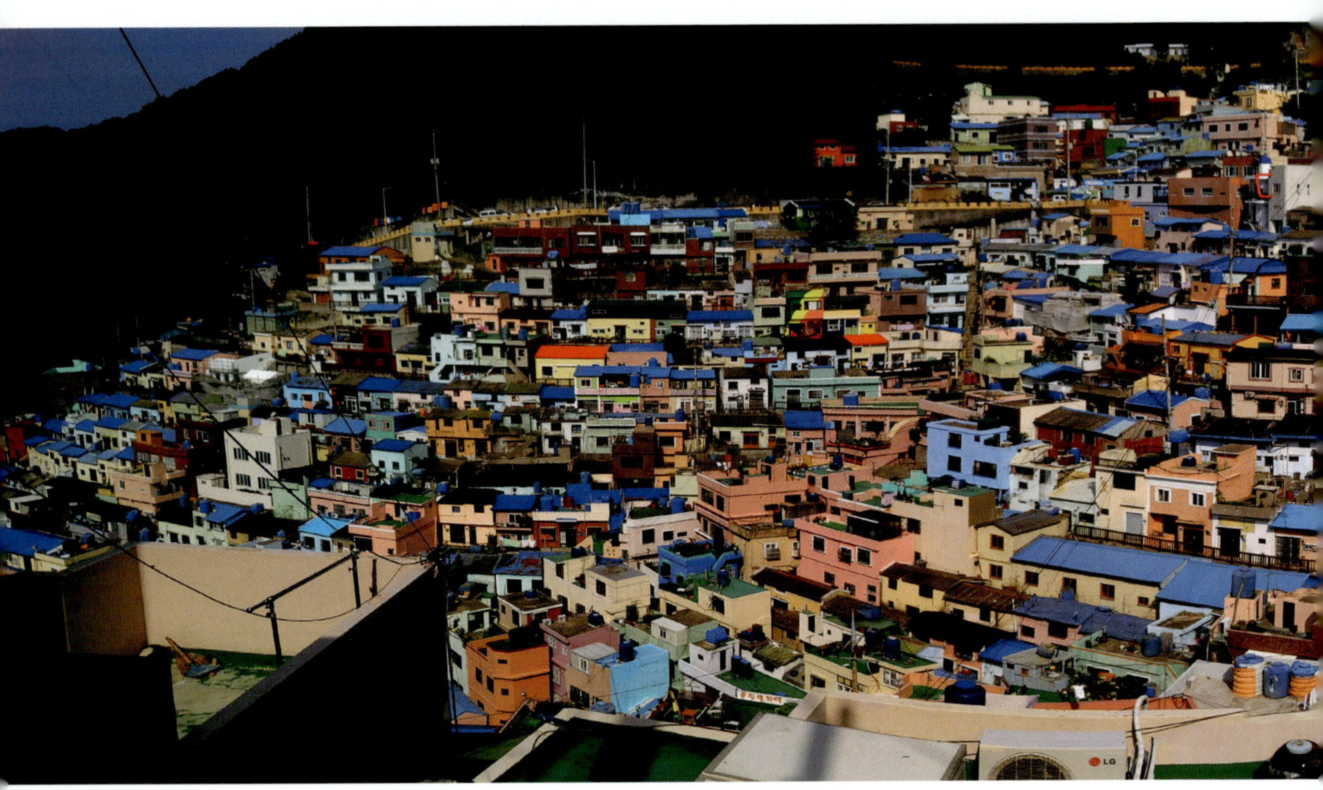

LG G4

내가 사용하는 카메라의 성능을 정확하게 아는 것은 기계를 사용하는 가장 기본입니다. 단순히 카메라 어플을 작동시키고 촬영버튼만 누르지 말고 스마트폰 카메라 설정을 한번 살펴보세요. 초점방식, 측광방식, 얼굴인식, 연사, 장면모드, 파노라마 등 다양한 활용법을 알고, 이를 이용해보아야 합니다.

스마트폰에 들어있는 기능이지만 대부분 존재를 모르거나, 활용하지 못하는 기능 중 하나가 '음량버튼 촬영'입니다. 화면의 촬영버튼이 아닌 음량버튼으로도 사진 촬영이 가능한데, 전용 이어폰을 사용하면 이어폰의 볼륨버튼을 통해서도 가능합니다. 그러면 이어폰을 마치 유선 리모컨처럼 쓸 수 있습니다. 촬영버튼을 드래그하면 그 길이만큼 셀프타이머가 작동하기도 합니다. 또한 내장플래시로 촬영할 때 다른 사람의 내장플래시를 보조광으로 이용하면 조명효과를 낼 수도 있습니다.

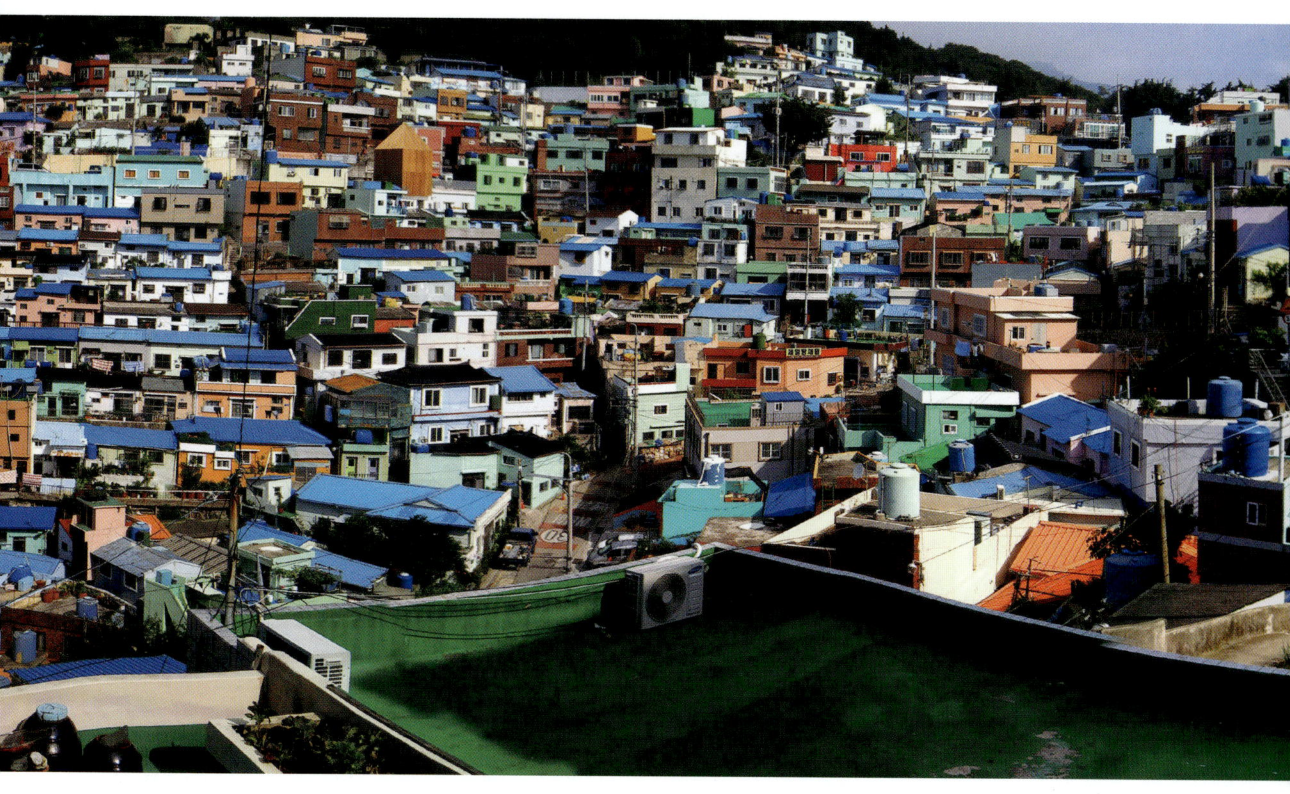

사용설명서에는 나오지 않는 나만의 촬영 노하우를 발견해내는 것도 하나의 즐거움입니다.

*기종에 따라 적용되지 않는 경우도 있습니다.

사진 감성의 노하우

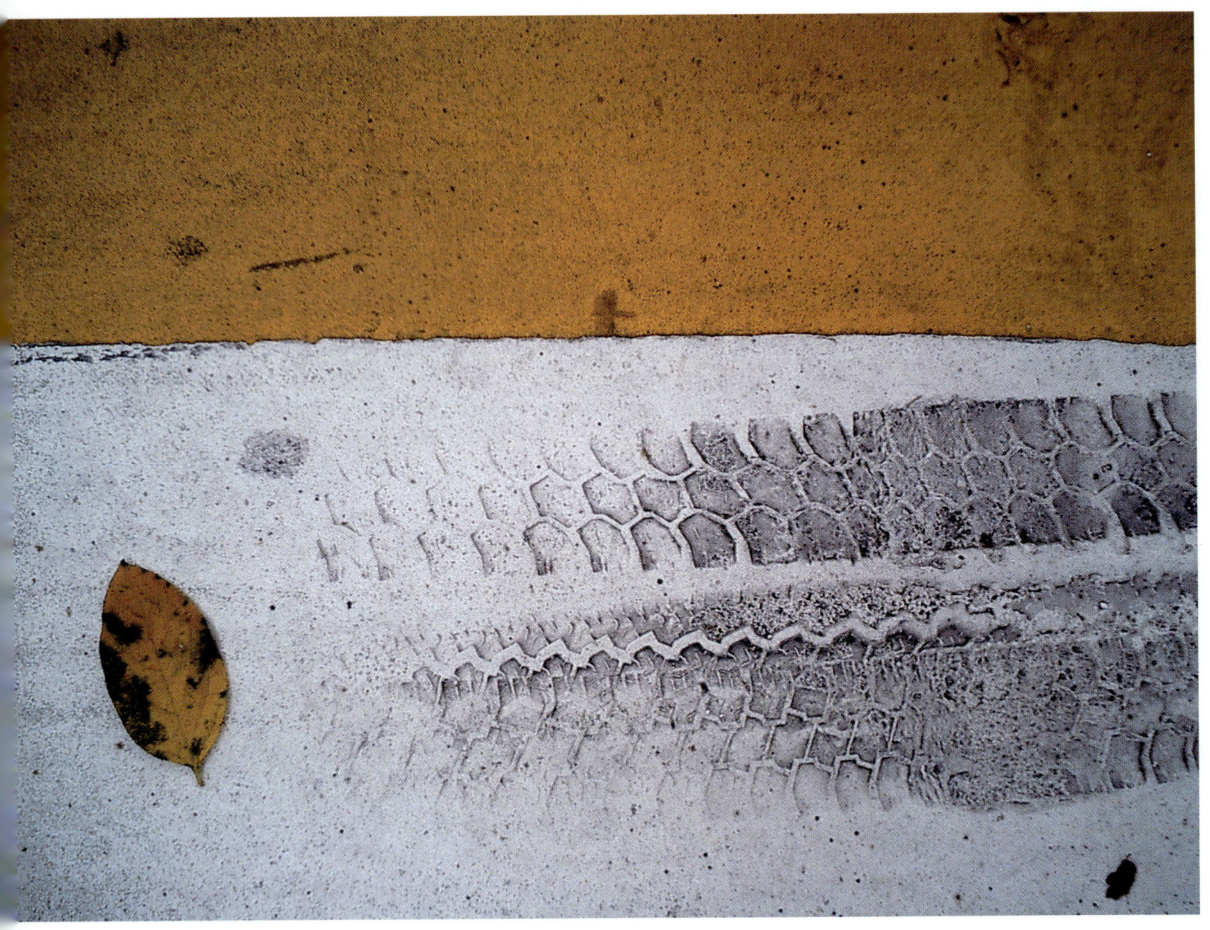

카시오 캔유3

좋은 사진은 성능 좋은 카메라가 만들어주는 것이 아니라 촬영자의 감성에 의해 좌우됩니다. 사진이 잘 안 나온다면 스마트폰 카메라이기 때문이 아니라 감성이 부족해서가 아닌지, 한번쯤 생각해 볼 필요가 있습니다.

주변의 사물들을 특별하게 바라보는 시선이 바로 감성입니다. 아스팔트 위에 떨어진 꽃잎도, 비 오는 날 출근길의 과속방지턱도 너무나 흔한 것이지만 감성의 눈으로 바라보면 특별한 존재가 됩니다.

스마트폰 액세서리

셀카봉을 필두로 사진 촬영에 도움이 되는 스마트폰 액세서리들이 많이 나오고 있습니다. 셀카봉은 워낙 많이 사용하니 자세한 설명은 생략해도 될 듯합니다. 스마트폰을 거치하는 셀카봉의 헤드 부분을 분리하면 삼각대에 연결이 가능합니다. 단체사진이나 장노출 사진을 촬영할 때 활용하면 좋습니다.

그 외에도 블루투스로 스마트폰에 연결하여 사용이 가능한 리모컨, 접사나 광각렌즈로 변환이 가능한 필터, LED를 사용한 조명도 있습니다. 이런 액세서리들을 활용하면 비교적 저렴한 가격으로 색다른 재미를 느낄 수 있습니다.

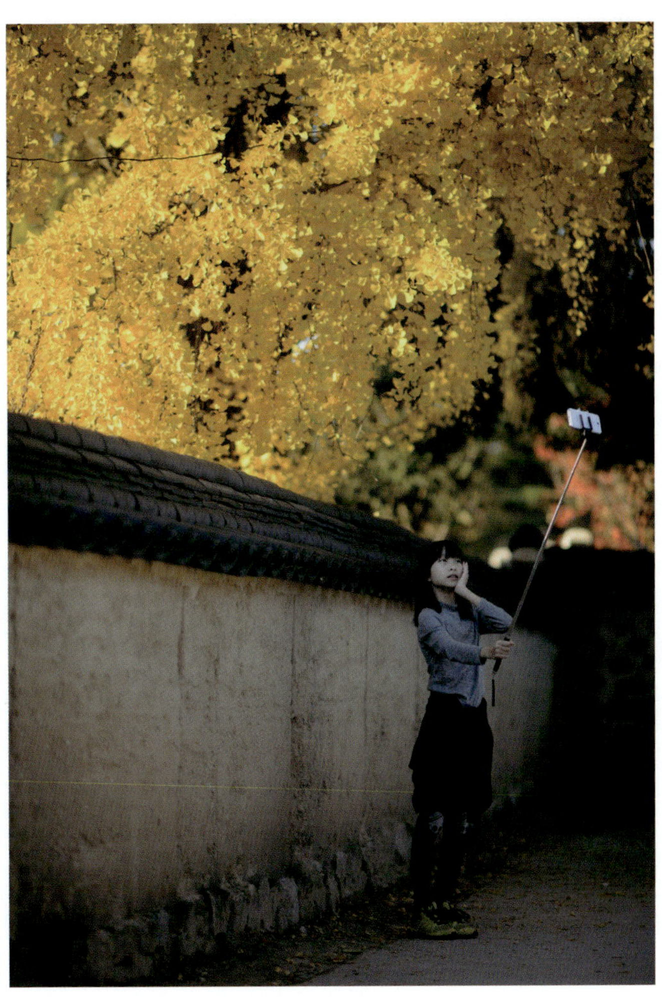

소품으로서의 스마트폰

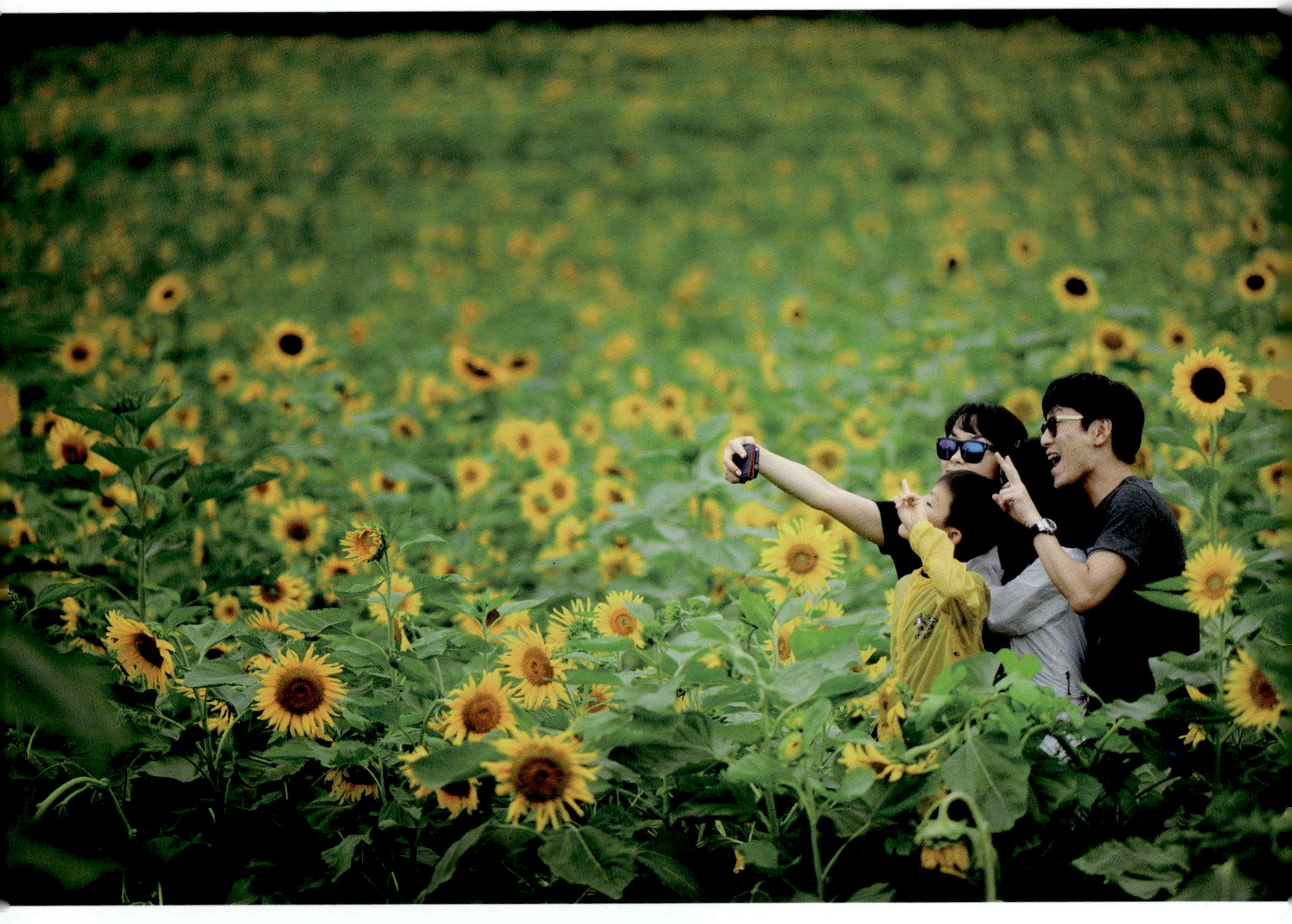

스마트폰으로 사진을 찍기만 하는 것이 아니라 스마트폰을 촬영 소품으로 활용하는 것도 하나의 방법입니다. 스마트폰으로 셀프사진을 찍고 있는 모습을 담는다거나, 스마트폰으로 찍은 사진을 다시 카메라로 찍어보면 색다른 재미가 있는 사진을 얻을 수 있습니다.

스마트폰에는 대부분 두 개의 카메라가 달려있습니다. 메인 카메라인 후면 카메라와 보조 카메라인 전면 카메라입니다. 후면 카메라가 화소수와 화질 등 성능이 우수하긴 하지만, 셀프사진을 찍을 때는 화면을 보면서 촬영하기 좋은 전면 카메라를 선호합니다. 후면 카메라로 셀프사진을 찍을 때는 타이머를 이용하는 방법을 많이 사용하는데, 최근에는 특정 모션(주먹을 쥐었다 펴는 동작과 같은)을 인식하는 스마트폰도 있습니다.

또한, 스마트폰으로 셀프사진을 찍을 때는 화면속의 내 모습이 아니라 카메라 렌즈를 바라보아야 보다 자연스러운 셀프사진을 얻을 수 있습니다.

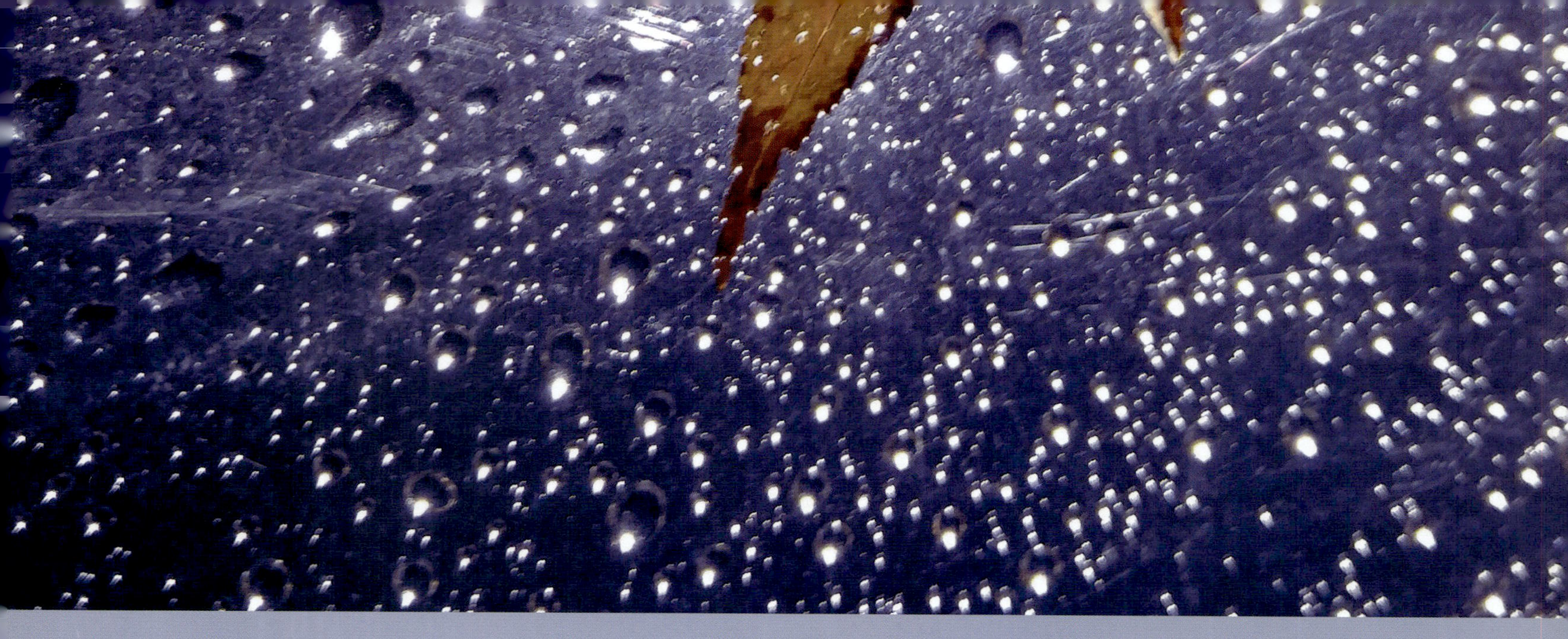

CHAPTER 9
출근길 폰카

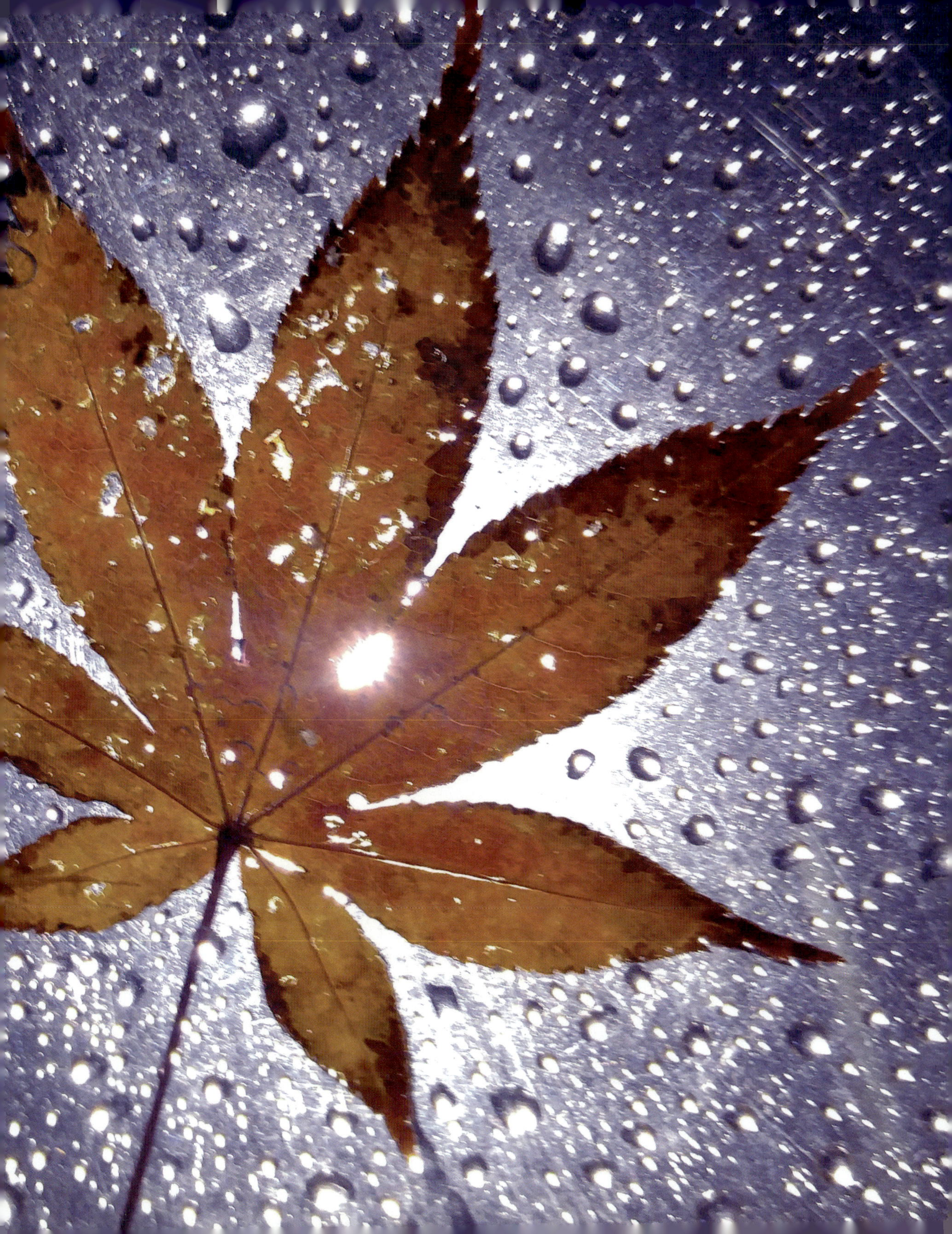

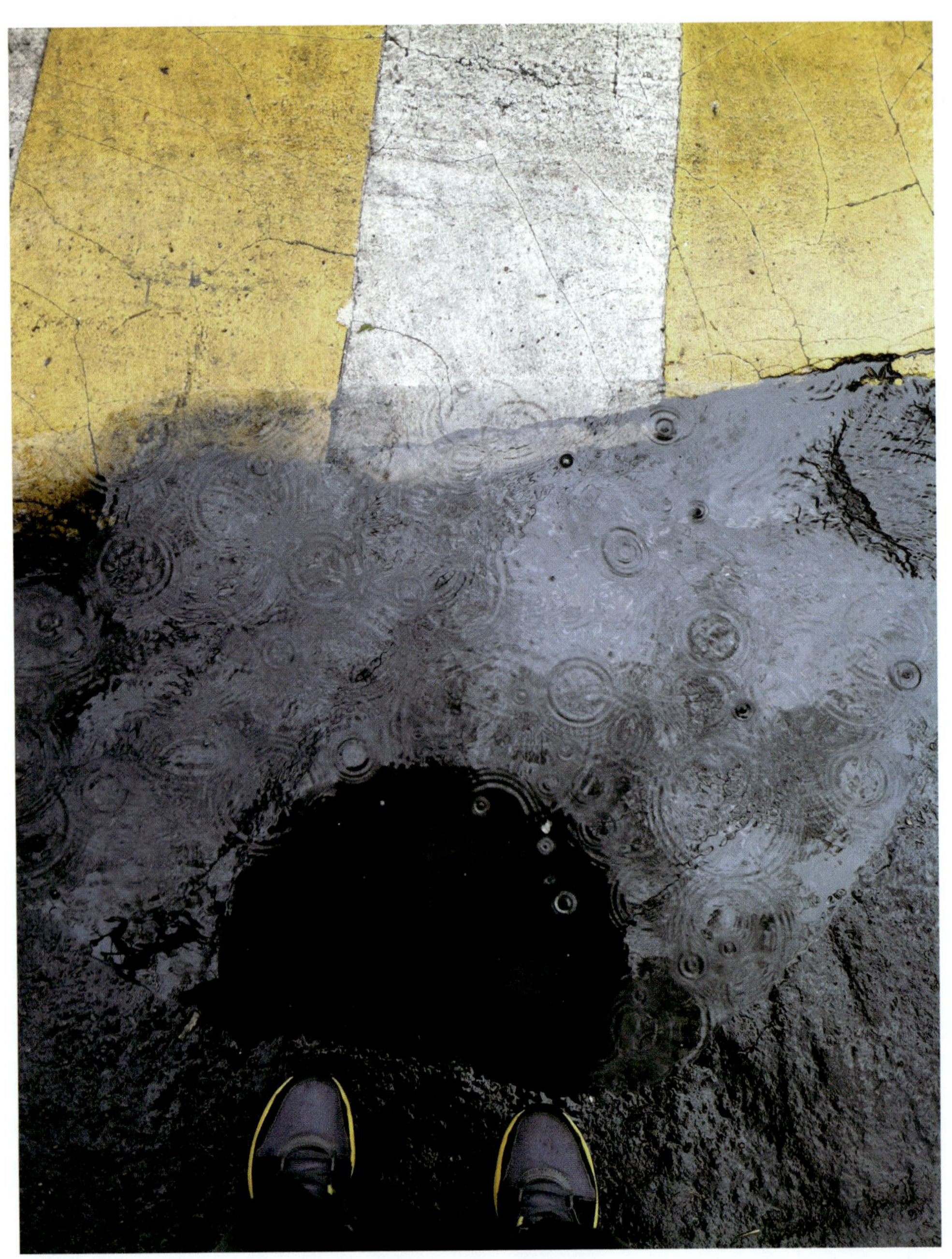

애플 아이폰4

비 오는 날 고인빗물에 비친 모습. 빗방울이 만든 동심원이 비가 오고 있음을 보여줍니다. 과속방지턱의 노랑과 운동화의 노란색이 사진에 포인트.
출근길에 찍는 몇 장의 사진만큼 재미있는 것이 없습니다. 늘 보던 특별할 것 없어 보이는 풍경 속에서 발견하는 특별함 때문입니다. 특히 스마트 폰을 사용하게 되면서부터는 큰맘 먹지 않아도 언제 어디서나 사진을 쉽게 찍을 수 있게 되었습니다.
무거운 장비들을 갖추지 않더라도 스마트폰만 있으면 출퇴근길에 만난 풍경들을 담기에 충분합니다. 특히 비가 오는 날 우산을 들고 사진을 찍기에도 그리 거추장스럽지 않을 만큼 휴대가 간편한 것도 장점입니다.

자동차 보닛에 비친 무지개 우산을 물방울과 함께 담았습니다. 자동차의 굴곡에 따른 왜곡이 재미있는 사진을 만들어줍니다.

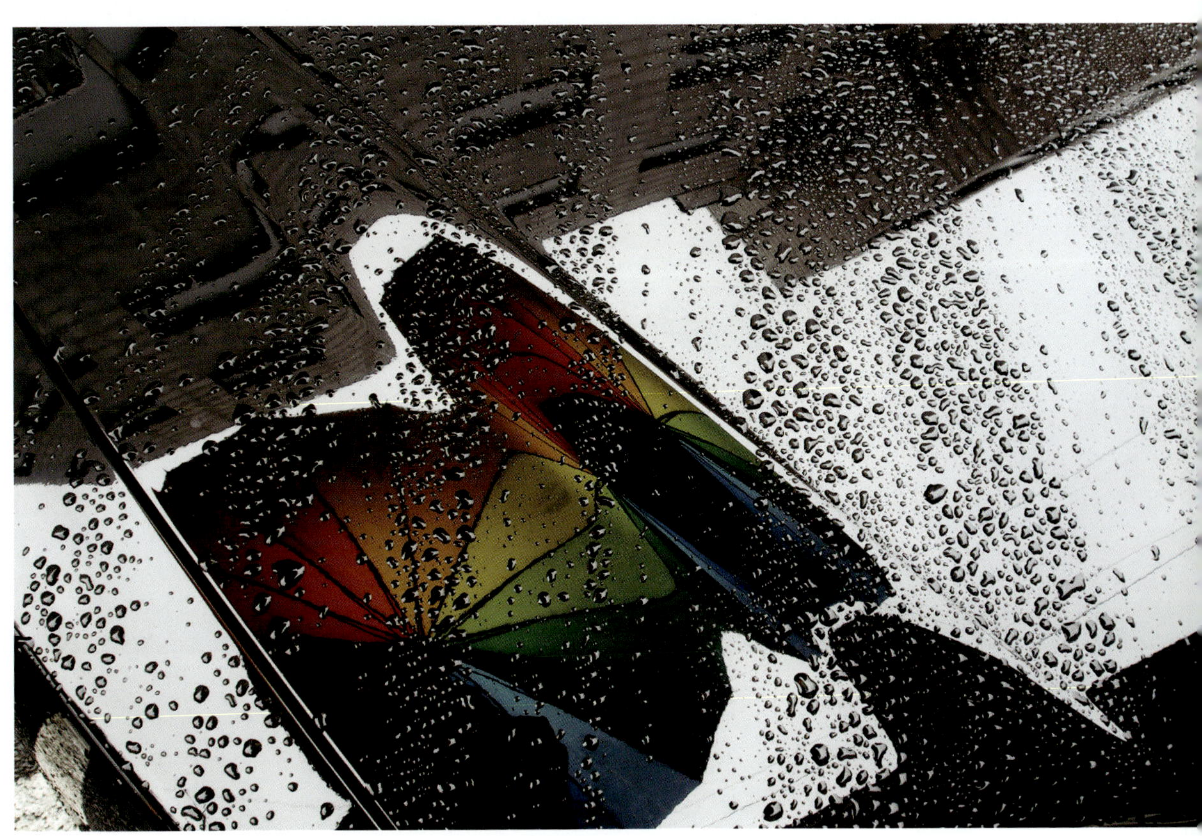

하늘을 날아보자

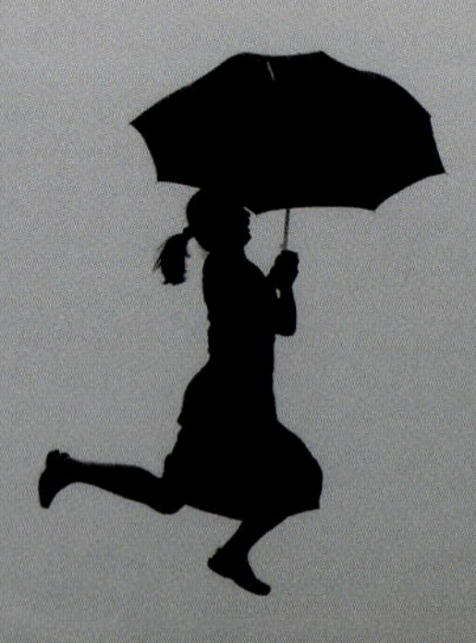

애플 아이폰4

한번쯤은 우산을 타고 하늘을 나는 꿈을 꾼 적이 있을 겁니다. 상상 속에서 혹은 꿈속에서 일어날 법한 일들을 사진으로 담아내는 것은 즐거운 일입니다. 늘 지구의 중력이 너무 강하다며 투덜거리던 아내가 우산의 도움(?)으로 중력을 이겨낸 날입니다.

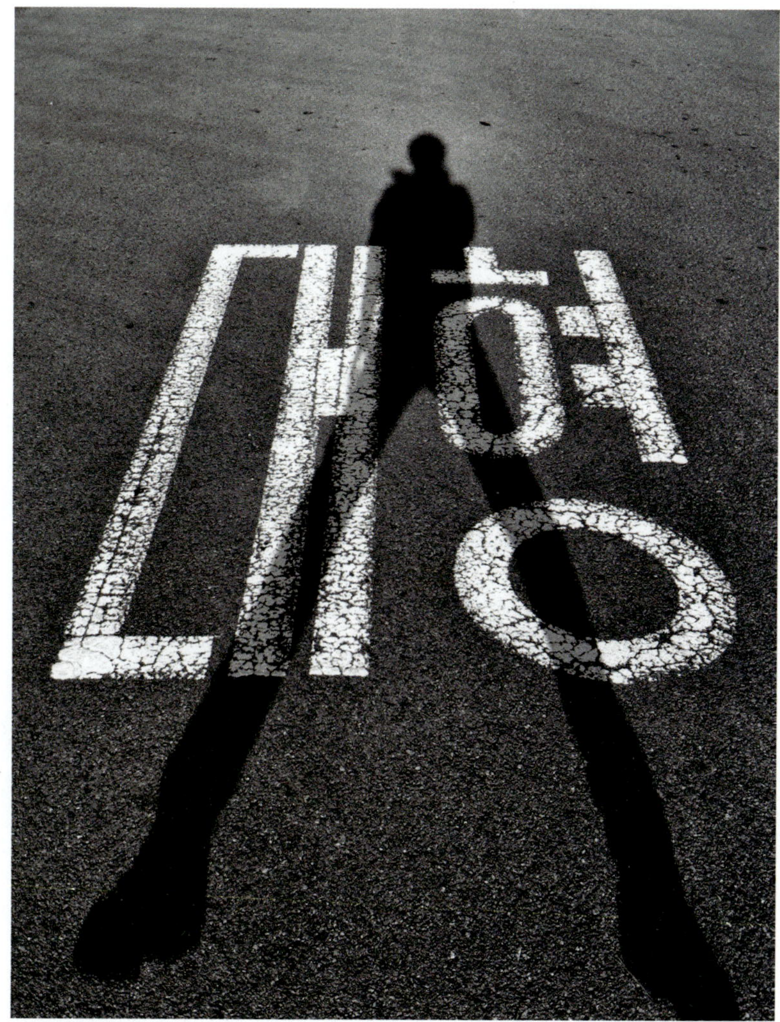

애플 아이폰4

주차장은 버스 같은 큰 차들을 위한 대형주차장과 승용차를 위한 소형주차장
이 있습니다. 이 사진은 대형 주차장에서 찍은 사진입니다. 다리를 더 길게 보
이기 위해서 점프까지 해가면서 말이죠.

POINT 01

스마트폰 카메라는 셔터를 누르는 순간 바로 찍히지 않습니다. 셔터를 누르는 순간이 아닌 떼는 순간
촬영이 됩니다. 이를 셔터랙이라고 하는데 자신의 스마트폰이 가지는 셔터랙이 어느 정도인지 가늠해
서 그 시간만큼의 오차를 생각해서 촬영해야합니다.

밤하늘의 작은 아기별

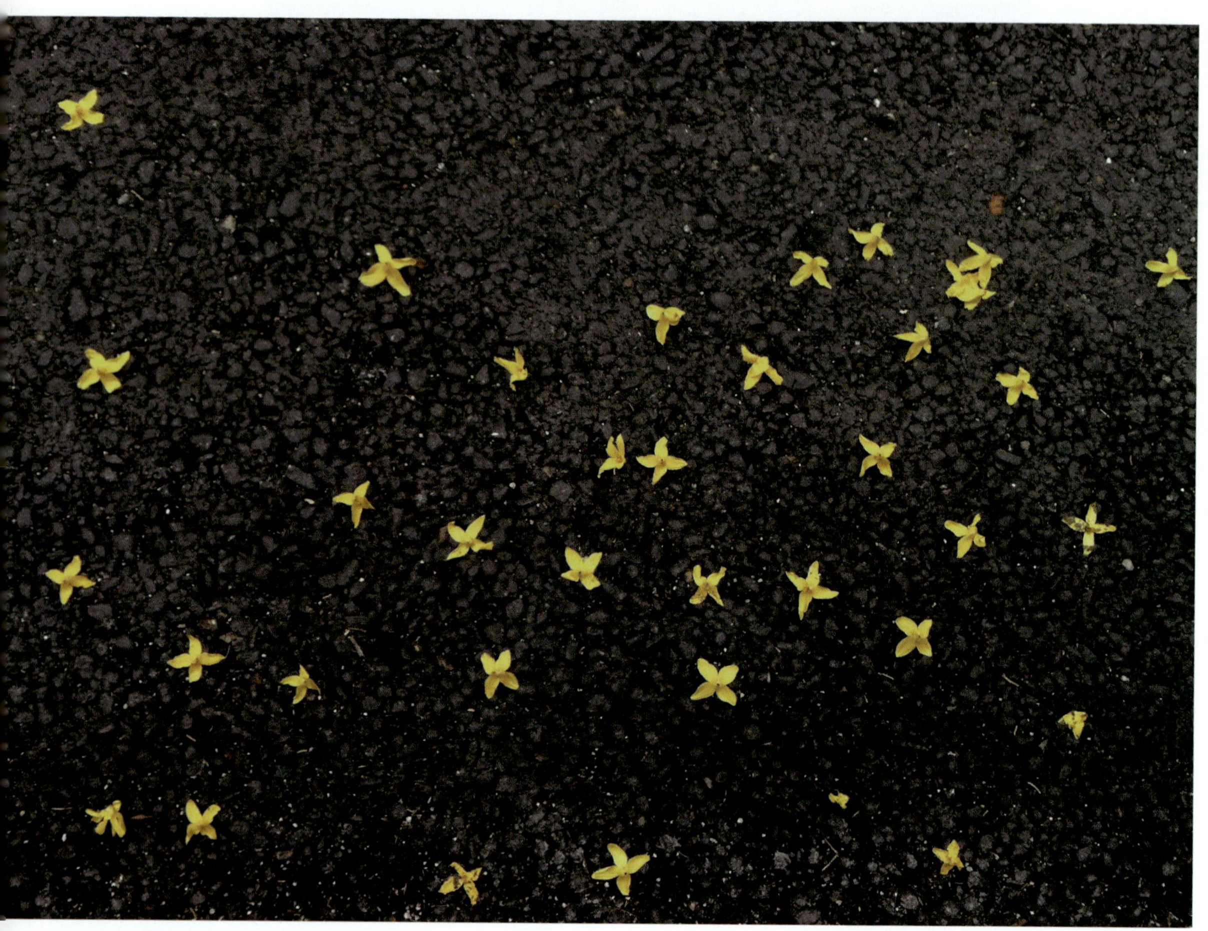

애플 아이폰4

검정과 노랑의 보색대비. 조금 더 넓게 찍고 싶었지만 주변에 산만한 부분을 넣지 않기 위해 선택한 구도입니다.

봄비가 내린 다음날 출근길에 개나리 노란 꽃잎이 봄바람에 떨어져 있었습니다. 봄바람에 마음도 싱숭생숭해져서 감성이 더해졌는지 채 마르지 않아 검게 보이는 아스팔트 위에 떨어진 노란 꽃잎이 마치 밤하늘에 반짝이는 아기별들처럼 보였습니다.

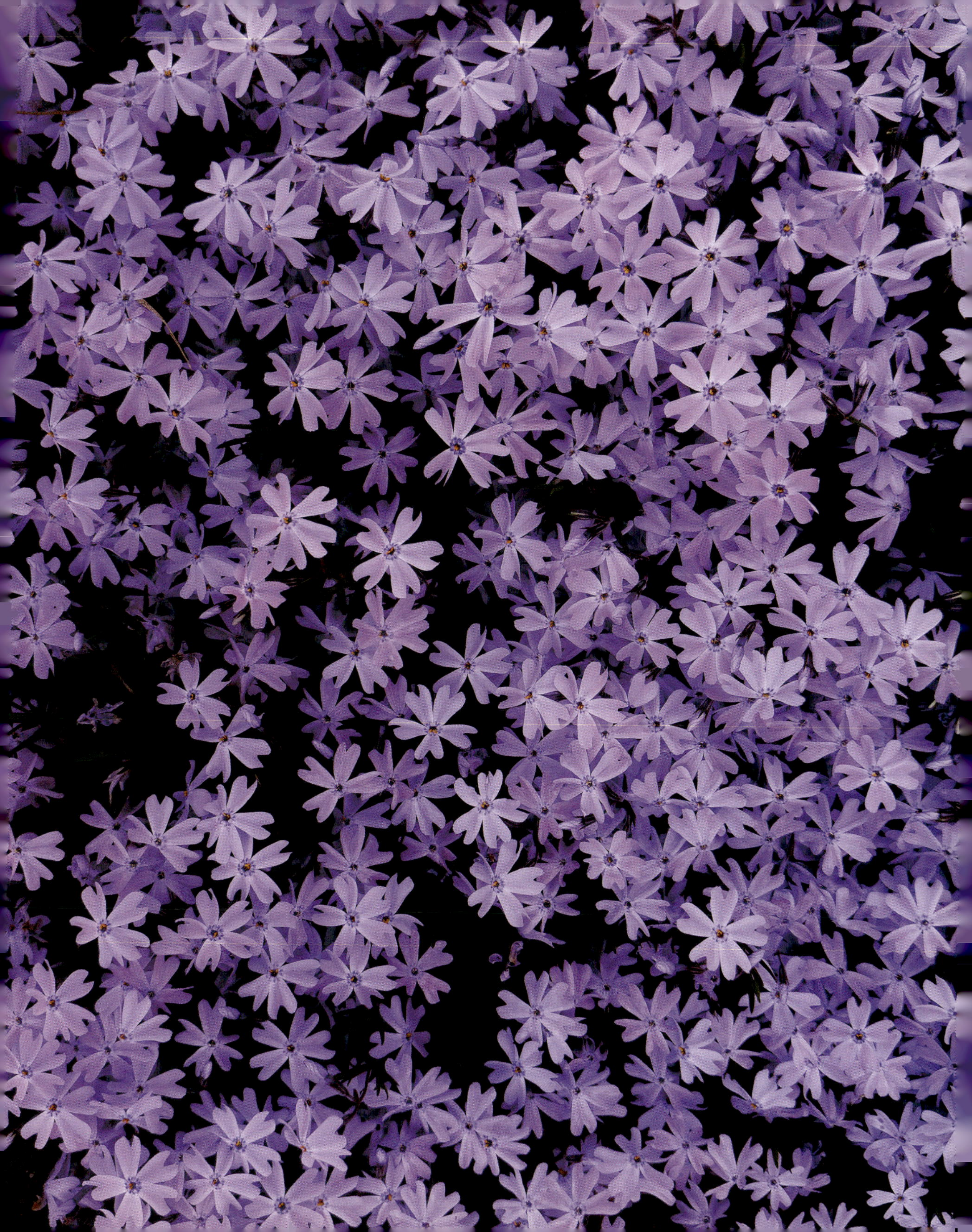

꽃을 보고 멈춰서다

애플 아이폰4

찍고자 하는 대상을 가운데에 놓는 습관을 버리는 것이 중요합니다.
도로위에 난 급정거의 흔적 바로 앞에 꽃을 하나 놓아 마치 꽃을 보고 놀라 멈
춰선 것이라는 이야기를 만들어 보았습니다.

정갈한 구도로 사진을 담는 연습을 해야 합니다. 사진은 보여주는 것이기에 산
만하지 않고 정리된 모습일 때 좋은 느낌의 사진이 됩니다.

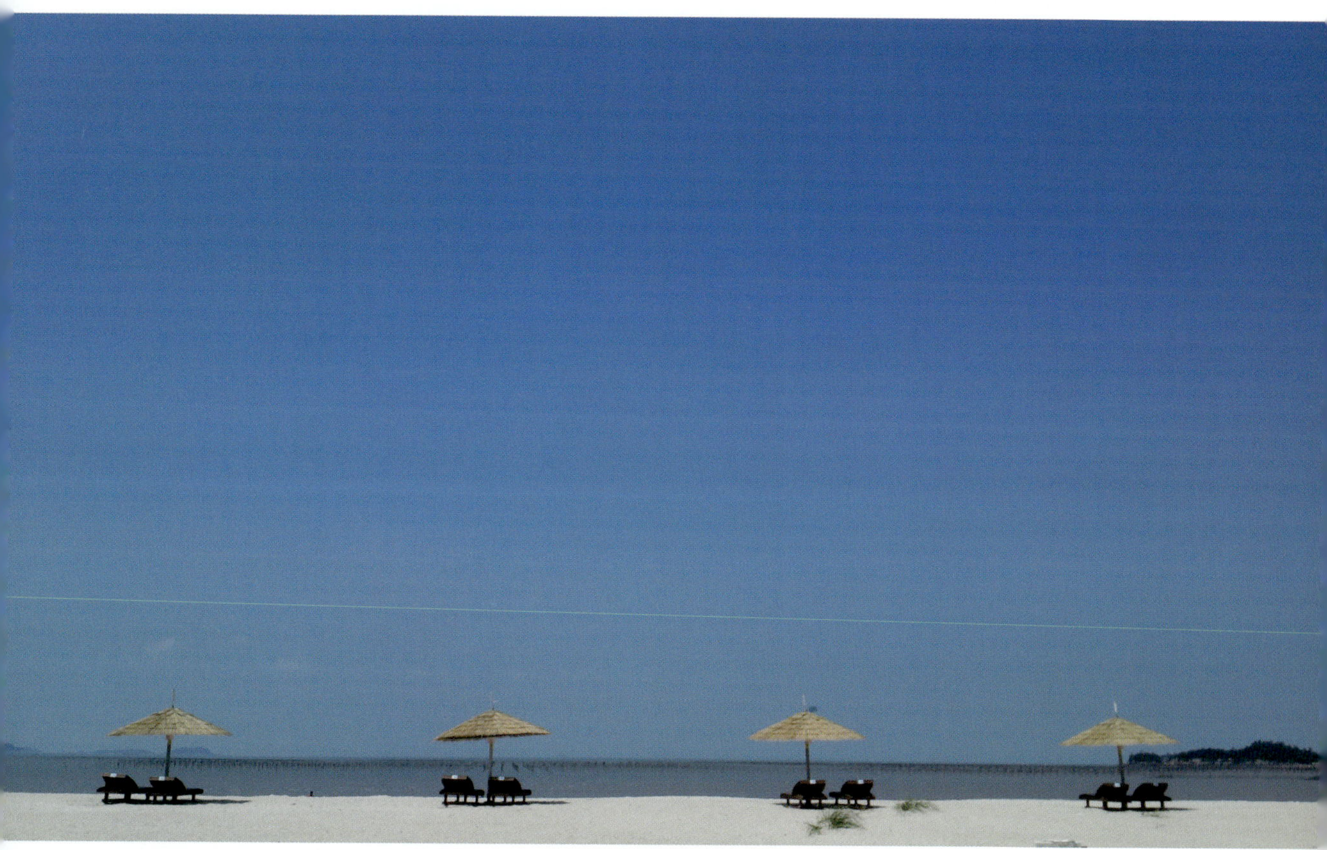

LG G4

좌우의 대칭감과 다르게 상하의 비율에 대비감을 주었습니다. 파라솔이 중앙
에 위치하면 안정감이 없고 불필요한 느낌이 듭니다.

시원한 여름

군더더기 없이 한 명만 담았더니, 푸른 물결과 주황색의 보색대비로 피사체에 집중할 수 있는 사진이 되었습니다. 모처럼의 휴일 나들이로 속초 워터파크로 물놀이를 갔습니다. 아침 일찍 도착해서 개장과 함께 물놀이를 시작하니 늘 북적이는 워터파크도 한산했습니다. 잔잔한 물결이 이는 풀장에 홀로 튜브를 타는 모습을 담을 수 있었습니다. 역시 좋은 사진은 부지런해야 담을 수 있는가 봅니다.

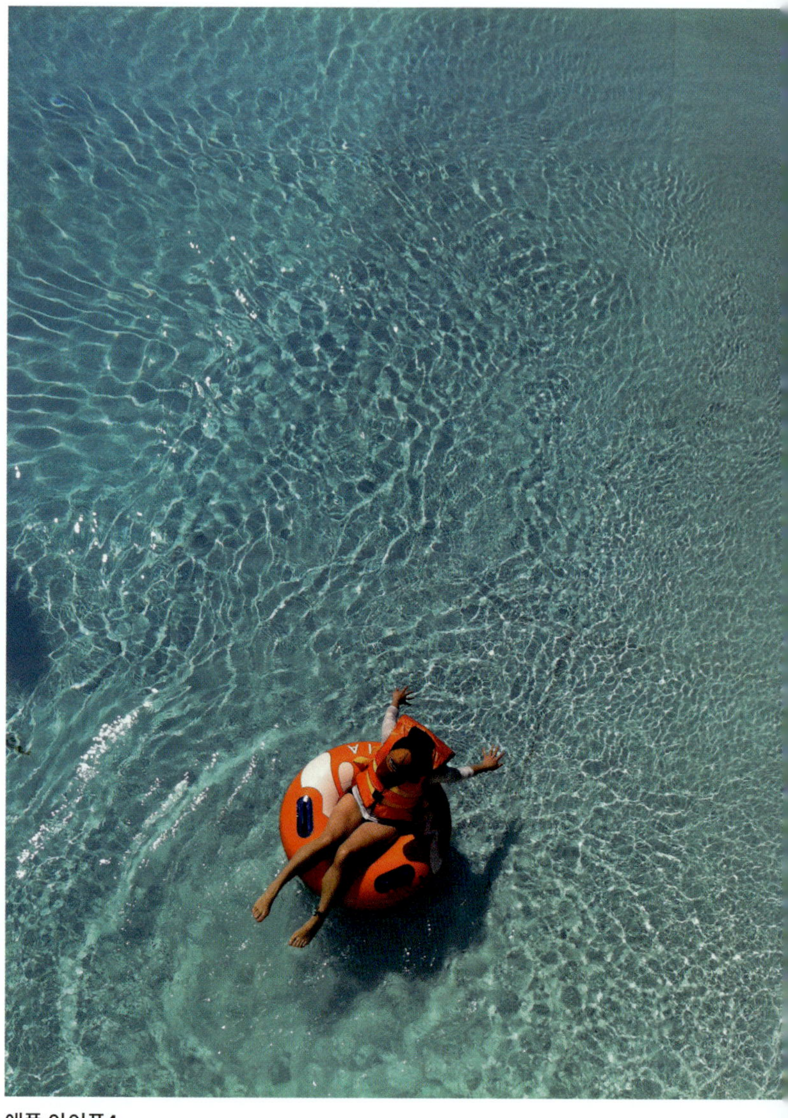

애플 아이폰4

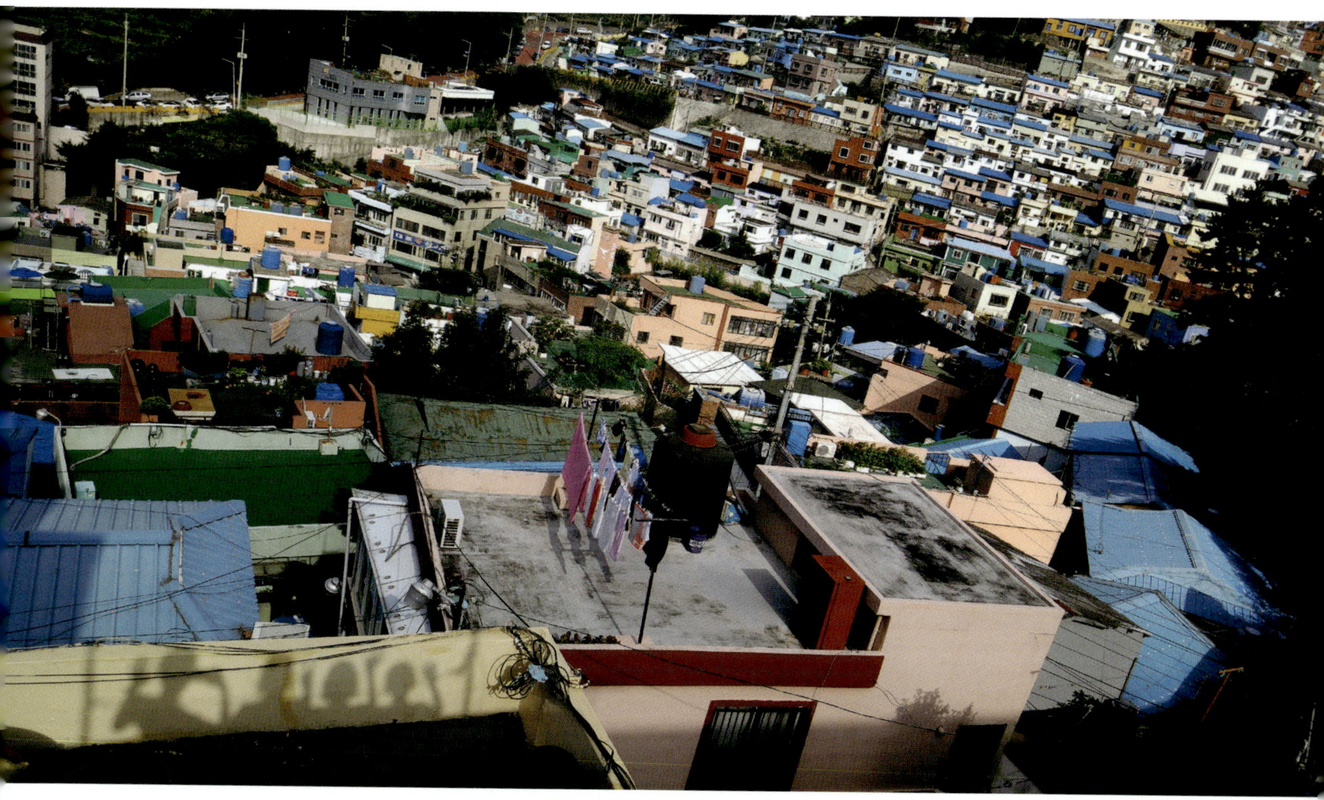

LG G4

그림자가 아닌 삼각대나 셀카봉으로 가족사진을 담았다면 이렇게 재미있는 사진을 담지 못했을 겁니다.

부산의 감천문화마을은 벽화와 색색의 건물들이 특색인 곳입니다. 가족이 함께 왔으니 가족사진 한 장 남기려 전망 좋은 곳을 찾아갔는데 때마침 그림자가 눈에 들어왔습니다. 복잡한 패턴 속에서 숨은 그림 찾기를 하는 것 같은 재미난 사진이 되었습니다.

빗방울

반복 패턴에서는 같지만 조
금씩 다른 무언가가 필요합
니다. 변화와 반전이 있어야
합니다. 비슷하지만 물방울
의 크기와 모양, 자유분방한
위치가 단순하면서도 보기
좋은 사진을 만들어줍니다.

우산을 고를 때 최우선적으
로 고려하는 것은 사진 소품
으로 쓰기에 적당한가, 아닌
가 입니다. 흐린 하늘을 배
경으로 담는 것만으로도 우
산 위에 맺힌 빗방울을 멋
진 작품으로 만들어주는 투
명 비닐우산은 가격대비 성
능이 아주 우수한 아이템입
니다.

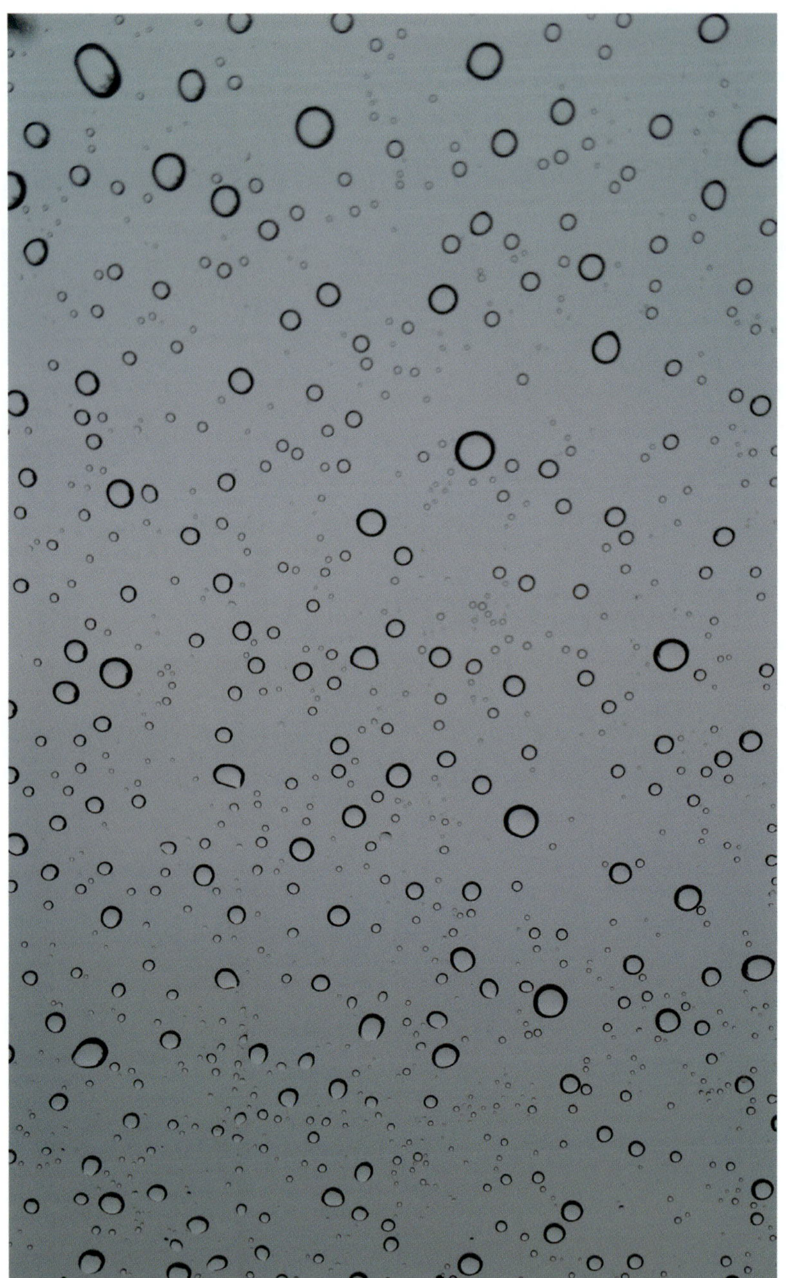

LG G4

가을비 우산 속

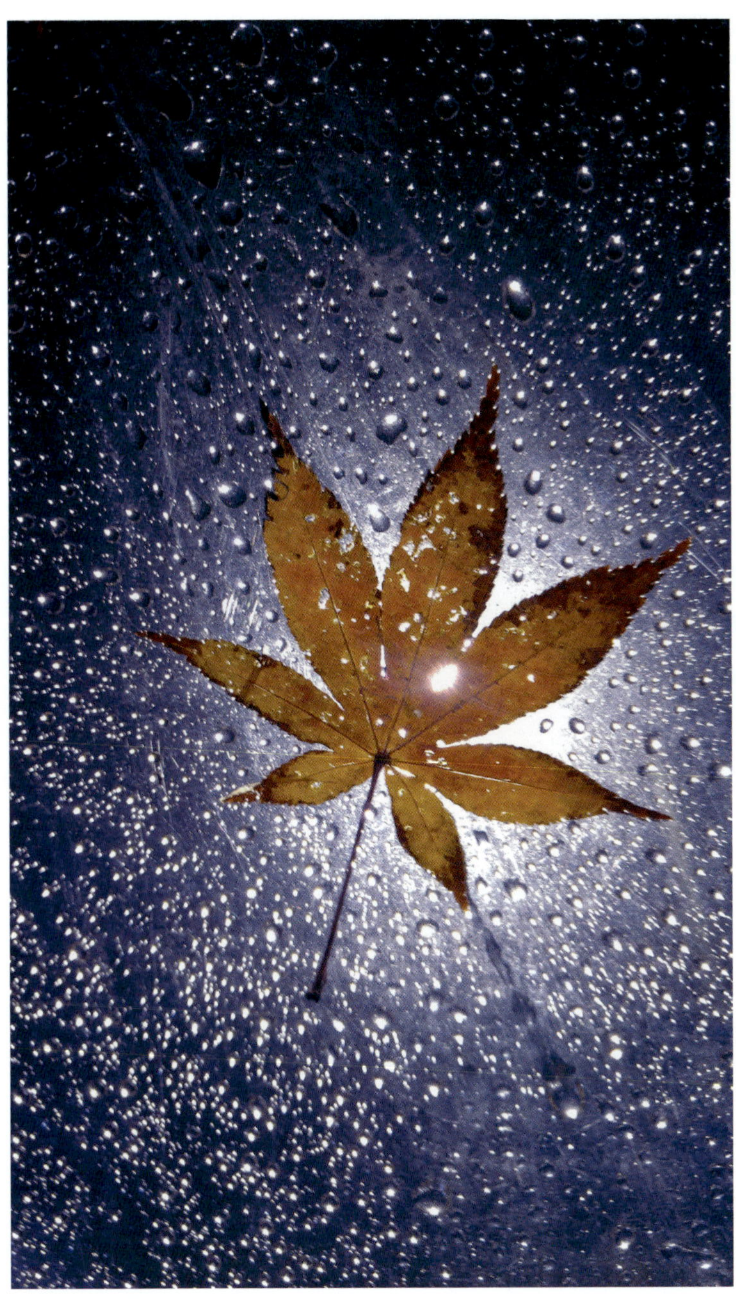

LG G4

가을.
비.
단풍.
가로등.
투명한 비닐우산.

가을비 내리는 날 투명한 비닐우
산에 내려앉은 단풍잎을 가로등
아래서 찍은 사진입니다.
단풍잎으로 가로등을 가려주어
역광으로 찍는 것이 핵심입니다.

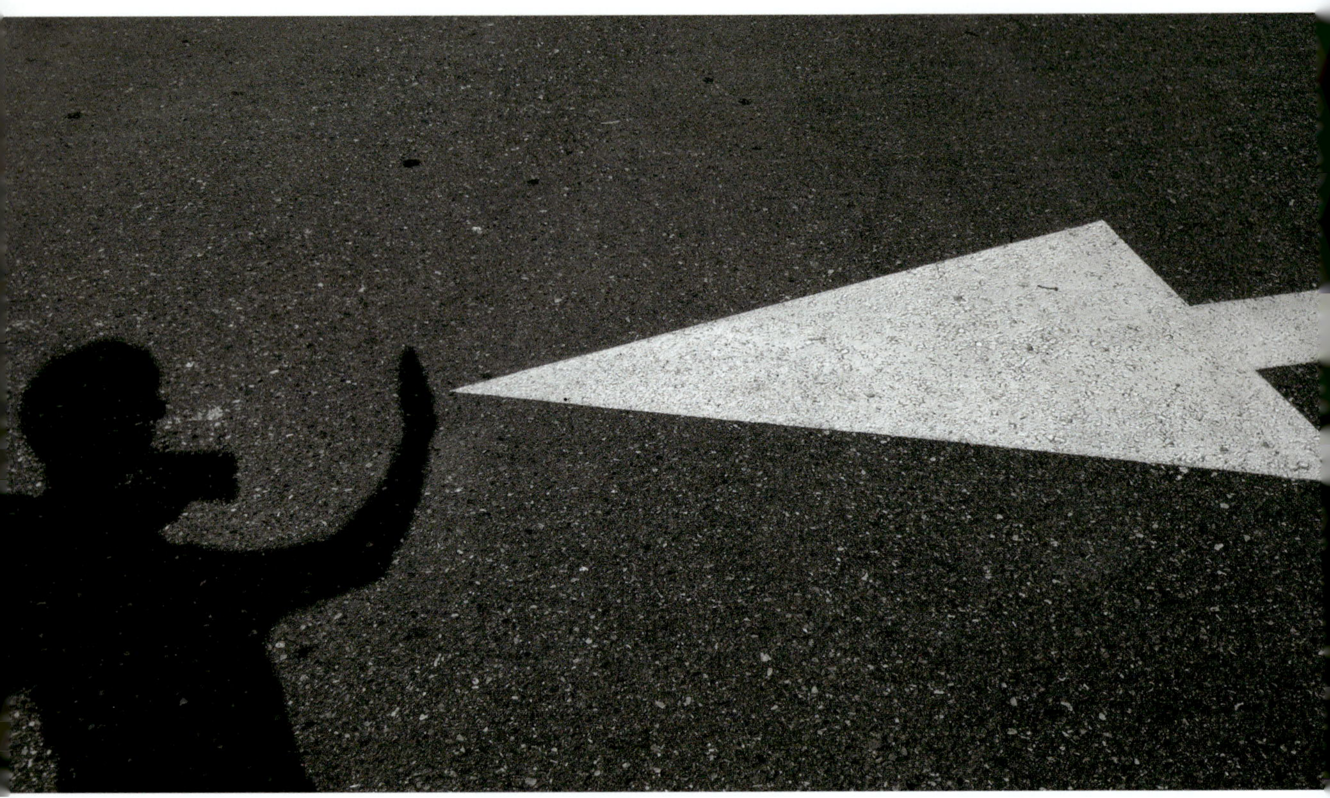

LG G4

길을 걷다 길가에 그려진 화살표시 앞에 그림자를 보고 커다란 창이 나를 향하는 모습이 연상되었습니다. 이를 손바닥으로 막는 시늉을 하니 그럴 듯한 사진이 나왔습니다. 아이디어란 대단한 것이 아니라 순간 떠오른 생각을 실행에 옮기는 것에서 시작합니다.

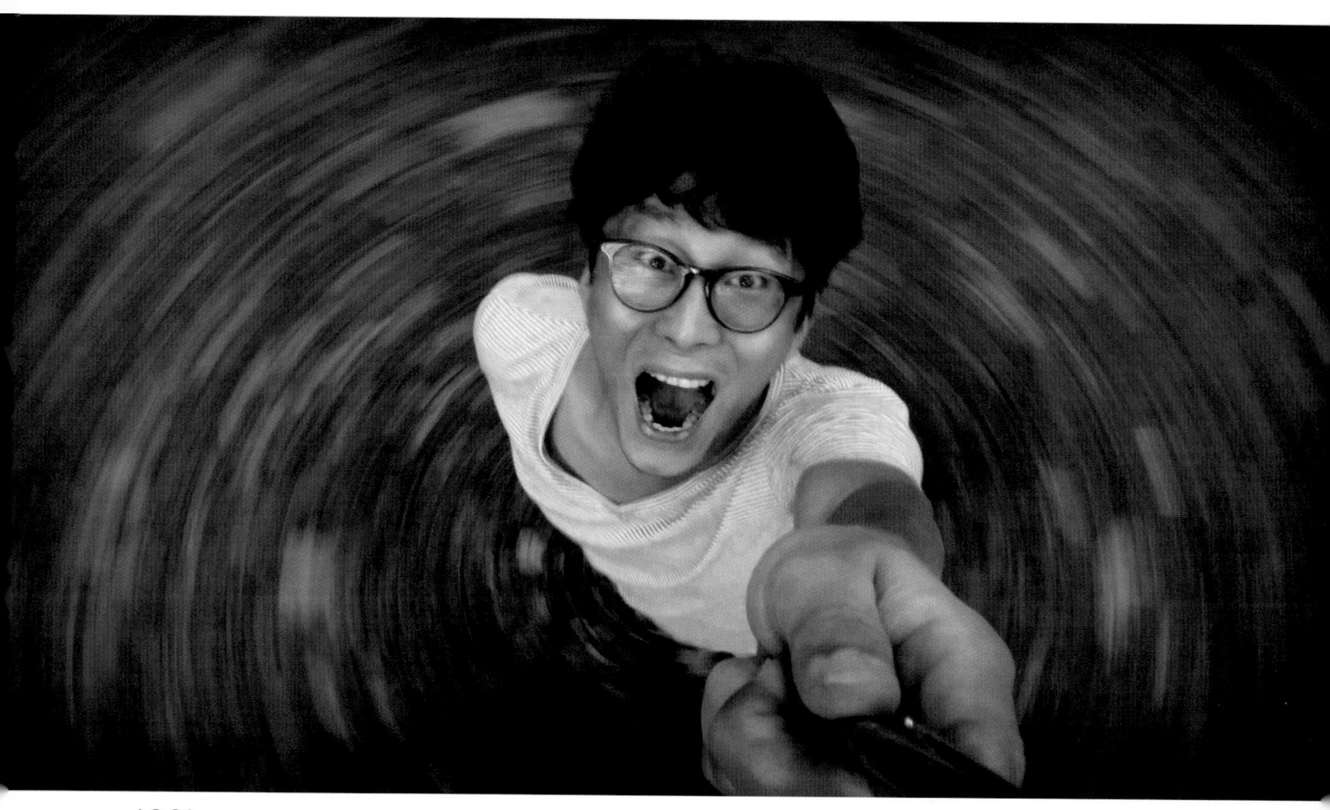

LG G4

셀카봉을 이용해 화전하면서 촬영하니 블랙홀로 빨려들어가는 분위기로 나왔습니다.

가까이 다가서기

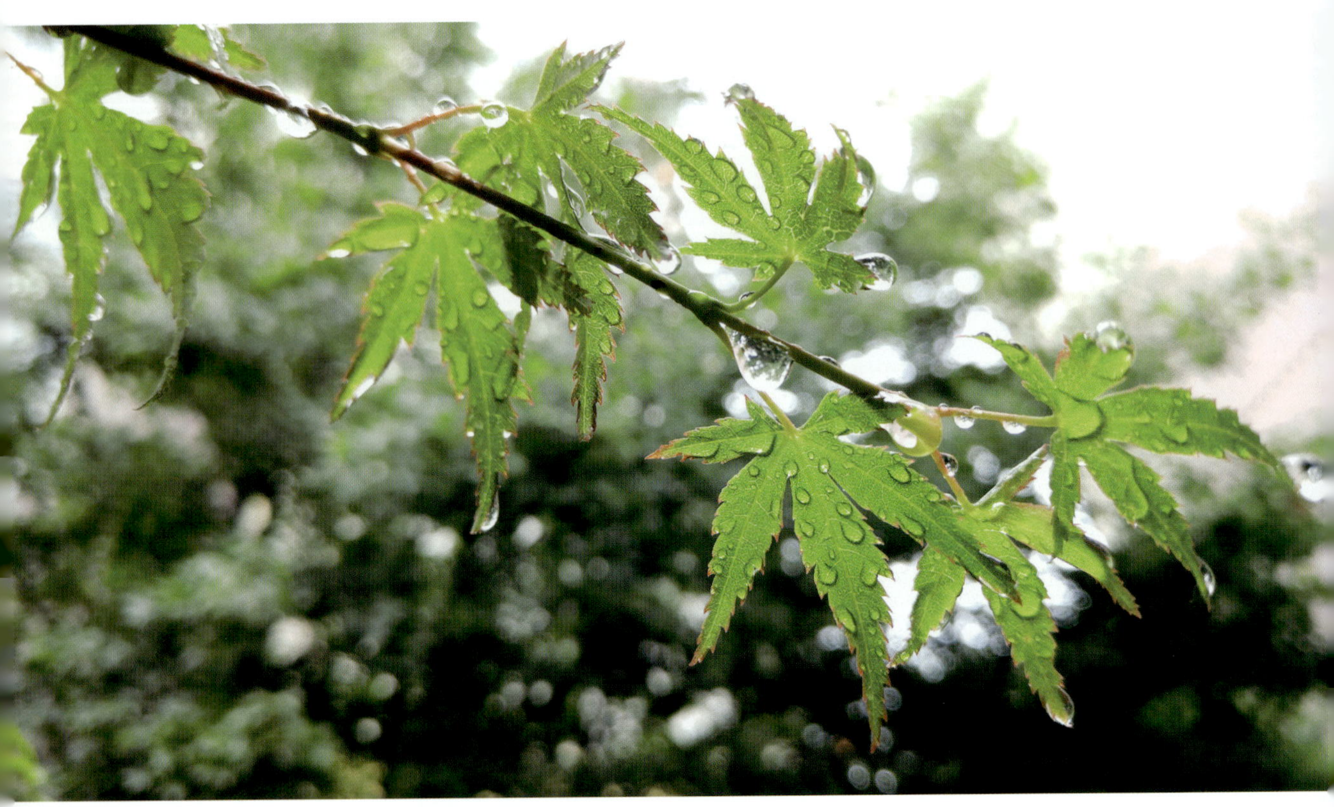

LG G4

가까이 다가서면 더 자세히 찍을 수 있습니다. 근접촬영한 사진에는 사물의 세밀한 부분을 보여주는 매력이 있습니다.

스마트폰에 달린 카메라는 대부분 화각이 넓은 광각렌즈입니다. 조금만 멀리 떨어져도 넓은 풍경을 담을 수 있고, 가까이 다가가야 자세히 들여다볼 수 있기도 합니다.

"당신의 사진이 만족스럽지 못하다면 충분히 다가서지 않아서다."라는 사진가 로버트 카파의 명언이 있습니다. 그 거리가 물리적인 거리만을 이야기 하는 것은 아니겠지만, 가까이 다가가는 것은 좋은 사진가의 자세임에는 분명합니다.

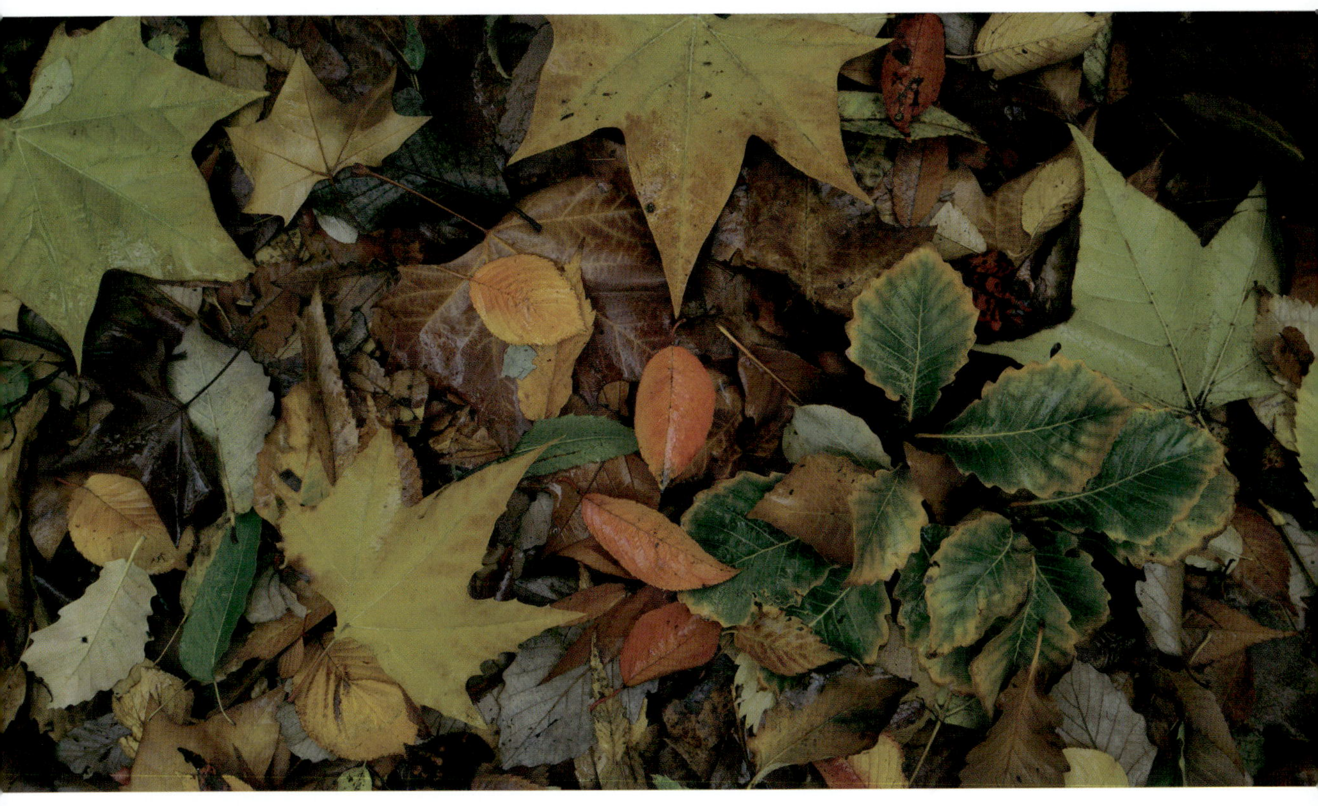

LG G4

허리를 숙이지 않았다면 분명 다른 사진이 찍혔을 것입니다. 허리를 숙이고 무릎을 굽히는 것은 부끄러운 행동이 아닙니다.

물에 비친 풍경

물에 비친 풍경은 위아래를
반전시켰을 때 가장 효과적
인 사진이 만들어집니다.
구름이 있는 하늘과 물에 떠
있는 것들을 함께 담으면 손
쉬운 방법으로 판타지를 담
을 수 있습니다.

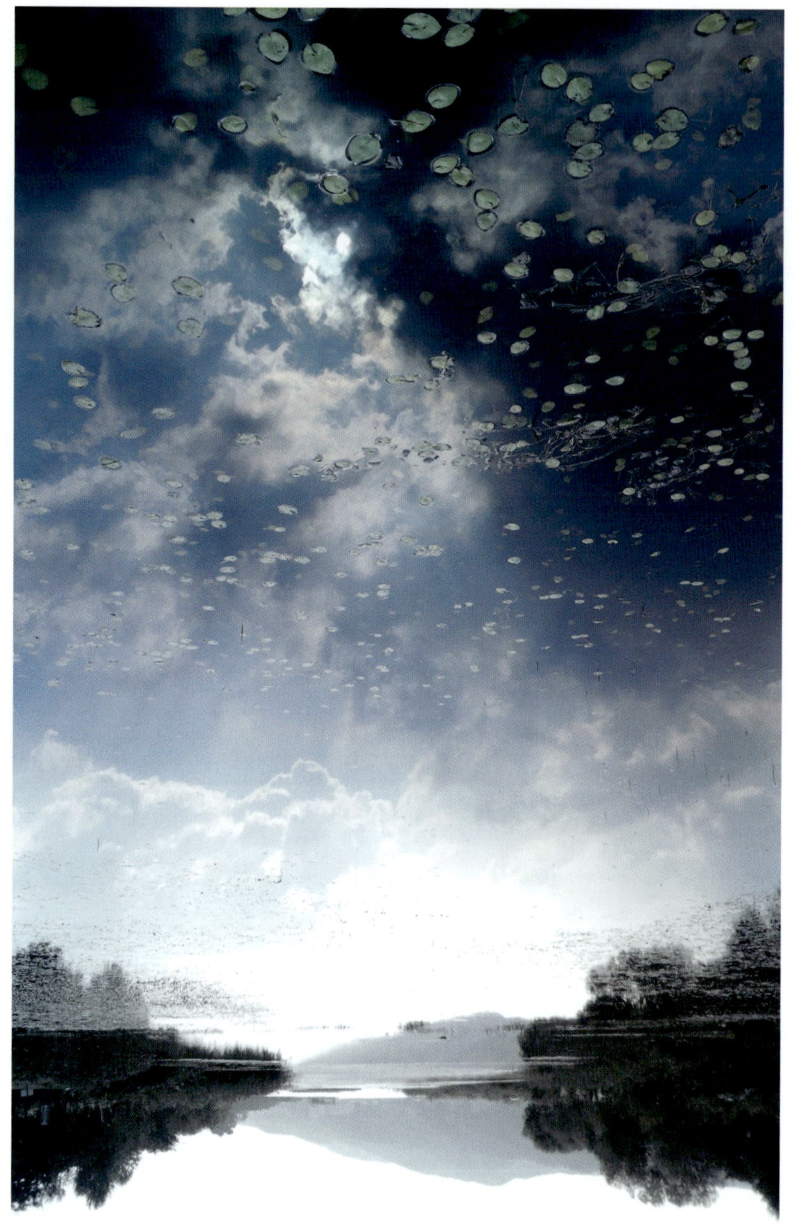

LG G4

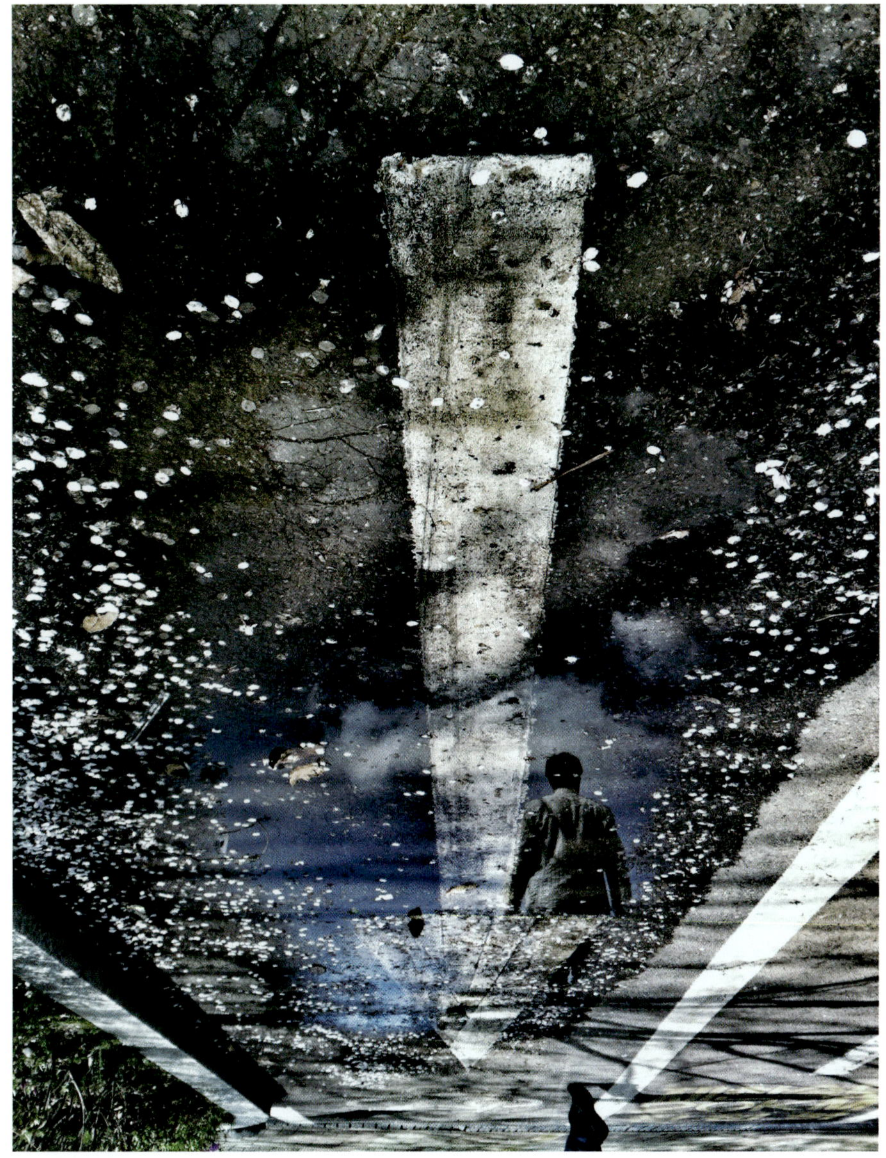

애플 아이폰4

POINT 01

더 극적인 사진을 만들고 싶어서 보정을 통해 물에 비친 하늘에 푸른색을 더하고, 아래쪽은 채도를 낮춰주었습니다.

익숙하지 않은 풍경에 대한 새로움이 있습니다. 반영사진은 사진을 상하반전하면 보는 사람에게 낯설게 하는 효과가 있습니다.

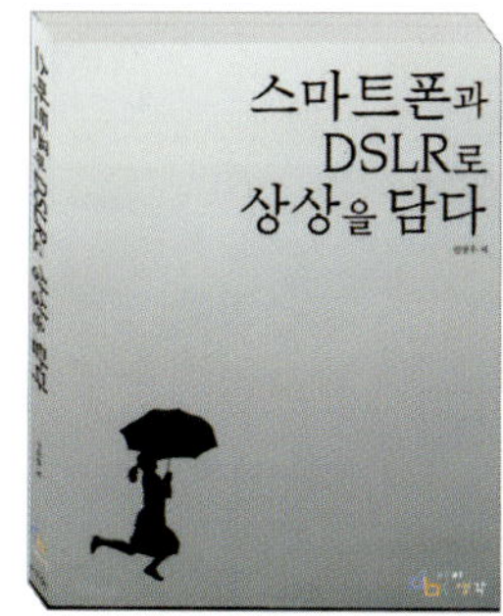

스마트폰과 DSLR로
상상을 담다

1판 1쇄 인쇄 2017년 2월 15일
1판 1쇄 발행 2017년 2월 20일

—

지 은 이 신상우
발 행 인 이미옥
발 행 처 아이생각
정　　가 20,000원
등 록 일 2003년 3월 10일
등록번호 220-90-18139
주　　소 (04987)서울 광진구 능동로 32길 159
전화번호 (02)447-3157~8
팩스번호 (02)447-3159

—

ISBN 978-89-97466-36-8 (13660)
I-17-03
Copyright ⓒ 2017 ithinkbook Publishing Co., Ltd

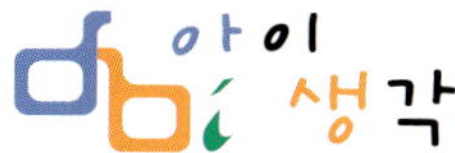

www.ithinkbook.co.kr